ग़ालिब

जीवन, समीक्षा तथा
व्याख्या और काव्य

ग़ालिब

शाश्वत तृष्णा का कवि

रामनाथ 'सुमन'

भारतीय ज्ञानपीठ

वाणी प्रकाशन : भारतीय ज्ञानपीठ की पुस्तकों
के एकमात्र प्रकाशक एवं वितरक

सजिल्द पाँचवाँ संस्करण : 2018
सजिल्द छठा संस्करण : 2024

लोकोदय ग्रन्थमाला : ग्रन्थांक 119

प्रकाशक
वाणी प्रकाशन ग्रुप
4695, 21-ए, दरियागंज, नयी दिल्ली-110 002
फ़ोन : 011-23273167, 23275710
ईमेल : sales@vaniprakashan.in

ISBN : 978-93-5775-737-9

ग़ालिब
(आलोचना)
रामनाथ 'सुमन'

GHALIB
(Criticism)
by Ramnath 'Suman'

मुद्रक : आर. टेक ऑफ़सेट प्रिंटर्स, दिल्ली-110 032

आवरण : राजेश जेतली

Price : INR. 600

अग्रजों एवं साथियों को
जिनकी पगडण्डियों के कलेजों में
समीक्षा के प्रशस्त पथ की
अँगड़ाइयाँ
उभर–उभर उठती हैं

'सुमन'

दो शब्द

मिर्ज़ा या मीरज़ा ग़ालिब उर्दू-काव्य के सबसे अधिक विवादास्पद कवि हैं। उनके जीवन-काल में कुछ ने उन पर फ़ब्तियाँ कसीं, कुछ ने श्रद्धा से उनके आगे सिर झुकाया। आज तक वही हालत है। कुछ कहते हैं, उर्दू क्या, किसी भारतीय भाषा में उनकी समता नहीं; कुछ उन्हें दुर्बल अनुभूतियाँ लेकर कल्पना के गगन में उड़नेवाला एक सामान्य कवि मानते हैं।

जो हो, ग़ालिब की हस्ती में एक कशिश है। विरोध करो या अपनाओ, पर उसे छोड़ नहीं सकते। इसीलिए ग़ालिब पर इतना लिखा गया है और इतने प्रकार से लिखा गया है कि वह एक भूलभुलैया बनकर रह गया है। पाठक समझ नहीं पाता, उलटे उलझकर रह जाता है।

इस पुस्तक में ग़ालिब के काल, व्यक्तित्व, काव्य तथा उनकी मानसिक पृष्ठभूमि के साथ उनके काव्य के चुने हुए अंश दिए गये हैं। चुनाव करते समय उनके दीवानेतर काव्य का भी ध्यान रखा गया है। चेष्टा की गयी है कि ग़ालिब को तथा उनके काव्य को सर्वांगीण दृष्टि से देखने-परखने में हम पाठक के लिए कुछ उपयोगी हो सकें।

बस इतना ही।

—श्री रामनाथ 'सुमन'

कृतज्ञता-ज्ञापन

पुस्तक लिखने में निम्नलिखित पुस्तकों एवं पत्रिकाओं से सहायता ली गयी है। लेखक इनके रचयिताओं के प्रति आभार प्रकट करता है।

1. अहवाल-ए-ग़ालिब : मुख़्तारउद्दीन अहमद
2. ज़िक्र-ए-ग़ालिब : मालकराम
3. यादगार-ए-ग़ालिब : हाली
4. ग़ालिब नामः : मुहम्मद इकराम
5. 'ग़ालिब' : लाइफ़ एंड क्रिटिकल एप्रीसियेशन ऑफ़ हिज़ उर्दू पोएट्री : सय्यद अब्दुल लतीफ़
6. नक़्द-ए-ग़ालिब : मुख़्तारउद्दीन अहमद
7. फिल्सफ : कलाम-ए-ग़ालिब : शौकत सब्ज़वारी
8. नक्श-ए-आज़ाद : गुलाम रसूल मेह्र
9. मुहासिन कलाम-ए-ग़ालिब : अब्दुर्रहमान बिजनौरी
10. ग़ालिब की शाइरी : मिर्ज़ा अस्करी
11. उर्दू शाइरी पर एक नज़र : कलीमउद्दीन अहमद
12. ग़ालिब : गुलाम रसूल मेह्र
13. अर्मुग़ान-ए-ग़ालिब : इकराम
14. इन्तख़ाब-ए-ग़ालिब : मुमताज़ हुसेन
15. तलाम्ज़ा-ए-ग़ालिब : मालकराम
16. दीवान-ए-ग़ालिब : मालकराम
17. दीवान-ए-ग़ालिब : शफ़ीउद्दीन नैयर
18. दीवान-ए-ग़ालिब : बेह्र इलाहाबादी
19. दीवान-ए-ग़ालिब : आगा मुहम्मद ताहिर
20. दीवान-ए-ग़ालिब मय शरह : नज़्म तबातबाई
21. मरातुल्ग़ालिब : बेख़ुद देहलवी
22. दीवान-ए-ग़ालिबमयशरह : जोश मल्सियानी

23. बयान-ए-ग़ालिब : आग़ा मुहम्मद बाक़र
24. मोमिन व ग़ालिब : अजीज़ यार जंग
25. मुतालए-ग़ालिब : असर लखनवी
26. शरह कलाम-ए-ग़ालिब : आसी
27. सरगुज़श्त-ए-ग़ालिब : सय्यद मुहीउद्दीन क़ादरी
28. रूह-ए-ग़ालिब : सय्यद मुहीउद्दीन
29. दीवान-ए-ग़ालिब उर्दू : इम्तियाज़ अली अर्शी
30. दीवान-ए-ग़ालिब : सरदार जाफ़री
31. दीवान-ए-ग़ालिब मुसव्विर : चग़ताई
32. उर्दू-ए-मुअल्ला : ग़ालिब
33. ऊदे-ए-हिन्दी : ग़ालिब
34. अदबी ख़ुतूत-ए-ग़ालिब : मिर्ज़ा अस्करी
35. नादिरात-ए-ग़ालिब : आफ़ाक़ हुसेन आफ़ाक़
36. मकातीब-ए-ग़ालिब : इम्तियाज़ अली अर्शी
37. आब-ए-हयात : आज़ाद
38. लाल क़िलअ की एक झलक : नासिर नज़ीर 'फ़िराक़'
39. देहली आख़री साँस : हसन निज़ामी
40. ग़दर देहली की सुबह-शाम : हसन निज़ामी

हिन्दी पुस्तकें :

41. ग़ालिब : दयाकृष्ण गंजूर
42. दीवान-ए-ग़ालिब : मुग़नी अमरोहवी एवं नूरनबी अब्बासी
43. ग़ालिब की कविता : कृष्णदेव प्रसाद गौड़
44. महाकवि ग़ालिब की ग़ज़लें : रामानुज लाल श्रीवास्तव

पत्र-पत्रिकाएँ :

'अदब लतीफ़' के विशेषांक
'आजकल' के विशेषांक एवं सामान्य अंक
'नया दौर' के कई अंक

—रामनाथ 'सुमन'

विषय-तालिका

जीवन-भाग

समीक्षा-भाग

व्याख्या-भाग

काव्य-भाग

परिशिष्ट-भाग

जीवन-भाग

ग़ालिब : जीवन-रेखा

उर्दू और दिल्ली

उर्दू साहित्य, विशेषतः काव्य, के अभ्युदय में दिल्ली और उसके बाद लखनऊ का स्थान माना जाता है। उर्दू पैदा तो दिल्ली में ही हुई थी पर बचपन उसका दक्षिण में बीता; होश सँभालने पर वह फिर दिल्ली आयी और यहीं ब्याही भी गयी। उसका मायका चाहे दिल्ली को मानें या दक्षिण को, उसकी ससुराल तो दिल्ली ही थी और है। हाँ, तरुणाई की अल्हड़ उमंगों से भरी रातें उसकी लखनऊ में भी बीतीं—यौवन की एक लम्बी रात जो अठखेलियों, शोख़ियों, कटाक्षों और मोहक हाव-भाव से पूर्ण है; जिसमें यौवन की वह लोच है जिस पर शत-शत प्राण निछावर; उसमें वह अदा है जिसके चरणों में दिल सिजदा करता है और जिसमें अगणित आलिंगनों का स्पर्श है। लखनऊ जो भी हो, पर उर्दू के प्राण दिल्ली में ही बसते रहे; उसका कंठ वहीं फूटा। मुग़लों की दिल्ली, शक्तिहीन दिल्ली, षड्यन्त्रों का केन्द्र दिल्ली, बार-बार लुटी हुई दिल्ली, पददलिता और भूलुंठिता दिल्ली के प्रति विद्वानों, लेखकों, कवियों, पर्यटकों, लुटेरों, सेनाधिपों का आकर्षण सदा ही बना रहा और आज भी बना है। मज़ारों की भूमि, अगणित राज्यों का यह श्मशान दिल्ली, जहाँ जवानी और मृत्यु गलबहियाँ दिए खेलती रही हैं और खेलती हैं, कला और काव्य के लिए भी उपजाऊ भूमि रही है।

उर्दू का यौवन

यों हम देखते हैं कि रेख़ता या उर्दू का बचपन चाहे दक्षिण में बीता हो पर उसका शिक्षण और पालन-पोषण दिल्ली में हुआ। यह अल्हड़ दिल्ली की गलियों में घूमती फिरी; जामा मस्जिद की सीढ़ियों पर सोयी, महलों में उसके स्वरालाप गूँजें, बाग़ों में वह लाला व गुल से उलझी, नर्गिस को आँखें दिखाती फिरी। मजलिसों में साक़ी बन उसने जाम पिये-पिलाये और देखते-देखते सौन्दर्य और जवानी उसमें ऐसी फट पड़ी कि या अल्लाह! फिर तो उसने अपने अंक में लखनऊ

को भर लिया और जिधर से गुज़री उधर ही दीवाने पैदा कर दिए; शत-शत प्राण उस पर निछावर हो गये। मीर, सौदा और नासिख़, मोमिन, मीर, दर्द और इंशा, ज़ौक और ग़ालिब ने उसे क्या-क्या इशारे दिए कि उसका कंठ यौवन की मस्ती में फूटा तो फूटा और आज वह लाखों के दिल और दिमाग़ पर छा गयी है।

जिन कवियों के कारण उर्दू अमर हुई और उसमें 'बहारे-बेख़िज़ाँ' आयी, उनमें मीर और ग़ालिब सबसे अधिक प्रसिद्ध हैं। मीर ने उसे घुलावट, मृदुता, सरलता, प्रेम की तल्लीनता और अनुभूति दी तो ग़ालिब ने उसे गहराई, बात को रहस्य बनाकर कहने का ढंग, ख़मोपेच, नवीनता और अलंकरण दिए।

आगरा की देन

आश्चर्य तो यह है कि दिल्ली (उस समय शाहजहानाबाद) में उर्दू फूली-फली पर जिन दो सर्वोत्कृष्ट कवियों—मीर और ग़ालिब—ने उर्दू काव्य को सर्वोत्तम निधियाँ प्रदान कीं, वे दिल्ली के नहीं, अकबराबाद (आगरा) के थे। यह ठीक है कि उनका अभ्युदय दिल्ली में हुआ, उनकी संस्कृति दिल्ली की थी पर उनको जन्म देने का श्रेय तो अकबराबाद (आगरा) को है ही।

वंश-परम्परा

ईरान के इतिहास में जमशेद का नाम प्रसिद्ध है। यह थिमोरस के बाद सिंहासनासीन हुआ था। जश्ने-नौरोज़ का आरम्भ इसी ने किया था जिसे आज भी, हमारे देश में, पारसी लोग मानते हैं। कहते हैं, इसी ने द्राक्षासव या अंगूरी को जन्म दिया था। फ़ारसी एवं उर्दू काव्य में 'जामे-जम' (जो 'जामे-जमशेद' का संक्षिप्त रूप है)* अमर हो गया है। इससे इतना तो मालूम पड़ता ही है कि यह मदिरा का उपासक था और डटकर पीता-पिलाता था। जमशेद के अन्तिम दिनों में बहुत-से लोग उसके शासन एवं प्रबन्ध से असन्तुष्ट हो गये थे। इन बाग़ियों का नेता ज़हाक था जिसने जमशेद को आरे से चिरवा दिया था पर वह स्वयं भी इतना प्रजा-पीड़क निकला कि सिंहासन से उतार दिया गया। उसके बाद जमशेद का पोता फरीदूँ गद्दी पर बैठा जिसने पहली बार अग्नि-मन्दिर का निर्माण कराया। यही फरीदूँ ग़ालिब वंश का आदिपुरुष था।

---

* जामे-जम / कहते हैं, जमशेद ने एक ऐसा जाम (प्याला) बनवाया था जिससे संसार की समस्त वस्तुओं और घटनाओं का ज्ञान हो जाता था। जान पड़ता है, इस प्याले में कोई ऐसी चीज़ पिलायी जाती होगी जिसे पीने पर तरह-तरह के काल्पनिक दृश्य दीखने लगते होंगे। जामेजम के लिए जामे जमशेद, जामे जहाँनुमाँ, जामे जहाँबी इत्यादि शब्द भी प्रचलित हैं।

फरीदूँ का राज्य उसके तीन बेटों—एरज, तूर और सलम—में बँट गया। एरज को ईरान का मध्य भाग, तूर को पूर्वी तथा सलम को पश्चिमी क्षेत्र मिले। चूँकि एरज को प्रमुख भाग मिला था इसलिए अन्य दोनों भाई उससे असन्तुष्ट थे; उन्होंने मिलकर षडयन्त्र किया और उसे मरवा डाला पर बाद में एरज के पुत्र मनोचहर ने उनसे ऐसा बदला लिया कि वे तुर्किस्तान भाग गये और वहाँ तूरान नाम का एक नया राज्य क़ायम किया। तूर-वंश और ईरानियों में बहुत दिनों तक युद्ध होते रहे। तूरानियों के उत्थान-पतन का क्रम चलता रहा। अन्त में ऐबक ने ख़ुरासान, इराक़ इत्यादि में सैलजूक राज्य की नींव डाली। इस राज-वंश में तोग़रलबेग (1037-1063 ई.), अलप अर्सलान (1063-1072 ई.) तथा मलिकशाह (1072-1092 ई.) इत्यादि हुए जिनके समय में तूसी एवं उमर ख़य्याम के कारण फ़ारसी काव्य का उत्कर्ष हुआ। मलिकशाह के दो बेटे थे। छोटे का नाम बर्कियारूक़ (1094-1104 ई.) था। इसी की वंश-परम्परा में 'ग़ालिब' हुए।

जब इन लोगों का पतन हुआ, ख़ानदान तितर-बितर हो गया, लोग क़िस्मत आज़माने इधर-उधर चले गये तो कुछ ने सैनिक सेवा की ओर ध्यान दिया। इस वर्ग में एक थे तर्सुमख़ाँ जो समरक़न्द में रहने लगे थे। यही ग़ालिब के परदादा थे।

दादा और पिता

तर्समख़ाँ के पुत्र क़ौक़ानबेगख़ाँ, शाहआलम के ज़माने में, अपने बाप से झगड़कर हिन्दुस्तान चले आये। उनकी मातृभाषा तुर्की थी; हिन्दुस्तानी में बड़ी कठिनाई से चन्द टूटे-फूटे शब्द बोल पाते थे। यह क़ौक़ानबेग ग़ालिब के दादा थे। वह कुछ दिन लाहौर रहे, फिर दिल्ली चले आये और शाहआलम की नौकरी में लग गये। 50 घोड़े, भेरी और पताका इन्हें मिली और पहासू का परगना रिसाले और अपने ख़र्च के लिए इन्हें मिल गया। क़ौक़ानबेग के चार बेटे और तीन बेटियाँ थीं। बेटों में अब्दुल्लाबेग और नसरुल्लाबेग का वर्णन मिलता है। यही अब्दुल्लाबेग ग़ालिब के पिता थे।

अब्दुल्लाबेग का जन्म दिल्ली में ही हुआ था। जब तक पिता जीवित रहे, मज़े से कटी पर उनके मरते ही पहासू की जागीर हाथ से निकल गयी।

ग़ालिब की रचनाएँ—कुल्लियाते-नस्र और उर्दू-ए-मोअल्ला—देखने से मालूम होता है कि उनके बाप अब्दुल्लाबेगख़ाँ, जिन्हें मिर्ज़ा दूल्हा भी कहा जाता था, पहले लखनऊ जाकर नवाब आसफ़उद्दौला की सेवा में नियुक्त हुए। कुछ ही दिनों बाद वहाँ से हैदराबाद चले गये और नवाब निज़ाम अलीख़ाँ की सेवा की। वहाँ 300 सवारों के रिसाले के अफ़सर रहे। वहाँ भी ज़्यादा दिन नहीं टिके और अलवर

पहुँचे तथा राजा बख़्तावर सिंह की नौकरी में रहे। 1802 में वहीं गढ़ी की लड़ाई में इनकी मृत्यु हो गयी। पर बाप की मृत्यु के बाद भी वेतन असदउल्लाख़ाँ (ग़ालिब) तथा उनके छोटे भाई को मिलता रहा। तालड़ा नाम का एक गाँव भी जागीर में मिला। इस प्रकार इनका वंश-वृक्ष यों बनता है :

तर्समख़ाँ

↕

कौक़ानबेगख़ाँ

अब्दुल्लाबेगख़ाँ नसरुल्लाबेगख़ाँ पुत्र पुत्र पुत्री पुत्री पुत्री

असदउल्लाबेगख़ाँ (असद ग़ालिब) मिर्ज़ा यूसुफ़ पुत्री ख़ानम

अब्दुल्लाबेग की शादी आगरा (अकबराबाद) के एक प्रतिष्ठित कुल में ख्वाज़ा ग़ुलामहुसेनख़ाँ कमीदान की बेटी इज़्ज़तउन्निसा के साथ हुई थी। ग़ुलामहुसेनख़ाँ की आगरा में काफ़ी ज़ायदाद थी। वह एक फ़ौजी अफ़सर थे। इस विवाह से अब्दुल्लाबेग को तीन सन्तानें हुईं—मिर्ज़ा असदउल्लाबेगख़ाँ, मिर्ज़ा यूसुफ़ और सबसे बड़ी ख़ानम।

ग़ालिब का जन्म और बचपन

मिर्ज़ा असदउल्लाख़ाँ का जन्म ननिहाल, आगरा में ही 29 दिसम्बर, 1797 ई. को, रात के समय, हुआ। चूँकि पिता फ़ौजी नौकरी में इधर-उधर घूमते रहे इसलिए ज़्यादातर इनका पालन-पोषण ननिहाल में ही हुआ। जब यह पाँच साल के थे तभी पिता का देहावसान हो गया। पिता के बाद चचा नसरुल्लाबेगख़ाँ ने इन्हें बड़े प्यार से पाला। नसरुल्लाबेग मराठों की ओर से आगरा के सूबेदार थे पर जब लॉर्ड लेक ने मराठों को हराकर आगरा पर अधिकार कर लिया तब यह पद भी टूट गया और उसकी जगह एक अँग्रेज़ कमिश्नर की नियुक्ति हुई। किन्तु नसरुल्लाबेगख़ाँ के साले लोहारू के नवाब फ़ख्रउद्दौल्ला अहमदबख्श-ख़ाँ की लॉर्ड लेक से मित्रता थी। उनकी सहायता से नसरुल्लाबेग अँग्रेज़ी सेना में 400 सवारों के रिसालदार नियुक्त हो गये। रिसाले तथा इनके भरण-पोषण के लिए 1700 रु. तनख़्वाह तय हुई। इसके बाद मिर्ज़ा ने स्वयं लड़कर भरतपुर के निकट सोंक और सोंसा के दो परगने होलकर के सिपाहियों से छीन लिये जो बाद में लार्ड लेक द्वारा इन्हें दे दिए गये। उस समय सिर्फ़ इन परगनों की लाख-डेढ़ लाख की सालाना आमदनी थी।

पर एक ही साल बाद चचा की मृत्यु हो गयी।[1] लॉर्ड लेक द्वारा नवाब अहमदबख़्शख़ाँ को फ़ीरोज़पुर झुर्का का इलाक़ा पचीस हज़ार सालाना कर पर मिला हुआ था। नसरुल्लाख़ाँ की मृत्यु के बाद उन्होंने यह फ़ैसला करा लिया कि 'पचीस हज़ार का कर माफ़ कर दिया जाए। इसकी जगह 50 सवारों का एक रिसाला रखूँ जिस पर पन्द्रह हज़ार सालाना ख़र्च होगा और जो आवश्यकता पड़ने पर अँग्रेज़ सरकार की सेवा के लिए भेजा जाएगा। शेष 10 हज़ार नसरुल्लाख़ाँ के उत्तराधिकारियों को वृत्ति-रूप में दिया जाए।'[2] यह शर्त मान ली गयी।

यह ठीक है कि बाप की मृत्यु के बाद चचा ने इनका पालन किया पर शीघ्र ही उनकी मृत्यु हो गयी और यह अपनी ननिहाल आ गये। पिता स्वयं घर-जमाई की तरह, सदा ससुराल में रहे। वहीं उनकी सन्तानों का भी पालन-पोषण हुआ। ननिहाल ख़ुशहाल था। इसलिए ग़ालिब का बचपन ज़्यादातर वहीं बीता और बड़े आराम से बीता। उन लोगों के पास क़ाफी जायदाद थी। ग़ालिब ख़ुद अपने एक पत्र में 'मफ़ीदुल ख़लायक़' प्रेस के मालिक मुंशी शिवनारायण को, जिनके दादा के साथ ग़ालिब के नाना की गहरी दोस्त थी, लिखते हैं :

'हमारी बड़ी हवेली वह है जो अब लक्खीचन्द सेठ ने मोल ली है। इसी के दरवाज़े की संगीन बारहदरी पर मेरी नशस्त थी।[3] और पास उसी के एक 'खटियावाली हवेली' सलीमशाह के तकिया के पास दूसरी हवेली और काले महल से लगी हुई एक और हवेली और इससे आगे बढ़कर एक कटरा कि वह 'गड़रियोंवाला' मशहूर था और एक कटरा कि वह 'कश्मीरनवाला' कहलाता था,

---

1. किसी लड़ाई में लड़ते हुए हाथी से गिरकर 1806 में इनका देहावसान हुआ था।
2. न जाने कैसे, इसके एक मास बाद ही 7 जून, 1806 ई. को, गुप्त रूप से, नवाब अहमद-बख़्शख़ाँ ने अँग्रेज़ सरकार से एक दूसरा आज्ञापत्र प्राप्त कर लिया जिसमें लिखा था कि नसरुल्लाबेगख़ाँ के सम्बन्धियों को पाँच हज़ार सालाना पेंशन निम्नलिखित रूप में दी जाए :
   (क) ख्वाज़ा हाजी (जो 50 सवारों के अफ़सर थे)—दो हज़ार सालाना।
   (ख) नसरुल्लाबेग की माँ और तीन बहनें—डेढ़ हज़ार सालाना।
   (ग) मीरज़ा नौशा और मीरज़ा यूसुफ़ (नसरुल्ला के भतीजों) को डेढ़ हज़ार सालाना। इस प्रकार 10 हज़ार से 5 हज़ार हुए, और 5 हज़ार में भी सिर्फ़ 750-750 सालाना ग़ालिब और उनके छोटे भाई को मिले।
3. 'यह बड़ी हवेली...अब भी पीपलमंडी आगरा में मौजूद है। इसी का नाम 'काला' (कलाँ ?) महल है। यह निहायत आलीशान इमारत है। यह किसी ज़माने में राजा गजसिंह की हवेली कहलाती थी। राजा गजसिंह जोधपुर के राजा सूरजसिंह के बेटे थे और अहदे जहाँगीर में इसी मकान में रहते थे। मेरा ख़्याल है कि मिर्ज़ा की पैदाइश इसी मकान में हुई होगी। आजकल (1938 ई.) यह इमारत एक हिन्दू सेठ की मिल्कियत है और इसमें लड़कियों का मदरसा है।'—*'ज़िक्रे-ग़ालिब'* (मालिकराम), नवीन संस्करण, पृष्ठ 21

इस कटरे के एक कोठे पर मैं पतंग उड़ाता था और राजा बलवान सिंह से पतंग लड़ा करते थे।'

शिक्षण

मतलब ननिहाल में मज़े से गुज़रती थी। आराम ही आराम था। एक ओर ख़ुशहाल परन्तु पतनशील उच्च मध्यवर्ग की जीवन-विधि के अनुसार इन्हें पतंग, शतरंज और जुए की आदत लगी, दूसरी ओर उच्चकोटि के बुज़ुर्गों की सोहबत का लाभ मिला। इनकी माँ स्वयं शिक्षिता थीं पर ग़ालिब को नियमित शिक्षा कुछ ज़्यादा नहीं मिल सकी। हाँ, ज्योतिष, तर्क, दर्शन, संगीत एवं रहस्यवाद इत्यादि से इनका कुछ-न-कुछ परिचय होता गया। फ़ारसी की प्रारम्भिक शिक्षा इन्होंने आगरा के उस समय के प्रतिष्ठित विद्वान मौलवी मोहम्मद मोवज़्ज़म से प्राप्त की। इनकी ग्रहणशक्ति इतनी तीव्र थी कि बहुत जल्द वह ज़हूरी जैसे फ़ारसी कवियों का अध्ययन अपने-आप करने लगे बल्कि फ़ारसी में ग़ज़ल भी लिखने लगे।

अब्दुस्समद ईरानी का प्रभाव

इस ज़माने (1810-1811 ई.) में मुल्ला अब्दुस्समद ईरान से घूमते-फिरते आगरा आये और इन्हीं के यहाँ दो साल तक रहे। यह ईरान के एक प्रतिष्ठित एवं वैभवसम्पन्न व्यक्ति थे और यज़्द के रहनेवाले थे। पहले ज़रतुस्त्र के अनुयायी थे पर बाद में इस्लाम को स्वीकार कर लिया था। इनका पुराना नाम हरमुज़्द था। फ़ारसी तो उनकी घुट्टी में थी। अरबी का भी उन्हें बहुत अच्छा ज्ञान था। इस समय मिर्ज़ा 14 साल के थे और फ़ारसी में उन्होंने अच्छी योग्यता प्राप्त कर ली थी। अब मुल्ला अब्दुस्समद जो आये तो उनसे दो वर्ष तक मिर्ज़ा ने फ़ारसी भाषा एवं काव्य की बारीकियों का ज्ञान प्राप्त किया और उनमें ऐसे पारंगत हो गये जैसे ख़ुद ईरानी हों। अब्दुस्समद इनकी प्रतिभा से चकित थे और उन्होंने अपनी सारी विद्या इनमें उँडेल दी। वह इनको बहुत चाहते थे। जब वह स्वदेश लौट गये तब भी दोनों का पत्र-व्यवहार जारी रहा। एक बार गुरु ने शिष्य को एक पत्र में लिखा: ''ऐ अजीज़! च: कसी? कि बाई हमऽ आज़ादेहा गाह गाह बख़ातिर मी गुज़री।''[1] इससे स्पष्ट है कि मुल्लासमद अपने शिष्य को बहुत प्यार करते थे।

---

1. *'यादगारे-ग़ालिब'* (हाली)—इलाहाबादी संस्करण पृष्ठ, 14-15

काज़ी अब्दुल वदूद तथा एक-दो और विद्वानों ने अब्दुस्समद को एक कल्पित व्यक्ति बताया है। कहा जाता है कि मिर्ज़ा से स्वयं भी एकाध बार सुना गया कि ' 'अब्दुस्समद' एक फ़र्ज़ी नाम है। चूँकि मुझे लोग बे-उस्ताद कहते थे, उनका मुँह बन्द करने को मैंने एक फ़र्ज़ी उस्ताद गढ़ लिया है।'* पर इस तरह की बातें केवल अनुमान और कल्पना पर आधारित हैं। अपने शिक्षण के सम्बन्ध में स्वयं मिर्ज़ा ने एक पत्र में लिखा है :

'मैंने अय्यामे-दबिस्ताँ नशीनी में[1] 'शरह मातए-आमिल' तक पढ़ा। बाद इसके लहवो-लईब[2] और आगे बढ़कर फिस्क़ व फ़िजूर[3], ऐशो-इशरत में मुनहमिक[4] हो गया। फ़ारसी ज़बान से लगाव और शेरो-सख़ुन का ज़ौक़ फ़ितरी व तबई[5] था। नागाह एक शख़्स कि सासा ने पंजुम की नस्ल में से...मन्तक़ व फ़िलसफ़ा में[6] मौलवी फ़ज़ल हक़ मरहूम का नज़ीर मोमिने[7] मूहिद व सूफ़ी-साफ़ी[8] था, मेरे शहर में वारिद[9] हुआ और लताएफ़[10] फ़ारसी...और ग़वामज़े[11] फ़ारसी आमेख़्ता ब अरबी इससे मेरे हाली हुए। सोना कसौटी पर चढ़ गया। ज़ेहन माऊज न था। ज़बाने-दरी से पैवन्दे अज़ली और उस्ताद बेमुबालग़ा...था। हक़ीक़त इस ज़बान की दिलनशीन व ख़ातिरनिशान[12] हो गयी।''[13]

बौद्धिक वातावरण

पर इनमें उच्च प्रेरणाएँ जाग्रत करने का काम इस शिक्षण से भी ज़्यादा उस वातावरण ने किया जो इनके इर्द-गिर्द था। जिस मुहल्ले में वह रहते थे, वह (गुलाबख़ाना) उस ज़माने में फ़ारसी भाषा के शिक्षण का एक उच्च केन्द्र था। रूम के भाष्यकार मुल्ला वली मुहम्मद, उनके बेटे शम्सुल ज़ुहा, मौ. बदरुद्दिजा, आज़मअली आज़म तथा मौ० मुहम्मद कामिल वग़ैरह फ़ारसी के एक-से-एक विद्वान वहाँ रहते थे। वातावरण में फ़ारसीयत भरी थी इसलिए यह उससे प्रभावित न होते, यह कैसे सम्भव था?

तस्वीर का दूसरा रुख़

पर जहाँ एक ओर यह तालीम-तरबियत थी वहीं ऐशो-इशरत की महफ़िलें भी इनके इर्द-गिर्द बिखरी हुई थीं। दुलारे थे, पैसे-रुपये की कमी न थी, बाप एवं चचा के मर जाने से कोई दबाव रखनेवाला न था। किशोरावस्था, तबीयत में उमंगें,

---

* *'यादगारे-ग़ालिब'* (हाली)—इलाहाबादी संस्करण पृष्ठ, 13

1. पाठशाला में पढ़ने के दिनों में, 2. खेल-कूद, 3. दुराचरण, 4. तल्लीन, 5. प्राकृतिक, स्वाभाविक, 6. तर्कशास्त्र व दर्शन, 7. धर्मात्मा, 8. सन्त, 9. प्रविष्ट, 10. विशिष्टताएँ, 11. समीक्षा, 12. हृदय में बैठना। 13. यह इशारा मुल्ला अब्दुस्समद के लिए ही है।

यार-दोस्तों के मजमे, खाने-पीने, शतरंज, पतंगबाज़ी, यौवनोन्माद—सबका जमघट। आदतें बिगड़ गयीं। 'शोरे-सौदाए-परीचेह्रगाँ' ने आकर्षित किया। हुस्न के अफ़सानों में मन उलझा, चन्द्रमुखियों ने दिल को खींचा। ऐशो-इशरत का बाज़ार गर्म हुआ। 24-25 साल तक खूब रंगरलियाँ कीं पर बाद में उच्च प्रेरणाओं ने इन्हें ऊपर उठने को बाध्य किया। ज़्यादातर बुरी आदतें दूर हो गयीं पर मदिरापान की जो लत लगी सो मरते दम तक न छूटी।

काव्य की सुप्त धारा

इनकी काव्यगत प्रेरणाएँ स्वाभाविक थीं। बचपन से ही इन्हें शेरो-शायरी की लत लगी। इश्क़ ने उसे उभारा—गो वह इश्क़ बहुत छिछला और बाज़ारू था। जब यह मोहम्मद मोअज़्ज़म के मकतब में पढ़ते थे और दस-ग्यारह साल के थे तभी से इन्होंने शेर कहना शुरू कर दिया था। शुरू में बेदिल एवं शौक़त के रंग में कहते थे। बेदिल की छाप इन पर बचपन से ही पड़ी। पच्चीस साल की उम्र में दो हज़ार शेरों का एक दीवान तैयार हो गया। इसमें वही चूमा-चाटी, वही स्त्रैण भावनाएँ, वही पिटे-पिटाये मज़मून थे। एक बार उनके किसी हितैषी ने इनके कुछ शेर मीर तक़ी 'मीर' को सुनाये। सुनकर 'मीर' ने कहा, "अगर इस लड़के को कोई कामिल[1] उस्ताद मिल गया और उसने इसको सीधे रास्ते पर डाल दिया तो लाजवाब शायर बन जाएगा वर्ना महमिल[2] बकने लगेगा।"

'मीर' की भविष्यवाणी पूरी हुई। सचमुच यह महमिल बकने लगे थे पर अन्तःप्रेरणा एवं बुज़ुर्गों की कृपा से उस स्तर से ऊपर उठ गये। 'मीर' की मृत्यु के समय ग़ालिब केवल तेरह वर्ष के थे और दो ही तीन साल पहले उन्होंने शेर कहने शुरू किये थे। प्रारम्भ में ही इस छोकरे कवि की ग़ज़ल इतनी दूर लखनऊ में 'खुदाए-सख़ुन' 'मीर' के सामने पढ़ी गयी और 'मीर' ने, जो बड़ों-बड़ों को ख़ातिर में न लाते थे, इनकी सुप्त प्रतिभा को देखकर इनकी रचनाओं पर सम्मति दी, इससे जान पड़ता है कि प्रारम्भ से ही इनमें उच्च कवि के बीज थे।

विवाह

जब यह सिर्फ़ तेरह साल के थे, इनका विवाह लोहारू के नवाब अहमदबख़्शख़ाँ (जिनकी बहन से इनके चचा का ब्याह हुआ था) के छोटे भाई मिर्ज़ा इलाहीबख़्श

1. योग्य, समर्थ, 2. निरर्थक

ख़ाँ 'मारूफ़' की लड़की उमराव बेगम के साथ 9 अगस्त, 1810 ई. को सम्पन्न हुआ था। उमराव बेगम ग्यारह साल की थीं। इस तरह लोहारू राजवंश से इनका सम्बन्ध और दृढ़ हो गया। पहले भी वह बीच-बीच में दिल्ली जाते रहते थे पर शादी के दो-तीन साल बाद तो दिल्ली के ही हो गये। वह स्वयं 'उर्दू-ए-मोअल्ला' (पृष्ठ 381 पर एक ख़त) में इस घटना का ज़िक्र करते हुए लिखते हैं:

'7 रज़्ब 1225 हिजरी को मेरे वास्ते हुक्म दवामे हब्स[1] सादिर[2] हुआ। एक बेड़ी (यानी बीवी) मेरे पाँव में डाल दी और दिल्ली शहर को ज़िन्दान[3] मुक़र्रर किया और मुझे इस ज़िन्दाँ में डाल दिया।'

मुल्ला अब्दुस्समद 1810-11 ई. में अकबराबाद आये थे और दो वर्ष के शिक्षण के बाद असदउल्ला ख़ाँ (ग़ालिब) उन्हीं के साथ आगरा से दिल्ली गये। दिल्ली में यद्यपि वह अलग घर लेकर रहे पर इतना तो निश्चित है कि ससुराल की तुलना में इनकी अपनी सामाजिक स्थिति बहुत हलकी थी। इनके ससुर इलाहीबख़्शख़ाँ को राजकुमारों का ऐश्वर्य प्राप्त था। यौवनकाल में इलाहीबख़्श की जीवन-विधि को देखकर लोग उन्हें 'शहज़ादए-गुलफ़ाम' कहा करते थे। इससे अन्दाज़ लगाया जा सकता है कि उनकी बेटी का पालन-पोषण किस लाड़-प्यार के साथ हुआ होगा। असदउल्ला ख़ाँ शक्ल-सूरत से बड़ा आकर्षक व्यक्तित्व रखते थे; उनके बाप-दादे फ़ौज़ में उच्चाधिकारी रह चुके थे इसलिए ससुर को आशा रही होगी कि असदउल्ला भी आला रुतबे तक पहुँचेंगे एवं बेटी ससुराल में सुखी रहेगी पर वह न होना था, न हुआ। आख़ीर तक यह शेरो-शाइरी में पड़े रहे और उमराव बेगम, बाप के घर बाहुल्य के बीच पली, लड़की को ससुराल में वे सब सुख सपने हो गये।

मिर्ज़ा के ससुर इलाहीबख़्श ख़ाँ न केवल वैभवशाली थे वरन् चरित्रवान्, धर्मनिष्ठ तथा अच्छे कवि भी थे। वह जौक़ के शिष्यों में थे। ससुराल का वंश-वृक्ष देखने से ही उसकी श्रेष्ठता एवं वैभव का पता चलता है। श्रीमुहम्मद अकराम ने 'आसारे-ग़ालिब' में इनकी ससुराल का अग्रलिखित वंशवृक्ष दिया है :

---

1. स्थायी क़ैद, 2. जारी, 3. कारागार

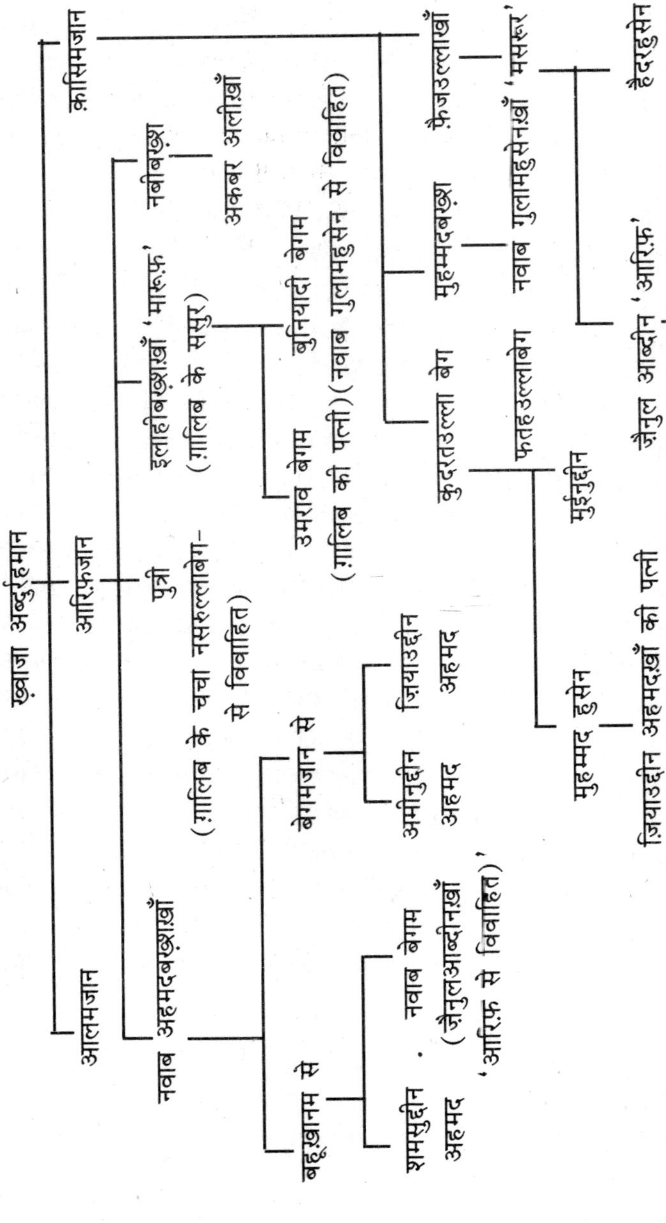

ख़्वाजा अब्दुर्रहमान
आलमजान
आरिफ़जान
क़ासिमजान
नवाब अहमदबख़्शख़ाँ
पुत्री
(ग़ालिब के चचा नसरुल्लाबेग-
से विवाहित)
इलाहीबख़्शख़ाँ 'मारूफ़'
(ग़ालिब के ससुर)
नबीबख़्श
अकबर अलीख़ाँ
बहूख़ानम से
बेगमजान से
शमसुद्दीन
अहमद
नवाब बेगम
(ज़ैनुलआब्दीनख़ाँ
'आरिफ़ से विवाहित)'
अमीनुद्दीन
अहमद
ज़ियाउद्दीन
अहमद
उमराव बेगम
(ग़ालिब की पत्नी)
बुनियादी बेगम
(नवाब गुलामहुसेन से विवाहित)
कुदरतउल्ला बेग
मुहम्मदबख़्श
फ़ैजउल्लाख़ाँ
फतहउल्लाबेग
मुईनुद्दीन
मुहम्मद हुसेन
ज़ियाउद्दीन अहमदख़ाँ की पत्नी
नवाब गुलामहुसेनख़ाँ 'मसरूर'
ज़ैनुल आब्दीन 'आरिफ़'
हैदरहुसेन
बाक़र अलीख़ाँ
हुसेन अलीख़ाँ

आगरा और दिल्ली का असर

विवाह के दो-तीन साल बाद मिर्ज़ा स्थायी रूप से दिल्ली आ गये और उनके जीवन का अधिकांश भाग दिल्ली में ही गुज़रा। ग़ालिब के पिता की अपेक्षा उनके चचा की हालत कहीं अच्छी थी और उनका सम्मान भी अधिक था। पिता का तो अपना घर भी न था; वह जन्म-भर इधर-उधर मारे-मारे फिरते रहे; जब तक रहे, घर-जमाई रहे। घर-जमाई का ससुराल में प्रधान स्थान नहीं होता क्योंकि उसकी सारी स्थिति अपनी पत्नी से पायी हुई स्थिति होती है। मिर्ज़ा का बचपन ननिहाल में आराम से भले बीता हो पर बाप के मरने के बाद उनके जैसे भावुक बच्चे पर अपनी यतीमी का असर पड़ा होगा; उन्होंने कभी यह भी ख़याल किया होगा कि मेरा इसमें क्या है। चचा की मृत्यु के बाद ये विचार और प्रबल एवं कष्टजनक हुए होंगे। यतीमी के कारण इनका ठीक राह से भटक जाना और लफंगई करना स्वाभाविक-सा रहा होगा। दिल्ली आने का भी कारण यही रहा होगा कि वहाँ कुछ अपना बना सकूँगा। दिल्ली आने पर कुछ समय तक तो माँ कभी-कदाच इनकी सहायता करती रहीं पर मिर्ज़ा के असंख्य पत्रों में कहीं भी मामा वग़ैरा से किसी प्रकार की मदद मिलने का उल्लेख नहीं है। इसलिए जान पड़ता है, धीरे-धीरे इनका सम्बन्ध ननिहाल से बिलकुल ख़त्म हो गया था।

दिल्ली में ससुर तथा उनके प्रतिष्ठित साथियों एवं मित्रों के काव्य-प्रेम का इन पर अच्छा असर हुआ। इलाहीबख़्शख़ाँ पवित्र एवं रहस्यवादी प्रेम से पूर्ण काव्य-रचना करते थे। वह पवित्र विचारों के आदमी थे। उनके यहाँ सूफ़ियों तथा शायरों का जमघट रहता था। निश्चय ही ग़ालिब पर इन गोष्ठियों का अच्छा असर पड़ा होगा। यहाँ उन्हें तसव्वुफ़ का परिचय मिला होगा, और धीरे-धीरे यह जन्मभूमि आगरा में बीते बचपन तथा बाद में किशोरावस्था में दिल्ली में बीते दिनों के बुरे प्रभावों से मुक्त हुए होंगे। दिल्ली आने पर शुरू-शुरू में तो मिर्ज़ा का वही तर्ज़ रहा, पर बाद में यह सँभल गये।

प्रारम्भिक काव्य

कहा जाता है कि मनुष्य की कृतियाँ उसके अन्तर का प्रतीक होती हैं। मनुष्य जैसा अन्दर से होता है, उसी के अनुकूल वह अपनी अभिव्यक्ति कर पाता है। चाहे कैसा ही भ्रामक परदा हो, अन्दर की झलक कुछ न कुछ परदे से छनकर आ ही जाती है। इनके प्रारम्भिक काव्य के चन्द नमूने लीजिए।

नियाज़े-इश्क़[1], ख़िर्मनसोज़ असबाबे-हविस बेहतर।
जो हो जावें निसारे-बर्क़[2] मुश्ते-ख़ारो-ख़स बेहतर।

× × ×

देखता हूँ उसे थी जिसकी तमन्ना मुझको।
आज बेदारी[3] में है ख़्वाबे-ज़ुलेखा मुझको।

× × ×

हँसते हैं देख-देखके सब नातवाँ[4] मुझे।
यह रंगे-ज़र्द[5] है चमने-ज़ाफ़राँ[6] मुझे।

× × ×

देख वह बर्क़े[7]-तबस्सुम बस कि दिल बेताब है।
दीदए-[8]गिरियाँ मेरा फ़ौआरए-सीमाब[9] है।
खोलकर दरवाज़ए मैख़ाना बोला मैफ़रोश,
अब शिकस्ते-तोबा[10] मयख़ारों को फतहुलबाब है।

× × ×

इक गर्म आह की तो हज़ारों के घर जले।
रखते हैं इश्क़ में य असर हम जिगरजले।
परवाने का न ग़म हो तो फिर किसलिए 'असद'
हर रात शमअ शाम से ले तासहर जले।

× × ×

ज़ख़्मे-दिल तुमने दुखाया है कि जी जाने है।
ऐसे हँसते को रुलाया है कि जी जाने है।

× × ×

सबा लगा वो तमाँचा तरफ़ से बुलबुल की
कि रूए-गुंचए-गुल[11] सूए-आशियाँ[12] फिर जाय।

ऊपर जो शेर दिए गये हैं उनमें एक संवेदना, रसशीलता तो है पर उनकी अपेक्षा उनमें एक छटपटाहट, बेचैनी, जवानी के उड़ते हुए सपनों की छाया और कृत्रिम कल्पनाओं की उछल-कूद अधिक है। कोई मौलिक भावना नहीं; कोई उथल-पुथल कर देनेवाली प्रेरणा नहीं। हाँ, इतना है कि बचपन से ही इनमें कवि-प्रतिभा के बीज दिखाई पड़ते हैं। सात-आठ साल की उम्र में यह उर्दू (रेख़ती) तथा ग्यारह-बारह साल में फ़ारसी में कविता करने लगे थे।

---

1. प्रेम का परिचय, 2. विद्युत् पर न्योछावर, 3. जागरण, 4. दुर्बल, 5. पीत रंग, 6. केसर का उद्यान, 7. मुसकराहट की बिजली, 8. रुदनशील नयन, 9. पारद, 10. न पीने की प्रतिज्ञा का उल्लंघन, 11. पुष्प-कलिका का मुख, 12. घोंसले की ओर

फ़ज़लहक़ ख़ैराबादी का प्रभाव

जैसा मैं पहले लिख चुका हूँ, दिल्ली आने पर भी बहुत दिनों तक यह अपने उसी आगरा के रंग में रहे। ऐशो-इशरत, दिल्ली की सौदेबाज़ी और समय रईसज़ादों की तरह राग-रंग या फ़िजूल के कामों में बिताना। पर इनके हाथों उर्दू का उत्कर्ष होना था; संयोगवश इनकी मुलाक़ात मौलवी फ़ज़लहक़ ख़ैराबादी से हो गयी। धीरे-धीरे दोनों में गहरी मित्रता और घनिष्ठता हो गयी। मौ० फ़ज़लहक़ साहित्य एवं धर्म के गहरे अध्येता तो थे ही, काव्य के भी अच्छे पारखी थे। इस ज़माने की दिल्ली यद्यपि राजनीतिक दृष्टि से बेदम, बेजान थी पर वहाँ कुछ ऐसे विचारक एकत्र हो गये थे जो समझते थे कि धार्मिक गतानुगतिकता ही हमारे पतन का मुख्य कारण है। वे स्वतन्त्र विचार की प्रेरणा देते थे। ऐसे लोगों में शाहइस्माइल तथा सय्यद अहमद बरेलवी मुख्य थे। सर सय्यद अहमदख़ाँ ने इनके स्वतन्त्र विचार के इस आन्दोलन की तुलना लूथर के 'रिफ़ार्मेशन' आन्दोलन से की है। इसके विरुद्ध पुरानी परम्परा के विद्वानों का दल था जिसके नेता मौ० फ़ज़लहक़ ख़ैराबादी और शाह नसीर थे। मौ० फ़ज़लहक़ ने अपने जीवन और आचरण से ग़ालिब पर बहुत प्रभाव डाला। ग़ालिब उनकी बड़ी इज़्ज़त करते थे, पर ग़ालिब के विचार एवं चिन्तना नवीन आन्दोलन के अनुकूल थी। तरुणवर्ग शाह इस्माइल का अनुयायी था और ग़ालिब तथा मोमिन दोनों इस सुधार एवं स्वतन्त्र चेतना के पक्षपाती थे।

बहरहाल, विचार-वैभिन्य होते हुए भी फ़ज़लहक़ ने अपने घनिष्ठ संसर्ग एवं आचरण से ग़ालिब पर गहरा असर डाला। ग़ालिब इन्हें बहुत मानते थे, इनका सम्मान तथा इनकी पवित्रता एवं काव्यानुभूति का समादर करते थे। इनकी मित्रता ने वह काम किया जो पहले किसी से न हुआ था। फ़ज़लहक़ ने इनके काव्य को नये रास्ते पर मोड़ा; पुराने एवं निरर्थक काव्य के संशोधन पर बाध्य किया। इनके और एक दूसरे मित्र मिर्ज़ाख़ानी कोतवाल के अनुरोध पर ही ग़ालिब ने अपनी पुरानी ग़ज़लों के निस्सार भागों को काटकर निकाल दिया था तथा काट-छाँटकर एक छोटा दीवान बनाया जो आज इतना लोकप्रिय है।

काव्य पर आक्षेप

मौ०फ़ज़लहक़ ने ग़ालिब के व्यक्तित्व को एक नयी मोड़ दी, तथा काव्य में भी एक नयी मोड़ लाने में सफल हुए। बात यह है कि जब 'असद' (ग़ालिब का पूर्व कवि-नाम) ने ग़ज़लें सुनानी शुरू कीं तो इनके शेरों की विचित्रता पर बड़ा तूफ़ान उठा; लोगों ने बड़ी आलोचना की पर अपने हठ में यह उन आपत्तियों की परवाह न करते थे। इन छिद्रान्वेषकों को ही लक्ष्य कर उन्होंने अगरा में एक रुबाई कही थी :

मुश्किल है ज़िबस[1] कलाम मेरा ऐ दिल।
होते हैं मलूल[2] इसको सुनके जाहिल[3]।
आसान कहने की करते हैं .फ़र्माइश,
गोयम मुश्किल वगर्ना गोयम मुश्किल।[4]

पर न केवल आगरा में बल्कि दिल्ली में भी ये आक्षेप जारी रहे। यह कोई विचित्रता–अद्भुतता लाने को ही काव्योत्कर्ष समझते थे। इससे इनका काव्य दुरूह हो जाता था। लोग इनके काव्य को बेमानी और महमिल बताते थे। मुशायरा में, गोष्ठियों में, जलसों में, महफ़िलों में इनकी 'मुश्किल-गोई' (काव्य-जटिलता) के चर्चे होते थे। लोग कहते : 'अच्छा तो कहते हैं पर भई बहुत मुश्किल कहते हैं।' कुछ ने कहा: 'क्या अच्छा, क्या बुरा, महमिल बकते हैं।' लोगों की भावना को किसी ने शेरों में भी प्रकट किया :

अगर अपना कहा तुम आप ही समझे तो क्या समझे,
मज़ा कहने का जब है एक कहे और दूसरा समझे।
कलामे-मीर समझे और ज़बाने-मीरज़ा समझे,
मगर इनका कहा यह आप समझें या .ख़ुदा समझे।

एक बार की बात है कि मौ. अब्दुल क़ादिर रामपुरी ने, जो बड़े हास्यप्रिय थे, मिर्ज़ा से किसी मौक़े पर कहा कि आपका एक उर्दू शेर समझ में नहीं आता और उसी समय दो मिस्रे ख़ुद मौज़ूँ करके मिर्ज़ा के सामने पढ़े :

पहले तो रोग़ने-गुल भैंस के अंडे से निकाल,
फिर दवा जितनी है कुल भैंस के अंडे से निकाल।

मिर्ज़ा सुनकर सख़्त हैरान हुए और कहा, यह मेरा शेर नहीं। मौ. अब्दुल क़ादिर ने कहा कि मैंने ख़ुद आपके दीवान में देखा है और दीवान हो तो मैं दिखा सकता हूँ। आख़िर मिर्ज़ा को मालूम हुआ कि मुझ पर पैराये में एतराज़ करते हैं।[5]

लोगों के आक्षेप पर चिढ़कर कहा था :

---

1. बहुत, 2. खिन्न।
3. बाद में इसे बदलकर यों कर दिया :
   सुन-सुनके उसे सख़ुनवराने क़ामिल।
4. अर्थात् आसान कहता हूँ तो मेरे लिए कठिनाई है और अगर नहीं कहता हूँ तो भी कठिनाई है।
5. यादगारे-ग़ालिब।

न सताइश[1] की तमन्ना न सिले[2] की परवा,
गर नहीं हैं मेरे अशआर में मानी न सही।

जैसा लिखा जा चुका है, बाद में मौ. फ़ज़्लहक़ की मित्रता एवं सलाह से इन्होंने न केवल अपने पुराने दीवान का संशोधन एवं चयन किया वरन् आगे के लिए भी अपनी राह बदल दी यद्यपि अपनी मौलिकता क़ायम रखी। न केवल काव्य में वरन् जीवन में भी परिष्कार हुआ। शराब तो न छूटी पर लफंगई छूट गयी।

अर्थ-कष्ट का आरम्भ

पर विवाह के बाद इनकी आर्थिक कठिनाइयाँ बढ़ती ही गयीं। आगरा में, ननिहाल में, इनके दिन आराम व आसाइश से बीतते थे। 'शाहिद व शमअ व शराब व शकर व नालये-सरूद' की तृप्ति के लिए कोई कठिनाई न थी। दिल्ली में भी कुछ दिनों तक वही रंग रहा। साढ़े सात सौ सालाना पेंशन नवाब अहमदबख़्श के यहाँ से मिलती थी। वह यों भी कुछ न कुछ देते रहते थे। माँ के यहाँ से भी कभी-कभी कुछ आ जाता था। अलवर से भी कुछ मिल जाता था। इस तरह मज़े में गुज़रती थी। पर शीघ्र ही पासा पलट गया।

1822 ई. में ब्रिटिश सरकार एवं अलवर दरबार की स्वीकृति से नवाब अहमदबख़्श ख़ाँ ने अपनी जायदाद का बँटवारा यों किया कि उनके बाद फ़ीरोज़पुर झुर्का की गद्दी पर उनके बड़े लड़के शम्सुद्दीन अहमद खाँ बैठें तथा लोहारू की जागीर उनके दोनों छोटे बेटों—अमीनुद्दीन अहमद खाँ और ज़ियाउद्दीन अहमद खाँ—को मिले। शम्सुद्दीन अहमद की माँ बहूख़ानम थीं और अन्य दोनों की बेगमजान। स्वभावत: दोनों औरतों में प्रतिद्वन्द्विता थी और भाइयों के दो गिरोह बन गये थे। आपस में पटती न थी। बाद में झगड़ा न हो, इस भय से नवाब अहमदबख़्शख़ाँ ने अपने जीवनकाल में ही इस बँटवारे को कार्यान्वित कर दिया और स्वयं एकान्तवास करने लगे। इस प्रकार शम्सुद्दीन अहमदख़ाँ फ़ीरोज़पुर झुर्का के नवाब हो गये और दूसरे भाइयों को लोहारू का इलाक़ा मिल गया।

ग़ालिब की मुसीबतें

इस बँटवारे से ग़ालिब भी प्रभावित हुए। भविष्य के लिए इनकी पेंशन नवाब शम्सुद्दीन अहमदख़ाँ से सम्बद्ध हो गयी जबकि इनका सम्बन्ध अन्य दो भाइयों से अधिक मित्रतापूर्ण था। इसलिए उनकी पेंशन में तरह-तरह के रोड़े अटकाये गये और एप्रिल 1831 में वह बिलकुल बन्द कर दी गयी। यद्यपि 1835 में नवाब शम्सुद्दीन की गिरफ़्तारी के बाद पुन: जारी हुई और 1837 में चार वर्ष का बकाया

1. प्रशंसा, 2. पुरस्कार।

पूरे–का–पूरा मिला। पर बीच में सारी व्यवस्था भंग हो जाने से बड़ा कष्ट हुआ। क़र्ज़ बढ़ा। फिर नवाब अहमदबख़्श ख़ाँ बीच–बीच में जो कुछ देते रहते थे, वह भी बन्द हो गया क्योंकि वह बिलकुल एकान्तवासी हो गये थे और किसी मामले में दख़ल नहीं देते थे। ग़ालिब की यह हालत देख ऋणदाताओं ने भी अपने रुपये माँगना शुरू किया। तक़ाज़ों से इनका नाकों दम हो गया। इधर यह हाल था, उधर ग़ालिब के छोटे भाई मिर्ज़ा यूसुफ़ भरी जवानी—अट्ठाइस वर्ष की आयु में पागल हो गये। चारों ओर से कठिनाइयाँ एवं मुसीबतें एक साथ उठ खड़ी हुईं और ज़िन्दगी दूभर हो गयी।

इधर यह अर्थकष्ट एवं अन्य विपत्तियाँ, उधर ग़रीबी में भी अमीरी शान। ससुराल के कारण मिर्ज़ा का परिचय दिल्ली के सबसे अधिक प्रतिष्ठित समाज में हो गया था। बड़ों–बड़ों से उनका मिलना–जुलना और मित्रता थी। उधर साढ़े बासठ रुपये मसिक की आय, इधर ससुराल का वैभवपूर्ण जीवन। मिर्ज़ा शानवाले आदमी, वह अपनी पत्नी के मायके में किसी के आगे सिर नीचा न होने देते थे। शेरो–शाइरी के कारण भी इनकी प्रतिष्ठा थी। इसलिए थोड़ी आमदनी में ऊपरी शानो–शौक़त क़ायम रखना और मुश्किल हो रहा था। ससुराल की रियासत में से पेंशन का जो इन्तज़ाम था उसमें से ख़्वाजा हाजी नामक एक और व्यक्ति का भी हिस्सा था। यह ख़्वाजा हाजी या उनके पिता ख़्वाजा क़ुतुबउद्दीन ग़ालिब के दादा क़ौक़ानबेगख़ाँ के साथ ही हिन्दुस्तान आये थे। कई लोगों ने उन्हें ग़ालिब के ही वंश का बताया है। उनका कहना है कि वह ग़ालिब के पूर्व पुरुष तरसमख़ाँ के छोटे भाई रुस्तमख़ाँ के वंश में थे। इस विषय में कुछ ठीक–ठीक नहीं कहा जा सकता। ख़ुद ग़ालिब का कहना तो यह था कि 'ख़्वाजा हाजी का बाप मेरे दादा कौकानबेगख़ाँ का साईस था और उसकी औलाद तीन पुश्त से हमारी नमकख़ार है।' पर सम्भव है, ग़ालिब ने जल–भुनकर ऐसा लिखा हो। इतना तो तय है कि दोनों सम्बन्धी थे क्योंकि जिस मिर्ज़ा जीवनबेग के पुत्र मिर्ज़ा अकबरबेग से ग़ालिब की बहन (मिर्ज़ा नसरुल्ला बेग की भतीजी) छोटी ख़ानम ब्याही थीं, उन्हीं जीवनबेग की कन्या अमीरुन्निसा बेगम से ख़्वाजा हाजी की शादी हुई थी। ख़्वाजा हाजी मिर्ज़ा नसरुल्लाबेगख़ाँ के अधीन उनके 400 सवारों के रिसाले में एक अफ़सर थे। बाद में जब वह रिसाला टूटा तो उसमें से पचास सवार नवाब अहमदबख़्शख़ाँ को दिए गये थे (जिसका वर्णन पहले किया जा चुका है)। ख़्वाजा हाजी इसी पचास सवारों के रिसाले के अफ़सर बना दिए गये थे। मतलब यह कि जब मिर्ज़ा नसरुल्लाबेगख़ाँ के परिवार एवं आश्रितों के लिए पाँच हज़ार वार्षिक पेंशन तय हुई तो उसमें से दो हज़ार ख़्वाजा हाजी को देने की व्यवस्था नवाब अहमदबख़्श ने कर दी थी। 1826 ई. में ख़्वाजा हाजी की मृत्यु हो गयी। ग़ालिब

ख़्वाजा हाजी को पेंशन देने के विरोधी थे पर यह सोचकर चुप हो गये थे कि पेंशन हाजी की जिन्दगी-भर के लिए ही है और उसकी मृत्यु पर हमें लौट आवेगी पर वैसा नहीं हुआ। हाजी का हिस्सा उसके दोनों बेटों शम्सुद्दीनख़ाँ (उर्फ़ ख़ाजा जान) और बदरुद्दीनख़ाँ (उर्फ़ ख़ाजा अमान) के नाम कर दिया गया। इससे वह और चिढ़ गये। उन्होंने विरोध भी किया पर उसका कोई परिणाम न हुआ। तब उन्होंने कलकत्ता जाकर इस निर्णय के विरुद्ध गवर्नर जनरल-इन-कौंसिल से अपील करने का निश्चय किया।

झगड़े का मूल

इस झगड़े का मूल रूप यह था कि नवाब अहमदबख़्श के तीन पुत्र थे नवाब अमीनुद्दीन तथा नवाब जियाउद्दीन और इन दोनों के सौतेले भाई और उर्दू के प्रसिद्ध कवि 'दाग़' के जनक नवाब शम्सुद्दीन।* अहमदबख़्श शम्सुद्दीन को ज़्यादा मानते थे और उन्होंने महाराज अलवर तथा ब्रिटिश सरकार की स्वीकृति से उन्हीं को अपना उत्तराधिकारी माना था। किन्तु इस निर्णय से दूसरे दो भाई स्वभावतः नाराज थे। झगड़ा खड़ा होने के डर से अहमदबख़्श ख़ाँ ने शम्सुद्दीन ख़ाँ को इस बात पर राज़ी किया कि परगना लोहारू, कुछ शर्तों के साथ, दूसरे दोनों भाइयों को दे दें। 1826 में यही हुआ था जिसका वर्णन पहले किया जा चुका है। शेष जागीर का प्रबन्ध शम्सुद्दीनख़ाँ ने अपने हाथों में ले लिया।

पर एक और कठिनाई थी। ग़ालिब के चचा नसरुल्लाख़ाँ की जागीर भी नवाब अहमदख़ाँ की जागीर में शामिल हो गयी थी।** इस अन्याय से मिर्ज़ा दुखी थे। नवाब अहमदबख़्शख़ाँ ने नसरुल्लाख़ाँ के उत्तराधिकारियों के भरण-पोषण के लिए वृत्ति देने का वादा किया था। नसरुल्लाख़ाँ के कोई सन्तान न थी।

---

* मुरक्का अलवर से मालूम होता है कि शम्सुद्दीनख़ाँ नवाब अहमदबख़्श के औरस पुत्र नहीं थे। अलवर के महाराज बख़्तावर सिंह के पास एक तवायफ़ थी—मूसी। उसकी दूर की बहन मुद्दी से नवाब अहमदबख़्श का सम्बन्ध हो गया। इस प्रकार यह उनकी रखैल थी। इससे चार बच्चे हुए थे—शम्सुद्दीन अहमद, इब्राहीम अली, नवाब बेगम और जहाँगीरा बेगम। नवाब बेगम का विवाह ज़ैनुलआब्दीनख़ाँ 'आरिफ़' से हुआ था। जहाँगीरा बेगम एक ईरानी मुहम्मद आज़म से ब्याही गयी। बाद में नवाब अहमदबख़्श ने मुग़ल नियाज़ मुहम्मद बेग की कन्या कुफ़ू बेगम से नियमानुसार विवाह किया जिससे चार सन्तानें हुईं—अमीनउद्दीन अहमद, ज़ियाउद्दीन अहमद, माहे-रुख़ बेगम और बादशाह बेगम। इस प्रकार शम्सुद्दीन को जायदाद मिलना ही अनियमित था पर नवाब उन्हें ही सबसे ज़्यादा चाहते थे। झगड़े का मूल यही था।

** पहले हम बता चुके हैं कि मिर्ज़ा नसरुल्लाख़ाँ को दो परगने दिए गये थे। बाद में वे भी फ़ीरोज़पुर-झुर्का में मिला दिए गये और तय पाया था कि नसरुल्लाख़ाँ के उत्तराधिकारियों

इसलिए स्वाभाविक उत्तराधिकार ग़ालिब तथा उनके छोटे भाई मिर्ज़ा यूसुफ़ तथा उनकी माँ-बहनों को मिलना चाहिए था। नसरुल्लाख़ाँ के उत्तराधिकारियों के लिए शुरू में दस हज़ार सालाना पेंशन नियत हुई थी। किन्तु नवाब अहमदबख़्श सिर्फ़ तीन हज़ार देते थे जिसमें से मिर्ज़ा के हिस्से में केवल साढ़े सात सौ आता था। आरम्भ में तो अहमदबख़्श से इनके सम्बन्ध बहुत अच्छे थे और वह समय-समय पर इन्हें और भी आर्थिक सहायता देते रहते थे। इसलिए मामले ने तूल नहीं पकड़ा पर 1826 ई. में ग़ालिब के ससुर एवं नवाब अहमदबख़्श ख़ाँ के छोटे भाई इलाहीबख़्शख़ाँ की मृत्यु हो गयी। स्वभावतः पुराने सम्बन्धों में कड़वाहट आ गयी। इस समय ग़ालिब 29 वर्ष के थे। उनकी ज़िन्दगी ऐशो-इशरत में बीती थी। लोग नवाब के साथ इनके सम्बन्ध के कारण कर्ज़ भी आसानी से दे देते थे पर अब जब वृत्ति में कमी कर दी गयी और नवाब से वह सुखद सम्बन्ध भी न रह गये तो ऋणदाताओं ने स्वभावतः रुपये माँगना शुरू कर दिया। ग़ालिब को अन्दरूनी बातें मालूम न थीं और वह यही समझे बैठे थे कि सरकार ने जो परगने दिए थे, वे दस हज़ार सालाना के थे और सिर्फ़ उनके चचा को दिए गये थे। इसलिए जब हाजी के लड़कों को वारिस बनाया गया तो उन्होंने उसका विरोध किया। नवाब अहमदबख़्श को समझाने के लिए वह खुद फ़ीरोज़पुर-झुर्का गये। वहाँ जाने पर मालूम हुआ कि नवाब साहब अलवर गये हुए हैं। उन्हें वहाँ कुछ दिन टिकना पड़ा। जब नवाब लौटे तब उन्होंने सारी बातें कहीं पर नवाब ने व्यवस्था में कोई परिवर्तन करने से इनकार कर दिया। तब वह निराश लौटे और उन्होंने ब्रिटिश सरकार से अपील करने का निश्चय किया, जिसकी चर्चा हम पहले कर चुके हैं।

उधर असलियत यह थी कि नसरुल्लाखाँ की मृत्यु के बाद उनकी जागीर (सोंख और सोंसा) अँग्रेज़ों ने ले ली थी। बाद में वह पच्चीस हज़ार सालाना पर अहमदबख़्श को दे दी गयी थी। 4 मई, 1806 को लॉर्ड लेक ने अहमदबख़्श-

को दस हज़ार सालाना पेंशन दी जाएगी। किन्तु यह रक़म गुप्त रूप से पाँच हज़ार कर दी गयी और इसमें ख़्वाजा हाजी का खानदान भी शामिल कर लिया गया एवं उसे दो हज़ार वार्षिक वृत्ति दी गयी। शेष तीन हज़ार में से ग़ालिब के हिस्से में 750 रु. सालाना आये।

ग़ालिब के चचा नसरुल्लाख़ाँ 1806 में मरे थे। उनके मरने पर ख़्वाजा हाजी ने जायदाद में हिस्सा पाने का दावा किया। नवाब अहमदबख्श ने स्वयं उसकी ओर से गवाही दी और वह जागीर हाजी को इस शर्त पर दे दी गयी कि उसी से नसरुल्लाख़ाँ के आश्रितों की भी मदद की जाए। नवाब अहमदबख्श ने हाजी को समझाया कि तुम्हारा इलाक़ा मेरे इलाक़े से मिला हुआ है। इसलिए तुमको मालगुज़ारी वसूल करने में कठिनाई होती है। इसे मेरे सुपुर्द करो। आमदनी तुम्हें भेजता रहूँगा। इसी समय तय हुआ कि दो हज़ार सालाना हाजी को और तीन हज़ार नसरुल्लख़ाँ के अन्य आश्रितों को मिला करेगा।

ख़ाँ से मिलनेवाली पच्चीस हज़ार वार्षिक की मालगुज़ारी इस शर्त पर माफ़ कर दी थी कि वह दस हज़ार सालाना नसरुल्लाख़ाँ के आश्रितों को दें। पर इसके चन्द दिनों बाद ही, 7 जून, 1806 को, नवाब अहमदबख़्श ने लॉर्ड लेक से मिल-मिलाकर इसमें गुपचुप परिवर्तन करा लिया था कि सिर्फ़ पाँच हज़ार सालाना ही नसरुल्लाख़ाँ के आश्रितों को दिए जाएँ और इसमें ख़्वाजा हाजी भी शामिल रहेगा। इस गुप्त परिवर्तन एवं संशोधन का ज्ञान ग़ालिब को नहीं था। इसलिए उन्होंने फ़ीरोज़पुर-झुर्का के शासक पर दावा दायर कर दिया कि उन्होंने एक तो आदेश के विरुद्ध पेंशन आधी कर दी, फिर उस आधी में भी ख़्वाजा हाजी को शामिल कर लिया।

कलकत्ता जाने का निश्चय

मिर्ज़ा का विश्वास था कि उनके कलकत्ता जाने और गवर्नर जनरल तथा अन्य उच्चाधिकारियों से मिलने का मुक़दमे पर अच्छा प्रभाव पड़ेगा। उस ज़माने में, जब यात्रा के साधन इतने सुलभ न थे, मिर्ज़ा ने बहुत विवश होने पर ही इस लम्बी यात्रा का निश्चय किया होगा। अगस्त, 1826 के लगभग वह दिल्ली से कलकत्ता जाने के लिए रवाना हुए। लखनऊ के काव्यप्रेमी एवं विद्वज्जन बहुत समय से इन्हें वहाँ बुला रहे थे, पर मौक़ा न मिलता था। अब जो कलकत्ता के लिए निकले तो कानपुर से लखनऊ होते हुए वहाँ जाना तय किया। लखनऊवालों ने उनका हार्दिक स्वागत किया; उन्हें सिर-आँखों पर बिठाया। निम्नलिखित क़ते में उन्होंने लखनऊ का ज़िक्र किया है :

वाँ पहुँचकर जो ग़श आता[1] पैहम है हमको।
सद[2] रहे आहंगे-ज़मीं[3] बोसे-क़दम[4] है हमको।

लखनऊ आने का बाइस[5] नहीं खुलता यानी,
हविसे-सैरो-तमाशा सो वह कम है हमको।

ता.क़ते-रंजे-स.फ़र ही नहीं पाते इतना,
हिज्रे-याराने-वतन[6] का भी अलम[7] है हमको।

मक़तए-सिलसिलए-शौक़[8] नहीं है यह शह्र,
अज़्मे-सैर नजफ़[9] व तूफ़े-हरम[10] है हमको।

---

1. लगातार, 2. शत, सैकड़ों, 3. संसार के इरादे, 4. चरणचुम्बी, 5. कारण, 6. वतन के मित्रों के वियोग, 7. दुःख, 8. उत्कंठा की शृंखला को विच्छिन्न करनेवाला, 9. नजफ़ (अरब का प्रसिद्ध नगर जहाँ हज़रतअली का मज़ार है) की सैर की इच्छा, 10. काबा की परिक्रमा।

*लिये जाती है कहीं एक तबक्कअ[1] ग़ालिब**
जादए-राह[2] काशिशे-काफ़े-करम[3] है हमको।

लखनऊ में

जब मिर्ज़ा लखनऊ पहुँचे तो उन दिनों ग़ाज़ीउद्दीन हैदर अवध के बादशाह थे। वह ऐशोइशरत में डूबे हुए इनसान थे, यद्यपि उन्हें भी शेरो-शायरी से कुछ-न-कुछ दिलचस्पी थी।** शासन का काम मुख्यतः नायब सल्तनत मोतमुद्दौला सय्यद मुहम्मदख़ाँ देखते थे जो लखनऊ के इतिहास में 'आग़ा मीर' के नाम से मशहूर हैं। अब तक 'आग़ा मीर' की ड्योढ़ी मुहल्ला लखनऊ में ज्यों-की-त्यों क़ायम है। उस समय आग़ा मीर में ही शासन की सब शक्ति केन्द्रित थी। वह सफ़ेद स्याह जो चाहते थे करते थे। यह आदमी शुरू में एक ख़ानसामा के रूप में नौकर हुआ था किन्तु शीघ्र ही नवाब बेगम और रेज़ीडेंट को ऐसा ख़ुश कर लिया कि वे इसके लिए सब कुछ करने को तैयार रहते थे। उन्हीं की मदद से वह इस पद पर पहुँच गया था। बिना उसकी सहायता के बादशाह तक पहुँच न हो सकती थी।

ग़ालिब के कुछ हितैषियों ने आग़ा मीर तक ख़बर पहुँचायी कि ग़ालिब लखनऊ में मौजूद हैं। आग़ा मीर ने कहलाया कि उन्हें मिर्ज़ा की मुलाक़ात से ख़ुशी होगी। मिलने की बात तय हुई परन्तु मिर्ज़ा ने यह इच्छा प्रकट की कि मेरे पहुँचने पर आग़ा मीर खड़े होकर मेरा स्वागत करें और मुझे नक़द-नज़र पेश करने से बरी रखा जाए। आग़ा मीर ने इन शर्तों को स्वीकार न किया इसलिए मुलाक़ात न हो सकी। ग़ालिब लखनऊ में लगभग पाँच महीने रहे और वहाँ से 27 जून, 1827 शुक्रवार को कलकत्ता के लिए रवाना हुए। अभी सफ़र में ही थे कि ग़ाज़ीउद्दीन हैदर का देहावसान हो गया और उनकी जगह नसीरउद्दीन हैदर गद्दी पर बैठे। बहरहाल आग़ा मीर से भेंट न होने के कारण जो फ़ारसी क़सीदा ग़ालिब ने दिल्ली से लखनऊ आने तथा अपनी मुसीबतों का ज़िक्र करते हुए लिखा था, वह अवध के बादशाह के सामने पेश न हो सका और नसीरउद्दीन हैदर के गद्दी पर बैठने के सात-आठ साल बाद नायब सल्तनत रोशनउद्दौला एवं मुंशी

---

1. आशा, 2. सम्बल, 3. कृपा-पुंज (अत्यधिक कृपा) का आकर्षण।

* पहले यह पाठान्तर था (बाद में बदल दिया) :
लायी है मोतमुद्दौला बहादुर की उमीद।

** इन्होंने 'नासिख' को 'मलिकुश्शुअरा' की उपाधि देकर अपने दरबार में रखना चाहा था पर नासिख ने यह कहकर ख़िताब वापस कर दिया कि गाज़ीउद्दीन को न तो दिल्ली के बादशाहों का मर्त्तबा हासिल है, न ब्रिटिश सरकार का ही बल एवं सम्मान प्राप्त है, मैं उनका दरबारी शायर होकर क्या करूँगा!

मुहम्मद हसन के माध्यम से दरबार तक पहुँचा और वहाँ पढ़ा गया। वहाँ से शायर को पाँच हज़ार रुपये इनाम देने का हुक्म हुआ पर इसमें से एक फूटी कौड़ी भी ग़ालिब को न मिली। 'नासिख' के कथनानुसार तीन हज़ार रोशनउद्दौला ने और दो हज़ार मुहम्मद हसन ने उड़ा लिये।

अन्य स्थानों की यात्रा

लखनऊ से कलकत्ता जाते हुए यह कानपुर, बाँदा, बनारस, पटना मुर्शिदाबाद ठहरे। लखनऊ से तीन दिन चलकर कानपुर पहुँचे। वहाँ से बाँदा गये। बाँदा में मौलवी मुहम्मदअली सदर अमीन ने इनके साथ बहुत अच्छा व्यवहार किया; इन्हें हर तरह का आराम दिया और कलकत्ता के प्रतिष्ठित एवं प्रभावशाली आदमियों के नाम पत्र भी दिए। बाँदा में ही इन्होंने वह ग़ज़ल लिखी थी जिसका निम्नलिखित शेर मशहूर है :

सताइशगर[1] है ज़ाहिद[2] इस क़दर जिस बाग़े-रिज़वाँ[3] का।
व एक गुलदस्ता है हम बेख़ुदों के ताक़े-नसियाँ[4] का।

यात्रा में कठिनाइयाँ भी आयी होंगी, निराशा भी हुई होगी। यात्राकाल की ग़ज़लों में इसकी भी ध्वनि है :

थी वतन में शान क्या 'ग़ालिब' कि हो गुरबत[5] में क़द्र,
बेतकल्लुफ़ हूँ वह मुश्ते-ख़स कि गुलख़न[6] में नहीं।

× × × ×

करते किस मुँह से हो ग़ुरबत की शिकायत 'ग़ालिब'
तुमको बेमेह्रिए याराने-वतन[7] याद नहीं?

× × ×

ज़ुल्मतकदे[8] में मेरे शबे-ग़म[9] का जोश है।
एक शमअ है दलीले-सेहर[10] सो ख़मोश है।

बाँदा से मोड़ा गये, मोड़ा से चिल्लातारा। फिर वहाँ से नाव द्वारा इलाहाबाद पहुँचे। जान पड़ता है, इलाहाबाद में कोई अप्रीतिकर साहित्यिक संघर्ष हुआ, पर उसका कोई विवरण कहीं नहीं मिलता। उनके एक फ़ारसी क़सीदे से सिर्फ़ इतना मालूम होता है कि वहाँ कुछ-न-कुछ हुआ था :

---

1. प्रशंसक, 2. विरक्त, संयम व्रत करनेवाला, 3. स्वर्गोपवन, 4. विस्मृति का ताक़, 5. परदेश-निवास, 6. भट्ठी, भाड़, 7. वतन के मित्रों की निष्ठुरता, 8. अँधेरी दुनिया, अँधेरा गृह, 9. शोकरात्रि 10. प्रभात का प्रमाण।

न.फ़स बलर्ज़ः ज़िवादे नहीबे कलकत्ता,
निगाहे .ख़ैर: ज़हंगामए इलाहाबाद।

बुतों के नगर बनारस में

इलाहाबाद में कुछ ज़्यादा ठहरना चाहते थे पर अवसर न मिला और यह बनारस के लिए रवाना हुए। बनारस पहुँचते-पहुँचते अस्वस्थ हो गये। पर बनारस के जादू ने जैसे 'हज़ीं' को मुग्ध कर लिया था, वैसे ही उसके चित्ताकर्षक दृश्यों ने इन्हें भी अनुगत बना लिया। बनारस इन्हें इतना भाया कि शाहजहानाबाद (दिल्ली) पर भी उसे तर्जीह दी :

जहाँ आबाद गर नबूद अलम नेस्त।
जहानाबाद बादाजाए कमनेस्त।
न बाशद .कह्त बह्रे आशियाने।
सरे शा.ख़े गुले दर गुलसिताने।
ब.ख़ातिर दारम ऐनक गुल ज़मीने।
बहार आईं सवादे दिलनशी ने।
कि मी आयद वदऊ आगाहे लाफ़िश।
जहाँ आबाद अज़ बह्रे तवा.फ़िश।

आख़ीर में कहते हैं कि हे प्रभु! बनारस को बुरी नज़र से बचाना। यह नन्दित स्वर्ग है, यह भरा-पूरा स्वर्ग है :

तआलिल्ला बनारस चश्मे बददूर।
बहिश्ते खुर्रमो .फ़िरदौस मामूर।

बनारस की गंगा एवं प्रभात

बनारस उनको इतना अच्छा लगा कि ज़िन्दगी-भर उसे नहीं भूल पाये। चालीस साल बाद भी एक पत्र में लिखते हैं कि अगर मैं जवानी में वहाँ जाता तो वहीं बस जाता। बनारस की गंगा एवं प्रभात ने उन्हें मोह लिया था। इनका बड़ा ही हृदयग्राही वर्णन उन्होंने किया है। वहाँ की उपासना, पूजा, घंटाध्वनि, मूर्तियाँ—मानवी और दैवी दोनों—सबके प्रति उनमें आकर्षण उत्पन्न हो गया था। काशी के बारे में वह कहते हैं :

इबादत.ख़ानए ना.क़ूसियाँ अस्त।
हमाना काबए हिन्दोस्ताँ अस्त।

अर्थात : 'यह शंखवादकों का उपासनास्थल है। निश्चय ही यह हिन्दुस्तान

का काबा है।'

वहाँ की सुन्दरियों के रूप-सौन्दर्य, चाल-ढाल, मस्ती इत्यादि का वर्णन करते हुए कहते हैं :

बुतानशरा हयूला शोलए तूर।
सरापा नूर ऐज़ाद चश्मे बददूर।

मियाँ हा नाज़ुको दिल हो तुवाना।
ज़नादानी बकारे .ख्वेश दाना।

तबस्सुम बस कि दर दिल हा तिवी ईस्त।
दहन हा रश्के गुलहाए रवी ईस्त।

ज़ अंगेज़ो .क़द अन्दाज़ो .खरामे।
ब पाए गुल बुने गुस्तरदः दामे।

ज़ताबे जलवए .ख्वेश आतिश अ.फरोज़।
बया ने बुतपरस्तो बिरहमन सोज़।

ब लुत.फे मौजे गौहर नर्मरू तर।
ब नाज़ अज़.खूने आशिक़ गर्मरू तर।

ब सामाने गुलिस्ताँ बरलबे गंग।
ज़ ताबे रु.ख चिरा.गाँ बरलबे गंग।

रसाँदः अज़ अदाए शुस्त व शूए।
ब हर मौजे नवेदे आबरूए।

.क़यामत .क़ामताँ मिज़गाँ-दराज़ाँ।
ज़ मिज़गाँ बरस.फे दिल तीरबाज़ाँ।

व मस्ती मौजरा .फरमूदा आराम।
ज़ न.ग्ज़े आबरा बख़्शिन्दा अन्दाम।

फतादः शोरिशे दर .क़ालिबे आब।
ज़ माही सद दिलश दर सीना बेताब।

ज़ताबे जल्वा हा बेताव गश्त:
गुहर हा दर सद.फ़ हा आब गश्त:।

ज़बस अर्ज़ों तमन्ना मी कुनद गंग।
ज़ मौजे आवहा बा मी कुनद गंग।

अर्थात : 'यहाँ के बुतों की आत्मा तूर के प्रकाश के समान है। वह सरापा (ऊपर से नीचे तक, आमूल चूल) नूर है। उस पर शनिदृष्टि (बुरी नज़र) न पड़े। ये क्षीणकटि (पतली कमर) पर बलवान हृदयवाली हैं। ऊपर से नादान-सी दिखती हैं पर अपने कार्य में चतुर हैं। इनकी मुस्कान ऐसी है कि हर दिल को वश में कर लेती है और इनके मुखड़े चैती गुलाब को लजाते हैं। अपनी चाल में पाँवों से गुलाब के फूलों को बिखेरती चलती हैं। अपनी ज्वाला-सी जलनेवाली कान्ति (जलवे) से अपनी पूजा करने वालों (बुतपरस्तों) और ब्राह्मणों की वाक्शक्ति को पराभूत करनेवाली हैं (अर्थात वाणी उनकी कान्ति से स्तब्ध एवं मौन हो जाती है)। उनका जल-विहार मुक्ता-तरंगों से भी सुन्दर है। उनका नाज़ प्रेमी के रक्त से भी अधिक उष्ण है। गंगा तट पर वे क्या आ गयीं, एक गुलिस्ताँ-पुष्पोद्यान आ गया; उनके मुख ऐसे लगते हैं मानो गंगा-तट पर दीपक जल उठे हों। उनके जल विहार एवं स्नान की अदा लहरों को आबरू का निमन्त्रण देती है। ये मृदुल शरीर-यष्टिवाली सुलोचनाएँ दिलों की पंक्तियों पर अपनी बरौनियों के तीर चलाती हैं। अपनी मस्ती से इन्होंने तरंगों को चुप कर दिया है। उनके सौन्दर्य से जल स्तब्ध-स्थिर हो गया है। फिर देखो, उन्होंने पानी के अन्तर में हलचल पैदा कर दी और सीनों में सैकड़ों दिल मछलियों की भाँति तड़प उठे। अपने सौन्दर्य की दीप्ति से बेचैन होकर वे पानी में चली गयीं और ऐसी लगती हैं, जैसे सीप में मोती चुने हों। उन्हें देख गंगा भी अपने दिल में यही तमन्ना रखती है कि आओ, मेरी लहरों में स्नान करो जिन्हें मैंने तुम्हारे लिए सृजित किया है।'

कलकत्ता

बनारस से नौका-द्वारा ही कलकत्ता जाने की उनकी इच्छा थी पर उसमें व्यय बहुत अधिक था इसलिए घोड़े पर रवाना हुए और पटना एवं मुर्शिदाबाद होते हुए 20 फरवरी, 1828 को कलकत्ता पहुँचे। यहाँ उन्होंने शिमला बाज़ार

में* मिर्ज़ा अली सौदागर की हवेली में एक बड़ा मकान दस रुपये मासिक किराये पर लिया। पर इनके कलकत्ता पहुँचने के पूर्व ही नवाब अहमदबख़्शख़ाँ की मृत्यु हो गयी इसलिए अब झगड़ा उनके वारिश नवाब शम्सुद्दीनख़ाँ से शुरू हुआ।

जब मिर्ज़ा अनेक कठिनाइयाँ झेलने के बाद कलकत्ता पहुँचे तो उन्हें गवर्नर-जनरल-इन-कौंसिल का जवाब मिला कि पहले यह मुक़दमा दिल्ली के अँग्रेज़ रेज़ीडेंट के सामने पेश होना चाहिए। वहाँ से रिपोर्ट आने पर निर्णय किया जाएगा। उस ज़माने में जब यात्रा बड़ी कष्टसाध्य थी, कलकत्ता से फिर दिल्ली, मुक़दमे के लिए लौटना, मुश्किल था। इसलिए वह स्वयं तो कलकत्ता रहे और दिल्ली रेज़ीडेंसी में मुक़दमे के लिए हीरालाल नामक व्यक्ति को वकील नियुक्त किया। इन दिनों सर एडवर्ड कोलब्रुक दिल्ली में रेज़ीडेंट थे। मिर्ज़ा ने कलकत्ता के उनके एक मित्र कर्नल हेनरी इम्लाक से भेंट करके उनसे सिफारिशी पत्र लिया। इसी प्रकार कोलब्रुक के मीर मुंशी अल्तफ़ात हुसेन ख़ाँ के नाम भी एक पत्र नवाब अकबरअलीख़ाँ तवातबाई मोतवल्ली इमामबाड़ा हुगली से प्राप्त किया और दोनों ख़त अपने वकील को दिल्ली भेज दिये। उन लोगों ने मदद करने का वादा किया। ग़ालिब सरकार के सेक्रेटरी एंड्रू एस्टरलिंग से भी मिले। उन्होंने भी मिर्ज़ा को आश्वासन दिया कि न्याय होगा। सर एडवर्ड कोलब्रुक ने अपनी रिपोर्ट भी इनके अनुकूल भेज दी। पर कोलब्रुक अव्वल दर्जे का रिश्वतख़ोर था और इसी रिश्वतख़ोरी के जुर्म में कुछ दिनों बाद निकाल दिया गया। उसकी जगह फ्रांसिस हाकिंस रेज़ीडेंट नियुक्त हुआ। हाकिंस की नवाब शम्सुद्दीन से मित्रता थी। स्वभावतः उसने सरकार के पास दूसरी रिपोर्ट भेजी और लिखा कि असदउल्लाख़ाँ को जो साढ़े सात सौ मिलते रहे हैं, उससे अधिक पाने के वह अधिकारी नहीं हैं।

---

* स्व. मौलाना अबुलकलाम आज़ाद ने इस पर प्रकाश डाला है कि यह मुहल्ला कहाँ था और इसका नाम शिमला बाज़ार क्यों पड़ा। सम्भवतः लॉर्ड एमहर्स्ट पहले गवर्नर-जनरल थे जो शिमला गये। तब से यह प्रथा चल पड़ी कि यदि प्रतिवर्ष नहीं तो हर दूसरे साल वे गर्मियाँ शिमले में बिताते थे। तब रेल नहीं थी। इलाहाबाद-कानपुर तक यात्रा प्रायः नौका द्वारा होती थी। उसके बाद पालकी, गाड़ी और घोड़े पर। यह यात्रा जिस राजसिक ठाठ-बाट एवं सामान के साथ होती थी, उसका वर्णन उस काल के कई इतिहासकारों ने किया है। एक पूरा नगर कलकत्ता से शिमला तक और शिमला से कलकत्ता तक गतिमान रहता था। इसका परिणाम यह हुआ कि मजदूरों एवं मुलाज़िमों का एक बड़ा गिरोह, कलकत्ता में, केवल इस सफ़र के लिए रहने लगा और इनके मुहल्ले का नाम शिमला बाज़ार पड़ गया। यह चितपुर रोड के उस हिस्से में था जो बाद को गैंडा तालाब के नाम से प्रसिद्ध हुआ। जान पड़ता है, यहीं मिर्ज़ा ग़ालिब ठहरे थे। अब यह हिस्सा बिलकुल बदल गया है। पुराने मक़ानों के नाम-निशान बाक़ी नहीं।

—*नक़्शे-आज़ाद* (गुलाम रसूल मेहर), पृष्ठ 273

बहरहाल जिस उद्देश्य से मिर्ज़ा कलकत्ता गये थे, उसमें उन्हें सफलता नहीं मिली। अफ़सरों ने इनकी इज़्ज़त की, मदद का वादा किया पर कोई ठोस नतीजा न निकला। मिर्ज़ा को बड़ी आशा थी कि न्याय होगा और फ़ैसला उनके पक्ष में होगा। इसी आशा पर वह डेढ़ साल से ज़्यादा अर्से तक कलकत्ता में पड़े रहे। फ़ैसले में बड़ी देर हो रही थी और हाकिंस के विरोध का समाचार भी दिल्ली से आ रहा था इसलिए इन्होंने वकील नियुक्त कर दिल्ली लौटने का निर्णय किया। 29 नवम्बर, 1829 को दिल्ली लौट आये। जिस एस्टरलिंग पर इनको भरोसा था वह 30 मई, 1830 को मर गया और 27 जनवरी, 1831 ई. को गवर्नर जनरल लॉर्ड विलियम बेंटिक ने इनके विरुद्ध मुक़दमे का निर्णय दे दिया। यद्यपि उसके बाद भी पुनर्निर्णय के लिए यह बराबर प्रयत्न करते ही रहे और वह सिलसिला 1844 तक चलता रहा किन्तु उसकी चर्चा हम यथास्थान बाद में करेंगे।

कलकत्ता की साहित्यिक कुश्तियाँ

मुक़दमे के सम्बन्ध में तो कलकत्ता में कोई विशेष लाभ न हुआ पर फ़ारसीगोई (फ़ारसी काव्य-रचना) में अपनी विशेषता प्रदर्शित करने के अवसर प्रायः मिलते रहे। इन दिनों कलकत्ता में ईस्ट इंडिया कम्पनी ने एक विद्यालय चला रखा था। उसके अन्तर्गत एक काव्यगोष्ठी का भी निर्माण हुआ था। प्रत्येक मास के प्रथम रविवार को इसकी बैठक हुआ करती थी। ज़्यादातर यह मशायरे के रूप में होती थी और इसमें उर्दू-फ़ारसी की ग़ज़लें पढ़ी जाती थीं। मिर्ज़ा भी इनमें जाते और ग़ज़लें पढ़ते थे। मिर्ज़ा के कलकत्ता पहुँचने के बाद जो मशायरा* हुआ, उसमें उन्होंने हुमाम तब्रेज़ी की ज़मीन में एक ग़ज़ल पढ़ी जिसका यह 'मक़ता' प्रसिद्ध है :

गर दहम शरह सितमहाय अज़ीज़ाँ 'ग़ालिब',
रस्मे उम्मीद हुमा नाज़े जहाँ बरख़ेज़द।

जब ग़ज़ल का निम्नलिखित शेर पढ़ा गया तो किसी ने आपत्ति की :

जुज़वे अज़ आलमम व अज़ हमऽ आलम बेशम।
हचो मुए कि बुतांरा ज़मियाँ बरख़ेज़द।

---

* यह मुशायरा इस विद्यालय की वेलेज़ली स्ट्रीटवाली इमारत में हुआ था जिसकी नींव 15 जुलाई, 1824 को रखी गयी थी और जो तीन साल में तैयार हुई। ग़ालिब के कलकत्ता पहुँचने के कुछ ही महीने पहले (अगस्त, 1827 में) कक्षाएँ यहाँ लगने लगी थीं। मशायरे में कविगण अन्दर के पश्चिमी बरामदे में बैठते थे और श्रोतामंडली बाहर के खुले सेहन में फर्श पर बैठती थी। ग़ालिब का अन्दाज़ है कि इस मशायरे में लगभग पाँच हज़ार आदमी उपस्थित थे।

आपत्ति यह थी कि प्रथम मिसरे में 'बेश' की जगह 'बेशतर' होना चाहिए था। एक दूसरे व्यक्ति ने एतराज़ किया कि दूसरे मिसरे में 'मूए ज़मियाँ' की तरकीब ग़लत है बल्कि पूरा शेर निरर्थक है। एक और साहब ने 'हमऽ आलम' की तरकीब पर यह एतराज़ किया कि आलम एक वचन है और 'क़तील' के अनुसार हमऽ एकवचन के पहल नहीं आ सकता।

इसी प्रकार एक और ग़ज़ल के निम्नलिखित शेर पर भी एतराज़ किया गया—

शोरे अश्के बफ़िशारे बुन मिज़गाँ दारम।
ता'नाबर बेसरोसामानिए तू.फाँज़दहे।

इस पर यह आपत्ति हुई कि 'ज़दह' का प्रयोग ग़लत है। आपत्तिकर्त्ताओं में मौलवी अब्दुल क़ादिर रामपुरी, मौ. करम हुसेन बिलग्रामी, मौ. नेमत अली अज़ीमाबादी और फ़ारसी के कई आचार्य थे। मिर्ज़ा के समर्थकों में भी किफायत ख़ाँ ईरानी दूत, मौ. अब्दुलकरीम, मौ. मुहम्मद मोहसिन तथा नवाब अकबरअली मोतवल्ली इमामबाड़ा हुगली इत्यादि थे। किफ़ायत ख़ाँ ने पुराने आचार्यों के शेर सुनाए जिनमें 'हम : आलम' 'हम : रोज़' जैसी तरकीबें थीं। पर इससे विरोध दबा नहीं, विरोधियों को सन्तोष नहीं हुआ। इधर मिर्ज़ा को अपनी फ़ारसीदानी का अभिमान था। वह भला क़तील को प्रमाण क्यों मानने लगे थे? जो आदमी फ़ैज़ी-जैसों की हँसी उड़ाता था वह कतील के उदाहरण के आगे क्यों झुकता? वह तो क़तील का नाम सुनकर ही चिढ़ गये और बोले—"क़तील कौन? वही फ़रीदाबाद का खत्री बच्चा? मैं क्यों उससे सनद मानने लगा?" उनकी इस बात पर और भी हंगामा मचा। विरोध का जो बवंडर वहाँ उठा वह वहीं तक सीमित न रहा, कलकत्ता के दूसरे लोगों में भी फैला। इनके काव्य में ढूँढ़-ढूँढ़कर दोष निकाले जाने लगे। लोग, राह चलते इनपर, आवाज़ें कसते। विरोध की उग्रता का अन्दाज़ इनके एक पत्र से, जो इन्होंने अपने मित्र को लिखा था, चलता है— "...अगर ये लोग जगह पाते तो मेरी ख़ाल उधेड़ डालते।"

यह हालत दुःखदायी थी। कलकत्ता क़तील के शिष्यों एवं प्रशंसकों से भरा था। अख़ीर में ग़ालिब ने सोचा कि नदी में रहकर मगर से बैर करना ठीक नहीं। यह ग़रीबी और मुसीबत का ज़माना था; कलकत्ता के प्रभावशाली लोगों से दुश्मनी मोल लेना बुद्धिमत्ता न थी। यों भी ग़ालिब शान्तिप्रिय व्यक्ति थे। इसलिए उन्होंने एक फ़ारसी मस्नवी 'बादे-मुख़ालिफ़' लिखी जिसमें युक्तिपूर्वक आपत्तियों के जवाब दिए गये; साथ ही गोष्ठी के अधिकारियों एवं क़तील की तारीफ़ करके विरोध की धार कुन्द कर देने की कोशिश की। इसमें लिखा—"... ख़ुदा गवाह,

मुझे एतराज़ों का ख़ौफ़ नहीं, सिर्फ़ यह ख़्याल गुज़रता है कि संयोगवश चन्द दिनों के लिए यहाँ आ गया हूँ। अगर आप लोगों को नाराज़ कर लूँगा तो आप ही बाद में कहेंगे कि दिल्ली से एक 'शोख़चश्म' और 'बेहया' शख़्स आया था जिसमे बुज़ुर्गों से बेकार का झगड़ा किया। ख़ुदा न करे, मैं अपने वतन की बदनामी का बाइस हूँ। पर माँ'ज़रतख़ाह हूँ और दरख़ास्त करता हूँ कि आप यह वाक़आ भूल जाएँ।''

कलकत्ता-प्रवास में मिर्ज़ा ने ज़्यादातर फ़ारसी में काव्य-रचना की; कभी-कभी उर्दू में भी कह लेते थे।

गुले रा'ना

कलकत्ता में ही इनकी भेंट मौ. सिराज अहमद से हुई जिनका अधिकारी वर्ग में अच्छा सम्मान था। धीरे-धीरे उनसे अच्छी मित्रता हो गयी। मिर्ज़ा के जो फ़ारसी पत्र मिलते हैं उनमें सबसे ज़्यादा इन्हीं के नाम हैं। इन्हीं के अनुरोध पर, कलकत्ता के दौरान में, मिर्ज़ा ने अपने उर्दू तथा फ़ारसी कलाम का एक संकलन 'गुले रा'ना' के नाम से किया। इसकी एक अपूर्ण प्रति स्व. मौलाना हसरत मोहानी के पास थी। इसमें अनेक ऐसे उर्दू शेर हैं जो बाद के उर्दू काव्य-संकलन (दीवान) से अलग कर दिए गये।

कलकत्ता-यात्रा का परिणाम

मुक़दमा हार जाने से जो असर हुआ होगा उसकी कल्पना की जा सकती है। इनकी समस्त आशाएँ उसी पर लगी थीं; वे टूट गयीं। यात्रा में बहुत अधिक व्यय हुआ; तकलीफ़ें उठानी पड़ीं; क़र्ज़ हो गया। अब क़र्ज़दारों के तक़ाज़े बढ़ गए। कइयों की डिग्रियाँ हुईं। इनके पास क्या था? ऐसी हालत में इन्हें जेल जाना ही था पर चूँकि इनकी जान-पहचान बड़ों-बड़ों से थी इसलिए यह जब तक घर के बाहर न निकलते इनकी गिरफ़्तारी न होती। महीनों में यह छिपे घर में बैठे रहे। यही ज़माना था जिसमें इनके कृपालु मित्र फ्रेज़र की हत्या हुई थी और नवाब शम्सुद्दीन उस सम्बन्ध में पकड़े गये थे और बाद में उन्हें फाँसी हुई थी (इसका वर्णन हम आगे करेंगे)। चूँकि इनकी शम्सुद्दीन से न बनती थी और फ्रेज़र से बनती थी इसलिए बहुत से लोगों की यह धारणा हुई कि इसी ने जासूसी करके नवाब को पकड़वाया है। दिल्लीवाले नवाब शमसुद्दीन को बहुत मानते थे इसलिए लोग इनकी जान के ग्राहक हो गये। एक ओर अर्थकष्ट, दूसरी ओर प्राणभय, यह समय इनके लिए बड़ा बुरा था।

इसलिए व्यावहारिक दृष्टि से तो कलकत्ता-यात्रा निराशाजनक एवं निरर्थक रही पर इनकी बौद्धिक सम्पदा और अनुभव-ज्ञान में उससे खूब वृद्धि हुई। नये अनुभव हुए; गुर्बत में नये-नये आदमियों से परिचय हुआ। फिर उस ज़माने में कलकत्ता भारत के क्षितिज पर नया-नया ही उग रहा था। वहाँ एक नयी सभ्यता उठ रही थी; औद्योगिक सभ्यता की भूमिका लिखी जा रही थी उससे इनका साक्षात् हुआ। इन्हें वैज्ञानिक आविष्कारों के करिश्मे देखने को मिले। जगमगाती बत्तियाँ, सेवा के लिए (नलों में) दौड़ता जल, पंखे झलते वायुदेवता से इनका परिचय हुआ। इससे इनके मानसिक निर्माण पर काफ़ी असर पड़ा। फिर लखनऊ में नासिख़ के नेतृत्व में ज़बान की तराश-ख़राश और सफ़ाई की जो कोशिशें हो रही थीं, उन्हें देखने तथा मार्ग में अनेक विद्वानों से मिलने के बाद इनका दृष्टिकोण स्पष्ट और विशद होता गया। यात्रा के पहले और बाद की रचना में स्पष्ट अन्तर दिखाई पड़ता है। बाद का काव्य अधिक पुष्ट है।

ग़ालिब का दावा

ग़ालिब ने जो मुक़दमा दायर किया था, उसमें पाँच प्रार्थनाएँ थीं :

1. 4 मई, 1806 के आदेशानुसार मुझे और मेरे ख़ानदान के दूसरे व्यक्तियों को दस हज़ार रुपये सालाना मिलना चाहिए था। नवाब लोहारू पाँच हज़ार देते हैं और इसमें से भी दो हज़ार एक पराये व्यक्ति ख़्वाजा हाजी या उसके वारिसों को दे दिया जाता है जिसका हमारे ख़ानदान से कोई सम्बन्ध नहीं। भविष्य में दस हज़ार मिलने की आज्ञा दी जाए।

2. मई, 1806 से लेकर अब तक हमें दस हज़ार सालाना से जितना कम मिला है वह सारा बक़ाया दिलाया जाए। (ग़ालिब के हिसाब से यह रक़म उस समय तक डेढ़ लाख के लगभग होती थी।)

3. हमारी पेंशन में किसी पराये व्यक्ति का हिस्सा नहीं होन चाहिए। (मतलब ख़्वाजा हाजी के बेटों को जो पेंशन मिल रही है, वह बन्द कर दी जाए)।

4. आगे से मेरी पेंशन नवाब शम्सुद्दीनख़ाँ की जगह अँग्रेज़ी ख़जाने से सीधी दी जाया करे।

5. सम्मानस्वरूप मुझे ख़िताब, ख़िलअत और दरबार का मंसब दिया जाए।

लोहारू का झगड़ा

फ़ैसला हो जाने पर भी इन माँगों पर वह डटे रहे और उसके लिए कोशिशें करते रहे। इधर इनकी ये माँगें थीं, उधर लोहारू की ज़ायदाद के बारे में ख़ुद

भाइयों में झगड़ा था। पहले लिखा जा चुका है कि नवाब अहमदबख़्शख़ाँ की वसीयत के अनुसार फ़ीरोज़पुर-झुर्का का इलाक़ा शम्सुद्दीन अहमदख़ाँ एवं परगना लोहारू उनके दोनों छोटे भाइयों—अमीनुद्दीन अहमदख़ाँ एवं ज़ियाउद्दीन अहमदख़ाँ के हिस्से में आया था। पिता की मृत्यु होते ही शम्सुद्दीनख़ाँ ने इस बँटवारे के विरुद्ध आवाज़ उठायी और कहा कि ज्येष्ठ पुत्र होने के नाते सारी ज़ायदाद का अधिकार मुझे मिलना चाहिए; दूसरी सन्तति को, ज़्यादे-से ज़्यादा, वृत्ति दिलायी जा सकती है। उन्हें एक और बहाना भी मिल गया। बात यह थी कि बड़े होने के कारण लोहारू का इन्तज़ाम नवाब अमीनुद्दीनख़ाँ के हाथ था। प्रबन्ध उन्हें सौंपते समय एक शर्त यह रखी गयी थी कि ज़ायदाद की आमदनी में से 5210 रुपये सालाना सरकारी ख़जाने में छोटे भाई नवाब ज़ियाउद्दीन के व्यय के लिए जमा कर दिया जाया करे। इसकी ओर ध्यान न दिया गया इसलिए शम्सुद्दीनख़ाँ का पक्ष प्रबल हो गया। दिल्ली के रेज रेजीडेण्ट मि. मार्टिन ने शम्सुद्दीनख़ाँ का समर्थन किया और अन्त में, सितम्बर, 1833 में लोहारू का प्रबन्ध भी शम्सुद्दीनख़ाँ को इस शर्त पर दे दिया गया कि वह अपने दोनों भाइयों को गुज़ारे के लिए छब्बीस हज़ार रुपये सालाना देते रहेंगे।

मार्टिन के बाद विलियम फ्रेज़र नये रेज़ीडेंट होकर आये। आरम्भ में तो इनकी भी नवाब शम्सुद्दीनख़ाँ से अच्छी मित्रता थी पर बाद में किसी बात से दोनों में विरोध हो गया। फ्रेज़र लोहारू परगना शम्सुद्दीनखाँ को दिये जाने के पक्ष में न थे। उन्हें यह माँग अन्यायपूर्ण लगी इसलिए उन्होंने पूरी चेष्टा की कि अँग्रेज़ सरकार इस प्रार्थना को ठुकरा दे किन्तु फैसला शम्सुद्दीनख़ाँ के पक्ष में हुआ। इससे दोनों के बीच गाँठ पड़ गयी। फ़ैसले के बाद भी फ्रेज़र ने उसके विरुद्ध सरकार को लिखा और नवाब अमीनउद्दीनख़ाँ को सलाह दी कि वह कलकत्ता जाकर प्रयत्न करें। उसकी सलाह मानकर अमीनुद्दीनख़ाँ सितम्बर, 1834 में कलकत्ता गये। ग़ालिब ने भी उन्हें अपने कलकत्ता के मित्रों के नाम परिचय-पत्र दिये। इन प्रयत्नों के फलस्वरूप पहला हुक्म मंसूख़ हो गया और लोहारू दोनों भाइयों को पुनः मिल गया। इससे शम्सुद्दीनख़ाँ और फ्रेज़र की अनबन शत्रुता में परिणत हो गयी। इस फ़ैसले से ग़ालिब को भी ख़ुशी हुई। वह इस मामले में बराबर दोनों भाइयों के साथ रहे।

फ्रेज़र का क़त्ल और शम्सुद्दीनख़ाँ को फाँसी

22 मार्च, 1835 को फ्रेज़र ने शाम का खाना राजा किशनगढ़ के यहाँ दरियागंज में खाया। वहाँ से वापस होने में देर हो गयी। फ्रेज़र बाड़ा हिन्दूराय में एक कोठी में रहते थे। जब रात ग्यारह के लगभग वह अपने मकान को लौट रहे थे तो

मकान से थोड़ी दूर पहले किसी ने उन्हें गोली मार दी। उस समय तो हत्यारा बच निकला लेकिन फ़ौरन तमाम नाके बन्द कर दिए गये। जाँच होने लगी। पुलिस ने शम्सुद्दीनख़ाँ के दारोगा शिकार करीमख़ाँ को गिरफ़्तार किया। बाद में नवाब का एक और नौकर वसायलख़ाँ भी पकड़ा गया। करीमख़ाँ के बयान पर मेवाती ऊनिया सिकन्दराबाद में पकड़ा गया और सरकारी गवाह बन गया। उसके बयान पर नवाब देहली बुलाये गये और पुलिस के पहरे में रखे गये। बाद में मुकदमा चला और 18 अक्टूबर, 1835 को गुरुवार के दिन प्रातःकाल कश्मीरी दरवाज़े के बाहर उन्हें 25 साल की आयु में फाँसी दी गयी।*

नवाब शम्समुद्दीनख़ाँ की फाँसी होने पर ग़ालिब को आन्तरिक सन्तोष हुआ क्योंकि उनका एक प्रधान शत्रु सदा के लिए समाप्त हो गया। 'नासिख़' को जो पत्र उन्होंने लिखे, उनमें यह सन्तोष स्पष्ट व्यक्त हुआ है।

---

* इस ज़माने में जान लारेंस दिल्ली में मजिस्ट्रेट थे और उन्होंने पता लगाकर वसायलख़ाँ को नवाब की कोठी में गिरफ़्तार किया था। यह लारेंस ही बाद में लॉर्ड लारेंस हो गये जिनकी जीवनी वासवर्थ स्मिथ ने लिखी है। इस जीवनी में क़त्ल की घटना पर काफ़ी प्रकाश डाला गया है। इसके आधार पर स्व. मौलाना अब्दुल कलाम आज़ाद ने लिखा है: ''स्मिथ के बयान से मालूम होता है कि लारेंस को कोठी के भीतरी भाग में एक डोल मिला था; इससे काग़ज़ के पुर्ज़े निकले थे। उन्हें जब जोड़कर पढ़ा गया तो यह इबारत निकली— 'तुम जानते हो कि मैंने तुम्हें देहली क्यों भेजा है? बार-बार लिख चुका हूँ, अब ताख़ीर न करना।' वसायलख़ाँ पर लारेंस को शुबहा इसलिए हुआ था कि उसने एक सुरंग घोड़े को, जो सेहन में बँधा था, बीमार ज़ाहिर किया था मगर जब लारेंस ने तोबड़ा उठाकर मुँह से लगा दिया तो वह फ़ौरन खाने लगा। नीज़ उसके सुमों पर भी ग़ैरमामूली निशानात मिले थे। नवाब ज़मीर मिर्ज़ा कहते थे कि ख़त के पुर्ज़े तहख़ाने से मिले थे।

''नन्दकुमार के बाद यह दूसरी फाँसी थी जो एक हिन्दुस्तानी रईस के लिए अंग्रेज़ी कानून को तजवीज़ करनी पड़ी। चूँकि शुमाली हिन्द में इस वक़्त तक कोई वाक़आ ऐसा नहीं हुआ था इसलिए हुकूमत को ग़ैरमामूली एहतियातों से काम लेना पड़ा। कलकत्ता से रेज़ीडेंट देहली को लिखा गया था कि इस बारे में शाहे-देहली से एक फ़र्मान हासिल करना चाहिए। नीज़ उल्माए-शहर का भी एक महज़र तैयार कराना चाहिए। खुसूसियत के साथ यह बात अवाम को दिखानी चाहिए कि अहकाये शरअ की रू से भी फ्रेज़र का क़स्सास ज़रूरी है और इस बाब में अँग्रेजी फ़ैसला फ़ैसलएशरअ के खिलाफ़ नहीं है।...बादशाह ने बड़ी कोशिश करके बाज़ उल्मा को, जो क़िले से वाबस्ता थे, इस पर आमादा किया कि....तहरीर पर दस्तख़्त कर दें और महज़र की बिना पर ख़ुद भी एक शक़्क़ा लिखकर रेज़ीडेंट के हवाले कर दिया। यह शक़्क़ा और महज़र तमाम मुल्क में शाया किया गया था और रेज़ीडेंटों और पोलीटिकल एजेंटों के ज़रिये तमाम रियासतों के दरबारों में पहुँचाया गया था।

सीधी पेंशन और नया प्रार्थनापत्र

नवाब शम्सुद्दीन की फाँसी के बाद फ़ीरोज़पुर-झुर्का की रियासत ज़ब्त कर ली गयी और मिर्ज़ा की पेंशन जो वहाँ से मिलती थी, अब सीधे दिल्ली कलेक्टरी से मिलने लगी। सुअवसर देखकर मिर्ज़ा ने फिर एक विस्तृत प्रार्थनापत्र, अँग्रेज़ सरकार की सेवा में, नवाब की ज़ब्त ज़ायदाद से पूरा हक़ पाने के लिए, पेश किया। 18 जून, 1836 को पश्चिमोत्तर प्रदेश के लेफ्टिनेंट गवर्नर ने फैसला किया कि जो 62 ॥) मासिक मिलते हैं वही ठीक है और भविष्य में भी वह इससे ज़्यादा पाने के अधिकारी नहीं हैं। इस पर उन्होंने गवर्नर-जनरल के पास अपील की। पर वहाँ से भी यही फ़ैसला क़ायम रहा। सब ओर से निराश हो मिर्ज़ा ने 14 नवम्बर, 1836 को फिर दर्ख़ास्त दी कि मेरा मुक़दमा सदर दीवानी अदालत कलकत्ता के सामने रखा जाए और यदि यह सम्भव न हो तो निर्णय के लिए

"नवाब ज़मीर मिर्ज़ा कहते थे कि जब शम्सुद्दीन को फाँसी के लिए ले जा रहे थे तो उन्हें रास्ते में कुँज़ड़े की दुकान पर कसेरू देखे। जो अफ़सर पालकी के साथ था उससे कहा—'मेरा जी चाहता है, कसेरू खाऊँ।' उसने पालकी रुकवायी और कसेरू ख़रीदकर सामने रख दिए। फिर जब पालकी चली तो यह खाते जाते थे और छिलके बाहर फेंकते जाते थे।

"नवाब अमीरुद्दीन मरहूम कहते थे कि जब देहली से तलबी हुई और मालूम हुआ था कि उन पर पूरी तरह शुबहा हो चुका है तो उनके ख़ानदान के तमाम आदमी देहली जाने के मुख़ालिफ़ थे। वह कहते थे कि रातोंरात निकलकर सिखों के इलाक़े में पहुँच जाएँ। एक पुराना ऊँटनीसवार अहमदबख़्श के ज़माने का बड़ा वफ़ादार आदमी था। वह पिछले पहर आया और कहने लगा—तुम्हारे वालिद कहते थे कि तुम्हारे बुज़ुर्ग खुरासान के मुल्क से आये थे। मेरी ऊँटनी सौ कोस से इधर दम लेनेवाली नहीं। मेरे कपड़े पहन लो और हमयानी कमर से बाँधकर निकल चलो। फिरंगियों पर भरोसा न रखो। वह तुम्हें कभी नहीं छोड़ेंगे।

"मगर शम्सुद्दीन को अपने ख़ानदान और अपने अमीराना अलायक़ का ग़र्रा था। वह समझते थे कि मेरे ख़िलाफ़ कुछ होनेवाला नहीं। दस सवार साथ लेकर पालकी में रवाना हो गये। जब शहर के क़रीब पहुँचे तो एक सवार को आगे भेजवा दिया. रेज़ीडेंट और हुक्काम मौक़े पर मौजूद थे। कर्नल स्किनर ने (जिसकी इनसे गाढ़ी दोस्ती थी) आगे बढ़कर कहा कि नवाब साहब हथियार हवाले कर दीजिए और साहब कलाँ बहादुर (रेज़ीडेंट) पर भरोसा रखिए। यह आपके लिए जो कुछ कर सकेंगे, करेंगे। उन्होंने तलवार हवाले कर दी। इस पर मजिस्ट्रेट आगे बढ़ा और कहा—आप सरकार के हुक्म से गिरफ़्तार किये जाते हैं। इस वक़्त से अपने को क़ैदी तसव्वुर कीजिए।

"अब इनकी आँखें खुलीं लेकिन वक्त निकल चुका था। फिर जब मौत सामने आ गयी तो सिपाहीज़ादा था, ज़वाँमर्दाना तैयार हो गया।"

—*'नक़्शे-आज़ाद'* (264-267)

डाइरेक्टरों के पास विलायत भेजा जाए। 5 दिसम्बर, 1836 को उन्हें उत्तर मिला कि मुक़दमे के सब काग़ज़ात विलायत भेज दिए जाएँगे और वे 10 मई, 1837 को 'लावेली एलायंस' नामक जहाज़ की डाक से विलायत भेज दिए गये।

अन्तिम निर्णय

इससे ग़ालिब को बड़ी ख़ुशी हुई और उन्होंने एक फ़ारसी क़ता भी लिखा और आशान्वित होकर पुनः दर्ख़ास्त दी कि मई, 1806 से आज तक जितना हमें दस हज़ार के हिसाब से कम मिला है और जो दो लाख तीन हज़ार होता है, वह उस दो लाख साठ हज़ार की रक़म में से दे दी जाए जो नवाब शम्सुद्दीन ने अपनी फाँसी के पूर्व अंग्रेज़ी ख़जाने में जमा करायी थी। दूसरे हमें तीन हज़ार सालाना पेंशन का एप्रिल, 1835 तक का बक़ाया उस जायदाद से दिलवाया जाए जो नवाब फ़ीरोज़पुर छोड़कर मरे हैं और तीसरे जब तक डाइरेक्टरों का फ़ैसला विलायत से नहीं आ जाता, हमें तीन हज़ार सालाना नियमित रूप से मिलता रहे। पर ग़ालिब को मानव-प्रकृति का अच्छा ज्ञान नहीं था; वह समझते थे कि अँग्रेज़ ख़ुशामद से क़ाबू में किये जा सकते हैं। बहरहाल, ये सब आवेदन-निवेदन निरर्थक हुए और 1842 के आरम्भ में विलायत से अन्तिम फ़ैसला भी आ गया कि जो निर्णय हिन्दुस्तान में हो चुका है, वही ठीक है। पर वाह री मिर्ज़ा की आशावादिता! इतने पर भी उन्होंने हिम्मत न हारी और 29 जुलाई, 1842 को इस फ़ैसले के विरुद्ध एक अपील, मेमोरियल के ढंग पर, महारानी विक्टोरिया के पास गवर्नर-जनरल के ज़रिये भेजी। पर इसका भी कोई परिणाम नहीं निकला और 1844 में वह बिलकुल निराश और पस्त हो गये।

यहाँ यह ख़याल रखना चाहिए कि मुक़दमा उन्होंने 1828 में दायर किया था और यह अन्तिम फ़ैसला 1844 में, 16 साल बाद, हुआ। उस ज़माने में, जब यातायात के साधन दुर्लभ थे, उनका कितना ख़र्च इस पर पड़ा होगा। जो कुछ उनके पास था, वह भी इस मुक़दमे में समाप्त हो गया। महाजनों के हज़ारों रुपये कर्ज़ हो गये जो उन्होंने इसी विश्वास पर लिये थे कि मुक़दमे के फ़ैसले से हमें एक बड़ी रक़म मिल जाएगी। 1835 में ही इन पर चालीस-पचास हज़ार का क़र्ज़ हो गया था। निर्णय विरुद्ध होने से क़र्ज़ के बोझ से ऐसे दबे कि ज़िन्दगी-भर उभर एवं उबर नहीं सके। ज़िन्दगी क़र्ज़ चुकाते-चुकाते बीती फिर भी न चुक सका। कठिनाइयों के कारण गृहस्थ जीवन पहले से ही दुःखद था, अब तो उसमें बड़ी जड़ता और निराशा आ गयी और उन्होंने भाग्य के आगे कन्धा डाल दिया।

प्रार्थनापत्र में जिन पाँच बातों के लिए प्रार्थना की गयी थी, उनमें पहली

तीन पूर्णतः अस्वीकृत हो गयीं, चौथी फ़ीरोज़पुर–झुर्का की ज़ब्ती से स्वयं पूरी हो गयी और इन्हें पेंशन दिल्ली कलेक्टर से सीधे मिलने लगी। रही पाँचवीं बात सो उसमें अँग्रेज़ों को कोई विशेष असुविधा न दीख पड़ी इसलिए उन्हें तमाम सरकारी दरबारों में कुर्सी, सप्तवस्त्री ख़िलअत और त्रिविध रत्न की प्रतिष्ठा प्राप्त हो गयी। दरबार का अधिकार तो लॉर्ड विलियम बेंटिक के ही काल में, जब मिर्ज़ा कलकत्ता गये थे, मिल गया था; ख़िलअत का लॉर्ड एलिनबरा के काल में (1842–1844) में मिला। जो अपील इन्होंने महारानी विक्टोरिया को भेजी थी, उससे और कुछ तो परिणाम नहीं निकला पर आँसू पोंछने के लिए इन्हें सरकारी दरबारों में दाहिने हाथ की दसवीं कुर्सी पर बैठने तथा ख़िलअत पाने का अधिकार मिल गया।

सलीम और ज़फ़र

ग़ालिब की जीवन–भर अँग्रेज़ों पर बड़ी आस्था रही इसलिए उन्होंने जीवन का इतना लम्बा समय इस मुक़दमे में लगा दिया। उनका ध्यान मुख्यतः इसी ओर था। पर ऐसा नहीं कि ग़ालिब ने और जगह से सहायता पाने के प्रयत्न न किये हों। फ्रेज़र की हत्या के कुछ पहले से मिर्ज़ा शाही दरबार में प्रवेश पाने के लिए प्रयत्नशील थे। यह वह ज़माना था जब अकबरशाह द्वितीय दिल्ली के तख़्त पर थे, बहादुरशाह 'ज़फ़र' युवराज थे। ज़फ़र की मानसिक उलझनों के कारण अकबरशाह उनकी जगह शाहज़ादा सलीम को युवराज बनाना चाहते थे। 1934 में उसने इसके लिए काफ़ी कोशिश की। ग़ालिब बड़ी उधेड़बुन में थे कि किसका साथ दिया जाए। उन्होंने हिसाब लगाया—'ज़फ़र' पर 'ज़ौक़' का असर है, वह उनका शिष्य है इसलिए अगर सलीम को युवराज पद मिल जाए और वह आगे चलकर बादशाह हो तो मेरे लिए सुअवसर आ सकता है। इसलिए वह पहले बादशाह और सलीम की ओर झुके। उन्होंने 'शह व शहज़ादा' की तारीफ़ में एक क़सीदा लिखा जिसमें सलीम की प्रशंसा इन शब्दों में की :

ज़हे मुनासबते तबअ शाहज़ादा सलीम।
ब फ़ैज़े तर्बियते पादशाहे हफ़्त अक़लीम।

पर अकबरशाह की एक न चली और ग़ालिब के अनुमान के विरुद्ध अँग्रेज़ सरकार ने सलीम को युवराज बनाना स्वीकार न किया। 1837 में अकबरशाह की मृत्यु हो गयी। बहादुरशाह 'ज़फ़र' गद्दी पर बिठाये गये। पता नहीं, 'ज़फ़र' को ग़ालिब की इन बातों का कुछ ख़याल रहा या नहीं, पर ग़ालिब ख़ुद अपने कार्य पर लज्जित थे और 'ज़फ़र' की नाराज़ी की कल्पना से भीत हो उन्होंने

शुरू के फ़ारसी क़सीदों में अपने ग़लत रवैये के लिए बार-बार क्षमा-प्रार्थना की है।

लखनऊ की ओर दृष्टि

इधर दिल्ली में अकबरशाह की मृत्यु हुई, बहादुरशाह गद्दी पर बैठे, उधर लखनऊ में अवध-नरेश नसीरउद्दीन हैदर का देहान्त हो गया और अहमदअली शाह को गद्दी मिली। मिर्ज़ा ने अहमदअली की तारीफ़ में भी क़सीदा लिखकर भेजा पर शायद वह दरबार में पढ़ा ही नहीं गया। इस क़सीदे में भी स्तुति एवं प्रशंसा के बाद अपनी क़िस्मत का रोना रोया है :

बा मन कि ताबे नाज़ न को याँ नदाश्तम।
बदकर्द बद कि जौरो जफ़ा कर्द रोज़गार।

और भी—

गुफ़्तम बअक़्ले कुल के नदानम बरा ए मन,
हुक्मे दवामे हब्स चरा कर्द रोज़गार।
गुफ़्त ऐ सितारः सोख़्तः ज़ाग़ो ज़ग़न नये,
काँरा गिरफ़्तो बाज़ रिहाकर्द रोज़गार।
तू बुलबुल! हमीं से बदाम आमदी तरा,
अन्दर क़फ़स ज़बह्न नवाकर्द रोज़गार।

'मयख़ानए-आरज़ू'

सचमुच ग़ालिब के लिए यह समय बड़ी कठिनाइयों एवं मुसीबतों का था। पर सब तरफ़ से निराश होने का एक अच्छा परिणाम भी हुआ कि इनका ध्यान काव्य और साहित्य की ओर अधिकाधिक खिंचता गया। निराशा से भरी जिन्दगी के रेगिस्तान में वही एक पुष्पोद्यान था जहाँ चन्द लमहे शान्ति एवं ठंडक से बीत सकते थे। ज्यों-ज्यों नवाबी एवं ज़ागीरदारी के सपने मिटते गये त्यों-त्यों काव्य, जो पहले मनोरंजन एवं दिलबहलाव की चीज़ था, जीवन-निधि-सा होता गया। 1835 में उन्होंने फ़ारसी पद्य-गद्य का संकलन 'मयख़ानए-आरज़ू' के नाम से तैयार किया। 1837 में इसका अन्तिम अंश लिखा गया। राय छजमल के हाथ की लिखी इसकी एक प्रतिलिपि ख़ुदाबख़्श लाइब्रेरी पटना में मौजूद है। जैसे भूपाली प्रति से उनकी उर्दू शायरी के बालपन पर प्रकाश पड़ता है वैसे ही इस पुस्तक में उनकी प्रथम चालीस साल की फ़ारसी शायरी की झलक दिखाई देती है। इसमें पद्य और गद्य दोनों हैं। बाद में इसके नस्र (गद्य) को अलग करके

और दूसरे कुछ पत्र जोड़कर मिर्ज़ा अलीबख़्श ने 'पंच आहंग' बनाया।

इन निराशा की घड़ियों में इनका सम्बन्ध सर सय्यद अहमद ख़ाँ और उनके भाई सय्यद मुहम्मदख़ाँ से बढ़ता गया। इन दोनों भाइयों के छापेख़ाने 'सय्यदुत्ताबअ' में ही इनका उर्दू (रेख़ता) दीवान अक्तूबर, 1841 में निकला। फ़ारसी दीवान चार साल बाद प्रकाशित हुआ। इससे इनकी ख्याति दूर-दूर तक फैल गयी।

प्रोफ़ेसरी से इनकार

पर अभी तक जागीरदारी के सपने पूरे तौर पर न टूटे थे। रस्सी जल गयी थी पर ऐंठन बाक़ी थी। 1842 ई. में सरकार ने दिल्ली कॉलेज का नूतन संगठन और प्रबन्ध किया। उस समय मि. टामसन भारत सरकार के सेक्रेटरी थे। यही बाद में पश्चिमोत्तर प्रदेश के लेफ्टिनेंट गवर्नर हो गये थे और मिर्ज़ा ग़ालिब के हितैषियों में थे। वह कॉलेज के प्रोफ़ेसरों के चुनाव के लिए दिल्ली आये। उस समय तक वहाँ अरबी की शिक्षा का तो अच्छा प्रबन्ध था और मौ. ममलूकअली अरबी के प्रधान शिक्षक थे जो अपने विषय के अद्वितीय विद्वान माने जाते थे पर फ़ारसी की शिक्षा का कोई सन्तोषजनक प्रबन्ध न था। टामसन ने इच्छा प्रकट की कि जैसे अरबी की शिक्षा के लिए योग्य अध्यापक हैं वैसे ही फ़ारसी की शिक्षा देने के लिए भी एक विद्वान् अध्यापक रखा जाए। इस मुआइने के समय सदरुस्सदूर मुफ़्ती सदरुद्दीनख़ाँ 'आज़ुर्दा' भी मौजूद थे। उन्होंने कहा : दिल्ली में तीन साहब फ़ारसी के उस्ताद माने जाते हैं—1. मिर्ज़ा असदउल्लाख़ाँ 'ग़ालिब', 2. हकीम मोमिनख़ाँ 'मोमिन' और 3. शेख़ इमामबख़्श 'सहबाई'। टामसन साहब ने प्रोफ़ेसरी के लिए सबसे पहले मिर्ज़ा ग़ालिब को बुलवाया। अगले दिन यह पालकी पर सवार होकर उनके डेरे पर पहुँचे और पालकी से उतरकर दरवाज़े के पास इस प्रतीक्षा में रुक गये कि अभी कोई साहब स्वागत एवं अभ्यर्थना के लिए आते हैं। जब देर हो गयी, साहब ने जमादार से देर का कारण पूछा। जमादार ने आकर मिर्ज़ा से दरियाफ़्त किया। मिर्ज़ा ने कहला दिया कि चूँकि साहब परम्परानुसार मेरा स्वागत करने बाहर नहीं आये, इसलिए मैं अन्दर नहीं आया। इस पर टामसन साहब स्वयं बाहर निकल आये और बोले, ''जब आप दरबार में बहैसियत एक रईस या कवि के तशरीफ़ लावेंगे तब आपका स्वागत-सत्कार किया जाएगा लेकिन इस समय आप नौकरी के लिए आये हैं इसलिए आपका स्वागत करने कोई नहीं आया।'' मिर्ज़ा ने कहा, ''मैं तो सरकारी नौकरी इसलिए करना चाहता हूँ कि ख़ानदानी प्रतिष्ठा में वृद्धि हो, न कि जो पहले से है उसमें भी कमी आ जाए और बुज़ुर्गों की प्रतिष्ठा भी खो बैठूँ।'' टामसन साहब ने, नियमों के कारण, विवशता प्रकट की तब

ग़ालिब ने कहा—"ऐसी मुलाज़िमत को मेरा दूर से ही सलाम है," और कहारों से कहा, "वापस लौट चलो।"* बाद में टामसन साहब ने दूसरा प्रबन्ध किया।**

मिर्ज़ा के इस रवैये से उनके स्वभाव के एक पहलू पर प्रकाश पड़ता है। इस समय वह बड़े अर्थकष्ट में थे फिर भी उन्होंने निरर्थक बात पर नौकरी छोड़ दी। आश्चर्य तो यह है कि जन्मभर सरकारी ओहदेदारों एवं अँग्रेज़ अफ़सरों की चापलूसी एवं अत्युक्तिभरी स्तुति में ही बीता (जैसाकि उनके लिखे क़सीदों से प्रकट है) पर ज़रा-सी और सारहीन बात पर वह अड़ गये। इससे यह भी ज्ञात होता है कि इस समय उनमें हीनता का भाव (इन्फ़ीरियारिटी कॉम्प्लेक्स) बहुत बढ़ा हुआ था और वह तुनुकमिज़ाज और क्षणिक भावनाओं की आँधी में उड़ जानेवाले हो गये थे।

जुए की लत

इधर चिन्ताएँ बढ़ती गयीं; जीवन की दुश्वारियाँ बढ़ती गयीं, उधर बेकारी, शेरोसख़ुन के सिवा कोई दूसरा काम नहीं। स्वभावतः निठल्लेपन की घड़ियाँ दूभर होने लगीं। चिन्ताओं से पलायन में इनकी सहायक एक तो थी शराब; अब जुए की आदत भी लग गयी। उन्हें शुरू से शतरंज और चौसर खेलने की आदत थी। अकसर मित्र-मंडली जमा होती और खेल-तमाशे में वक़्त कटता। कभी-कभी बाजी बदकर खेलते थे। ग़दर के पहले उन्हें बड़ा अर्थकष्ट था। सिर्फ़ सरकारी वृत्ति और क़िले के पचास रुपये थे। पर आदतें रईसों की थीं इसलिए सदा ऋणभार से दबे रहते थे। इस ज़माने की दिल्ली के रईसज़ादों और चाँदनी चौक के जौहरियों के बच्चों ने मनोरंजन के जो साधन ग्रहण कर रखे थे, उनमें एक जुआ भी था। गंजीफ़ा आम तौर पर खेला जाता था। इनके पास उठते-बैठते मिर्ज़ा को भी लत लग गयी। धीरे-धीरे नियमित जुआबाज़ी शुरू हो गयी। जुए के अड्डेवाले को सदा कुछ-न-कुछ मिलता है फिर चाहे कोई जीते या हारे। इससे दिल बहलता था, वक़्त कटता था और कुछ-न-कुछ आमदनी भी हो जाती थी। आज़ाद लिखते हैं : "यह ख़ुद भी खेलते थे और चूँकि अच्छे खिलाड़ी थे इसलिए इसमें भी कुछ-न-कुछ मार ही लेते थे।"

---

* *'आबेहयात'* (आज़ाद), पृ. 507-508

** इनके बाद टामसन ने हकीम मोमिन को बुलवाया। उन्होंने कहा कि जो वेतन (सौ रुपये मासिक) ममलूकअली को मिलता है उससे कम न लूँगा। साहब चालीस रुपये मासिक से ज्यादा देने को तैयार नहीं थे। इसलिए उन्होंने भी इनकार कर दिया। इमामबख़्श की जीविका का कोई साधन न होने के कारण उन्होंने यह कार्य स्वीकार कर लिया। बाद में उन्हें पचास मिलने लगे।—*मरहूमे देहली कालेज* (मौ० अब्दुलहक़) पृ० 151-153

अँग्रेज़ी क़ानून के अनुसार जुआ जुर्म था पर रईसों के दीवानख़ानों पर पुलिस उतना ध्यान न देती थी, जैसे क्लबों में होनेवाले ब्रिज पर आज भी ध्यान नहीं दिया जाता। कोतवाल एवं बड़े अफ़सर रईसों से मिलते-जुलते रहते और परिचय के कारण भी ज़्यादा सख़्ती न करते थे। ग़ालिब की जान-पहचान भी कोतवाल तथा दूसरे अधिकारियों से थी इसलिए इनके खिलाफ़ न तो किसी तरह का शुबहा किया जाता था, न क़ानूनी कार्रवाइयों का अन्देशा था।

गिरफ़्तारी

पर सन् 1845 के लगभग आगरा से बदलकर एक नया कोतवाल, फ़ैजुलहसन, आया। इसको काव्य से कोई अनुराग न था इसलिए ग़ालिब पर मेहरबानी करने की कोई बात उसके लिए न हो सकती थी। फिर यह सख़्त आदमी था। आते ही इसने सख़्ती से जाँच शुरू की और जासूस लगा दिए। कई दोस्तों ने मिर्ज़ा को चेतावनी दी कि जुआ बन्द करो पर वह लोभ एवं अहंकार से अन्धे हो रहे थे; उन्होंने परवाह न की। वह समझते थे कि मेरे विरुद्ध कोई कार्रवाई नहीं हो सकती। एक दिन कोतवाल ने छापा मारा। और लोग तो पिछवाड़े से निकल भागे, मिर्ज़ा धर लिये गये। मिर्ज़ा की गिरफ़्तारी के पूर्व चन्द जौहरी पकड़े गये थे पर रुपया ख़र्च करके बच गये थे; मुक़दमे तक की नौबत न आयी थी। मिर्ज़ा के पास रुपया कहाँ था? हाँ; मित्र थे। उन्होंने बादशाह तक से सिफ़ारिश करायी किन्तु कुछ नतीज़ा न निकला। तब घर में बैठ रहे।

अज़ीज़ों और दोस्तों की तोताचश्मी

जब लोगों को मिर्ज़ा की रिहाई की तरफ़ से निराशा हो गयी, न केवल दोस्तों और साथ उठने-बैठनेवालों ने बल्कि अज़ीज़ों ने भी एक दम आँखें फेर लीं और इस बात में लज्जा का अनुभव करने लगे कि मिर्ज़ा के मित्र या सम्बन्धी समझे जाएँ।

मौ. अबुलकलाम आज़ाद लिखते हैं : "इस बाब में लोहारू के ख़ानदान का जो तर्ज़ेअमल रहा वह निहायत अफ़सोसनाक था।...इस ख़ानदान का कोई फ़र्द न तो इस ज़माने में मिर्ज़ा से मिला और न किसी तरह की अयानत की। इतना ही नहीं बल्कि जब आगरा के एक अख़बार ने मिर्ज़ा का ज़िक्र करते हुए उन्हें ख़ानदान लोहारू का रिश्तेदार ज़ाहिर किया तो वह बात उन लोगों को बहुत बुरी लगी और उसका संशोधन कराके लिखवाया गया कि मिर्ज़ा साहब से ख़ानदान लोहारू का कोई नस्बी ताल्लुक नहीं है, महज दूर का सबबी ताल्लुक है।"*

---

* *नक्शे-आज़ाद*, पृ. 282-283।

इन बातों का भी मिर्ज़ा पर बड़ा प्रभाव पड़ा। मित्रों में केवल नवाब मुस्तफ़ाख़ाँ 'शेफ़्ता' ने हर क़दम पर इनका साथ दिया। ख़बर मिलते ही वह एक-एक हाकिम से जाकर मिले और मिर्ज़ा की रिहाई की कोशिश की। फिर जब मुक़दमा चला और बाद में उसकी अपील की गयी, तब भी उसका तमाम ख़र्च ख़ुद उठाया। जब तक मिर्ज़ा क़ैद रहे, हर दूसरे दिन जाकर उनसे मिलते थे।

सज़ा

इस मामले में मिर्ज़ा का दोष भी कुछ कम न था। मित्रों की चेतावनी के बावजूद वह न सँभले। इसके पूर्व भी एक बार इस जुर्म में मिर्ज़ा को एक सौ रुपये जुर्माना और जुर्माना न देने पर चार मास क़ैद की सज़ा हुई थी और यह चन्द दिनों बाद जुर्माना अदा करके छूटे थे। इस पर भी सावधान न हुए। दोबार 1847 में जुए के जुर्म में गिरफ़्तार हुए। गिरफ़्तारी की घटना भी दिलचस्प है। कोतवाल ने बड़ी होशियारी से छापा मारा। मकान घेर लेने के बाद इत्तिला करवायी कि जनानी सवारियाँ आयी हैं। इस कारण किसी ने आपत्ति नहीं की। अन्दर जाने पर भेद खुला। लोगों ने विरोध किया। इस पर पुलिस ने भी सख़्ती की। मिर्ज़ा जुआख़ाना चलाने के जुर्म में गिरफ़्तार हुए। मुक़दमा कुँवर वज़ीर अलीख़ाँ मजिस्ट्रेट की अदालत में पेश हुआ। वहाँ सज़ा हुई और अपील में भी बनी रही। छः मास कठोर कारावास और दो सौ जुर्माना का दंड मिला। ज़ुर्माना न देने पर छः मास और। जुर्माना के अलावा पचास रुपये अधिक देने पर श्रम से मुक्ति।*

जेल में

जेल में खाना-कपड़ा घर से जाता था। जो जब चाहे मिल सकता था फिर भी इस सज़ा और क़ैद से इनके अहं को गहरी चोट लगी। 'यादगारे-ग़ालिब' में मौलाना हाली ने इनका एक ख़त उद्धृत किया है जिससे इनकी मनोदशा का पता लगता है। इसमें वह लिखते हैं :

"मैं हर एक काम ख़ुदा की तरफ़ से समझता हूँ और ख़ुदा से लड़ा नहीं जा सकता। जो कुछ गुज़रा, उसके नंग[1] से आज़ाद और जो कुछ गुज़रनेवाला है उस पर राज़ी हूँ। मगर आरज़ू करना आईने-अबूदियत[2] के ख़िलाफ़ नहीं है। मेरी यह आरज़ू है कि अब दुनिया में न रहूँ और रहूँ तो हिन्दोस्तान में न रहूँ। रूम है, मिस्र है, ईरान है, बग़दाद है। यह भी जाने दो; ख़ुद काबा आज़ादों की

---

* *देहली का आख़िरी साँस*, पृ. 174 तथा *अहरुनुल अख़बार*, बम्बई, 2 जुलाई, 1847

1. बदनामी, लज्जा, 2. उपासना-सिद्धान्त

जाएपनाह[1] आस्तनए-रहमतुल-आलमीन[2], दिलदारों की तकियागाह[3] है। देखिए, वह वक़्त कब आएगा कि दरमाँदगी[4] की क़ैद से, जो इस गुज़री हुई क़ैद से ज़्यादा जानफ़र्सा[5] है, नजात[6] पाऊँ और बग़ैर उसके कोई मंज़िले मक़सूद क़रार दूँ, सरब सेहरा निकल जाऊँ। यह है जो मुझ पर गुज़रा और यह है जिसका मैं आरज़ूमन्द हूँ।''

गहरा प्रभाव

तीन मास बाद ही दिल्ली के सिविल सर्जन डॉ. रास की सिफ़ारिश पर छोड़ दिए गये। पर इस क़ैद का इन पर गहरा प्रभाव पड़ा। इस काल में जो 'तरकीब बन्द'[7] उन्होंने फ़ारसी में लिखी है, उनमें गहरी व्यथा, जीवित हाड़-मांसवाली व्यथा का चित्र है। इन दिनों इनका अर्थकष्ट सीमा पर पहुँच गया था। सच पूछें तो कलकत्ता से लौटने के बाद इनकी आर्थिक स्थिति बराबर खराब ही होती गयी थी। बीस-पच्चीस साल से बराबर तंगी में गुज़र कर रहे थे। दिल में होता था कि किसी राजा-रईस की मुलाज़मत कर लें पर स्वयं आगे बढ़कर हाथ नहीं फैला सकते थे। चाहते थे कि कोई बुलाये तो जाऊँ। जो 1835 में इन पर पाँच हज़ार की डिग्री हुई थी तभी उन पर चालीस-पचास हज़ार क़र्ज़ था। नासिख़ ने इन्हें लिखा कि ''आज दकन में हुन बरस रहा है। हैदराबाद में महाराज चन्दूलाल अहले-कमाल[8] का क़द्रदाँ मौजूद है। अगर आप वहाँ चले जाएँ तो आपके सब दलिद्दर दूर हो जाएँ।'' मिर्ज़ा ने जवाब दिया : ''पहिले तो क़र्ज़ अदा किये बग़ैर यहाँ से हिलना मुहाल है फिर अगर वहाँ जाऊँ भी तो चन्दूलाल ग़रीब मेरी क्या कद्र करेगा? उसे मेरे तर्ज़ेसखुन[9] की हवा तक नहीं लगी और उसके कान इस आवाज़ से आशना नहीं। जहाँ फ़ारसी में क़तील और उर्दू में शाहनसीर उस्ताद माने जाते हों वहाँ ग़ालिब और नासिख़ को कौन पूछता है। मज़ीदबराँ[10] वह अस्सी साल का बुड्ढा खुद क़ब्र में पाँव लटकाये बैठा है, जब तक मैं हैदराबाद पहुँचूँ वह आप अदमाबाद पहुँच चुका होगा।''

पर स्थिति बहुत बिगड़ने पर रियासत की मुलाज़मत की बात बार-बार इनके मन में आती थी। क़रीब-क़रीब इसके लिए तैयार हो गये थे कि जेल की इस

---

1. आश्रयस्थान, 2. संसार पर दया करनेवाले (ईश्वर) का स्थान, 3. रसिकों का आश्रय, 4. हीनता, बेकारी, विवशता, 5. प्राणलेवा, 6. मुक्ति।

7. तरकीबबन्द—नज़्म का एक प्रकार जिसमें कई बन्द होते हैं और हर बन्द में पाँच-सात शेर होते हैं। हर बन्द भिन्न रदीफ़-क़ाफ़िये में होता है और हर बन्द के ख़ात्मे पर एक नया शेर लाते हैं जिसका दरीफ़-क़ाफ़िया अलग ही होता है।

8. गुणियों, 9. काव्य-प्रणाली, 10. इसके अतिरिक्त।

सज़ा से जो बदनामी हुई, उसने हिम्मत पस्त कर दी। 'तुफ्ता' को एक पत्र में लिखते हैं :

"सरकारे-अँग्रेज़ी में बड़ा पाया रखता था। रईसज़ादों में गिना जाता था। पूरा ख़िलअत पाता था अब बदनाम हो गया हूँ और एक बड़ा धब्बा लग गया है। किसी रियासत में दख़ल कर नहीं सकता। मगर हाँ, उस्ताद या पीर या मद्दाह बनकर राहोरस्म पैदा करूँ।"

इस क़ैद ने रईसज़ादा बनने और लोहारू-वंश के साथ सम्बन्ध रखने तथा ऊपरी ठाट-बाट के सपने समाप्त कर दिए। इससे वह अपनी उस निधि पर दिन-दिन अधिकाधिक निर्भर करते गये जो उनमें भरी पड़ी थी।

क़िले की नौकरी

संयोगवश और क़ैद से छूटने के थोड़े दिनों बाद ही कुछ मित्रों की मध्यस्थता से दिल्ली दरबार से इनका सम्बन्ध हो गया। इन दिनों मौलाना नसीरउद्दीन उर्फ़ मियाँ काले साहब बहादुर 'ज़फ़र' के पीर थे। वह ग़ालिब के मित्रों और शुभैषियों में थे। शाही हकीम एहसानउल्लाख़ाँ भी मिर्ज़ा के प्रशंसकों में थे। इन लोगों ने सिफ़ारिश की। बहादुरशाह ने मंज़ूर कर लिया कि मिर्ज़ा तैमूरी-वंश का इतिहास फ़ारसी भाषा में लिखें। 4 जुलाई, 1850 को यह बादशाह के सामने पेश किये गये। बादशाह ज़फ़र ने नजमुद्दौला दबीरुल्मुल्क निज़ाम जंग की उपाधि प्रदान की और छः पारचे तथा तीन रत्न का ख़िलअत दिया। पचास रुपये मासिक वृत्ति नियत हुई और मिर्ज़ा क़िले के मुलाज़िम हो गये।*

---

* उस समय क़िले की परम्परा थी कि साल में दो बार वेतन मिलता था। एक तो पचास रुपये मासिक, फिर छः-छः महीने में मिले तो उसका परिणाम यह होता था कि महाजन के सूद में काफ़ी रक़म कट जाती थी। ग़ालिब ने पहली छमाही किसी तरह काटी पर जनवरी, 1851 में दर्ख़ास्त पेश की कि रोज़ाना की ज़रूरतों का क्या करूँ, उन्हें इतने दिनों के लिए स्थगित तो कर नहीं सकता फलतः महाजनों से कर्ज़ लेता हूँ और सूद में तनख़ाह का काफ़ी हिस्सा निकल जाता है। पहली छमाही के वेतन का एक-तिहाई इसी में चला गया—

आपका बन्दा और फिरूँ नंगा।
आपका नौकर और खाऊँ उधार।
मेरी तनख़ाह कीजिए माह-बमाह।
तो न हो मुझको ज़िन्दगी दुश्वार।
तुम सलामत रहो हज़ार बरस।
हर बरस के हों दिन पचास हज़ार।

इस प्रार्थना पत्र के बाद इन्हें वेतन हर मास में मिलने लगा।

युवराज के गुरु

राजकीय इतिहासकार होने के चन्द साल बाद ही, 1854 ई० में, युवराज फ़तहुल्मुल्क मिर्ज़ा मुहम्मद सुलतान ग़ुलाम फ़ख़रुद्दीन 'रम्ज़' उर्फ़ मिर्ज़ा फ़खरू इनके शागिर्द हो गये। यहाँ यह बात भी याद रखने योग्य है कि युवराज ने ग़ालिब के पुराने दुश्मन स्व० नवाब शम्सुद्दीनख़ाँ की विधवा से शादी की थी।* इसलिए अन्दाज़ होता है कि उस समय ग़ालिब काव्य-जगत् में प्रतिष्ठा के शिखर पर रहे होंगे। तभी युवराज ने शम्सउद्दीन से मिर्ज़ा के विरोध-भाव को भुला दिया होगा। जो हो, शिष्य होने पर युवराज ने चार सौ रुपये सालाना की वृत्ति उन्हें दी।

मोमिन एवं आरिफ़ की मृत्यु

शाही इतिहासकार होने से इन्हें कुछ तसल्ली हुई थी कि 1852 ई० में जब उस इतिहास का पहला भाग (मेह्रनीमरोज़) पूरा हुआ, मोमिन की मृत्यु हो गयी जिससे इन्हें बड़ी चोट लगी। किन्तु सबसे ज़्यादा तकलीफ़ इन्हें इसी साल, 18 एप्रिल, 1852 को, नवाब मिर्ज़ा ज़ैनुलआब्दीन 'आरिफ़' की मृत्यु से हुई। 'आरिफ़' ग़ालिब की बीवी के भाँजे थे। ग़ालिब उन्हें बेटे-सा मानते थे। उनकी प्रतिभा के क़ायल थे। उन्हें उनसे बड़ी उम्मीदें थीं। वह छोटी उम्र से ही शेर कहने लगे थे। उनके देहावसान से मिर्ज़ा को बुढ़ापे में गहरी चोट लगी। उनकी व्यथापूर्ण वाणी फूटी :

हाँ, ऐ .फलक पीरेजवाँ था अभी आरि.फ,
क्या तेरा बिगड़ता जो न मरता कोई दिन और।

बाद में आरिफ़ के दोनों बेटों (बाक़र अलीख़ाँ और हुसेन अलीख़ाँ) को लाकर अपने पास रखा और उन्हें अपने बच्चों से ज़्यादा मानकर बड़े लाड़-प्यार से पाला।

'ग़ालिब' दरबार में कभी-कभी जाया करते थे और उनकी आवभगत भी होती थी, पर उन्हें वह दर्जा प्राप्त नहीं था जो 'ज़ौक़' को था। 'ज़ौक़' ज़फ़र के उस्ताद थे। स्वभावत: उनकी इज़्ज़त ज़्यादा थी। उनके साथ ग़ालिब की नोंक-झोंक चलती ही रहती थी। दिसम्बर, 1851 में ज़फ़र के पुत्र जवाँबख़्त की शादी धूमधाम से हुई। इस अवसर पर मिर्ज़ा ग़ालिब ने सेहरा लिखकर बादशाह की ख़िदमत में पेश किया जो इस प्रकार है :

---

* *कमाले-दाग़,* पृ० 46 तथा *आसारे-ग़ालिब* (शेख़ मु. इकराम आई.सी.एस.), पृष्ठ 116

ख़ुश हो ए बख़्त[1] ! कि है आज तेरे सर सेहरा,
बाँध शहज़ाद: जवाँबख़्त के सर पर सेहरा।
क्या ही इस चाँद से मुखड़े पै भला लगता है,
है तेरे हुस्ने-दिल-अफ़रोज़[2] का ज़ेवर सेहरा।
नाव भर कर ही पिरोये गये होंगे मोती,
वर्ना क्यों लाये हैं कश्ती में लगाकर सेहरा।
सात दरिया के फ़राहम[3] किये होंगे मोती,
तब बना होगा इस अन्दाज़ का गज़ भर सेहरा।
जी में इतराएँ न मोती कि हमीं हैं यक चीज़,
चाहिए फूलों का भी एक मुकर्रर[4] सेहरा
हम सख़ुन-फह्म हैं ग़ालिब के तरफ़दार नहीं,
देखें इस सेहरे से कह दे कोई बढ़कर सेहरा।

जब शेख़ इब्राहीम 'ज़ौक़' बादशाह के पास पहुँचे तो बादशाह ने 'ग़ालिब' का लिखा हुआ सेहरा उनको दिया और कहा कि उस्ताद, इसे देखिए। उन्होंने पढ़ा और स्वभाव के अनुसार कहा, ''पीर मुर्शिद दुरुस्त-3।'' बादशाह ने कहा, ''उस्ताद, तुम भी एक सेहरा अभी लिख दो और ज़रा मक़ते का भी ख़याल रखना। (यानी उस सेहरे से बढ़कर हो।) ज़ौक़ वहीं बैठ गये और यह सेहरा लिखा :

ऐ जवाँबख़्त! मुबारक तुझे सर पर सेहरा।
आज है यम्नों[4] सआदत[6] का तेरे सर सेहरा।
ता बनें[6] और बनीं[7] में रहे इख़लास[8] बहम[9]
गूँधिए सूरये इख़लास[10] को पढ़कर सेहरा।
धूम है गुलशने आफ़ाक़[11] में इस सेहरे की,
गाये मुरग़ाने नवासंग[12] न क्योंकर सेहरा।
फिरती ख़ुशबू से है इतराई हुई बादे-बहार[13],
अल्ला अल्लाह रे फूलों का मुअत्तर[14] सेहरा।
रूनुमाई[15] में तुझे दे महो-ख़ुरशीद[16] फ़लक[17],
खोल दे मुँह को जो तू मुँह से उठाकर सेहरा।

---

1. भाग्य, 2. हृदय को प्रकाशित करनेवाला सौन्दर्य।
3. एकत्र, 4. दूसरा, 5. बरकत, 6. प्रताप, 7. दूल्हा, 8. दुल्हन, 9. प्रेम, 10. परस्पर, 9. प्रेम एवं सौष्ठव सम्बन्धी क़ुरान-शरीफ़ का एक अंश, 11. संसार के उद्यान, 12. संगीत-निपुण पक्षी, 13. वासन्ती वायु, 14. सुगन्धित, 15. मुँह दिखाई, 16. चाँद-सूरज, 17. आकाश।

दुर्रे ख़ुशआब[1] *मज़ामीं से बनाकर लाया,*
वास्ते तेरे तेरा 'ज़ौक' सनागर[2] *सेहरा।*
जिसको दावा है सख़ुन का यह सुनादे उसको,
देख इस तरह से कहते हैं सख़ुनवर[3] *सेहरा।*

इस सेहरे की बड़ी धूम मची। मिर्ज़ा ग़ालिब इस घटना से बड़े परेशान हुए। कहाँ उन्होंने बादशाह को ख़ुश करने के लिए सेहरा लिखा था, कहाँ परिणाम उलटा हुआ। तब उन्होंने क्षमा-प्रार्थना के रूप में यह क़िता लिखा :

मंज़ूर है गुज़ारिशे अहवाल वाक़ई[4]
अपना बयान हुस्न तबीयत नहीं मुझे[5]*।*
सौ पुस्त से है पेशए-आवा[6] *सिपहगिरी,*
कुछ शायरी ज़रीय-ए-इज़्ज़त नहीं मुझे।
आज़ादरौ[7] *हूँ और मेरा मुस्लिक है*[8] *है सुलहकुन*[9]*,*
हरगिज़ कभी किसी से अदावत नहीं मुझे।
क्या कम है यह शरफ़[10] *कि ज़फ़र का ग़ुलाम हूँ,*
माना कि जाह[11] *ओ मंसबो*[12] *सरवत*[13] *नहीं मुझे।*
उस्तादे-शह[14] *से हो मुझे पुरख़ास का*[15] *ख़याल,*
यह ताब, यह मजाल, यह ताक़त नहीं मुझे।
सेहरा लिखा गया ज़िरहे इम्तिसाले अम्र[16]*,*
देखा कि चारा[17] *ग़ैर इताअत*[18] *नहीं मुझे।*
मक़ते में आ पड़ी है सख़ुन गुस्तराना[19] *बात,*
मक़सूद[20] *इससे फ़ितअ-मुहब्बत*[21] *नहीं मुझे।*
रूए-सखुन[22] *किसी की तरफ़ हो तो रूसियाह*[23]*,*
सौदा[24] *नहीं जुनूँ*[25] *नहीं वहशत*[26] *नहीं मुझे।*
क़िस्मत बुरी सही पै तबीयत बुरी नहीं,
है शुक्र की जगह कि शिकायत नहीं मुझे।
सादिक़[27] *हूँ अपने क़ौल में 'ग़ालिब' ख़ुदा गवाह,*
कहता हूँ सच कि झूठ की आदत नहीं मुझे।

---

1. अच्छे पानीदार मोती, 2. प्रशंसक, 3. श्रेष्ठ कवि, 4. सच्ची बात को निवेदन कर देना आवश्यक है, 5. अपनी कथा कहना वैसे मेरे स्वभाव में नहीं, 6. पूर्वजों का पेशा, 7. स्वतन्त्र विचारवाला, 8. स्वभाव, 9. मैत्रीपरक, शान्तिपरक, 10. सम्मान, 11. इज़्ज़त, 12. ओहदा, 13. दौलत, 14. बादशाह के उस्ताद यानी ज़ौक़, 15. झगड़े, 16. बादशाह के आदेश के पालन के रूप में, 17. इलाज, 18. ताबेदारी, 19. काव्योचित अतिशयोक्ति, 20. अभीष्ट, 21. प्रेम को तोड़ना, 22. यह कविता किसी को लक्ष्य करके लिखी गयी हो तो, 23. काला मुँह, 25, 26. उन्माद और पागलपन, 27. सच्चा।

चन्दरोज़ां खुशहाली

बहरहाल जब तक ज़ौक़ रहे, दरबार में ग़ालिब उभर नहीं पाये। 16 अक्तूबर, 1854 को ज़ौक़ की मृत्यु हो गयी। ज़ौक़ के बाद बादशाह ज़फ़र ने भी मिर्ज़ा ग़ालिब से इस्लाह लेनी शुरू की। ज़फ़र के सबसे छोटे शहज़ादे मीरज़ा ख़िज्र सुलतान ने भी इनकी शागिर्दी इख़्तियार की। सम्भवत: इसी साल नवाब वाज़िद अलीशाह अवध-नरेश की ओर से भी पाँच सौ सालाना मिलने लगा। इससे इनकी स्थिति काफ़ी हद तक सुधर गयी पर यह अल्पकालिक रही क्योंकि दो ही साल बाद, 10 जुलाई, 1856 को, मिर्ज़ा फख़्रू की मृत्यु हो गयी। उधर से 11 फरवरी, 1856 को अँग्रेज़ों ने वाजिद अलीशाह को गद्दी से उतारकर कलकत्ता भेज दिया जहाँ वह मटियाबुर्ज़ में नज़रबन्द कर दिए गये। मई, 1857 में गदर हो गया और मीरज़ा ख़िज्र सुलतान हुमायूँ के मक़बरे में गिरफ़्तार कर लिए गये और दिल्ली के बाहर मेजर हडसन की गोली के शिकार हुए। ज़फ़र पर बाग़ियों की मदद करने के जुर्म में मुक़दमा चला और वह अक्तूबर, 1858 में रंगून भेज दिए गये जहाँ 7 नवम्बर, 1862 को उनकी मृत्यु हुई।

बहादुरशाह एवं ग़ालिब

ऊपर लिखा जा चुका है कि 1854 के अन्तिमांश में ज़ौक की मृत्यु हुई और उसके बाद ही ग़ालिब को ज़फ़र का गुरु होने का सौभाग्य प्राप्त हुआ। मुश्किल से दो-तीन साल उन्होंने बादशाह के काव्य का संशोधन किया होगा। मोमिन और ज़ौक़ की मृत्यु के बाद उर्दू काव्य की दुनिया में यही मशाल रह गये। इसलिए बहादुरशाह ने इन्हें गुरु तो बनाया पर दिल से वह कभी इनके अनुयायी न बन सके। कुछ लोग कहते हैं कि ज़फ़र का बहुत-सा कलाम ग़ालिब का ही लिखा है; बादशाह की एक लाइन है तो इनकी चार। मु.हु. आज़ाद और हाली ने भी ऐसे ही शुबहे किये हैं पर दोनों का काव्य ही इस झूठ का सबसे बड़ा उत्तर है। बहादुरशाह 'ज़फ़र' का रंग और है, ग़ालिब का रंग और। ज़फ़र की ज़बान सरल और साफ-सुथरी है; उनमें उलझाव नहीं है। जबकि ग़ालिब किसी बात को सीधे ढंग से कहना बहुत कम जानते हैं। ज़फ़र की ज़बान इस देश की ज़बान है; उनकी उर्दू सचमुच उर्दू है जबकि मिर्ज़ा ग़ालिब की ज़बान और विचार पर फ़ारसीयत की ऐसी छाप है कि उर्दू उभर नहीं पाती बल्कि यह कहिए कि यह उर्दू भी एक प्रकार की फ़ारसी है। मिर्ज़ा अपनी फ़ारसीदानी के लिए प्रसिद्ध थे और फ़ारसी के सर्वोत्तम साहित्यकारों में माने जाते थे। 1853-54 में जब बहादुरशाह के शिया होने की शोहरत हुई तो बादशाह ने ग़ालिब से ही 'दमअ उल्बातिल'

नामक एक फ़ारसी मस्नवी लिखवाकर छपवायी।

जहाँ बहादुरशाह ने ग़ालिब के विस्तृत भाषा-ज्ञान से कुछ-न-कुछ लाभ उठाया वहाँ बहादुरशाह की जीवन-शैली एवं रहस्यमय दार्शनिक विचारों से ग़ालिब भी कुछ-न-कुछ प्रभावित हुए। फ़ारसी परम्परा के कारण मिर्ज़ा को तसव्वुफ़ से थोड़ी-बहुत दिलचस्पी तो थी ही, बहादुरशाह की संगति से उसमें वृद्धि ही हुई और उनके काव्य में सूफ़ियाना ख़याल ज़्यादा आने लगे।

यह ठीक है कि दरबार में ग़ालिब को ज़ौक का दर्जा कभी न मिला, पर यह भी ठीक है कि दरबार शाही में अपनी तबीयतदारी एवं जद्दत के कारण मिर्ज़ा की ज़फ़र से बड़ी बेतकल्लुफ़ी थी। अपनी हाज़िरजवाबी और हास्यप्रियता के कारण भी वह इस स्थिति को पाने में सफल हुए थे।

एक रोज़ा नहीं

ग़ालिब एवं बहादुरशाह के वर्णन में हाली ने कई लतीफ़े लिखे हैं। उनसे तथा उस काल में लिखे कई शेरों से मिर्ज़ा की हास्यप्रियता की कल्पना होती है। एक बार जब रमज़ान गुज़र गया और मिर्ज़ा क़िले में गये तो बादशाह ने पूछा, ''मिर्ज़ा! तुमने कितने रोज़े रखे?'' मिर्ज़ा ने अर्ज़ किया, ''पीरो मुर्शिद! एक नहीं रखा!'' और निम्नलिखित क़िता पढ़ा :

इ.फ्तारे-सूम की कुछ अगर दस्तगाह हो।
इस श.ख्स को ज़रूर है रोज़ा रखा करे।
जिस पास रोज़ा खोल के खाने को कुछ न हो,
रोज़ा अगर न खावे तो नाचार क्या करे।

फिर एक रुबाई भी पेश की :

सामने .ख़ूर व .ख़ाब कहाँ से लाऊँ?
आराम के असबाब कहाँ से लाऊँ?
रोज़ा मेरा ईमान है 'ग़ालिब' लेकिन,
खसख़ान: व बर.फाब कहाँ से लाऊँ?

दुनियादारी एवं व्यवहारिकता

लाल क़िला एवं बहादुरशाह के साथ ग़ालिब का सम्पर्क तो हुआ पर मिर्ज़ा की तेज़ निगाह ने भाँप लिया कि यह सल्तनत ज़्यादा दिन चलनेवाली नहीं है। मिर्ज़ा

की अधिकारियों एवं अँग्रेज़ों में पैठ थी। यह देख रहे थे कि अँग्रेज़ों की ताक़त बढ़ रही है। वे बादशाहत ख़त्म करने पर तुले हुए थे पर एकाएक इस भय से परिवर्तन नहीं करते थे कि कहीं भारत की जनता बिगड़ न जाए। 1837 में जब बहादुरशाह गद्दी पर बैठे तभी उनसे कहा गया कि ईस्ट इंडिया कम्पनी पर बादशाह के जो अधिकार हैं, उन्हें छोड़ दो लेकिन वृद्ध बहादुरशाह कमज़ोर होने पर भी ऐसा करने को तैयार न हुए। बाद में जब अँग्रेज़ों की ताक़त बहुत बढ़ गयी तब 1854 में यह फैसला हुआ कि बहादुरशाह के बाद शाही खानदान क़िले में रहने की जगह कुतुब के पास रहे। इसी बात पर रेज़ीडेंट एवं नवाब ज़ीनतमहल की बड़ी झड़प हुई परन्तु अँग्रेज़ अब शक्तिमान थे; उन्हें किसी की भावनाओं की क्या परवाह थी इसलिए निर्णय ज्यों-का-त्यों रहा और दो साल बाद यह भी तय हो गया कि बहादुरशाह के उत्तराधिकारी को बहादुरशाह से कम पेंशन मिलेगी, दूसरे यह कि उसकी उपाधि बादशाह नहीं बल्कि शाहज़ादा होगी। मतलब बादशाहत बहादुरशाह के साथ ही ख़त्म हो जाएगी।

मिर्ज़ा ने देखा कि बादशाहत तो ख़त्म हो रही है, इसलिए अक़्लमन्दी की बात यह है कि अपना भविष्य अँग्रेज़ों के साथ सम्बद्ध करना चाहिए। उनको इस देश की मिट्टी के प्रति कोई आकर्षण न था इसलिए जिस बात से उन्हें अँग्रेज़ों का विरोधी होना चाहिए था उसी कारण वह, उलटे, उनकी ओर खिंचते गये। उन्होंने देखा, अँग्रेज़ों का विरोध निरर्थक है। वह दुनियादार और व्यावहारिक आदमी थे। उन्होंने महारानी विक्टोरिया की प्रशंसा में एक फ़ारसी क़सीदा लिखा और लॉर्ड केनिंग के जरिये विलायत भिजवाया। पर साथ में वह स्वार्थ भी लगा था जो इनके जीवन में सदा लगा रहा और जिसके कारण यह कभी निरपेक्ष न हो सके। क़सीदे के साथ एक निवेदन था कि 'रूम व ईरान के बादशाह कवियों पर बड़ी-बड़ी इनायतें करते हैं। अगर महारानी भी मुझे ख़िताब, खिलअत एवं पेंशन से गौरवान्वित करें तो कोई आश्चर्य नहीं।' इस ख़त का जवाब 1857 की जनवरी के अन्त में ग़ालिब को लन्दन से मिला कि विचार के बाद ख़िताब एवं ख़िलअत के बारे में आज्ञा प्रचारित होगी।

अब क्या था, मिर्ज़ा फूले न समाये। आशाओं के काल्पनिक महल बनाते रहे कि 11 मई को ग़दर सिर पर आ गया।

ग़दर

ग़दर के अनेक चित्र इनके पत्रों में तथा इनकी पुस्तक 'दस्तम्बू' में मिलते हैं। इस समय इनकी मनोवृत्ति अस्थिर थी। यह निर्णय न कर पाते थे कि किस पक्ष

में रहें। सोचते थे, पता नहीं ऊँट किस करवट बैठे। इसलिए क़िले से भी थोड़ा सम्बन्ध बनाये रखते थे। 'दस्तम्बू' में उन घटनाओं का ज़िक्र है जो ग़दर के समय इनके आगे गुज़रीं। इस समय यह बल्लीमारां में रहते थे। इसी मुहल्ले में शरीफ़खानी वंश के प्रसिद्ध हक़ीम लोग रहते थे जो पटियाला सरकार में मुलाज़िम थे। महाराज पटियाला ने अँग्रेज़ों से कहकर इस मुहल्ले के सिरे पर दीवार खिंचवा दी ताकि बाहर का आदमी अन्दर न जाने पाये और अपने आदमियों का पहरा बैठा दिया कि कोई फ़ौजी गोरा लोगों को तंग न कर सके। पर लोग इतने भयभीत थे कि कूचाबन्दी से बाहर जाकर पानी भी न ला सके। प्यास से लोगों के ओठों पर जान थी। वह तो कहिए, पानी बरसा और लोगों ने चादरें तान-तानकर घर भर के बर्तन भर लिये। काली सेना ने दिल्ली में ख़ूब लूट-मार की; कितने ही अँग्रेज़ों को मार दिया जिसका मिर्ज़ा को बराबर अफ़सोस रहा।

क़त्ल व ग़ारत के बाद बाग़ियों ने क़िले का रुख़ किया। इस समय बादशाह उनकी आज्ञा मानने को विवश था। मिर्ज़ा ने शाह को 'गिरफ़्ते सिपाह' लिखा है। दिल्ली से अँग्रेज़ी शासन उठने और दोबारा स्थापित होने में चार मास चार दिन लगे पर इनकी हालत मिर्ज़ा ने केवल पाँच-छः पृष्ठों में लिखी है। उसमें भी अपनी एवं अपने अज़ीज़ों की मुसीबतों का ज़िक्र है। ऐसा जान पड़ता है कि मिर्ज़ा ने उस समय की घटनाएँ विस्तार से लिखी होंगी पर अँग्रेज़ों की विजय एवं बहादुरशाह के निर्वासन के बाद उनका प्रकाशन उचित न समझ बहुत-सा अंश निकाल दिया होगा।

चोट-पर-चोट

उधर फ़साद शुरू होते ही मिर्ज़ा की बीवी ने, उनसे पूछे बिना, अपने सब ज़ेवर और क़ीमती कपड़े मियाँ काले साहब के मकान पर भेज दिये कि वहाँ सुरक्षित रहेंगे पर बात उलटी हुई। काले साहब का मकान भी लुटा और उसके साथ ग़ालिब का सामान भी लुट गया।

हिन्दू मित्रों की सहायता

चूँकि इस समय राज मुसलमानों का था इसलिए अँग्रेज़ों ने दिल्ली-विजय के बाद उन पर विशेष ध्यान दिया और उनको खूब सताया। बहुत-से लोग प्राण-भय से भाग गये। इनमें मिर्ज़ा के भी अनेक मित्र थे। इसलिए ग़दर के दिनों में उनकी हालत बहुत ख़राब हो गयी। घर से बाहर बहुत कम निकलते थे। खाने-पीने की भी मुश्किल थी। ऐसे वक़्त उनके कई हिन्दू मित्रों ने उनकी बड़ी सहायता की। मुंशी हरगोपाल 'तुफ़्ता' मेरंठ से बराबर रुपये भेजते रहे; लाला महेशदास

इनकी मदिरा का प्रबन्ध करते रहे। मुंशी हीरा सिंह दर्द, पं. शिवराम एवं उनके पुत्र बालमुकुन्द ने भी इनकी मदद की। मिर्ज़ा ने अपने पत्रों में इनके प्रति कृतज्ञा प्रकट की है।

मुसलमान हूँ पर आधा

यद्यपि पटियाला के सिपाही आसपास के मकानों की रक्षा में तैनात थे और एक दीवार बना दी गयी थी पर 5 अक्टूबर को (18 सितम्बर को दिल्ली पर अँग्रेज़ों का दोबारा अधिकार हो गया था) कुछ गोरे, सिपाहियों के मना करने पर भी, दीवार फाँदकर मिर्ज़ा के मुहल्ले में आ गये और मिर्ज़ा के घर में। उन्होंने माल-असबाब को हाथ नहीं लगाया पर मिर्ज़ा, आरिफ़ के दो बच्चों और चन्द और लोगों को पकड़ ले गये और कुतुबउद्दीन सौदागर की हवेली में कर्नल ब्राउन के सामने पेश किया। उनकी हास्यप्रियता और एक मित्र की सिफ़ारिश ने रक्षा की। बात यह हुई कि जब गोरे मिर्ज़ा को गिरफ़्तार करके ले गये तो अँग्रेज़ सार्जेंट ने इनकी अनोखी सज-धज देखकर पूछा, ''क्या तुम मुसलमान हो?'' मिर्ज़ा ने हँसकर जवाब दिया कि ''मुसलमान तो हूँ पर आधा।'' वह इनके जवाब से चकित हुआ। पूछा, ''आधा मुसलमान कैसे?'' मिर्ज़ा बोले, ''साहब, शराब पीता हूँ; हेम (सुअर) नहीं खाता।''

जब कर्नल के सामने पेश किये गये तो इन्होंने महारानी विक्टोरिया से अपने पत्र-व्यवहार की बात बतायी और अपनी वफ़ादारी का विश्वास दिलाया। कर्नल ने पूछा, ''तुम देहली की लड़ाई के समय पहाड़ी (रिज) पर क्यों नहीं आये जहाँ अँग्रेज़ी फ़ौजें और उनके मददगार जमा हो रहे थे?''

मिर्ज़ा ने कहा, ''तिलंगे दरवाज़े से बाहर आदमी को निकलने नहीं देते थे। मैं क्योंकर आता? अगर कोई फ़रेब करके, कोई बात करके निकल जाता, जब पहाड़ी के क़रीब गोली के रेंज में पहुँचता तो पहरेवाला गोली मार देता। यह भी माना कि तिलंगे बाहर जाने देते, गोरा पहरेदार भी गोली न मारता पर मेरी सूरत देखिए और मेरा हाल मालूम कीजिए। बूढ़ा हूँ, पाँव से अपाहिज, कानों से बहरा, न लड़ाई के लायक़, न मश्विरत के क़ाबिल। हाँ, दुआ करता हूँ सो वहाँ भी दुआ करता रहा।''

कर्नल साहब हँसे और मिर्ज़ा को उनके नौकरों एवं घरवालों के साथ घर जाने की इजाज़त दे दी।

मिर्ज़ा यूसुफ़ का अन्त

मिर्ज़ा तो बच गये पर इनके भाई मिर्ज़ा यूसुफ़ इतने भाग्यशाली न थे। पहले ज़िक्र

किया जा चुका है कि वह तीस साल की उम्र में ही विक्षिप्त हो गये थे और ग़ालिब के मकान से दूर, फ़राशख़ाने के क़रीब, एक दूसरे मकान में अलग रहते थे। जितनी पेंशन ग़ालिब को सरकारी ख़जाने से मिलती थी उतनी ही मिर्ज़ा यूसुफ़ के लिए भी नियत थी। उनकी बीवी, बच्चे भी साथ-साथ रहते थे पर जब दिल्ली पर पुनः अँग्रेज़ों का अधिकार हुआ तो गोरों ने चुन-चुनकर बदला लेना शुरू किया। इस बेइज्ज़ती और अत्याचार से बचने के लिए यूसुफ़ की बीवी, बच्चों-सहित, इन्हें अकेले छोड़, जयपुर चली गयी थीं। घर पर इनके पास एक बूढ़ी नौकरानी और एक बूढ़ा दरबान रह गये। मिर्ज़ा को भी सूचना मिली किन्तु बेबसी के कारण कुछ कर न सके।

30 सितम्बर को, जब ग़ालिब को अपना दरवाज़ा बन्द किये हुए पन्द्रह-सोलह दिन हो रहे थे, उन्हें सूचना मिली कि सैनिक मिर्ज़ा यूसुफ़ के घर आये और सब कुछ ले गये लेकिन उन्हें और बूढ़े नौकरों को ज़िन्दा छोड़ गये।* मिर्ज़ा ग़ालिब लिखते हैं कि 19 अक्टूबर को, सुबह के वक़्त, मिर्ज़ा यूसुफ़ का बूढ़ा दरबान ख़बर लाया कि मिर्ज़ा यूसुफ़ पाँच दिन निरन्तर ज्वरग्रस्त रहने के बाद कल रात गुज़र गये।

इस समय शहर की हालत भयानक थी। दो-चार आदमियों का मिलकर, किसी लाश को दफ़न करने के लिए, कब्रिस्तान तक ले जाना सम्भव न था। कफ़न के लिए कपड़े भी न मिलते थे। ख़ैर, साथियों ने मदद की। मिर्ज़ा का एक नौकर और पटियाला का एक सिपाही उनके साथ गये। कफ़न के लिए दो-तीन सफ़ेद चादरें मिर्ज़ा ने अपने पास से दीं। इन लोगों ने गली के सिरे पर तहव्वरख़ाँ की मस्जिद की** सेहन में गड्ढा खोदा और शव को उसमें उतारकर मिट्टी डाल दी।

---

* ग़ालिब के एक निकट सम्बन्धी मिर्ज़ा मुईनउद्दीन ने लिखा है कि यूसुफ़ गोली की आवाज़ सुनकर, यह देखने कि क्या हो रहा है, घर से बाहर आये और मारे गये।

—*ग़दर की सुबह-शाम,* पृष्ठ 88

** मालिक राम साहब लिखते हैं—फर्राशख़ाने से खारी बावली की तरफ़ जाएँ तो यह मस्जिद 'नया बाँस' के पास उलटे हाथ को पड़ती है। इसके निर्माणकर्ता तहव्वरख़ाँ ताश्कन्दी मुहम्मदशाह के राज्यकाल में शाहजहाँपुर के ज़मींदार थे। वर्तमान मस्जिद नयी बनी है। अब इसकी कुर्सी ऊँची है और सेहन के नीचे बाज़ार में दुकानें हैं।

—*ज़िक्रे-ग़ालिब,* फुटनोट, पृष्ठ 96-97

उस ज़माने की हालत

इस समय मिर्ज़ा ग़ालिब की हालत दयनीय थी। आमदनी के ज़रिये बन्द, जान बचाने की फ़िक्र, भाई की मौत! एक आतंक सब पर छाया हुआ! ज़िन्दगी भी क्या ज़िन्दगी थी! जो जीवित थे, मरे हुओं से बदतर थे। किसी की सुरक्षा न थी। गोरे जिसकी इज्ज़त-आबरू चाहते, ले लेते थे, जिसे चाहते, मार देते; उनपर प्रतिहिंसा का भूत सवार था। हकीम महमूदख़ाँ का पटियाला महाराज से सम्बन्ध होने के कारण, ग़ालिब का मुहल्ला कुछ सुरक्षित था। बहुत-से लोगों ने भागकर हकीम साहब के यहाँ शरण ली थी। 2 फरवरी, 1858 को हाकिम शहर चन्द सिपाहियों के साथ ग़ालिब के मुहल्ले में आया और हकीम महमूदख़ाँ को, साठ आदमियों सहित, पकड़ ले गया। हकीम साहब एवं उनके कुछ साथी तीन दिन बाद, कुछ लोग एक हफ़्ते बाद रिहा कर दिए गये। हकीम साहब* छूटकर घर में नहीं बैठे, हर एक के लिए दौड़े और बेगुनाही के सुबूत दिए जिससे एप्रिल तक बाक़ी लोग भी रिहा कर दिए गये।

---

* इन्हीं हकीम महमूदख़ाँ की मृत्यु पर हाली ने एक मर्सिया लिखा था जिसके कुछ अंश यहाँ उद्धृत हैं :

वह ज़माना जब कि था दिल्ली में एक महशर बपा।
नफ़्सी-नफ़्सी का था जब चारों तरफ़ गुल पड़ रहा।
अपने-अपने हाल में छोटा-बड़ा था मुब्तिला।
बाप से .फ़र्जन्द और भाई से भाई था जुदा।
मौजज़न था जबकि दरियाए-अताबे-जुलजलाल।
बाग़ियों के ज़ुल्म का दुनिया पे नाजिल था वबाल।

× × ×

ऐसे नाज़ुक वक्त पर मर्दानगी उसने जो की
अह्ले-इन्साफ़ उसको भूले हैं न भूलेंगे कभी।
बिलयक़ीं जिन मुलज़िमों को उसने समझा बेख़ता।
मार्शल-लॉ में सबूत उनकी सफ़ाई का दिया।
चैन से बैठा न जब तक हो गया इक-इक रिहा।
जो कि थे नादार की उनकी अयानत बर्मला।
ज़र दिया, खाना दिया, कपड़ा दिया, बिस्तर दिया।
बेठिकानों को ठिकाना बेघरों को घर दिया।

मिर्ज़ा के दोस्तों एवं परिचितों की हालत

इस ज़माने में सबको अपनी-अपनी पड़ी थी। जिसको जहाँ जगह मिली, वहीं भाग खड़ा हुआ। मिर्ज़ा ने 'दस्तम्बू' एवं अपने रुक्कों तथा पत्रों में अपने दोस्तों तथा परिचितों की हालत बयान की है। जब शहर फ़तह हुआ उसी हफ़्ते ज़ियाउद्दीन और नवाब अमीनउद्दीन अपने परिवार एवं चन्द आदमियों के साथ अपनी जागीर लोहारू जाने के लिए रवाना हुए लेकिन अभी महरौली में ही थे कि लुटेरे सिपाहियों ने आ घेरा और बदन पर जो कपड़े थे, उन्हें छोड़ सबकुछ ले गये। दिल्ली का घर भी पूर्णतः लुट गया। मुज़फ़्फ़रउद्दीन हैदरख़ाँ और ज़ुलफ़िक़ारउद्दीन हैदरख़ाँ (हुसेन मिर्ज़ा) पर जो गुज़री वह इससे भी व्यथाजनक है। वे शहर के अन्य प्रतिष्ठित लोगों की तरह अपनी अट्टालिकाएँ छोड़ जान बचाकर भागे। उनके घर भी बुरी तरह लुटे। फिर किसी ने मकान के परदों और सायबानों में आग लगा दी जिससे सारा घर जलकर राख हो गया। उन लोगों के यहाँ मिर्ज़ा का काव्य एकत्र होता रहता था, वह भी इसी में नष्ट हो गया। मिर्ज़ा के एक ख़त में इस घटना की ओर इशारा है :

"भाई ज़ियाउद्दीनख़ाँ साहब और नाज़िर हुसेन मिर्ज़ा साहब हिन्दी-फ़ारसी नज़्म व नसर के मस्विदात मुझसे लेकर अपने पास जमा किया करते थे। सो इन दोनों घरों पर झाड़ू फिर गयी। न किताब रही, न असबाब रहा।"*

शेफ़्ता

नवाब मुस्तफ़ाख़ाँ 'शेफ़्ता' को गदर के बाद सात साल क़ैद का हुक्म हुआ था। वह एक प्रतिष्ठित जागीरदार और उर्दू-फ़ारसी के समर्थ कवि थे। उर्दू कवियों के सम्बन्ध में इनका लिखा फ़ारसी भाषा का ग्रन्थ 'गुलशन बेख़ार' प्रसिद्ध है। गार्सा द तासी ने भी इसकी प्रशंसा की है। शेफ़्ता ग़ालिब के प्रशंसकों में थे और मुसीबत के ज़माने में बराबर उनकी मदद करते रहे। इसलिए उनकी क़ैद से भी ग़ालिब के दिल पर चोट लगी। ख़ैर, अपील में वह छूट गये। इससे ग़ालिब को जो ख़ुशी हुई वह इसी से समझी जा सकती है कि उस बुरी अवस्था में भी डाकगाड़ी में बैठकर मेरठ गये, उनसे मिले, चार दिन रहे, तब वापस आये।

---

* 1857 ई. में मिर्ज़ा ने अपने उर्दू कलाम का एक नुस्ख़ा रामपुर भेजा था, वह सुरक्षित रहा और उसकी नक़लों से ही 1861 में वर्तमान उर्दू दीवान तैयार हुआ। लेकिन उसे भेजने के बाद भी तो ग़ालिब ने कुछ-न-कुछ लिखा ही होगा; वह सब नष्ट हो गया।

मुफ़्ती सदरउद्दीन

मौलाना मुफ़्ती सदरउद्दीन आज़ुर्दा फ़ारसी के उच्चकोटि के कवि और अरबी के धाकड़ विद्वान थे। ग़दर के पहले दिल्ली में सदरुस्सदूर थे। वह भी पकड़े गये। मुक़दमा पेश हुआ। जानबख़्शी का हुक्म हुआ पर नौकरी मौक़ूफ़, जायदाद ज़ब्त। निराश लाहौर गये। फ़िनांशल कमिश्नर एवं ले. गवर्नर ने कृपा करके आधी जायदाद वापिस करा दी।

मौ. फ़ज़्लहक़

ग़ालिब की ज़िन्दगी में मौ. फ़ज़्लहक़ का बड़ा हाथ था। उन्हीं ने उन्हें 'बेदिल' की नक़ल से हटाकर काव्य के सही रास्ते पर लगाया। ये गिरफ़्तार ही नहीं हुए, आजन्म निर्वासित भी किये गये। रंगून में रखे गये। इनके दूसरे बेटे ग़ुलाम ग़ौस 'बेख़बर' ने अपील की जिससे बहुत दिनों बाद—1861 में—रिहाई का हुक्म हुआ पर रिहाई का हुक्म रंगून पहुँचने के पूर्व ही उनकी मृत्यु हो गयी।

असीम कष्टों की घटाएँ

मतलब यह कि ग़दर क्या आया, मिर्ज़ा का जीवनाकाश काली घटाओं से घिर गया। घर में जो कुछ था, वह ख़त्म हो गया; यार-दोस्त गिरफ़्तार और दूर हो गये; आमदनी के सब रास्ते बन्द। क़िले की तनख़ाह तो पहले ही बन्द हो गयी थी। क्योंकि वहाँ तो देशी फ़ौज का डेरा था। इतना ही बहुत था कि उन लोगों ने इनको सताया नहीं अन्यथा अँग्रेज़ों का 'वज़ीफ़ा ख़ार' कहकर मौत के घाट उतार देते तो उन्हें कौन रोकनेवाला था। अँग्रेज़ों की तरफ़ से जो ख़ानदानी पेंशन मिलती थी वह भी बन्द हो गयी क्योंकि दिल्ली पर देशी फ़ौज का क़ब्ज़ा था; अँग्रेज़ी दफ़्तर ही कहाँ रह गया था। इस कष्ट के समय नवाब ज़ियाउद्दीन अहमद ने मिर्ज़ा की बीवी उमराव बेग़म को पचास रुपये माहवार नियत कर दिया। यह प्रकारान्तर से मिर्ज़ा की मदद थी। बेगम को यह वज़ीफ़ा उनकी मृत्यु तक मिलता रहा।

रामपुर से सम्बन्ध

ग़दर से थोड़े ही अर्से पहले मिर्ज़ा का दरबार रामपुर से सम्बन्ध हो गया था। थोड़ा-बहुत सम्बन्ध तो बहुत पहले से था क्योंकि जब बचपन में नवाब मुहम्मद यूसुफ़ अलीख़ाँ शिक्षा के लिए दिल्ली आये तो उन्होंने ग़ालिब से फ़ारसी पढ़ी थी पर बाद में यह सिलसिला टूट गया था। जब 1855 ई. में वह गद्दी पर बैठे

तो मिर्ज़ा ने क़िता लिखकर भेजा पर परिणाम कुछ न निकला।[1] नवाब ने ध्यान नहीं दिया। बाद में जब ग़ालिब के हितैषी और मित्र मौ. फ़ज़लहक़ ख़ैराबादी रामपुर में थे, उन्होंने मिर्ज़ा को तैयार किया कि वह नवाब के पास क़सीदा भेजें। मिर्ज़ा ने क़सीदा भेजा। मौ. फ़ज़लहक़ ने भी सिफ़ारिश की। इसके उत्तर में नवाब ने 5 फरवरी, 1857 को एक ख़त में चन्द शेर इस्लाह के लिए मिर्ज़ा के पास भेजे। तब से उनका दरबार रामपुर से नियमित सम्बन्ध हो गया। जान पड़ता है कि नवाब साहब ने इस प्रारम्भिक कलाम में 'यूसुफ़' तख़ल्लुस किया था पर मिर्ज़ा के सुझाव पर 'नाज़िम' पसन्द किया।

पर इनकी कोई मासिक वृत्ति नहीं बँधी थी। वैसे नवाब बीच-बीच में रुपये भेजते रहते थे। पहले ही पत्र के साथ ढाई सौ भेजे थे।

पेंशन की चिन्ता

यह सम्बन्ध हुए थोड़े ही दिन हुए थे कि तूफ़ान आया और ग़दर में सब व्यवस्था छिन्न-भिन्न हो गयी। आँधी आयी और चली गयी तब इन्हें पेंशन की चिन्ता हुई। ग़ालिब का ख़याल था कि शान्ति स्थापित होते ही मेरी पेंशन बहाल हो जाएगी। जब न हुई तो वही चापलूसीवाला ढंग इख़्तियार किया। महारानी विक्टोरिया तथा उच्चाधिकारियों की प्रशंसा में क़सीदे लिखकर दिल्ली के अधिकारियों की मार्फ़त भेजे किन्तु 17 मार्च, 1857 को कमिश्नर दिल्ली ने यह लिखकर उन्हें वापस भेज दिया कि इनमें कोरी प्रशंसा एवं स्तुति के सिवा कुछ नहीं है। जब इसके कुछ मास बाद, अक्टूबर में, 'दस्तम्बू' छपी तो मिर्ज़ा ने जिल्द लगवाकर दो विलायत और चार प्रतियाँ हिन्दुस्तान में उच्चाधिकारियों को भेंट कीं। संचालक शिक्षा-विभाग पश्चिमोत्तर प्रदेश ने बड़ी प्रशंसा की और मि. मैकलियाड फिनांशल कमिश्नर ने ख़ुद लिखकर कमिश्नर दिल्ली की मार्फ़त यह किताब मिर्ज़ा से मँगवायी। यह सब तो हुआ पर अधिकारियों का दिल इनकी ओर से साफ़ न हुआ। जनवरी, 1860 में मेरठ में बड़ा दरबार हुआ। अन्य दरबारी बुलाये गये पर इन्हें निमन्त्रण नहीं दिया गया। फिर जब गवर्नर जनरल का कैम्प मेरठ से दिल्ली आया और मिर्ज़ा ने चीफ़ सेक्रेटरी के ख़ीमे में मुलाक़ात के लिए अपना टिकट भिजवाया तो वहाँ से जवाब मिला कि ग़दर के दिनों में तुम बाग़ियों से रब्त-ज़ब्त रखते थे,* अब गवर्नमेंट से क्यों मिलना चाहते हो? लॉर्ड कैनिंग की

1. *मकातीबे-ग़ालिब,* पृ. 3। 2. वही, पृ. 120

* ग़दर में इनका सम्बन्ध बहादुरशाह से छूटा न था। आगरा के अखबार 'आफ़ताब आलिमताब' में छपा था कि 12 जुलाई, 1857 को मिर्ज़ा नौशा (ग़ालिब) ने बहादुरशाह की तारीफ़ में क़सीदा पढ़ा था। श्रीमालिकराम ने इसे 18 जुलाई लिखा है।

तारीफ़ में जो क़सीदा लिखा था, वह भी वापस कर दिया गया कि अब ये चीज़ें हमारे पास न भेजा करो![1]

इस समय इनकी हालत बहुत ख़राब थी। यहाँ तक कि घर के कपड़े-लत्ते बेचकर दिन कट रहे थे। एक पत्र में निराशापूर्वक लिखते हैं :

''53 मास का पेंशन। तक़र्रुर इसका वतजवीज लॉर्ड लेक व बमंजूरी गवर्नमेंट—और फिर न मिला है, न मिलेगा। ख़ैर, एहतमाल है मिलने का। अली का बन्दा हूँ। उसकी क़सम कभी झूठ नहीं खाता। इस वक़्त कल्लू[2] के पास एक रुपया सात आने बाक़ी हैं। बाद इसके न कहीं क़र्ज़ की उम्मीद है, न कोई जिंस रेहन व बयके क़ाबिल।''

इन निराशाजनक स्थिति में लाचार होकर इन्होंने दिल्ली से बाहर चले जाने का निर्णय किया। नवाब अमीनुद्दीन अहमदख़ाँ तथा ज़ियाउद्दीन अहमदख़ाँ एवं उनकी माँ बेगम जान साहबा ने इस शर्त पर इनके प्रस्ताव को स्वीकार किया कि उमराव बेगम और बच्चे लोहारू चले जाएँ। इस निर्णय की सूचना नवाब अलाउद्दीन अहमदख़ाँ को, जो उस समय लोहारू में थे, देते हुए लिखते हैं :

''अपना मक़सूद तुम्हारे वालिद माजिद से...कह चुका हूँ। खुलासा यह कि मेरी बीबी और बच्चों को, कि तुम्हारी क़ौम के हैं, मुझसे ले लो कि मैं बोझ का मोतहमिल हो नहीं सकता।...मेरा क़स्द सियाहत का है। पेंशन अगर खुल जाएगा तो वह अपने सर्फ़ में लाया करूँगा। जहाँ जी लगा, वहाँ रह गया। जहाँ से दिल उखड़ा, चल दिया।''

निराशा में बीवी-बच्चे बोझ मालूम होते थे और सब मुसीबतें उन्हीं की वजह से आती मालूम पड़ती थीं और इच्छा भी होती थी कि अकेले :

'रहिए अब ऐसी जगह चलकर जहाँ कोई न हो।'[3]

ख़ैर, तय यह हुआ कि बीवी-बच्चे लोहारू जाएँ और यह पटियाला जाकर रहें। इस बीच इन्होंने महाराज अलवर एवं पटियाला की तारीफ़ में क़सीदे लिखे और मदद चाही। पटियाला के प्रतिष्ठित नागरिक महमूदख़ाँ के यह पड़ोसी थे। दस वर्ष से एक जगह रह रहे थे। हकीम महमूदख़ाँ के दो भाई हकीम मुर्त्तज़ाख़ाँ और हकीम ग़ुलाम अल्लाख़ाँ पटियाला-नरेश महाराज नरेन्द्रसिंह की सेवा में थे। उनकी इच्छा भी थी कि ग़ालिब कुछ दिन वहाँ आकर रहें। पर जब क़सीदे के जवाब में कोई अनुकूल उत्तर न मिला तब इन्होंने वहाँ जाने का विचार त्याग दिया।

---

1. *ग़ालिबनामा,* पृष्ठ 145-46
2. कल्लू ग़ालिब का वफ़ादार सेवक था जिसे वह बहुत मानते थे।
3. *ज़िक्रे-ग़ालिब,* पृष्ठ 101

रामपुर से मासिक वृत्ति

इधर से निराश होकर ग़ालिब ने नवाब रामपुर से दर्ख़ास्त की कि मेरा कोई नियमित वज़ीफ़ा तय कर दिया जाए। नवाब ने 16 जुलाई, 1859 को उत्तर दिया कि आपको सौ रुपये मासिक वेतन पहुँचता रहेगा।[1] नवाब रामपुर (यूसुफ़ अलीख़ाँ) ने मिर्ज़ा को कई बार रामपुर निमन्त्रित किया। दिल्ली पर अँग्रेज़ों का क़ब्जा होते ही इन्होंने रामपुर आने का आश्वासन दिया था पर इन्हें सरकारी पेंशन की उम्मीद अब भी लगी थी इसलिए दिल्ली छोड़ते न बनती थी। नवाब रामपुर ने दूसरी बार 25 नवम्बर, 1857 को बुलाया तो इन्होंने जवाब दिया, "मेरे हाज़िर होने को जी इरशाद होता है, मैं वहाँ न आऊँगा तो कहाँ जाऊँगा। पेंशन के वसूल का ज़माना क़रीब आया है। उसे मुल्तवी छोड़कर क्यों चला आऊँ? सुना जाता है और यक़ीन भी आता है कि आग़ाज़ साल 59 ईस्वी यह क़िस्सा अंजाम पाये। जिसको रुपया मिलना है उसको रुपया, जिसको जवाब मिलना है उसको जवाब मिल जाए।"[2]

जनवरी, 1859 भी आया और चला गया। तब नवाब ने 2 फ़रवरी और 13 एप्रिल को पुनः निमन्त्रित किया जिसके उत्तर में इन्होंने लिखा :

"पहले ख़त में यह अर्ज़ किया है कि मजमूआ पेंशनदारों की मिसिल मुस्तब है और हनोज़ सदर को रवाना नहीं हुई। नवाब गवर्नर जनरल लॉर्ड केनिंग बहादुर ने कलकत्ता से मेरी पेंशन के कवाग़ज़ तलब किये और यह काग़ज़ फेहरिस्त में से अलग होकर लेफ्टिनेंट गवर्नर बहादुर पंजाब की ख़िदमत में इरसाल हुए। वहाँ से कलकत्ता भेजे जाएँगे। फिर वहाँ से हुक्म मंजूरी पंजाब होता हुआ यहाँ आएगा और यहाँ मुझको रुपया मिल जाएगा। आज रुपया मिला, कल मैंने आपसे सवारी और बारे-बरदारी माँगी। आज सवारी बारे-बरदारी पहुँची और कल मैंने रामपुर की राह ली।"

कैसी दृढ़ आशा एवं निष्ठा थी इस आदमी को अँग्रेज़ों की न्यायप्रियता में! पर निराश तो होना ही था। 1860 के शुरू में जब गवर्नर जनरल ने इनसे मुलाक़ात करने से इनकार कर दिया तब इनकी नींद टूटी और जब अन्तिम उत्तर मिल गया तब इनकी आँखें खुलीं। इस बीच दिसम्बर, 1859 में पुनः नवाब रामपुर इन्हें निमन्त्रित कर चुके थे। इसलिए अँग्रेजों से निराश होकर 19 जनवरी, 1860 को यह रामपुर के लिए रवाना हुए और 27 जनवरी को वहाँ पहुँच गये।[3]

---

1. *मकातीबे-ग़ालिब,* पृष्ठ 82; *उर्दू—ए—मोअल्ला,* पृष्ठ 120
2. *मकातीबे-ग़ालिब,* पृष्ठ 12
3. *उर्दू-ए-मोअल्ला,* पृष्ठ 170

रामपुर में

रामपुर में इनका खूब सत्कार हुआ। नवाब साहब ने अपनी ख़ास कोठी ठहरने के लिए दी। पर ग़ालिब ने ग़लती यह की कि आरिफ़ के दोनों बच्चों (बाक़रअली और हुसेन अली) को साथ ले गये। इस भय से कि कहीं बच्चे कीमती सामान को नुक़सान न पहुँचाएँ। इन्होंने स्वयं दूसरा स्थान देने की प्रार्थना की। इस पर चार दिन बाद राजद्वारा मुहल्ले में एक बड़ा मकान इन्हें रहने को दिया गया। शुरू में खाना भी दोनों वक़्त सरकार से आता रहा पर बाद में सौ रुपया मासिक इसके लिए तय हो गया; अर्थात दिल्ली में रहें तो सौ, रामपुर में रहें तो दो सौ। रामपुर की जलवायु भी इनके अनुकूल थी और यह गर्मी और बरसात में वहाँ रहना चाहते थे पर बच्चों ने लौटने की ज़िद की। इन्हें अच्छा न लगा कि उन्हें अकेले भेजूँ इसलिए ख़ुद भी लौटना पड़ा। 17 मार्च, 1860 को चलकर 24 मार्च को दिल्ली पहुँच गये।

पेंशन की बहाली

रामपुर जाने से इनका सम्बन्ध रामपुर दरबार से सुदृढ़ हो गया। इनके कहने पर नवाब रामपुर ने, समय-समय पर अँग्रेज़ अफ़सरों से भी इनकी सिफ़ारिश की। उधर रामपुर से दिल्ली लौटते समय मिर्ज़ा मुरादाबाद ठहरे। मालूम होने पर सर सैयद अहमदख़ाँ इन्हें सराय से अपने घर ले गये। इस मुलाक़ात का परिणाम मिर्ज़ा के लिए बहुत अच्छा हुआ। सर सैयद की अँग्रेज़ों में बड़ी पहुँच थी। उन्होंने मिर्ज़ा की पेंशन की बहाली के लिए कोशिश की[1]। उनकी सिफारिश से इनकी पेंशन बहाल हो गयी और दिल्ली लौटने के बाद इन्हें पेंशन की पाई-पाई जो बाकी थी, मिल गयी।

पेंशन मिलने से टूटी हुई आशाएँ फिर हरी हुईं। इन्होंने दरबार और ख़िलअत की बहाली के लिए भी कोशिशें कीं। 1 जून, 1862 को[2] दरख़ास्त दी कि 'मुझे लॉर्ड विलियम बेंटिक के अहद से दरबार का, और लॉर्ड एलनबरा के अहद से ख़िलअत व त्रिरत्न का ऐजाज़ हासिल था। चाहिए तो यह था कि उम्र बढ़ने के साथ इस इज्ज़त व तौक़ीर में इजाफ़ा होता, मगर अब कि मेरी उम्र 67 बरस है, इसके बरख़िलाफ़ वह पहला दरबार और ख़िलअत भी छिन गया है। मैं ग़दर के दिनों में भी वफ़ादार रहा। पेंशन का इजरा ही मेरी बेगुनाही का सबसे बड़ा सबूत है। फिर न मालूम मुझसे दरबार का हक़ क्यों छीन लिया गया है। वापस

---

1. स्व. मौ. अबुल कलाम 'आज़ाद' : *'अलहिलाल'*, 17 जून, 1914
2. *ज़िक्रे-ग़ालिब,* पृष्ठ 114

मेरे मआ-मिलात की तफ़तीश की जाए और अगर यह साबित हो जाए कि मैं बेक़सूर हूँ तो मेरा दरबार और दूसरे ऐजाज़ बहाल किये जाएँ।'

ख़िलअत की बहाली

3 मार्च, 1863 ई. को दरबार एवं ख़िलअत की बहाली भी हो गयी। 23 मार्च, 1863 को सर राबर्ट माण्टगोमरी, ले. गवर्नर पंजाब ने इन्हें ख़िलअत दी।*

नयी दर्ख़ास्त

1865 के आरम्भ में उन्होंने अँग्रेज़ सरकार की सेवा में पुनः निवेदन किया कि "(1) मुझे महारानी का राजकवि (शायरे दरबार) नियुक्त किया जाए, (2) दरबार में पहले से ऊँची जगह दी जाए, और (3) मेरी किताब 'दस्तम्बू' हुकूमत अपने ख़र्च से प्रकाशित करे।"

बहुत जाँच के बाद 6 जनवरी, 1866 को यह निर्णय हुआ कि मिर्ज़ा को दरबारी शायर तो नहीं बनाया जा सकता, हाँ, गवर्नर-जनरल को इस पर कोई आपत्ति नहीं कि ले. गवर्नर पंजाब उन्हें ख़िलअत दें या दरबार में पहले से ऊँची जगह दें।

---

* मौ. अबुलकलाम 'आज़ाद' लिखते हैं, "ख़लीफ़ा मुहम्मद हुसेन मरहूम (पटियाला) ने मुझसे दिल्ली के एक दरबार बादे-ग़दर का ज़िक्र किया था जिसमें वह शरीक हुए थे और मिर्ज़ा ग़ालिब को देखा था। मिर्ज़ा साहब पर ज़ोफ़ से चलना दुश्वार था। दो शख़्स दोनों तरफ़ सहारा देकर उन्हें ले. गवर्नर के पास लाये। उनके हाथ में ज़रअफ़शां काग़ज़ था जिस पर एक रुबाई दर्ज थी। जब रू-ब-रू पहुँचे तो कहा—'कानों से बहरा हो गया हूँ; इरशादे-मुबारक सुन नहीं सकता। आँखों की बसारत जवाब दे रही है; जमाले-मुबारक देख नहीं सकता। फ़िक्रे-शेर की ताक़त नहीं कि क़सीदा लिखकर ख़िदमते-दौलतखाही बना लेता।

रस्मे अस्त कि मालिका ने तहरीर।
आज़ाद कुनिन्द बन्दए मीर!

इस इज्ज़ व ख़िस्तगी में एक रुबाई अर्ज़ करके दिल की हसरत निकाली है; उम्मीदवारे-क़बूलियत हूँ,' यह कहकर रूबाई पढ़ी है। काग़ज़ बतौर नज़र हाथों पर रखकर पेश किया। ले. गवर्नर ने रुबाई लेकर ख़ुशनूदी का इज़हार किया और बहुत ज़ोर से पुकारकर कहा—आपका क़दीम ऐजाज़ बहाल हुआ। आप हुज़ूर गवर्नर जनरल के दरबार में भी बदस्तूर ख़िलअत पाएँगे। फिर अपने हाथ से सरपेंच बाँध दिया और मीर मुंशी ने ख़िलअत के बक़ीय ऐज़ाज अता किये।" शायद इसमें इसी दरबार का ज़िक्र है।

— *नक्शे आज़ाद*, पृष्ठ, **305**

नवाब यूसुफ़ द्वारा आदर

ज़िन्दगी में ग़ालिब की जैसी इज्ज़त नवाब मुहम्मद यूसुफ़ अलीख़ाँ नवाब रामपुर ने की, दूसरे ने न की। वह सज्जनता की मूर्ति थे। ग़ालिब यद्यपि उनकी नौकरी में थे फिर भी उनके साथ मित्र एवं गुरु-रूप में व्यवहार करते थे। जैसा ग़ालिब के पत्रों से भी प्रकट है, मासिक वृत्ति के अलावा भी समय-समय पर उनकी सहायता करते रहते थे। वह स्वयं बहुत अच्छे कवि थे और उनके कलाम का अध्ययन करने पर मालूम होता है कि उनपर ग़ालिब की चिन्तनधारा का काफ़ी प्रभाव पड़ा था। यह भी सम्भव है कि ग़ालिब ने अपने संशोधन से उस पर अपनी छाप डाल दी हो। निम्नलिखित शेरों में वही जद्दत और शोख़ी है :

रुख़सते अर्ज़ेहाल क्या माँगूँ।
कह न बैठें कहीं कि रुख़सत हो।

× × ×

सच्चे हैं अपने वादे के आते वो ख़्वाब में,
'नाज़िम' मुझी को नींद न आयी तमाम रात।

× × ×

शराबो-शाहिदो-मतरिब से काम रख नाज़िम,
किसे ख़बर है कि अंजामेकार क्या होगा?

× × ×

किस किसका करूँ रश्क कि इस राहे-गुज़र में
हर ज़र्रा मुझे दीदए-बीना नज़र आया।

× × ×

शबिस्तानों में रहो, बाग़ों में खेलो, मुझको क्यों पूछो,
कि रातें किस तरह कटती हैं दिन क्योंकर गुज़रते हैं?

× × ×

जिसको मंजूर है आलम को परीशां रखना,
उसको क्या काम पड़ा है कि सँवारे गेसू।

× × ×

रामपुर की दूसरी यात्रा

21 एप्रिल, 1865 को नवाब मुहम्मद यूसुफ़ अलीख़ाँ का कर्कट रोग (सर्तान) से देहान्त हो गया। इनको काफ़ी चोट लगी। नवाब युसूफ़ अलीख़ाँ की जगह उनके ज्येष्ठ पुत्र नवाब क़लब अलीख़ाँ गद्दी पर बैठे। उनसे मिलने के लिए 7

अक्तूबर, 1865 को, दिल्ली से चलकर 12 अक्तूबर को यह रामपुर पहुँचे। दोनों बच्चे इस बार भी साथ थे। अपने पिता की भाँति ही क़लब अलीख़ाँ ने उनका सम्मान किया। जर्नेली कोठी ठहरने के लिए दी गयी। 22 दिसम्बर को बच्चे लौट गये। 28 दिसम्बर को मिर्ज़ा भी दिल्ली के लिए रवाना हुए। उन दिनों काफ़ी वर्षा हो गयी थी; रामगंगा बढ़ी हुई थी। दरिया पर किश्तियों का अस्थायी पुल था। ज्योंही इनकी पालकी नदी के उस पार पहुँची है कि एक ज़ोर के रेले में वह पुल बह गया। अब यह हालत हुई कि साथी नौकर, सामान एक किनारे पर रह गये और यह अकेले दूसरे किनारे। गिरते-पड़ते मुश्किल से मुरादाबाद की सराय में पहुँचे और एक कम्बल में, जो इनके साथ था, रात बिता दी। बुढ़ापा, दुर्बलता, दिसम्बर की कड़ाके की सर्दी, उसपर वर्षा, पास में पर्याप्त कपड़े नहीं; बीमार पड़ गये। अगली सुबह मौ. मुहम्मद हसनख़ाँ, सदरुस्सदूर को ख़बर मिली तो वह इन्हें अपने यहाँ उठवा ले गये और उनकी यथोचित चिकित्सा और परिचर्या की व्यवस्था की। यहीं नवाब शेफ़्ता से भेंट हुई जो रामपुर जा रहे थे। शेफ़्ता ने रामपुर पहुँचकर नवाब से ज़िक्र किया। उन्होंने तुरन्त एक ख़ास आदमी द्वारा मिर्ज़ा को ख़त भेजा कि "अगर तबीयत ज़्यादा ख़राब हो और आप पूरी सेहत हो जाने तक मुरादाबाद ठहरने का इरादा रखते हों तो रामपुर तशरीफ़ ले आइए। यहाँ चिकित्सा का उपयुक्त प्रबन्ध हो जाएगा।"

परन्तु नवाब का पत्र पहुँचने के पूर्व ही, तबीयत सँभलने पर, वह रवाना हो चुके थे और 8 जनवरी, 1866 को दिल्ली पहुँच गये।

रामपुर में इनका आदर-सत्कार तो खूब हुआ पर जिस मतलब से यह रामपुर गये थे, वह पूरा न हुआ। बात यह थी कि जो क़र्ज़ इन पर चढ़ गया था उससे मुक्ति तभी हो सकती थी जब कहीं से एक मुश्त बड़ी रक़म मिलती। रामपुर के अलावा कहीं और से इन्हें उम्मीद न थी। इसीलिए रामपुर गये थे, जैसा कि 'तुफ़्ता' को रामपुर से लिखे इनके एक पत्र के निम्नलिखित अंश से प्रकट होता है[1]:

"मैं नस्र की दाद और नज़्म का सिला माँगने नहीं आया। भीख माँगने आया हूँ। रोटी अपनी गिरह से नहीं खाता; सरकार से मिलती है। वक़्ते-रुख़सत मेरी क़िस्मत और मनइम की हिम्मत। नवाब साहब अज़रूए-सूरत रूहे-मुजस्सिम और एतबारे-अख़्लाक आयते-रहमत हैं; ख़ज़ानए-फ़ैज़ के तहवीलदार हैं। जो शख़्स दफ़्तरे-अज़ल से कुछ लिखवा लाया है उसके पटने में देर नहीं लगती। एक लाख कई हज़ार रुपये साल गल्ले का महसूल माफ़ कर दिया। एक अहलकार पर साठ

1. *उर्दू-ए-मुअल्ला,* पृष्ठ 71

हज़ार का मुहासबा माफ़ किया और बीस हज़ार रुपया नक़द दिया। मुंशी नवलकिशोर साहब की अर्ज़ी पेश हुई; खुलासा अर्ज़ी का सुन लिया। वास्ते मुंशी साहब के कुछ अतिया, बतक़रीबे-शादिए-सबिया तजवीज़ हो रहा है। मिक़दार मुझपर नहीं खुली।''

निराशा

'मकातीबे ग़ालिब' की भूमिका में जनाब इम्तियाज़ अलीख़ाँ अर्शी लिखते हैं कि ''नवाब ने रामपुर पहुँचने के बाद इन्हें एक हज़ार रुपये सिंहासनारोहण के इनाम के रूप में प्रदान किये और बिदाई के समय दो सौ मार्ग-व्यय के लिए दिए।'' इनकी अर्थाकांक्षा इतनी बढ़ी-चढ़ी थी कि इस ओस से प्यास क्या बुझती। तुफ़्ता को दिल्ली से लिखते हैं :

''लो साहब, खिचड़ी खायी दिन बहलाये। कपड़े फाटे घर को आये। 8 जनवरी...दोशम्बे के दिन ग़ज़बे-इलाही की तरह अपने घर पर नाज़िल हुआ।''

जान पड़ता है, बाद में, इनके सम्बन्ध नवाब क़लब अलीख़ाँ से बिगड़ गये। अपनी अहंकारवृत्ति का प्रदर्शन करते हुए मिर्ज़ा ने किसी ख़त में हिन्दुस्तानी फ़ारसीनवीसों के विरुद्ध व्यंग्य किया था जिसका नवाब पर बहुत बुरा असर पड़ा। इसके बाद मिर्ज़ा ने बहुत यत्न किये कि पूर्ववत् सम्बन्ध हो जाए पर अभाग्य-वश सफलता न मिली।

प्रसिद्धि

पर इन कठिनाइयों और मुसीबतों के बीच भी, ग़दर के बाद इनकी प्रसिद्धि चारों ओर फैलती ही गयी। रामपुर दरबार ने तो इनकी क़द्र की ही पर इनके प्रशंसक केवल रामपुर में नहीं बल्कि हिन्दुस्तान-भर में थे। बंगाल में मैसूर के शाही ख़ानदान के शाहज़ादा बशीरुद्दीन (नवाब अब्दुल लतीफ़ के भाई), डिपुटी कलक्टर ख़ाँबहादुर अब्दुलग़फ़ूर ख़ाँ 'नस्साख़', सूरत में मीर ग़ुलाम बाबाख़ाँ, लोहारू में नवाब लोहारू के साहबज़ादे मिर्ज़ा अलाउद्दीनख़ाँ और भाई नवाब ज़ियाउद्दीनख़ाँ ग़ालिब के प्रशंसकों एवं शागिर्दों में थे। इलाहाबाद के ख़ाँबहादुर मुंशी ग़ुलाम ग़ौस 'बेख़बर' 'क़ातए-बुरहान' के मामले में मिर्ज़ा के साथ न थे लेकिन इनकी काव्य-प्रतिभा के क़ायल थे। पंजाब में तो इनकी पुस्तक 'दस्तम्बू' बहुत लोकप्रिय हुई और वहाँ से उर्दू रुक्क़ों की बड़ी माँग थी। लोग इनके दर्शनों को आने लगे थे।

शाह ग़ौस से घनिष्ठता

इस ज़माने में शाह ग़ौस क़लन्दर नामक एक विद्वान् सूफ़ी से भी इनकी मित्रता

हो गयी थी। यह शाह साहब भी मिर्ज़ा से मिलने गये थे। शाह साहब की किताब 'तज़किरा-ए-ग़ौसिय:' में ग़ालिब की कई मुलाकातों का ज़िक्र है और उससे ग़ालिब के जीवन एवं स्वभाव पर विशेष प्रकाश पड़ता है।

इस तज़किरे में शाह साहब लिखते हैं :

''एक रोज़ हम मिर्ज़ा नौशा के मकान पर गये। निहायत हुस्ने-एख़लाक़ से मिले। लवेफ़र्श तक आकर ले गये और हमारा हाल दरियाफ़्त किया। हमने कहा—मिर्ज़ा साहब, हमको आपकी एक ग़ज़ल बहुत ही पसन्द है। अललख़ुसूस यह शेर :

तू न क़ातिल हो कोई और ही हो,
तेरे कूचे की शहादत ही सही।

कहा—साहब! यह शेर मेरा नहीं, किसी उस्ताद का है। फ़िलहक़ीक़त निहायत ही अच्छा है। उस दिन से मिर्ज़ा साहब ने यह दस्तूर कर लिया कि तीसरे दिन ज़ीनतुल मसज़िद में हमसे मिलने को आते और एक ख़्वान खाने का साथ लाते। हरचन्द हमने उज्र किया कि यह तकलीफ़ न कीजिए मगर वह कब मानते थे। हमने खाने के लिए कहा तो कहने लगे कि मैं इस क़ाबिल नहीं हूँ; मयख़ार रूसियाह, गुनहगार मुझको आपके साथ खाते हुए शर्म आती है।...हमने बहुत इसरार किया तो अलग तश्तरी में लेकर खाया। उनके मिज़ाज में कस्रे-नफ़्सी और फर्दतनी थी।''

उर्दू किस किताब की अच्छी है?

इसी किताब में लिखा है : ''एक रोज़ का ज़िक्र है कि मिर्ज़ा रजबअली बेग 'सरूर' मुसन्निफ़ 'फ़िसानए-अजायब' लखनऊ से आये। मिर्ज़ा नौशा से मिले। अस्नाए-गुफ़्तगू में पूछा—'मिर्ज़ा साहब, उर्दू ज़बान किस किताब की उम्दा है?' कहा—'चार दरवेश की।' मियाँ रज्जबअली बोले—'फ़िसानए-अजायब की कैसी है?' मिर्ज़ा बेसाख़्ता कह उठे—'अजी लाहौल विला क़ूवत! इसमें लुत्फ़ेज़बान कहाँ! एक तुक़बन्दी और भठियारख़ाना जमा है।' इस वक़्त तक मिर्ज़ा नौशा को यह ख़बर न थी कि यही मियाँ सरूर हैं। जब चले गये तब हाल मालूम हुआ। बहुत अफ़सोस किया और कहा कि 'ज़ालिमो! पहले से क्यों न कहा?' दूसरे दिन मिर्ज़ा नौशा हमारे पास आये, यह क़िस्सा सुनाया और कहा कि 'यह अगर मुझसे नादानिश्तगी में हो गया है, आइए, आज उसके मकान पर चलें और कल की मुकाफ़ात कर आएँ।' हम उनके हमराह हो लिये और मियाँ सरूर के फ़रूदगाह पर पहुँचे। मिज़ाजपुर्सी के बाद मिर्ज़ा साहब ने इबारत आराई

का ज़िक्र छेड़ा और हमारी तरफ़ मुख़ातिब होकर बोले—'जनाब मौलवी साहब! रात में मैंने 'फ़िसाना-अजायब' को बग़ौर देखा तो उसकी ख़ूबिए-इबारत और रंगीनी का क्या बयान करूँ। निहायत ही फ़सीह व बलीग़ इबारत है। मेरे क़यास में तो न ऐसी उम्दा नस्र पहले हुई, न आगे होगी और क्योंकर हो? इसका मुसन्निफ़ अपना जवाब नहीं रखता।' ग़र्ज़ इस क़िस्म की बहुत-सी बातें बनायीं। अपनी ख़ाकसारी और उनकी तारीफ़ करके मियाँ सरूर को निहायत मसरूर किया। दूसरे दिन उनकी दावत की और हमको भी बुलाया। उस वक़्त भी 'सरूर' की बहुत तारीफ़ की। मिर्ज़ा साहब का मज़हब यह था कि दिलआज़ारी बड़ा गुनाह है।

"एक दिन हमने मिर्ज़ा ग़ालिब से पूछा कि तुमको किसी से मुहब्बत भी है। कहा कि हाँ, हज़रत अली मुर्त्तज़ा से। फिर हमसे पूछा कि आपको? हमने कहा कि वाह साहब, आप तो मुग़ल बच्चः होकर अली मुर्त्तज़ा का दम भरें और हम उनकी औलाद कहलाएँ और मुहब्बत न रखें, क्या यह बात आपके कयास में आ सकती है?"[1]

'बुरहान क़ातअ' का संघर्ष

जहाँ एक ओर इनकी प्रसिद्धि होती गयी और इनके प्रशंसकों एवं अनुयायियों की संख्या बढ़ती गयी तहाँ उत्कर्ष काल में अनेक संघर्ष एवं विरोध भी हुए। 1858 के बाद का समय इनके उत्कर्ष का मध्याह्न था। आर्थिक स्थिति बहुत अच्छी न थी तो बुरी भी न थी। दिल्ली में शान्ति स्थापित हो गयी थी पर वह पुराना रंग अब न था। एक सन्नाटा-सा था, दोस्त अहबाब बिखर गये थे। ग़दर के दिनों का आत्मचरित 'दस्तम्बू' को ख़त्म कर चुके थे। किताबें और अन्य वस्तुएँ पहले ही नष्ट हो चुकीं या लुट चुकी थीं। इसलिए एकान्त में मिर्ज़ा फ़ारसी एवं अरबी शब्दों एवं धातुओं पर विचार किया करते थे। इस समय उनके पास दो ही अच्छी किताबें थीं—'बुरहान क़ातअ' जो फ़ारसी का शब्दकोश था, दूसरी दसातीर जिसके लेखक मुहम्मद हुसेन के पूर्वज तब्रेज़ से आये थे। यद्यपि वह स्वयं हिन्दुस्तान में पैदा हुए थे, इसी से वह तब्रेज़ी कहलाते थे। पड़े-पड़े इन्होंने बुरहान क़ातअ का गहरा अध्ययन करना शुरू किया। उसमें उन्हें अनेक त्रुटियाँ दिखाई पड़ीं, शब्दों के अर्थ एवं धातुओं की ग़लतियाँ मिलीं, तरीक़ा बयान अक्सर भोंडा एवं कोशविद्या के विरुद्ध पाया। जो त्रुटियाँ दिखाई पड़ीं, उन्हें यह लिखते गये। एक किताब

---

1. *'आसारे ग़ालिब'* (शेख़ मुहम्मद इकराम) पृष्ठ, 164-165

बन गयी जिसका नाम 'क़ातअ बुरहान' रखा गया।[1] यह 1859 के आरम्भ में लिखी गयी और 1861 अक्तूबर के बाद छपी।[2] इसके 3-4 साल बाद मिर्ज़ा ने दूसरा एडीशन 'दुरफ़्शे कावियानी'[3] के नाम से छपवाया जिसकी एक प्रति ब्रिटिश म्यूज़ियम के पुस्तकालय में मौजूद है। इस पुस्तक में मिर्ज़ा की स्वतन्त्र मेधा एवं विवेचना-शक्ति के दर्शन होते हैं। यह परम्परा या अगलों के लिखे के सामने सिर न झुकाते थे; बल्कि हर वस्तु की समीक्षा करते थे। तुफ़्ता को लिखा भी था : "यह न समझा करो कि अगले जो लिख गये वह सब हक़ है। क्या आगे अहमक़ नहीं पैदा होते थे?"

'क़ातअ-बुरहान' के छपते ही एक तहलका मच गया। साहित्य की भूमि मल्ल-भूमि बन गयी। उसके प्रकाशित होते ही पक्ष-विपक्ष में किताबें छपने लगीं। विरोध में ज़्यादा निकलीं। सबसे पहली किताब सैयद सआदत अली (भू. पू. मीरमुंशी राजपूताना रेज़ीडेंसी) की 'मोहरिक़ क़ातअ बुरहान' थी। यह फ़ारसी में ही लिखी गयी थी। 96 पृष्ठों की थी और अहमदी दिलहाई छापाख़ाना, शाहदरा में छपी थी। उसके जवाब में 3 पुस्तिकाएँ निकलीं—1. दाफ़ए-हज़ियाँ (फ़ारसी), 2. लतायफ़ ग़ैबी (उर्दू); 3. सवालाते-अब्दुलकरीम (उर्दू)। 'दाफ़ए-हज़ियाँ' के लेखक मौ. नजफ़अलीख़ाँ थे। यह 28 पृष्ठों की एक पुस्तिका है और 1865 में अकमलुल मताबअ देहली से छपी थी। नजफ़अली झज्झर के क़ाज़ी ख़ानदान में से थे और सैयद मुहम्मद अज़ीज़उद्दीन के पुत्र थे। इनकी गणना उस काल के अरबी-फ़ारसी के विद्वानों में की जाती है। दूसरी पुस्तक 'लतायफ़ ग़ैबी' के लेखक मियाँदादख़ाँ सय्याह थे। यह 41 पृष्ठों की पुस्तिका है। खोज से मालूम हुआ कि यह स्वयं ग़ालिब की लिखी हुई है। यह 1864 में अकमलुल मताबअ में छपी थी और मूल्य आठ रुपये प्रति था। तीसरी 'सवालाते-अब्दुलकरीम' ज़रा-सी (8 पृष्ठ की) पुस्तिका है।[4]

चौथी किताब, जो इस सम्बन्ध में लिखी गयी, 'सातअ बुरहान' (फ़ारसी) है। इसके लेखक मीरज़ा रहीम बेग 'रहीम' मेरठी थे। यह 174 पृष्ठों की

---

1. साहब आलम मारहरवी को पत्र में लिखते हैं, "इस दरमाँदगी के दिनों में...'बुरहान क़ातअ' मेरे पास थी। इसको मैं देखा करता था। हज़ारहा लुगत ग़लत, हजारहा बयान ग़लत, इबारत पोच...मैंने सौ-दो सौ लुग़त के अग़लात लिखकर एक मजमूआ बनाया है और 'क़ातअ बुरहान' इसका नाम रखा है।"
2. मौलाना अल्ताफ़हुसेन हाली के कथनानुसार 1860 में पहली बार और 1861 में 'दुरफ़्शे कावयानी' के नाम से दूसरी बार छपी।
3. ईरान में काव: नाम का एक लुहार था जिसने अपने झण्डे में अपनी धौंकनी बाँधी थी और जिसके द्वारा उसने जनता को एकत्र करके फ़ियानी राज्य को नष्ट किया था। सामान्य अर्थ विद्रोह का झंडा।
4. उर्दू मासिक 'आजकल' (फरवरी, 1953) में श्रीमालिकराम ने लिखा है कि यह पुस्तक भी ग़ालिब की ही लिखी है। कम-से-कम उसकी रचना में उनका हाथ तो स्पष्ट है।

पुस्तक है और 1867 ई. में मतबा हाशमी मेरठ में छपी थी। रहीम बेग विद्वान और उर्दू-फ़ारसी के कवि थे। इस पुस्तक 'सातअ बुरहान' के जवाब में ग़ालिब ने स्वयं 16 पृष्ठों का 'नामये-ग़ालिब' लिखा जो अगस्त, 1865 में मतबा मोहम्मदी देहली में छपा। मिर्ज़ा ने इसकी पाँच प्रतियाँ नवाब रामपुर को भेजी थीं। 10 एवं 17 अक्तूबर, 1865 के अवध अख़बार में भी इसका प्रकाशन हुआ था।

'क़ातअ बुरहान' के जवाब में दो पुस्तकें और लिखी गयीं :

1. **क़ातअ-उल-क़ातअ**'—ले. अमीनउद्दीन 'अमीन'। यह 1865 में लिखी गयी और 1867 में मतवा मुस्तफ़ाई देहली में छपी। इसमें 268 पृष्ठ हैं। सच पूछें तो 'क़ातअ बुरहान' के जवाब में लिखी यही पहली किताब है। 'मोहरिक क़ातअ बुरहान' में भी इसका हवाला दिया गया है।

2. **मवय्यदे बुरहान**—ले. आग़ा अहमदअली 'अहमद' (अध्यापक फ़ारसी, मदरसा आलिया, कलकत्ता)। इनके पूर्वज इस्फ़हाँ के रहनेवाले थे। यह बड़ा विवेचनापूर्ण ग्रन्थ है। इसमें 468 पृष्ठ हैं तथा 7 पृष्ठों की शुद्धि-तालिका है। टाइप में मतबा मज़हरुल अजायब कलकत्ता से 1866 में छपा था।

'तेग़ेतेज़'

मिर्ज़ा ने 34 पृष्ठों में एक पुस्तिका 'तेग़ेतेज़' नाम से लिखी थी। इसमें 17 अध्याय हैं। 1 से 16 अध्याय तक में एक-एक आपत्ति मौ. अहमदअली पर की है और उनकी आपत्तियों के जवाब भी दिए हैं। अन्तिम अध्याय में 'बुरहान क़ातअ' पर नये एतराज़ हैं। यह पुस्तक 1867 में छपी थी। इसकी भाषा बड़ी कटु है। सैयद सआदतअली तथा उनके 'क़ातए बुरहान' के बारे में, ग़ालिब इस पुस्तक में, लिखते हैं : "एक मर्द बेमग़ज़, मआउज्ज़ेहन[1], न फारसीदाँ न अरबीख़ाँ ने मेरी निगारिश[2] (क़ातअ बुरहान) की तरदीद में एक किताब बनायी और छपवायी और 'मोहरिक़ क़ातअ' उसका नाम रखा।"*

---

* ग़ालिब एक उर्दू पत्र में मुंशी हबीबुल्लाख़ाँ को लिखते हैं : "अहा हा! 'मोहरिक कातअ' का नुस्ख़ा तुम्हारे पास पहुँचा। कामे कि ख्वास्तम ज़ख़ुदाशुद मयस्सरम। मैं इस खुराफ़ात का जवाब क्या लिखता। मगर सख़ुनफ़हम[3] दोस्तों को गुस्सा आ गया। एक साहब ने फ़ारसी में उसके अयूब[4] ज़ाहिर किये, दो तालिबइल्मों[5] ने उर्दू में दो रिसाले जुदा-जुदा लिखे। दाना[6] हो और मुंसिफ़[7] हो। फ़र्क़ को देखकर जानोगे कि मोअल्लिफ़[8] इसका अहमक़ है और जब वह अहमक़ दाफ़ए-हजियाँ, सवालात अब्दुल करीम और लतायफ़ ग़ैबी को पढ़कर मुतनव्वा[10] न हुआ और मोहरिक को धो न डाला तो मालूम हुआ कि बेहया भी है।"

1. प्रतिभाहीन, 2. रचना, 3. साहित्य-पारखी, 4. दोष, 5. शिष्यों , 6. चतुर, 7. न्यायी, 8. प्रणेता, 9. मूर्ख, 10. सावधान।

तेग़ेतेज़ में 'क़ातअ बुरहान' के सभी विरोधियों पर नुक़्ताचीनी है और मवय्यदे बुरहान की आपत्तियों के जवाब भी हैं पर मुख्यत: यह मिर्ज़ा अहमदअली का जवाब है। इसमें वह मिर्ज़ा अहमदअली की निस्बत लिखते हैं : "अरबीयत में अमीनउद्दीन से बढ़कर, फ़ारसीयत में बराबर, फ़हश व नासजागोई में कमतर जितने अलफ़ाज़[1] तज़लील[2] के हैं, चुन-चुनकर मेरे वास्ते इस्तेमाल किये और यह न समझा कि ग़ालिब अगर आलिम नहीं, शायर नहीं, आख़िर शराफ़त व अमारत[3] में एक पाया रखता है, साहबे-इज्ज़ोशान है, आली ख़ानदान है। उमराए-हिन्द, रऊसाए-हिन्द, महाराजगाने-हिन्द सब उसको जानते हैं; रईसज़ादगाने-सरकारे-अँग्रेज़ी में गिना जाता है; बादशाह की सरकार से नजमुद्दौला का ख़िताब है, गवर्नमेंट के दफ़्तर में 'ख़ाँ साहब बिसियार मेह्रबान दोस्तान' अल्काब है; जिसको गवर्नमेंट ख़ाँ साहब लिखती है उसको सिड़ी और कुत्ता और गधा क्योंकर लिखूँ। फ़िलहक़ीक़त यह तज़लील बफ़हवामे-ज़र्बुल ग़ुलाम अहानतुलमौला गवर्नमेंट बहादुर की तौहीन और वज़ीए व शरीफ़े-हिन्द की मुख़ालफ़त हैं। मेरा क्या बिगड़ा? मौलवी ने अपना पाजीपन ज़ाहिर किया; मैंने मोअल्लिम अमीन बेदीन को शैतान के हवाले किया और अहमदअली के अलफ़ाज मज़मून से क़तअ नज़र किया और उनके मतालिबे इल्मी का जवाब अपने ज़िम्मे लिया।"

'तेग़ेतेज़' के अलावा मिर्ज़ा ने एक तीस शेर का फ़ारसी क़िता मौ. मुहम्मदअली के नाम लिखकर भेजा जिसमें उनकी किताब पर प्रभावोत्पादक ढंग से व्यंग है :

हर कि बीनी बाज़बाने मूलिदे ख़ुद आश्नास्त,
साज़े नुत्क़े मोतने अजदाद बेजा करदः अस्त।
ख्वाजारा अज़ इस्फ़हानी बूदने आबा च सूद,
ख़ालिकश दर किश्वरे बंगाला पैदा कर्दः अस्त।

विरोध का कारण

इन बातों से समझ में आ सकता है कि ग़ालिब की आलोचना से साहित्य-जगत् में कितनी बड़ी हलचल उठ खड़ी हुई थी। मिर्ज़ा न केवल 'बुरहाने-क़ातअ' के विरोधी थे वरन् किसी भी हिन्दुस्तानी फ़रहंगनवीस के क़ायल न थे। जो लोग इन कोशकारों के भक्त थे, उनका विरोध करना मिर्ज़ा को आवश्यक-सा लगता था। इतने विरोध का कारण यह था कि मिर्ज़ा की शैली चुटीले व्यंग्यों और कटूक्तियों से भरी हुई थी। जगह-जगह प्रतिद्वन्द्वी लेखक का मज़ाक उड़ाया गया है। इससे 'बुरहाने-क़ातअ' के पक्षपाती आग-बबूला हो गये। जैसाकि ऐसे तर्कप्रधान

---

1. शब्द (लफ़्ज़ का बहुवचन), 2. ज़िल्लत, अपमान, 3. अमीरी।

साहित्यिक संघर्षों में प्रायः होता है, दोनों पक्षों में ग़लतियाँ थीं। 'बुरहाने-क़ातअ' में ग़लतियाँ थीं तो 'क़ातअ बुरहान' भी ग़लतियों से अछूती न थी। मिर्ज़ा का यह कथन भी कितना हास्यास्पद था कि ईरानी नस्ल का होने पर भी बंगाल में पैदा होनेवाले अहमदअली को भाषाविद् (अहलेज़बान) न माना जाए और परदादा के बाद ईरान का मुँह भी न देखनेवाले ग़ालिब को फ़ारसी भाषातत्त्वज्ञ माना जाए।

हंगामए-दिलआशोब

मिर्ज़ा के इस क़िते के जवाब में मौ. अहमदअली ने ख़ुद क़िता लिखा और एक शागिर्द मौ. अब्दुल समद 'फ़िदा' सिलहटी के नाम से छपाया जिसके जवाब में ग़ालिब के दो शागिर्द सैयद मु. बाक़रअली 'बाक़र' और ख़्वाजा सैयद फ़खरउद्दीन 'सुख़न' ने लिखे। बाद में चारों क़िते 'हंगामए-दिलआशोब' के नाम से 11 एप्रिल, 1867 को आरा (बिहार) के मुंशी सन्तप्रसाद के छापेख़ाने में छपे।

'तेग़ेतेज़तर'

अब्दुल समद 'वफ़ा' (या अहमदअली) ने इन दोनों क़ितों का जवाब लिखा और पहले चारों के साथ इसे मिलाकर 'तेग़ेतेज़तर' के नाम से 1867 में छपवाया।

इसके बाद मुंशी जवाहर सिंह 'जौहर' (लखनऊ) ने एक क़िता लिखा जिसमें अहमदअली का समर्थन एवं ग़ालिब का विरोध था। इस पर बाक़र एवं सुख़न ने जौहर और फ़िदा दोनों के क़ितों का एक-एक जवाब लिखा। उधर मीर आग़ा अलीशम्स ने 'अवध अख़बार' (25 जून, 1867) में मिर्ज़ा के कई शेरों पर एतराज़ किया।* इसका भी जवाब सुख़न ने उर्दू गद्य और बाक़र ने फ़ारसी गद्य में लिखा। मुंशी मुहम्मद अमीर 'अमीर' लखनवी ने ग़ालिब के पक्ष में एक क़िता 'अवध अख़बार' में छपवाया। इनका संकलन करके 'हंगामए-दिलआशोब' हिस्सा दोयम के नाम से सन्तप्रसाद ने आरा से छपवाया।

'शमशीर तेज़तर'

पर इन सबमें बेबुनियाद बातें ज़्यादा थीं—कवि-कल्पना थीं। मिर्ज़ा ग़ालिब ने जो एतराज़ 'तेग़ेतेज़' में किये थे, उनका जवाब किसी ने न दिया। अहमदअली ने 'शमशीर तेज़तर' में यह यत्न किया। यह ग्रन्थ 1868 में छपा। इसके कुछ समय बाद तो ग़ालिब का देहान्त ही हो गया।

---

* श्री मालिकराम ने अपनी पुस्तक 'ज़िक्रे-ग़ालिब' में लिखा है कि लखनऊ की दो वेश्याओं—क़मरी जान मुश्तरी उर्फ़ मंझू तथा उमराव जान ज़ोहरा उर्फ़ बी छुट्टन—ने भी, जो सुशिक्षित कवयित्रियाँ और शम्स की शागिर्द थीं, इस साहित्यिक विवाद में भाग लिया था।

शरीर का निरन्तर ह्रास

ज़िन्दगी भर कर्ज़दारों से इनका पिंड नहीं छूटा। बच्चे जितने हुए, मर गये। आरिफ़ को बेटे की तरह पाला, वह भी मर गया। पारिवारिक जीवन कभी सुखी एवं प्रेममय नहीं रहा। मानसिक सन्तुलन की कमी से ज़माने की शिकायत हमेशा रही। इसका दुःख ही बना रहा कि समाज ने कभी हमारी योग्यता और प्रतिभा की सच्ची क़द्रदानी न की। फिर शराब जो किशोरावस्था में मुँह लगी, वह कभी न छूटी। ग़दर के ज़माने में अर्थ-कष्ट, उसके बाद पेन्शन की बन्दी, ख़िलअत एवं दरबार बन्दी के दुःख से परेशान रहे। जब इनसे कुछ फ़ुर्सत मिली तो 'क़ातअ बुरहान' के हंगामे ने इनके दिल में ऐसी उत्तेजना पैदा की कि बेचैन रखा। इन लगातार मुसीबतों से इनका स्वास्थ्य गिरता ही गया। खाना-पीना बहुत कम हो गया। बहरे हो गये। दृष्टिशक्ति कम होती गयी। क़ब्ज़ की शिकायत पहले से थी ही, मई, 1858 में क़ोलंज का आक्रमण पहली बार हुआ और बीच-बीच में बराबर होता रहा। 1861 में इतने दुर्बल थे कि नवाब रामपुर मु. यूसुफ़ख़ाँ ने अपने मझले पुत्र हैदरअलीख़ाँ का निकाह किया और उसमें उन्हें निमन्त्रित किया, पर बीमारी एवं दुर्बलता के कारण वहाँ न जा सके।

चर्मरोग से कष्ट

दिन-दिन तन्दुरुस्ती ख़राब होती जा रही थी। एक न एक रोग लगे रहते थे। जीवन के उत्तर काल में ख़ून भी ख़राब हो गया। इसके कारण चर्मरोग प्रायः होते रहते थे। इस चर्मरोग से उन्हें बड़ी तकलीफ़ उठानी पड़ी। एक फोड़ा बैठता या पकता कि दूसरा तैयार हो जाता। बरसों तक यह सिलसिला रहा। इनके पत्रों को पढ़ने से उस समय की इनकी तकलीफ़ों का कुछ अन्दाज़ किया जा सकता है। 3 मई, 1863 के एक पत्र में लिखते हैं :

"छठा महीना है कि सीधे हाथ में एक फुंसी ने फोड़े की सूरत पैदा की। फोड़ा पककर फूटा और फूटकर एक ज़ख़्म और ज़ख़्म एक ग़ार बन गया। हिन्दुस्तानी जर्राहों का इलाज रहा। बिगड़ता गया। दो महीने से काले डॉक्टर का इलाज है। सलाइयाँ दौड़ रही हैं; उस्तरे से गोश्त कट रहा है। बीस दिन से इफ़ाक़ा[1] की सूरत नज़र आती है।"

पर यह 'इफ़ाक़ा' भी अस्थायी था। एक फोड़ा अच्छा होता कि दूसरा निकल आता। 16 अगस्त, 1863 के पत्र में 'तुफ़्ता' को लिखते हैं:

"एक बरस से अवारिज़े-फ़िसादे-ख़ून[2] में मुब्तला हूँ। बदन फोड़ों की कसरत से सर्दचिराग़ाँ हो गया। ताक़त ने जवाब दे दिया। दिन-रात लेटा रहता हूँ।"

---

1. लाभ, 2. रक्तदोष के रोग।

एक ख़त में नवाब अनवरउद्दौला 'शफ़क़' को लिखते हैं :

"न ताप, न खाँसी, न असहाल, न फ़ालिज, न लक़वा। इन सबसे बदतर एक सूरत पुर कुदूरत यानी एहतराक़ का मर्ज़। मुख़्तसर यह कि सर से पाँव तक बारह फोड़े, हर फोड़े पर एक ज़ख़्म, हर ज़ख़्म पर एक ग़ार। हर रोज़ बेमुबालग़ा तेरह फ़ाये और पावभर मरहम दरक़ार। नौ-दस महीने बेख़ुर्दोख़ाब[1] रहा और शबो-रोज़[2] बेताब[3]। रातें यों गुज़र रही हैं कि अगर कभी आँख लग गयी, दो घड़ी ग़ाफ़िल रहा हूँगा कि एक आध फोड़े में टीस उठी; जाग उठा; तड़पा किया, फिर सो गया, फिर होशियार हो गया।"

नवम्बर, 1863 में क़ाज़ी अब्दुलजमील को एक ख़त में लिखते हैं : "जितना ख़ून बदन में था, बेमुबालग़ा आधा उसमें से पीप होकर निकल गया।"

फोड़ों से मुक्ति मिली तो 1863 में फ़त्क़ (अंत्रवृद्धि, आँत उतरने) की शिकायत हुई।

लम्बी बीमारी

इन शारीरिक व्याधियों में पारिवारिक सौख्य एवं दाम्पत्य स्नेह के अभाव ने ज़िन्दगी को स्वादहीन कर दिया। जीने की भी इच्छा नहीं रह गयी थी। मृत्यु की आकांक्षा करने लगे थे। जून, 1863 के एक पत्र में लिखते हैं:

"सन् 1277 हिजरी में मेरा न मरना सिर्फ़ तकज़ीब के वास्ते था।...हर रोज़ मर्गे-नौ[4] का मज़ा चखता हूँ...रूह मेरी अब जिस्म में इस तरह घबराती है जिस तरह तायर[5] क़फ़स[6] में। कोई शग़ल, कोई इख़्तिलात[7], कोई जल्सा, कोई मजमा पसन्द नहीं। किताब से नफ़रत, शेर से नफ़रत, जिस्म से नफ़रत, रूह से नफ़रत। जो कुछ लिखा है, बेमुबालग़ा और बयाने-वाक़अ है।"

बीमारी इतनी बढ़ी कि 1864 ई. के शुरू में कहीं-कहीं इनकी मृत्यु का समाचार भी फैल गया। यही बात 1867 ई. में भी हुई। फरवरी, 1864 के पत्र में यह अनवरउद्दौला को लिखते हैं : "आपकी पुर्सिश के क़ुर्बान जाऊँ कि जब तक मेरा मरना न सुना, मेरी ख़बर न ली।"

जीवन के आखिरी सालों में यह बराबर बीमार रहे। एक बीमारी अच्छी होती कि दूसरी हो जाती। कमज़ोरी बेहद बढ़ती गयी। 12 मई, 1866 को मौ. हबीबउल्लाख़ाँ 'ज़का' को लिखते हैं :

---

1. खाने-पीने और नींद से लाचार, 2. रात-दिन, 3. बेचैन, 4. नवमरण, 5. पक्षी, 6. पिंजड़ा, 7. प्रेम-व्यवहार।

''मेरे मुहिब, मेरे महबूब! तुमको मेरी ख़बर भी है? आगे नातवाँ[1] था, अब नीमजान[2] हूँ। आगे बहरा था, अब अन्धा हुआ चाहता हूँ। रामपुर के सफ़र का रहे-आवर्द है। रे'शः[3] व ज़ोफ़े-बसर[4]; जहाँ चार सतरें लिखीं, उँगलियाँ टेढ़ी हो गयीं; हुरूफ़ सूझने से रह गये। इकहत्तर बरस जिया; बहुत जिया। अब ज़िन्दगी बरसों की नहीं, महीनों और दिनों की है।''*

1866 में ग़ालिब कैसे थे, इसकी जानकारी उस काल के कई लेखक छोड़ गये हैं। इसी साल (1866 में) 'जल्वए-ख़िज्र' के लेखक सैयद फ़र्ज़न्द अहमद बिलग्रामी मिर्ज़ा से मिलने दिल्ली आये। उनकी पुस्तक में ग़ालिब के कई चित्र मिलते हैं जिनसे प्रामाणिक सूचनाएँ मिलती हैं। वह लिखते हैं:

''हज़रत का लिबास उस वक़्त यह था—पाजामा सियाह बूटेदार—कलीदार नेफ़ा सुर्ख़ टूल का, बदन में मिर्ज़ई, सर खुला हुआ, रंग सुर्ख़ व सफ़ेद, मुँह पर दाढ़ी दो अँगुल। आँखें बड़ी, कान बड़े; क़द लम्बा, विलायती सूरत, पाँव की उँगलियाँ बसबब कसरते शराब के मोटी होकर ऐंठ गयी थीं और यही सबब था कि उठने में दिक़्क़त होती थी। आँखों में नूर[5] मौजूद था; कान के समाअत[6] में कुछ सक़्ल[7] आ चला था।''

इस समय उनकी उम्र लगभग सत्तर साल की थी। स्वास्थ्य गिरता ही गया। ''चलना-फिरना मौक़ूफ़ हो गया था, अकसर औक़ात पलँग पर पड़े रहते थे, ग़िज़ा कुछ न रही थी।''**

भोजन के विषय में तो ख़ुद ही 4 दिसम्बर, 1866 को मौ. हबीबुल्ला ख़ाँ 'ज़का' को एक पत्र में लिखते हैं:

''इस महीने यानी रजब की आठवीं तारीख़ से बहत्तरवाँ वर्ष शुरू हुआ। ग़िज़ा सुबह को सात बादाम का शीरा क़न्द के शर्बत के साथ, दोपहर को सेर भर गोश्त का गाढ़ा पानी, क़रीब शाम कभी-कभी तीन तले हुए कबाब, छः घड़ी रात गये पाँच रुपये भर शराबे-ख़ानासाज़ और इसी क़र अर्क़ेशीर। ऐसाब के ज़ोफ़ का यह हाल कि उठ नहीं सकता और अगर दोनों हाथ टेककर, चारपाया बनकर, उठता हूँ तो पिंडलियाँ लर्ज़ती हैं...दिन-भर में दस-बारह बार और इसी क़दर रात-भर में, पेशाब की हाजत होती है। हाजती पलँग के पास लगी रहती है; उठा, पेशाब किया और पड़ रहा। असबाबे-हयात में से यह बात है कि शब को बदख़ाब नहीं होता।...बेतवक्कुफ़ नींद आ जाती है। एक सौ साठ रुपये की आमद, तीन सौ का ख़र्च। हर महीने में एक सौ चालीस रुपये का घाटा। कहो ज़िन्दगी दुश्वार है या नहीं।''***

1. दुर्बल, क्षीण, 2. अर्द्धप्राण, मृतप्राय, 3. अंगकम्प, 4. दृष्टिक्षीणता। * *उर्दू-ए-मोअल्ला,* पृष्ठ 28, 5. प्रकाश, 6. श्रवण, 7. भारीपन, दोष।

** *यादगारे-ग़ालिब* (हाली)। *** *उर्दू-ए-मुअल्ला,* पृष्ठ 32

'अज़ीज़' द्वारा लिखित विवरण

इन्हीं दिनों की बात है कि ख़ाजा अज़ीज़ लखनवी कश्मीर जाते वक़्त रास्ते में इनसे मिले थे। उस मिलन का बड़ा ही हृदयग्राही वर्णन उन्होंने किया है :

"मिर्ज़ा साहब का मकान पुख़्ता था। एक बड़ा फाटक था जिसकी बग़ल में एक कमरा और कमरे में एक चारपाई बिछी हुई थी।...उस पर नहीफ़-उल जुस्स[1] आदमी गंदुमी रंग, अस्सी-बयासी साल का ज़ईफुल उम्र लेटा हुआ—एक मुजल्लिद किताब सीने पर रखे, आँखें गड़ाये हुए पढ़ रहा था। यह मिर्ज़ा ग़ालिब देहलवी हैं...।

"हमने सलाम किया लेकिन बहरे इस क़दर थे कि उनके कान तक आवाज़ न गयी। आख़िर खड़े-खड़े वापस आने का क़स्द किया कि ग़ालिब ने चारपाई की पट्टी के सहारे से करवट बदली और हमारी तरफ़ देखा। हमने सलाम किया। बमुश्किल चारपाई से उतरकर फर्श पर बैठे। हमको अपने पास बिठाया। क़लमदान व क़ाग़ज़ सामने रख दिया और कहा—आँखों से किसी क़दर सूझता भी है लेकिन कानों से बिलकुल सुनाई नहीं देता। जो कुछ मैं पूछूँ, उसका जवाब लिख दो। नामोनिशान पूछा।...जब हमने नाम-पता लिखा तो कहा—मुझसे मिलने के लिए आये हो तो ज़रूर कुछ-न-कुछ कहते होगे; कुछ अपना कलाम भी सुनाओ। हमने कहा—हम तो आपका कलाम ज़बाने-मुबारक से सुनने की ग़र्ज़ से आये थे। बहुत देर तक अपना कलाम सुनाया किये। फिर इसरार किया कि तुम भी कुछ सुनाओ। हमने यह मतला सुनाया :

महे मिस्रअस्त दाग़ अज़ रश्के महताबे कि मन दारम।
ज़ुलेखा कोरशद अज़ हसरते ख़्वाबे कि मन दारम।

अजब लुत्फ़ और मज़े से इस मतले को दुहराया और हद से ज़्यादा तारीफ़ की। फिर आदमी से कहा—खाना लाओ। हम समझे, बख़याल मेहमानवाज़ी तकलीफ़ कर रहे हैं। लिख दिया कि हम सिर्फ़ थोड़ी देर के लिए देहली उतर पड़े थे। रेल का वक़्त बिलकुल क़रीब है और बग्घी सराय में खड़ी है, असबाब बँधा हुआ रखा है। पाबरकाब आपसे मिलने आये थे। अब इजाज़त चाहते हैं।" कहने लगे, "आपकी ग़ायत[2] इस तकलीफ़ से यह थी कि मेरी सूरत और कैफ़ियत मुलाहिज़ा फ़र्माएँ। ज़ोफ़[3] की हालत देखी कि उठना-बैठना दुश्वार है; बसारत[4] की हालत देखी कि आदमी को पहचानता नहीं हूँ; समाअत[5] की कैफ़ियत मुलाहिज़ा

---

1. क्षीणकाय, 2. उद्देश्य, 3. दुर्बलता, 4. दृष्टिशक्ति, 5. श्रवणशक्ति।

की कि कोई कितना चीख़े, मुझे ख़बर नहीं होती। ग़ज़ल पढ़ने का अन्दाज़ मुलाहिज़ा किया, कलाम सुना। अब एक बात बाक़ी रह गयी है कि मैं क्या खाता हूँ। इसको भी मुलाहिज़ा करते जाइए।'' इतने में खाना आया। दो फुल्के और तश्तरी में भुना हुआ गोश्त जिसमें कुछ मेवा भी पड़ा हुआ था। फुलके का बारीक परत लेकर दो-चार नेवाले बमुश्किल खाये और खाना बढ़ा दिया। तअज्जुब होता है कि इस मिक़दारे ख़ूराक पर क्योंकर बसर करते हैं!''

आर्थिक चिन्ताएँ

इन दिनों आर्थिक चिन्ताएँ भी बढ़ रही थीं। जानते थे, ज़िन्दगी का चिराग़ बुझने ही वाला है इसलिए चेष्टा में थे कि मिर्ज़ा बाक़रअली व हुसेन अलीख़ाँ के वज़ीफ़े रामपुर दरबार से नियत हो जाएँ। बाक़रअली की शादी तो पहले ही हो चुकी थी; हुसेनअली की मँगनी भी तय हो चुकी थी; हाँ, शादी न हुई थी। ससुरालवाले शादी के लिए जल्दी कर रहे थे। इनके पास तो रोज़ के ख़र्चे के लिए ही कुछ न था। क़र्ज़ भी न मिलता था। इसलिए विवश होकर नवाब रामपुर की ख़िदमत में अर्ज़ किया कि आप कुछ रक़म इनाअत फ़र्माएँ ताकि यह काम सरंजाम पाये और बूढ़े फ़क़ीर की, बिरादरी में, शर्म रह जाए। मिर्ज़ा से पूछा गया कि कितना रुपया चाहिए। मिर्ज़ा ने लिखा कि बाक़रअलीख़ाँ की शादी पर ढाई हज़ार ख़र्च आये थे। ढाई हज़ार में शादी अच्छी हो जाएगी लेकिन यह भी साथ अर्ज़ करता हूँ कि मेरा हक़्क़े-ख़िदमत इतना नहीं कि इस क़दर माँग सकूँ। जो कुछ दोगे, उसमें शादी कर दूँगा।''

पर पता नहीं क्या कारण हुआ कि यह उम्मीद पूरी न हुई। शादी तो टल ही गयी, पर क़र्ज़दारों ने इनको बहुत तंग किया और नालिश की धमकियाँ दीं। इसलिए हुसेनअलीख़ाँ की शादी की माँग भूलकर नवाब से फिर निवेदन किया कि ऋण-दाताओं से तो गला छुड़ा दें। 16 नवम्बर, 1868 के पत्र में नवाब साहब को लिखते हैं :

''हाल मेरा तबाह होते-होते अब यह नौबत पहुँची कि अबकी तनख़ाह से चौवन रुपये बचे।...मिनजुमलन आठ सौ रुपये हों तो मेरी आबरू बचती है। नाचार हुसेनअलीख़ाँ की शादी और उसके नाम की तनख़ाह से क़िता नज़र की। अब इस बाब में अर्ज़ करूँ क्या मज़ाल? कभी न कहूँगा। आठ सौ रुपये मुझको और दीजिए। शादी कैसी? मेरी आबरू बच जाए तो ग़नीमत है।''

रामपुर दरबार से निराशा

इस प्रार्थना-पत्र के जवाब में रामपुर दरबार की ओर से नवाब मिर्ज़ाख़ाँ 'दाग़'

ने मिर्ज़ा को लिखा कि "हुज़ूर ने तुम्हारे क़र्ज़ के अदा करने की नवेद की है और मिक़दार क़र्ज़ पूछी है।" मिर्ज़ा ग़ालिब ने दोबारा क़र्ज़ का परिमाण लिखा और नवाब साहब को भी याद दिलायी लेकिन कोई आदेश इस सम्बन्ध में न निकला और मिर्ज़ा की यह इच्छा भी अपूर्ण ही रही।

इस प्रकार एक ओर आर्थिक चिन्ताएँ और परेशानियाँ, दूसरी ओर दिन-दिन बढ़ती हुई कमज़ोरी; बिलकुल निढाल हो गये। इस ज़माने में कहीं बाहर न जाते थे; दिन-रात पलँग पर पड़े रहते थे। कोई विशेष व्यक्ति आ जाता तो मुश्किल से उठ बैठते थे अन्यथा लेटे रहते थे। लिखकर बातचीत करते थे पर बाद में क़लम पकड़ने और लिखने में अँगुलियों में तकलीफ़ होने लगी तो ख़तों का लिखना भी बन्द कर दिया। अगर कोई मिलनेवाला आ जाता तो बाहर के दोस्तों के ख़तों का जवाब बोलकर उससे लिखवा देते। फरवरी, 1867 में देहली के दो अख़बारों (अक्मलुल अख़बार और अशरफ़ुल अख़बार) में वक्तव्य छपवाया कि "जहाँ तक हो सका, मैंने दोस्तों की ख़िदमत की, उनके ख़तों का जवाब देता रहा और अशआर पर इस्लाह देने से दरेग़ नहीं किया लेकिन अब मेरी सेहत इतनी गिर गयी है कि किसी तरह इस मेहनत की मुतहम्मिल[1] नहीं हो सकती। इसलिए दोस्त-अहबाब से दर्ख़ास्त है कि मुझे ख़तों के जवाब और अशआर की इस्लाह से मुआफ़ रखें।" फिर भी ख़त आते रहे और वह अन्त तक जवाब लिखवाते रहे।

मृत्यु की आकांक्षा

मानसिक उलझनों, शारीरिक कष्टों और आर्थिक चिन्ताओं के कारण जीवन के अन्तिम वर्षों में यह प्रायः मृत्यु की आकांक्षा किया करते थे। हर साल अपनी मृत्यु-तिथि निकालते। पर विनोद वृत्ति अन्त तक बनी रही। एक बार जब मृत्यु-तिथि का ज़िक्र एक शिष्य से किया तो उसने कहा, "इंशा अल्ला, यह तारीख़ भी ग़लत साबित होगी।" इसपर मिर्ज़ा बोले, "देखो साहब! तुम ऐसी फ़ाल मुँह से न निकालो। अगर यह तारीख़ ग़लत साबित हुई तो मैं सिर फोड़कर मर जाऊँगा।"

एक बार दिल्ली में महामारी फैली। मीर मेहदीहसन 'मजरूह' ने अपने ख़त में इसका ज़िक्र किया तो उसके जवाब में लिखते हैं, "भई, कैसी वबा? जब एक सत्तर बरस के बुड्ढे और सत्तर बरस की बुढ़िया को न मार सकी।"

धीरे-धीरे पर निश्चित गति से मौत तो निकट आती ही जा रही थी।

---

1. बोझ उठाने योग्य, समर्थ।

अन्तिम दिनों में अक्सर अपना यह मिसरा पढ़ा करते थे :

ऐ मर्गे-नागहाँ! तुझे क्या इन्तज़ार है?

और बार-बार दोहराते :

दमे-वापसी बर सरे-राह है,
अज़ीज़ो! अब अल्ला ही अल्लाह है।

कभी-कभी यह सोच-सोचकर और दुखी हो जाते थे कि उनके बाद उनके आश्रितों का क्या होगा। ऐसे समय दिल को समझाते कि बीवी के सम्बन्धी उसे भूखों न मरने देंगे।

वह करुणाजनक पत्र

नवाब अमीनउद्दीनख़ाँ, लोहारू-नरेश को एक पत्र में लिखा : "मेरी ज़ौजा[1] तुम्हारी बहन, मेरे बच्चे तुम्हारे बच्चे हैं। ख़ुद जो मेरी हक़ी की भतीजी है उसकी औलाद भी तुम्हारी औलाद है। न तुम्हारे वास्ते बल्कि इन बेक़सों के वास्ते तुम्हारा दुआगो हूँ और तुम्हारी सलामती चाहता हूँ। तमन्ना यह है कि और इंशा अल्ला ऐसा ही होगा तुम जीते रहो और मैं तुम दोनों (अमीनउद्दीन व ज़ियाउद्दीन) के सामने मर जाऊँ ताकि अगर इस काफ़ले को रोटी न दोगे तो चने दोगे। अगर चने भी न दोगे और बात न पूछोगे तो मेरी बला से। मैं तो मुआफ़िक़ अपने तसव्वुर के इन ग़मज़दों के ग़म में न उलझूँगा।"

अन्तकाल

मृत्यु के कई दिन पहले से बेहोशी के दौरे आने लगे थे। कई-कई घंटों के बाद कुछ देर के लिए होश आता; फिर बेहोश हो जाते। देहावसान से एक रोज़ पहले की दो घटनाएँ स्मरणीय हैं। लम्बी बेहोशी के बाद कुछ होश आया था। 'हाली' गये तो पहचाना। नवाब अलाउद्दीनख़ाँ ने लोहारू से हाल पुछवाया था। उनको जवाब लिखवाया, "मेरा हाल मुझसे क्या पूछते हो। एकाध रोज़ में हमसायों से पूछना।" इसी रोज़ कुछ खाने को माँगा। खाना आया तो नौकर से कहा कि मीरज़ा जीवन-बेग (मिर्ज़ा बाक़रअलीख़ाँ की सबसे बड़ी लड़की) को बुलाओ। यह प्रायः उन्हीं के पास खेला करती थी पर उस समय अन्दर चली गयी थी। कल्लू मुलाज़िम बुलाने अन्तःपुर में गया तो वह सो रही थी। उसकी माँ बुग्गा बेगम ने कहा, "सो रही है, ज्यूँ ही जगती है, भेजती हूँ।" कल्लू ने जाकर यही बात कह दी। इस पर बोले, "बहुत अच्छा। जब वह आएगी, हम खाना खाएँगे।" पर

1. स्त्री।

उसके बाद ही गावतकिये पर सिर रखकर बेहोश हो गये। हकीम महमूदख़ाँ और हकीम अहसनउल्लाख़ाँ को ख़बर दी गयी। उन्होंने आकर जाँच की और बतलाया—दिमाग़ पर फ़ालिज गिरा है। बहुत यत्न किया गया पर सब बेकार हुआ। फिर उन्हें होश न आया और उसी हालत में अगले दिन, 15 फरवरी, 1869 ई., दोपहर ढले, इनका दम टूट गया। एक ऐसी प्रतिभा का अन्त हो गया जिसने इस देश में फ़ारसी काव्य को उच्चता प्रदान की और उर्दू गद्य-पद्य को परम्परा की शृंखलाओं से मुक्त कर एक नये साँचे में ढाला।

अन्तिम क्रिया

मृत्यु के बाद इनके मित्रों में इस बात को लेकर मतभेद हुआ कि शिया या सुन्नी किस विधि से इनका मृतक संस्कार हो। ग़ालिब शिया थे, इसमें किसी को सन्देह की गुंजाइश न थी पर नवाब ज़ियाउद्दीन और हकीम महमूदख़ाँ ने सुन्नी-विधि से ही सब क्रिया-कर्म कराया और जिस लोहारू ख़ानदान ने 1847 ई. में समाचार-पत्रों में छपवाया था कि ग़ालिब से हमारा बहुत दूर का सम्बन्ध है, उसी ख़ानदान के नवाब ज़ियाउद्दीन ने सम्पूर्ण मृतक संस्कार करवाया और उनके शव को गौरव के साथ अपने वंश के क़ब्रिस्तान (जो चौंसठ खम्भा के पास है) में अपने चचा के पास जगह दी।

इनकी मृत्यु पर बहुतों ने मर्सिये लिखे जिनमें हाली, मजरूह और सालिक। के मर्सिये मशहूर हैं। उनके समाधिस्तम्भ पर मजरूह का निम्नलिखित क़िता खुदा हुआ है :

या हय्यि या क़य्यूम
रश्के उ.र्फ़ी व फ़ख़्रे तालिब मर्द
असदउल्लाख़ाने ग़ालिब मर्द
कल मैं ग़मो अन्दोह में बाख़ातिरे महज़ूँ
था तुर्बते उस्ताद पै बैठा हुआ ग़मनाक
देखा तो मुझे फ़िक्र में तारीख़ की 'मजरूह'
*हातिफ़ ने कहा—'गंजे मआनी है तहेख़ाक।'**

पारिवारिक सुख के लिए तड़पते ही रहे पत्नी एवं पोषित बच्चे

मिर्ज़ा की मृत्यु का उनकी पत्नी तथा अन्य आश्रितों पर क्या प्रभाव पड़ा होगा, इसकी कल्पना मात्र की जा सकती है। मिर्ज़ा की ज़िन्दगी ज़्यादातर दुःखों में

* 1285 हिजरी।

बीती। पारिवारिक सुख के लिए वह सदा तरसते ही रहे। सात बच्चे हुए—पुत्र और पुत्रियाँ, पर कोई पन्द्रह महीने से ज़्यादा न जिया। पत्नी से भी वह हार्दिक सौख्य न मिला जो जीवन की दम घोटनेवाली घाटियों के बीच चलते हुए मनुष्य को बल प्रदान करता है। इनकी पत्नी उमराव बेगम नवाब इलाहीबख़्शख़ाँ 'मारूफ़' की छोटी कन्या थीं। बड़ी कन्या बुनियादी बेगम शर्फुद्दौला नवाब फ़ैज़उल्लाख़ाँ (पुत्र नवाब क़ासिम जान, जिनके भाई आरिफ़जान के पुत्र नवाब अहमदबख़्श एवं इलाहीबख़्श थे) के पुत्र नवाब ग़ुलाम हुसेन मसरूर से ब्याही थी। नवाब ग़ुलाम हुसेन को बुनियादी बेगम से दो पुत्र हुए—ज़ैनुल आब्दीनख़ाँ और हैदर हुसेन ख़ाँ। जब मिर्ज़ा का अपना कोई बच्चा न जिया तो उन्होंने ज़ैनुल आब्दीनख़ाँ को गोद लिया। वह बड़े अच्छे कवि थे और 'आरिफ़' उपनाम रखते थे। ग़ालिब आरिफ़ को बेहद प्यार करते थे और 'आरिफ़' उपनाम रखते थे। ग़ालिब आरिफ़ को बेहद प्यार करते थे और उन्हें 'राहते-रूहे-नातवाँ' (दुर्बल आत्मा की शान्ति) कहते थे। दुर्भाग्यवश वह भी भरी जवानी (36 साल की आयु) में नकसीर फूटने और उससे अत्यधिक खून जाने से 1852 ई. में मर गये। ग़ालिब के दिल पर ऐसी चोट लगी कि ज़िन्दगी में उनका दिल फिर कभी न उभरा। इस घटना से व्यथित होकर उन्होंने जो ग़ज़ल लिखी, उसमें उनकी वेदना ही साकार हो गयी है। कुछ शेर :

लाजिम था कि देखो मेरा रस्ता कोई दिन और।
तनहा गये क्यों अब रहो तनहा कोई दिन और।
आये हो कल और आज ही कहते हो कि जाऊँ,
माना कि नहीं आज से अच्छा कोई दिन और।
जाते हुए कहते हो क़यामत को मिलेंगे,
क्या ख़ूब? क़यामत का है गोया कोई दिन और।

इन आरिफ़ साहब की दो शादियाँ हुई थीं। पहला ब्याह नवाब शम्सुद्दीनख़ाँ की सगी बहन नवाब बेगम से हुआ था। शादी के दो वर्ष बाद सतवाँसा बच्चा पैदा होने से प्रसूतिकाल में ही उनकी मृत्यु हो गयी। दूसरा विवाह मिर्ज़ा मुहम्मद अली बेग बुख़ाराई की कन्या बुस्ती बेगम उर्फ़ नवाब दुल्हन से हुआ। इस ब्याह से उन्हें दो पुत्र हुए—बाक़रअलीख़ाँ और हुसेनअलीख़ाँ। बुस्ती बेगम की मृत्यु आरिफ़ की मृत्यु के तीन-चार मास पूर्व वृक्क-वेदना (दर्दे-गुर्दा) से हुई। आरिफ़ इस बीवी को बहुत चाहते थे और उसकी मृत्यु से उनपर जो चोट लगी, वह भी उनके असामयिक निधन का कारण थी। माँ की मृत्यु पर दोनों बच्चे अपनी दादी बुनियादी बेगम के पास रहने लगे। पर आरिफ़ के मरने पर ग़ालिब उनके छोटे लड़के हुसेन अलीख़ाँ (जो केवल दो वर्ष के थे) को ले आये और तब से अपने पास रखा। बाद में बुनियादी बेगम की भी मृत्यु हो गयी और आरिफ़ के बड़े पुत्र बाक़रअलीख़ाँ

भी मिर्ज़ा के पास आ गये। इन दोनों बच्चों को ग़ालिब बड़ा दुलार करते थे।

बाक़रअली और उनकी सन्तति

बाक़रअली जब सत्रह साल के हुए, मिर्ज़ा ने उनकी शादी नवाब ज़ियाउद्दीन अहमद की पुत्री मोअज़्ज़म ज़मानी बेगम उर्फ़ बुग्गा बेगम के साथ (जो बारह साल की थीं) कर दी। यह बुग्गा बेगम दीर्घजीवी हुईं और 10 मई, 1945 को तिरानबे वर्ष की आयु में मरीं। इनके पाँच सन्तानें हुईं—पाँचों लड़कियाँ। बड़ी नवाब बेगम नौ वर्ष की आयु में ही चल बसीं। इसके बाद सुलतान बेगम 1865 में पैदा हुईं। इन्हें ग़ालिब बेहद चाहते थे और प्यार से 'जीवन बेग' कहते थे। मृत्यु के पूर्व होश आने पर, साथ खाने के लिए इन्हीं का स्मरण किया था। बाद में इनकी शादी नवाब ज़ियाउद्दीन अहमदख़ाँ के पोते मीरज़ा शुजाउद्दीन अहमदख़ाँ 'ताबाँ' के साथ हुई। इन्होंने भी लम्बी उम्र पायी और नवासी वर्ष की उम्र में, अभी कुछ समय पहले (29 मार्च, 1954 ई.) इनकी मृत्यु दिल्ली में हुई है। तीसरी फ़ातिमा सुलतान बेगम की शादी मीरज़ा बशीरुद्दीन अहमदखाँ से हुई थी। चौथी रबिया बेगम डेढ़ साल की उम्र में ही मर गयी थीं। पाँचवीं और सबसे छोटी रक़िया सुलतान बेगम उर्फ़ मच्छन हैं जिनकी शादी कर्नल ज़ेड़ अहमद से हुई। यह शायद अब भी ज़िन्दा हैं।

मिर्ज़ा बाक़रअली फ़ारसी एवं उर्दू दोनों में कविता करते थे। फ़ारसी में 'बाक़र' एवं उर्दू में 'कामिल' उपनाम था। पहले अलवर में नौकर हुए। बाद में नौकरी छोड़कर दिल्ली में ही आ रहे और घोड़ों का व्यापार करने लगे। भरी जवानी में, जब सिर्फ़ साढ़े अट्ठाईस साल के थे, क्षय रोग से 25 मई, 1876 ई. को इनका देहावसान हो गया।

हुसेनअली

हुसेनअलीख़ाँ 1850 ई. में पैदा हुए थे। जैसा पहले लिखा जा चुका है, ग़ालिब इन्हें बहुत चाहते थे। इनकी शादी ग़ालिब के जीवनकाल में ही तय हो चुकी थी, पर रुपये का प्रबन्ध न हो सकने के कारण न हो सकी। बाद में खुरशीद बेगम या हुस्नेजहाँ बेगम से हुई।*

* लोहारूवाले नवाब अहमद बख़्शख़ाँ के छोटे भाई थे नबीबख़्श। इनके पोते मिर्ज़ा अकबर अली ने जनरल सर डेविड आक्टर लूनी की कन्या से विवाह किया था। यह आक्टर लूनी की वैध कन्या न थी। लूनी ने मुबारक बेगम नामक एक स्त्री को रख लिया था। उसी से खुरशीद बेग़म का जन्म हुआ था। मुबारक बेगम की बनवायी हुई लाल मस्जिद हौज़काज़ी के पास, सिरकी वालान में, थाने के सन्निकट है—लाल पत्थर की बनी हुई।
—*ज़िक्रे-ग़ालिब*, पृष्ठ 141

यह भी उर्दू फ़ारसी में कविता करते थे और रामपुर में मुलाज़िम हो गये थे। बाद में नौकरी छोड़ दिल्ली आ गये। बड़े भाई की मृत्यु का ऐसा सदमा हुआ कि स्वयं बीमार रहने लगे और 7 सितम्बर, 1880 को तीस साल की उम्र में चल बसे।

उमराव बेगम

मिर्ज़ा की मृत्यु के बाद उनकी विधवा उमराव बेगम पर जो विपत्तियाँ आयी होंगी, उनकी कल्पना की जा सकती है। अँग्रेज़ी सरकार से मिलनेवाली पेंशन, रामपुर का वज़ीफ़ा—सब बन्द हो गया। ऋणदाताओं के तक़ाज़े से अन्त तक ग़ालिब परेशान रहे। अब वह बोझ भी इन पर पड़ा। हम पहले लिख चुके हैं कि मृत्यु के समय मिर्ज़ा पर आठ सौ रुपये क़र्ज़ थे जिसके लिए उन्होंने रामपुर दरबार से प्रार्थना की थी, पर अभी तक उसका कुछ न हुआ। 1 अगस्त, 1869 को उमराव बेगम ने नवाब रामपुर को निम्नलिखित पत्र भेजा :

"जनाबआली! जिस रोज़ से मिर्ज़ा असदउल्लाखाँ ने वफ़ात पायी है तो यह आजिज़ बेवा इस क़दर मसायब[1] में गिरफ़्तार है कि तहरीर के बाहर है। अव्वल तो यह मुसीबत है कि मिर्ज़ा साहब मरहूम आठ सौ रुपये के क़र्ज़दार मरे, दूसरी मुसीबत यह है कि पेंशन अँग्रेज़ी मस्दूद[2] हुई। तीसरी यह कि तनख़ाह सौ रुपये माहवार जो आप अज़राहे-क़द्रदानी के मिर्ज़ा मरहूम को इरसाल फ़र्माते[3] थे, वह भी एक लख़्त मौक़ूफ़ हुई। अब तक क़र्ज़ लेकर औक़ात बसर की। अब क़र्ज़ भी नहीं मिलता। नौबत फ़ाक़ाकशी की पहुँची।...अब दुआगो की यह तमन्ना है कि ऐसी परवरिश मुझ ज़ईफ़ा[4] की हो जाए कि मिर्ज़ा मरहूम हक़्क़े-अबाद से बरी हो जाएँ कि यह सख़्त अज़ाब है। अगर हुज़ूर सूरते-अदाए-क़र्ज़ फ़रमावें तो कमाले-सबाबे-अज़ीम[5] होगा।...पेंशन मेरी दस रुपये अँग्रेज़ करता है[6] बशर्ते कि मैं कचहरी में हाज़िर हूँ और जाना मेरा कचहरी में हर्गिज़ न होगा, गो फ़ाक़ों ही मर जाऊँ। क्या मैं अपने बाप और चचा और शौहर का नाम रोशन करूँ, और जो इज़्ज़त और रियासत मेरे चाचा की और हुर्मत मेरे वालिद की और शौहर की आगे ख़ासोआम के थी, हुज़ूर पर सब रोशन हैं।"

इस करुणाजनक अर्ज़ी पर भी नवाब रामपुर का दिल न पसीजा। 2 सितम्बर, 1869 को बेचारी विधवा ने दोबारा लिखा। इस पर 9 सितम्बर को नवाब मिर्ज़ा

1. कष्ट, 2. निरुद्ध, बन्द, 3. भेजते थे, 4. वृद्धा, 5. परम पुण्य, 6. उमराव बेगम ने अँग्रेज़ों के यहाँ दर्ख़ास्त दी थी कि मिर्ज़ा साहब की पेंशन हुसेनअलीख़ाँ के नाम कर दी जाए। डिप्टी कमिश्नर ने इसकी सिफ़ारिश की पर कमिश्नर ने आदेश दिया कि ऐसा नहीं हो सकता; हाँ, बेवा को दस रुपये माहवार वज़ीफ़ा मिल सकता है, बशर्ते कि वह कचहरी में हाज़िर हों। बेगम ग़ालिब ने यह शर्त क़बूल न की।

'दाग़' को हुक्म हुआ कि जाँच करके रिपोर्ट करें। 30 अक्तूबर को नवाब ने हुक्म दिया कि उमराव बेगम को छह सौ रुपये की हुंडी भेजी जाए। पता नहीं चलता कि यह छः सौ रुपये की हुंडी किस हिसाब से भेजी गयी, न यही पता चलता है कि वह भेजी भी गयी या नहीं और भेजी भी गयी तो उमराव बेगम को मिली या नहीं। इन दुःख की घड़ियों में उमराव बेगम के चचेरे भाई और मिर्ज़ा के शिष्य नवाब ज़ियाउद्दीनख़ाँ ने मदद की और पच्चीस या पच्चास रुपये मासिक वृत्ति भी नियत कर दी जो उन्हें मृत्यु तक मिलती रही। नवाब ज़ियाउद्दीन आजीवन और जीवानान्तर भी ग़ालिब के सहायक रहे। जब ग़दर में पेंशन बन्द हो गयी थी तब भी पचास रुपये माहवार उमराव बेगम को देते रहे।

पर उमराव बेगम वैधव्य का दुःख झेलने के लिए ज़्यादा दिन ज़िन्दा न रहीं और पति की मृत्यु के ठीक एक वर्ष बाद—वर्षी के दिन—4 फ़रवरी 1870 को, दस-ग्यारह बजे दिन के समय, परलोकवासिनी हुईं।

ग़ालिब का जीवन : रहन-सहन, स्वभाव और आचरण

ग़ालिब एक ईरानी रईसज़ादा थे। रईसज़ादा की तरह पले, बढ़े। फिर उनकी शादी भी लोहारू-ख़ानदान में हुई। चचा, ससुर—सभी की ज़िन्दगी रईसाना ज़िन्दगी थी। उसका असर इनपर भी पड़ा। इन्होंने कठिनाइयों और मुसीबतों के बीच भी ऊपर टीमटाम की ज़िन्दगी बनाये रखने की सदा कोशिश की। बचपन की लगी आदतें मुश्किल से छूटती हैं। कुछ प्रयत्न और सत्संग से छूट गयीं; कुछ बनी रहीं। ऐशोइशरत की ज़िन्दगी जो किशोरावस्था में उभरी, जवानी में उसकी डोर कट गयी। उसके कटने का दुःख इनको बराबर बना रहा। कभी तृप्ति प्राप्त नहीं हुई, उस ज़माने के रईसों की बाहरी टीमटाम, ज़िन्दादिली, शेरोसुख़न का शौक़, यारबाशी, उदारता, ऐंठ पर उसके साथ ही जीहुज़ूरी—मतलब एक मिटती हुई रईसी सभ्यता के सब गुण-दोष इनमें थे।

व्यक्तित्व

ईरानी चेहरा, गोरा, लम्बा क़द, सुडौल एकहरा बदन, ऊँची नाक, कपोल की हड्डियाँ उभरी हुईं, चौड़ा माथा, घनी उठी पलकों के बीच झाँकते दीर्घ नयन, संसार की कहानी सुनने को उत्सुक लम्बे कान, अपनी सुनाने को उत्सुक मानो बोल ही पड़ेंगे ऐसे ओठ—अपनी चुप्पी में बोल-बोल पड़नेवाले, बुढ़ापे में भी फूटती देह की कान्ति जो इशारा करती है कि जवानी के सौन्दर्य में न जाने क्या नशा रहा होगा। सुन्दर और वर्ण, समस्त ज़िन्दादिली के साथ जीवित, इसी दुनिया के आदमी, इनसान और इनसान के गुण-दोषों को कलेजे से लगाये—यह थे मिर्ज़ा वा मीरज़ा ग़ालिब।

बचपन दुलार में पला। पर दुलार की कड़ियाँ टूटती गयीं। टूटीं और मिलीं। मिलीं और टूटीं। पिता गये। चचा आये। चचा गये। यार-दोस्त आये। उनका हुजूम बढ़ा। मजलिसें जमीं। प्यालों में लालपरी का नर्त्तन हुआ—ऐसा नर्त्तन जिसने ज़िन्दगी

को अपने आलिंगन में दबोच लिया। जवानी में तो उसने गौरवर्ण में एक चम्पई कान्ति पैदा की। ख़ून में दौड़ी। रगों में उछली। दिल में गर्मी पैदा की। पर बुढ़ापे में ख़ून को पानी कर गयी; पाँव की उँगलियों में सूजन बनकर उभरी, हाथ की उँगलियों में अदा के साथ ऐंठी। हाज़मे को उड़ा ले गयी। फिर जिस्म पर फूट-फूटकर निकली।

प्रौढ़ावस्था आयी; बुढ़ापा आया पर इनकी जद्दत न गयी। बहुत दिनों तक दाढ़ी मुँड़ाते रहे। जब देखा, बाल खिचड़ी हो रहे हैं और स्याही पर सफ़ेदी चढ़ती ही जाती है तो दाढ़ी मुँड़ाना बन्द कर दिया। दो-ढाई अंगुल की दाढ़ी रखने लगे। अक्सर जो दाढ़ी रखते हैं वे सिर के बाल भी बढ़ाते हैं। इनके ज़माने में भी यही तरीक़ा था। पर इनका ढब निराला था। दाढ़ी रखी तो सिर मुड़ा लिया। इस तरह परम्परा से कुछ भिन्नता रखी।

वस्त्र-विन्यास और भोजन

रईसज़ादा थे और जन्मभर अपने को वैसा ही समझते रहे। इसलिए वस्त्र-विन्यास का बड़ा ध्यान रखते थे। जब घर पर होते, प्रायः पाजामा और अंगरखा पहनते थे। सिर पर कामदानी की हुई मलमल की गोल टोपी लगाते थे। जाड़ों में गर्म कपड़े का कलीदार पाजामा और मिर्ज़ई। बाहर जाते तो अक्सर चूड़ीदार या तंग मोहड़ी का पाजामा, कुर्त्ता, सदरी या चपकन और ऊपर क़ीमती लबादा होता था। पाँव में जूती और हाथ में मूठदार, लम्बी छड़ी। ज़्यादा ठंड होती तो एक छोटा शॉल भी कन्धे और पीठ पर। सिर पर लम्बी टोपी। कभी-कभी टोपी पर मुग़लई पगड़ी या पटका। रेशमी लुंगी के शौकीन थे।[1] रंगों का बड़ा ख़याल रखते थे। खाने-खिलाने के शौक़ीन, स्वादिष्ट भोजनों के प्रेमी थे। गर्मी-सर्दी हर मौसम में उठते ही पहले ठंडाई पीते थे जो बादाम को पीसकर मिश्री के शर्बत में घोली जाती थी। फिर पहर दिन चढ़े नाश्ता करते थे। बुढ़ापे में एक ही बार, दोपहर को, खाना खाते; रात को कभी न खाते। खाने में गोश्त जरूर रहता—शायद ही कभी नागा हुआ हो। गोश्त के ताज़ा, बेरेशा, पकने पर मुलायम और स्वादिष्ट रहने की शर्त; फिर मेवे भी उसमें जरूर पड़े हों और जोश आधा सेर के लगभग। बकरी एवं दुम्बे का गोश्त ज्यादा पसन्द था; भेंड़ का अच्छा न लगता था। पक्षियों में मुर्ग़ा, कबूतर और बटेर पसन्द था। गोश्त और तरकारी में, अपना बस चलते,

1. जैसाकि उर्दू-ए-मोअल्ला, पृष्ठ 336, के जवाहरसिंह के नाम लिखे पत्र में रेशमी लुंगी की तीव्र कामना प्रकट करने से स्पष्ट है। रेशमी लुंगी भी वह, जो पेशावर और मुलतान में बनती थी।

चने की दाल ज़रूर डलवाते थे।[1]

चने की दाल, बेसन कढ़ी और फुलकियाँ बहुत खाते थे। बुढ़ौती एवं बीमारी में, जब मेदा ख़राब हो गया तो रोटी-चावल दोनों छोड़ दिए और सेर भर गोश्त की गाढ़ी यख़नी और कभी-कभी तीन-चार तले शमामी कबाब लेते थे। फलों में अंगूर और आम बहुत पसन्द थे। आमों को तो बहुत ही ज़्यादा चाहते थे, मित्रों से उनके लिए फ़रमाइश करते रहते थे। और इसके बारे में अनेक लतीफ़े इनकी ज़िन्दगी से सम्बद्ध हैं।

हुक़्क़ा पीते थे—पेचवान को ज़्यादा पसन्द करते थे। पान नहीं खाते थे। शराब जन्म-भर पीते रहे। पर बुढ़ापे में, तन्दुरुस्ती ख़राब होने पर, नाम को चन्द तोले शाम को पीते। बिना पिये नींद न आती थी। सदा विलायती शराब पीते थे। ओल्ड टाम और कासटेलन ज़्यादा पसन्द थी। शराब की तेज़ी कम करने को आधे से ज़्यादा गुलाबजल मिलाते थे। पात्र को कपड़े से लपेटते और गर्मी के दिनों में कपड़े को बर्फ़ से तर कर देते। ख़ुद ही कहा है :

आसूदा बाद ख़ातिरे ग़ालिब कि ख़ूए औस्त
आमेख़्तन व बादए साक़ी गुलाब रा।

शराब की चुस्की लेते और साथ-साथ घी में तले नमकीन बादाम खाते। जब दुर्बल हुए तो इन्हें ख़ुद शराब पीने पर अनुताप होता था पर आदत छूटती न थी। फिर भी मात्रा कम करने के लिए एक समय, एकान्त में या दो-एक ख़ास दोस्तों की उपस्थिति में, पीते थे। कहीं ज़्यादा न पी लें, इसलिए जिस सन्दूक़ में बोतलें रखते थे, उसकी चाबी इनके वफ़ादार सेवक कल्लू दारोग़ा के पास रहती थी और उसे ताक़ीद कर रखा था कि रात को कभी नशे या सुरूर में मैं ज़्यादा

---

1. बाक़रअलीख़ाँ की पत्नी, बुग्गा बेगम, अपने ससुराल आने के बाद की एक घटना इस सम्बन्ध में बताती थीं : "जब रुख़्सती के बाद घर में आयी तो मेरी ख़ातिर गोश्त में दाल न डाली गयी। जब मीरज़ा साहब दोपहर को खाने पर बैठे तो देखा कि सालन में दाल नहीं पड़ी है। उन्होंने समझा कि शायद दाल घर में ख़त्म है। कहने लगे—भई अगर दाल ख़त्म हो चुकी थी तो या ख़ुद किसी को भेज के मँगवा ली होती या मुझसे कहा होता कि मैं मँगवा देता। इसपर बेगम साहिबा बोलीं कि नहीं, दाल तो घर में मौजूद है लेकिन बहू चने की दाल नहीं खाती इसलिए नहीं डाली गयी। फट बोल उठे—ओ हो, फिर तो बहू ख़ुदा से बढ़ गयीं। अरे चना तो वह चीज़ है कि इस पर ख़ुद अल्ला मियाँ की भी राल टपक पड़ी थी। जब वह चने की दाल नहीं खाती तो यह ख़ुदा से भी बड़ी हुई। अरे ख़ुदा के आगे चना गया और फ़रियाद की कि बारी ताला, यह क्या बात है कि मुझे लोग तरह-तरह से तंग करते हैं, भूनते हैं, तलते हैं, पीसते हैं। आख़िर मेरा गुनाह क्या है? ख़ुदा ने चने की तरफ़ देखा और कहा—दूर हो, नहीं मैं भी तुझे खा जाऊँगा।

—*अहवाले-ग़ालिब*

पीना चाहूँ और माँगूँ तो मेरा कहा न मानना और तलब करने पर भी कुंजी न देना। लोगों के पूछने पर कि यों नाम करने से क्या फ़ायदा, छोड़ ही न दें; **'ज़ौक़'** का शेर पढ़ते थे—

छुटती नहीं है मुँह से यह काफ़िर लगी हुई।

निवास

जैसाकि जीवन-रेखा में लिखा जा चुका है, ग़ालिब का असल वतन आगरा था पर किशोरावस्था में ही वह दिल्ली आ गये थे। कुछ दिन तो ससुराल में रहे; फिर अलग रहने लगे। पर ससुराल में या अलग, ज़िन्दगी का ज़्यादा हिस्सा दिल्ली की 'गली क़ासिमजान' में ही बीता। सच पूछें तो इस गली के चप्पे-चप्पे से उनकी ज़िन्दगी जुड़ी हुई है। पचास-पचपन वर्ष दिल्ली में रहे जिसका अधिकांश इसी गली में बीता। यह गली चाँदनी चौक से मुड़कर बल्लीमारान के अन्दर जाने पर शम्शी दवाख़ाना और हकीम शरीफ़ख़ाँ की मस्जिद के बीच पड़ती है। इसी गली में ग़ालिब के चचा का ब्याह क़ासिमजान (जिनके नाम पर यह गली है) के भाई आरिफ़जान की बेटी से हुआ था और बाद में ग़ालिब ख़ुद दूल्हा बने आरिफ़जान की पोती, और लोहारू के नवाब की भतीजी, उमराव बेगम को ब्याहने इसी गली में आये। और साठ साल बाद जब बूढ़े शायर का जनाज़ा निकला तो इसी गली से गुज़रा। इस गली के कई मकानों में वह रहे। जनाब हमीद अहमदख़ाँ ने ठीक ही लिखा है : ''गली के परले सिरे से चलकर इस सिरे तक आइए तो गोया आपने ग़ालिब के शबाव से लेकर वफ़ात तक की तमाम मंजिलें तय कर लीं।''[1] वैसे समय-समय पर दिल्ली के और मुहल्लों में भी रहे पर अधिक उम्र इसी गली में गुज़री।[2]

नौकर

सदा किराये के मकानों में रहे; अपना न बनवा सके। ऐसा मकान ज़्यादा पसन्द करते थे जिसमें बैठकख़ाना और अन्तःपुर अलग-अलग हों और उनके दरवाज़े भी अलग हों जिससे यार-दोस्त बेझिझक आ-जा सकें। नौकर चार-चार, पाँच-पाँच रखते थे। बुरे-से-बुरे दिनों में भी तीन से कम न रहे। यात्रा में भी दो-

---

1. *अहवाले-ग़ालिब*, पृ. 78-79
2. शुरू में इसी क़ासिमजान की गली में, ससुराल में, आकर रहे। फिर जामा मस्जिद के निकट मकान लिया। उसके बाद फाटक हबशख़ाँ में शोबान बेग की हवेली में जाकर रहे। कलकत्ता से वापस आने पर खारी बावली में नवाब अब्दुर्रहमानख़ाँ की हवेली में रहे। फिर गली क़ासिमजान में पहुँचे। —*ज़िक्रे-ग़ालिब*, पृष्ठ 206

तीन साथ रखते थे। इनके पुराने नौकरों में मदारी या मदारख़ाँ, कल्लू और कल्यान बड़े वफ़ादार रहे। कल्लू तो अन्त तक साथ रहा। वह चौदह साल की उम्र में मिर्ज़ा के पास आया था और उनके परिवार का ही हो गया था। वह पाँव की आहट से पहचान लेता कि लड़कियाँ हैं, बहुएँ हैं या बुढ़िया हैं।

अध्ययन

फ़ारसी साहित्य में मिर्ज़ा को बड़ी अभिरुचि थी। फ़ारसी काव्य का अध्ययन बराबर किया करते थे। काव्य के अतिरिक्त उपन्यास, आख्यान और कथा-साहित्य में ज़्यादा दिलचस्पी थी। दास्ताने-अमीर हमज़ा और बोस्ताने-ख़याल को बड़ी रुचि से पढ़ते थे। दिन को किताब, रात को शराब—यह क्रम बहुत दिनों तक चलता रहा।[1]

पत्र-लेखन

किताबें ख़रीदते न थे। किसी से ले लेते और पढ़कर लौटा देते थे। स्मरणशक्ति इतनी तीव्र थी कि जो कुछ एक बार पढ़ लेते, भूलते न थे। बीच-बीच में अखबार भी देखते रहते थे। पत्र-लेखन-कला में तो उस्ताद ही थे। अन्तिम जीवन तक मित्रों एवं स्नेहियों को पत्र लिखते रहे। इनके पत्र क्या हैं, साहित्य की अमूल्य निधि हैं। उनका ऐतिहासिक मूल्य और महत्त्व भी है। उनके जीवन के विविध अंगों पर इन पत्रों से बड़ा प्रकाश पड़ा है। मालिकराम ने ठीक ही लिखा है :

''ये ख़ुतूत लिखनेवाले की ज़िन्दगी और किरदार का आईना हैं।...इनके एक-एक लफ़्ज़ में एक ज़िन्दा शख़्सियत बोल रही है। यही इनकी इंफ़रादी ख़ुसूसियत है।''

इन पत्रों की विशेषता उनकी शैली है। यों मालूम होता है, कोई सामने बैठा बातें कर रहा हो। वह तहरीर (लेखक) को तक़रीर (वक्तृता) बनाने की चेष्टा करते थे।[2] इसीलिए लम्बे विशेषण या सिरनामे उनमें नहीं मिलते। झट मतलब पर आ जाते हैं—गोया आपसे बात कर रहे हैं।

---

1. मीर 'मजरूह' को ग़ालिब, अपने एक पत्र में, लिखते हैं : ''मौलाना ग़ालिब...इन दिनों बहुत ख़ुश हैं। पचास-साठ जुज़ों की किताब अमीर हमज़ा की दास्तान की, और इसी क़दर...को एक जिल्द बोस्ताने ख़याल की आ गयी है। सत्रह बोतलें बादए नाब की तोशकख़ाने में मौजूद हैं। दिन-भर किताब देखा करते हैं, रात-भर शराब पिया करते हैं:

   कसे कीं मुरादश मयस्सर बुअद।
   अगर जम न बाशद सिकन्दर बुअद। —*उर्दू-ए-मोअल्ला,* पृष्ठ 124
2. 1828 में कलकत्ता से मौ. मुहम्मदअलीख़ाँ सदर अमीन बाँदा को लिखा था: ''मैं चाहता हूँ, तहरीर तक़रीर से कम न हो।'' —*कुल्लियाते-नस्र,* पृष्ठ 169

पत्र का जवाब ज़रूर देते थे। अक्सर तीसरे पहर का वक़्त इसमें जाता था। ग़दर के दिनों में जब सब तरफ़ से कटकर घर की चारदीवारी में बन्द हो गये थे तब तो मित्रों को पत्र लिखना ही समय काटने का एकमात्र साधन रह गया था। उर्दू-ए-मोअल्ला (59) में 'तुफ़्ता' के नाम लिखे एक पत्र से जान पड़ता है कि ग़दर के दिनों में पत्र-लेखन की उनके जीवन में क्या महत्ता थी :

''मैं इस तनहाई में सिर्फ़ ख़तों के भरोसे से जीता हूँ यानी जिसका ख़त आया मैंने जाना कि वह शख़्स तशरीफ़ लाया। खुदा का एहसान है कि कोई दिन ऐसा नहीं होता जो अतराफ़ व जनानिब से दो-चार ख़त नहीं आ रहते हों। बल्कि ऐसा भी दिन होता है कि दो-बार डाक का हरकारा ख़त लाता है।...मेरी दिल्लगी हो जाती है। दिन उनके पढ़ने और जवाब लिखने में गुज़र जाता है।''

इनके पत्रों की हस्तलिपि काफ़ी अच्छी है। बहुत ज़रूरी ख़त गुम न हो जाएँ, इसलिए उन्हें बैरंग भेजते थे और मित्रों को भी यही लिखते कि बैरंग भेज दिया करें।

काव्य-रचना

काव्य-रचना के लिए उन्होंने कभी किसी को अपना उस्ताद नहीं बनाया और मीर की भाँति, बिना किसी से इस्लाह लिये, अपनी कल्पना एवं चिन्तन के बल पर खड़े हुए। अर्थ-गाम्भीर्य को काव्य की आत्मा मानते थे। कहा करते थे कि शायरी मानी आफ़रीनी है, क़ाफिया-पैमाई नहीं। इनकी ग़ज़लें लम्बी नहीं। अक्सर बिना क़ाग़ज़-क़लम के शेर बनाते जाते और याद कर लिया करते थे। फिर बाद में लिखते एवं संशोधन करते। मौलाना हाली लिखते हैं :

''फ़िक्रे-शेर का यह तरीक़ा था कि अक्सर रात को आलमे सरखुशी में फ़िक्र किया करते थे और जब कोई शेर अंजाम हो जाता था, तो कमरबन्द में एक गिरह लगा लेते थे। इस तरह आठ-आठ, दस-दस गिरहें लगाकर सो रहते थे और दूसरे दिन सिर्फ़ याद पर सोच-सोचकर तमाम अशआर क़लमबन्द कर लेते थे।''[1]

ख़ास-ख़ास मुशायरों में भी शरीक होते थे। आवाज़ बुलन्द और मधुर थी। बहुत अच्छा पढ़ते थे। बादशाह ज़फ़र ने इनका क़सीदा सुनकर कहा था, ''मीरज़ा, तुम पढ़ते खूब हो।'' मौलाना हाली ने इनकी शेरख़ानी की प्रशंसा करते हुए लिखा है : ''शेर पढ़ने का अन्दाज़ भी, ख़ासकर मुशायरों में, हद से ज़्यादा दिलकश व मोअस्सर था।...एक मुशायरे में मिर्ज़ा ने अपना फ़ारसी क़सीदा दरिया गरेस्तन

---

1. *यादगारे ग़ालिब* : हाली, पृष्ठ 58-59

और तनहा गरेस्तन, जो जनाब इमाम हुसेन की मनक़बत में उन्होंने लिखा था, पढ़ा। सुना है कि मजलिसे-मुशायरा बज़्म अज़ा बन गयी थी। जब तक क़सीदा पढ़ा गया, लोग बराबर रोते रहे।''[1]

जो कुछ लिखते, मित्रों को भेज दिया करते थे। प्रतिलिपि बहुत कम रखते थे। इसीलिए दूर-दूर तक बिखरी हुई इनकी सब रचनाएँ आज तक भी संगृहीत न हो सकीं।

विनोद एवं हास्य उनके जीवन के अंग थे। विनोद, व्यंग एवं हास्य का कोई मौक़ा वह चूकते न थे। इस विषय की चर्चा हम स्वतन्त्र रूप से आगे करेंगे। वार्तालाप-परायण थे।

शिष्टता एवं मित्रपरायणता

मिर्ज़ा के विषय में पहली बात तो यह है कि वह अत्यन्त शिष्ट एवं मित्रपरायण थे। जो कोई उनसे मिलने आता, उससे खुले दिल मिलते थे। इसलिए जो आदमी एक बार इनसे मिलता, उसे सदा इनसे मिलने की इच्छा बनी रहती थी। मित्रों के प्रति अत्यन्त वफ़ादार थे—उनकी ख़ुशी में ख़ुश, उनके दुःख में दुखी। मित्रों को देखकर बाग़-बाग़ हो जाते थे। उनके मित्रों का दायरा बहुत बड़ा था। उसमें हर जाति, धर्म और प्रान्त के लोग थे। किसी मित्र को कष्ट में देखते तो इनका हृदय रो पड़ता था। उसका दुःख दूर करने के लिए जो कुछ सम्भव होता, करते। स्वयं न कर पाते तो दूसरों से सिफ़ारिश करते। इनके पत्रों में मित्रों के प्रति सहानुभूति एवं चिन्ता के झरने बहते हुए दिखाई देते हैं। उन्हें कष्ट में देख ही नहीं सकते थे; दिल कचोटने लगता था। देखिए, भरतपुर-नरेश की मृत्यु की ख़बर सुनकर, उनसे सम्बन्धित व उनके आश्रित, स्नेहियों की जीविका का क्रम अस्त-व्यस्त हो जाने की चिन्ता करते हुए 'तुफ़्ता' को लिखते हैं :

''भाई, आज मुझको बड़ी तश्वीश[2] है और यह ख़त मैं तुमको कमाल आसीमगी[3] में लिखता हूँ। जिस दिन मेरा ख़त पहुँचे अगर वक़्त डाक का हो तो उसी वक़्त जवाब लिखकर रवाना करो...वास्ते ख़ुदा के न मुख़्तसर[4], न सरसरी बल्कि मुफ़स्सल[5]...जो कुछ वाक़अ हुआ हो और जो सूरत हो, मुझको लिखो और जल्द लिखो कि मुझ पर ख़्वाबो-ख़ोर[6] हराम है। कल शाम को मैंने सुना, आज सुबह क़िले नहीं गया...और यह ख़त लिखकर अज़ रहे एहतियात[7] बैरंग रवाना किया। तुम भी इसका जवाब बैरंग रवाना करना...ज़्यादा क्या लिखूँ कि परीशान हूँ।''

---

1. *यादगारे-ग़ालिब,* पृष्ठ 56-57
2. चिन्ता, घबराहट, 3. अत्यन्त व्याकुलता, 4. संक्षिप्त, 5. ब्यौरेवार, 6. नींद और भोजन, 7. सावधानी के लिए।

मीर मेहँदी मजरूह को लिखते हैं :

"ऐ मीर मेहँदी, तू दरमाँदा व आजिज़[1] पानीपत में पड़ा रहे, मीर साहब वहाँ पड़े हुए दिल्ली देखने को तरसा करें, सरफ़राज़ हुसेन नौकरी ढूँढ़ता फिरे और मैं इन ग़महाय जाँ-गुदाज़[2] की ताब लाऊँ? मक़दूर[3] होता तो दिखा देता कि मैंने क्या किया?"*

यूसुफ़ मिर्ज़ा को लिखते हैं :

"यहाँ अग़निया[4] और अमरा[5] के अज़वाज[6] व औलाद भीक माँगते फिरें और मैं देखूँ। बस, मुसीबत की ताब लाने को जिगर चाहिए।"**

हृदय में रस था, इसलिए प्रेम छलका पड़ता था। मित्रों क्या, शागिर्दों से भी बहुत प्रेम करते थे। उनको इस्लाह ही नहीं देते थे; संशोधनों का कारण भी लिखते थे। बच्चों पर जान देते थे।

उदारता

आमदनी कम थी। ख़ुद कष्ट में रहते थे फिर भी पीड़ितों के प्रति बड़े उदार थे। कोई भिखारी इनके दरवाज़े से ख़ाली हाथ नहीं लौटता था। उनके मकान के आगे अन्धे, लँगड़े-लूले अक्सर पड़े रहते थे। उनकी मदद करते रहते थे। एक बार ख़िलअत मिली। चपरासी इनाम लेने आये। घर में पैसे नहीं थे। चुपके से गये, ख़िलअत बेच आये और चपरासियों को अच्छा इनाम दिया।

आत्माभिमान

इस उदार दृष्टि के बावजूद आत्माभिमानी थे—'मीर' जैसे तो नहीं, जिन्होंने दुनिया की हर नामत अपने सम्मान के लिए ठुकरायी, फिर भी अपनी इज़्ज़त-आबरू का बड़ा ख़याल रखते थे। शहर के अनेक सम्भ्रान्त लोगों से परिचय था पर जो इनके यहाँ न आता, उसके यहाँ न जाते थे। कैसी ग़रीबी हो, बाज़ार में बिना पालकी या हवादार के नहीं निकलते थे। कलकत्ता जाते हुए जब लखनऊ ठहरे थे तो आग़ामीर से इसीलिए नहीं मिले कि उसने उठकर इनका स्वागत करने की शर्त मंजूर न की। इसी प्रकार कष्ट के दिनों में भी दिल्ली कॉलेज की अध्यापकी इसलिए ठुकरा दी कि जब टामसन साहब से मिलने गये तो इनकी अगवानी करने कोई नहीं आया। इन घटनाओं की विस्तृत चर्चा हम उनकी जीवनी में कर चुके हैं। एक शेर में कहा है कि उपासना में भी मैं इतना स्वाधीन और आत्माभिमानी रहा

---

1. निराश्रित और बेबस, 2. प्राणबेधक दुःखों, 3. सामर्थ्य, * *उर्दू-ए-मोअल्ला,* पृष्ठ 118, 4. धनाढ्य, 5. अमीर, 6. स्त्रियाँ, ** *उर्दू-ए-मोअल्ला,* पृष्ठ 255।

हूँ कि यदि काबे का दरवाज़ा मेरे आगमन पर खुला न मिला तो उलटे पाँव लौट आये :

बन्दगी में भी वह आज़ाद व ख़ुदबीं हैं कि हम,
उलटे फिर आये दरेकाबा अगर वा न हुआ।

धार्मिक औदार्य

वैसे वह शिया मुसलमान थे पर मज़हब की भावनाओं में बहुत उदार और स्वतन्त्रचेता थे। इनकी मृत्यु के बाद ही आगरा से प्रकाशित होनेवाले मासिक पत्र 'ज़ख़ीरा वालगोविन्द' के मार्च, 1869 के अंक में इनकी मृत्यु पर जो सम्पादकीय लेख छपा था और जो शायद इनके सम्बन्ध में लिखा सबसे पुराना और पहला लेख है, उससे तो एक नयी बात यह मालूम होती है कि यह बहुत पहले चुपचाप 'फ्रीमैसन' हो गये थे और लोगों के बहुत पूछने पर भी उसकी गोपनीयता की अन्त तक रक्षा करते रहे। बहरहाल वह जो भी रहे हों, इतना तो तय है कि मज़हब की दासता उन्होंने कभी स्वीकार नहीं की। इनके मित्रों में हर जाति, धर्म और श्रेणी के लोग थे।

दूसरे कवियों के प्रशंसक

सच्चे एवं उत्कृष्ट काव्य के प्रेमी थे पर भरती की रचनाओं के निन्दक भी। औरों की तरह, परम्परा निभाने के लिए, हर शेर पर दाद देना इनके स्वभाव एवं प्रज्ञा के प्रतिकूल था। बुरे शेर को बर्दाश्त न कर सकते थे। हाँ, जो शेर वाक़ई अच्छा होता और इनके दिल में चुभ जाता, उसकी प्रशंसा खुले दिल से करते थे।

उन्नीसवीं शती में मेरठ में एक नामी शायर सय्यद अहमद हसन गुज़रे हैं। फ़ारसी में 'फुरक़ानी' और उर्दू में 'शाक़ी' एवं 'बाकी' तख़ल्लुस करते थे। इनके पिता सय्यद किफ़ायतअली भी 'तनहा' के नाम से शायरी करते थे। 1862 से 1868 तक वह दिल्ली कमिश्नरी में मीर मुंशी रहे। उस समय 'फुरक़ानी' भी पिता के साथ दिल्ली रहते थे। इस वक़्त ग़ालिब से उनका परिचय हुआ। एक बार की बात है कि 'फुरक़ानी' ने ग़ालिब को अपना यह क़सीदा सुनाया :

शद वक़्त कि दर तुर्रए संबुल शिकन उफ़्तद।
बा ग़र्रए गुलज़ाला च दर मक़्तरन उफ़्तद।

जब उन्होंने यह मतला सुना, भावविभोर होकर, कमज़ोरी में भी कोशिश करके उठ खड़े हुए; कवि का माथा चूम लिया और उपस्थित लोगों से कहा : "यह सय्यद अहमद हसन ग़ालिब ज़िन्दा है; असदउल्लख़ाँ ग़ालिब मुर्दा है।

सब लोगों को इनसे फ़ायदा उठाना चाहिए, मेरे पास आने की ज़रूरत नहीं।'' बाद में फ़ुरक़ानी को बहुत मानने लगे थे।

मौलाना हाली ने भी 'यादगारे-ग़ालिब' में ऐसी कई घटनाओं की चर्चा की है। ज़िन्दगी-भर 'ज़ौक़' से इनकी छेड़छाड़ चलती रही। पर एक दिन जब यार-दोस्त बैठे थे और यह शतरंज खेलने में तल्लीन थे, मुंशी ग़ुलामअली नाम के एक व्यक्ति ने 'ज़ौक़' का निम्नलिखित शेर किसी दूसरे उपस्थित मित्र को सुनाया :

अब तो घबरा के यह कहते हैं कि मर जाएँगे।
मरके भी चैन न पाया तो किधर जाएँगे।

मिर्ज़ा के कान में भनक पड़ गयी। फ़ौरन शतरंज छोड़ दी और ग़ुलामअलीख़ाँ से कहा, ''भैया, तुमने क्या पढ़ा?'' उन्होंने शेर सुनाया। पूछा, ''किसका शेर है?'' उत्तर मिला, ''ज़ौक़ का।'' सुनकर चकित हुए। उनसे बार-बार शेर पढ़वाते थे और सिर धुनते थे। अपने उर्दू ख़तों में इस शेर का जगह-जगह ज़िक्र किया है।

इसी तरह जब एक बार मोमिन का यह शेर सुना :

तुम मेरे पास होते हो गोया,
जब कोई दूसरा नहीं होता।

तो बड़ी तारीफ़ की और कहा, ''काश, मोमिनख़ाँ मेरा सारा दीवान ले लेता और सिर्फ़ यह शेर मुझको दे देता!'' अपने पत्रों में इस शेर की बार-बार चर्चा की है।

एक बार देखा गया कि नवाब मिर्ज़ा 'दाग़' के निम्नलिखित शेर को बार-बार पढ़ते थे और झूमते थे :

रुख़े-रोशन[1] के आगे शमा[2] रखकर वह यह कहते हैं,
उधर जाता है देखें या इधर परवाना[3] आता है।

अच्छा शेर यदि शागिर्दों का होता तो भी तारीफ़ करने से न चूकते थे। वह स्वयं काव्य के अच्छे पारखी थे। शेरफ़हमी उनमें बहुत थी। कैसा ही मज़मून हो, एक सरसरी नज़र में उसकी तह तक पहुँच जाते थे। नवाब मुस्तफ़ाख़ाँ ने 'गुलशने-बेख़ार' में मिर्ज़ा की सुखनफ़हमी की बड़ी प्रशंसा की है उन्होंने हाली से एक घटना का ज़िक्र किया था जिससे मिर्ज़ा की शेरफ़हमी पर प्रकाश पड़ता है। मौलाना आज़ुर्दा ने 'दूर नहीं', 'हूर नहीं'—इस ज़मीन में ग़ज़ल लिखी थी।

---

1. प्रकाशमंडित आनन, 2. मोमबत्ती (दीपक), 3. पतंग।

उनमें इत्तिफ़ाक़ से मतला बहुत अच्छा निकल आया था। मौलाना ने अपनी ग़ज़ल दोस्तों को सुनाकर उनसे कहा, "अगर्चे बहर दूसरी है मगर इस रदीफ़ व क़ाफ़िये में नज़ीरी की भी एक ग़ज़ल है जिसका मतला है :

इश्क असियानस्त अगर मस्तूर नेस्त।
कुश्तए जुर्मे ज़बाँ मग़फ़ूर नेस्त।

अगर नज़ीरी हिन्दी होता और हमारी ग़ज़ल की ज़मीन में उर्दू ग़ज़ल लिखता तो उसका मतला इस तरह होता :

इश्क़ असियाँ है अगर मख़्फी व मस्तूर नहीं।
कुश्तए ज़ुर्मे जबाँ नाजी व मग़फ़ूर नहीं॥

आओ, आज मिर्ज़ा ग़ालिब के यहाँ चलें और बिना लेखक का नाम बताये अपना और नज़ीरी के मतले का यही उर्दू तर्जुमा मिर्ज़ा को सुनाएँ और पूछें कि कौन-सा मतला अच्छा है। चूँकि नज़ीरी का मतला उर्दू तर्जुमे में पस्त हो गया था, सबको यक़ीन था कि मिर्ज़ा नज़ीरी के मतले को नापसन्द करेंगे और मौ. आज़ुर्दा के मतले को तरजीह देंगे, पर जब नज़ीरी के मतले का यही उर्दू तर्जुमा पढ़ा गया कि मिर्ज़ा सुनकर सिर धुनने लगे और इस क़दर तारीफ़ की कि...मौलाना आज़ुर्दा ने अपना मतला नहीं पढ़ा।[1]" इसी प्रकार काव्य के पारखियों की भी बड़ी इज़्ज़त करते थे। मौ. हाली लिखते हैं :

"मुंशी नबीबख़्श 'हक़ीर' तख़ल्लुस, जो एक ज़माने में कोल में सर-रिश्तेदार थे और जिनकी सुखनफ़हमी और सुख़नसंजी की बड़े-बड़े लोगों से तारीफ़ सुनी गयी है कि वह दिल्ली आये हैं और मिर्ज़ा के मकान पर ठहरे हैं। उनकी निस्बत हरगोपाल तुफ़्ता को एक फ़ारसी ख़त में लिखते हैं जिसका तात्पर्य यह है—'ख़ुदा ने मेरी बेकसी और तनहाई पर रहम किया और एक ऐसे शख़्स को मेरे पास भेजा जो मेरे ज़ख़्मों का मरहम और मेरे दर्द का दर्मां[2] अपने साथ लाया और जिसने मेरी अँधेरी रात को रोशन कर दिया। उसने अपनी बातों से एक ऐसी शमा रोशन की जिसकी रोशनी में मैंने अपने कलाम की ख़ूबी जो तीराबख़्ती[3] के अँधेरे में ख़ुद मेरी निगाह से मख़्फी[4] थी, देखी। मैं हैरान हूँ कि इस फ़र्दानए-यगाना[5] यानी मुंशी नबीबख़्श को किस दर्जे की सुखनफ़हमी और सुखनसंजी इनाअत हुई है।' हालाँकि मैं शेर कहता हूँ और शेर कहना जानता

---

1. *यादगारे-ग़ालिब* : हाली, पृष्ठ 62।
2. इलाज, उपचार, 3. दुर्भाग्य, 4. प्रच्छन्न, 5. अद्वितीय व्यक्ति।

हूँ, मगर जब तक मैंने इस बुज़ुर्गवार को नहीं देखा, यह नहीं समझा कि सुख़नफ़हमी क्या चीज़ है और सुखनफ़हम किसको कहते हैं। मशहूर है कि ख़ुदा ने हुस्न के दो हिस्से किये, आधा यूसुफ़ को दिया और आधा तमाम बनी नूअ इन्साँ को। कुछ ताज्जुब नहीं कि फ़हमेसख़ुन और ज़ौक़मानी के भी दो हिस्से किये गये हों और आधा मुंशी नबीबख़्श के और आधा तमाम दुनिया के हिस्से में आया हो। गो ज़माना और आसमान मेरा कैसा ही मुख़ालिफ़ हो, मैं इस शख़्स की दोस्ती की बदौलत ज़माने की दुश्मनी से बेफ़िक्र हूँ और इस नामत पर दुनिया से क़ानअ।''

पारिवारिक जीवन

मिर्ज़ा का पारिवारिक जीवन कभी सुखी नहीं रहा। यह रिन्दाना तबीयत के आदमी थे। इनको बीवी ऐसी मिली जो एक राजवंश की परम्पराओं में पली थी—धार्मिक निष्ठा, व्रत-पूजा, नमाज़रोज़ा रखनेवाली, परहेज़गार। मिर्ज़ा धर्म के क्षेत्र में स्वच्छन्द, पर वह परम्पराओं का आग्रहपूर्वक पालन करनेवाली। यहाँ तक कि खाने-पीने के बर्तन भी दोनों के अलग थे। फिर भी बीवी इनका बड़ा ख़याल रखती थी। हाँ, दोनों में वह हार्दिक सौख्य न था, जो जीवन के अन्धकार में किरण बनकर फूटता है। इस सम्बन्ध में हम आगे स्वतन्त्र रूप से लिखेंगे। बहरहाल, यह एक तथ्य है कि उनका पारिवारिक जीवन न केवल सुखी नहीं था, वरन् एक सीमा तक दुःखदायी था।

मौलिकता एवं नवीनता के प्रति आकर्षण

न केवल काव्य बल्कि जीवन में मिर्ज़ा मौलिकता एवं नावीन्य के प्रति सदा आकर्षण का अनुभव करते रहे। अपनी यात्रा के सिलसिले में बनारस और कलकत्ता—दोनों पर वह रीझ गये थे। वह हर पुरानी बात को केवल उसके पुरानी होने के कारण मानने से इनकार करते थे और कहा करते थे कि क्या पुरानों में गधे नहीं होते थे। अँग्रेज़ी सभ्यता एवं शासन के प्रति उनमें एक रुझान थी, क्योंकि उसमें सुव्यवस्था थी और अनिश्चितताओं से भरे अध्याय का उससे अन्त हो जाता था। जब सर सय्यद अहमदख़ाँ ने बड़े परिश्रम एवं लगन से 'आईने-अकबरी' का सम्पादन किया तब मिर्ज़ा ने यही कहा था कि उनसे अच्छे क़ानूनों के मौजूद रहते इस कार्य में माथा-पच्ची करना फ़िज़ूल है। यह चीज़ उनके जीवन एवं काव्य में सर्वत्र दिखाई देती है—नवीनता एवं व्यवस्था के प्रति आकर्षण। इसे वह जीवन का चिह्न समझते थे। इस धारणा पर उनके समस्त जीवन एवं काव्य की उठान है।

ग़ालिब : दाम्पत्य जीवन

टकराने के लिए मिलन

यह बात पहले लिखी जा चुकी है कि ग़ालिब का दाम्पत्य जीवन कभी सुखी नहीं रहा। वह दुःख की एक लम्बी कहानी है जिसमें नायक और नायिका दोनों हाहाकार से भरे, चिरपिपासित, वेदनाओं का भार ढोते हुए ज़िन्दगी के दिन पूरा कर रहे हैं। निश्चय ही इस तथ्य ने ग़ालिब के जीवन और उनके दृष्टिकोण पर गहरा प्रभाव डाला। दो शिष्ट, सभ्य जीवन एकत्र हुए पर एकत्र होकर भी एकत्र न हो सके। मानो एकत्र हुए हों सिर्फ़ टकराने के लिए। युगों का साहचर्य जहाँ स्वप्नों की एक मोह-निशा की सृष्टि न कर सका, लम्बा दाम्पत्य जहाँ एक दूसरे के लिए करुणा की स्रोतस्विनी दिलों की मरुभूमि में न फूटी, जहाँ दिल एक दूसरे के लिए कभी न तड़पे, कभी न रोये, कभी जहाँ अपनी भूलों पर अनुताप के अश्रुबिन्दु न झरे, कभी जहाँ मौन आलिंगन का बाहुपाश नहीं बँधा जिसमें सब कुत्सा और वितंडा का अन्त हो जाता है, कभी जहाँ हृदय से हृदय नहीं बोले—अपने सामने बैठकर, ज़बान और तर्क की भाषा में नहीं, आत्मार्पण की भाषा में, क्षणभर अपना सबकुछ भूल जाने की भाषा में, 'मैं' और 'तू' नहीं, 'हम' की भाषा में, ऐसा लम्बा दाम्पत्य जीवन था ग़ालिब का—नारकीय यन्त्रणाओं की लम्बी शृंखला में बँधा हुआ जहाँ दोनों को बन्धन की अनुभूति तो थी पर बन्धन को वह बाहुपाश बनाने की चेष्टा नहीं थी जो दो प्राणों को एक कर देता है और जहाँ ज़िन्दगी अपनी नहीं, दूसरों की हो जाती है; जहाँ इनसान अपने लिए उतना नहीं जीता जितना दूसरों के लिए जीता है।

बहरहाल, यह एक सत्य है कि ग़ालिब का दाम्पत्य जीवन दुःखपूर्ण था। अनायास सवाल उठता है कि क्यों ऐसा हुआ? उर्दू का एक बहुत बड़ा शायर, भारत में फ़ारसीयत का नेता, भावनाओं के वेग में दृढ़ रहनेवाला, और अपने युग की चिन्तनशीलता एवं बौद्धिकता का प्रतिनिधि ग़ालिब एक औरत की ज़िन्दगी

को क्यों ऐसी न बना सका कि उनके शायराना एहसास उसके दिल को भी छूते, उसकी ज़िन्दगी में भी कभी बहार आती—बहार न सही, उसके एकाध झोंके ही सही!

उमराव का बचपन

1799 में दिल्ली के एक शरीफ़ प्रतिष्ठित और प्रभावशाली घराने में एक लड़की पैदा हुई। उसके पिता नवाब इलाहीबख़्श का जीवन वैभव एवं सुख की प्रतिमूर्ति था—राजकुमारों के सुख-भोग से पूर्ण। किसी चीज़ की कमी नहीं। युवाकाल में इलाहीबख़्श का जीवन इस तरह का था कि वह 'शहज़ादए-गुलफ़ाम'[1] के नाम से प्रसिद्ध थे। इससे कल्पना की जा सकती है कि उस लड़की, उमराव बेगम का बचपन किस प्रकार बीता होगा, उसका पालन-पोषण किस प्रकार हुआ होगा और किन सुखों और दुलारों में पली होगी। वह ज़माना ऐसा था कि शरीफ़ों में बेटियाँ कम उम्र में ब्याह दी जाती थीं। उनके अपने निर्वाचन का तो सवाल ही नहीं था। उमराव की शादी सिर्फ़ ग्यारह साल की आयु में, 8 अगस्त, 1810 ई. को आगरा के एक रईसज़ादा असदउल्लाख़ाँ से कर दी गयी।

जिस रईसज़ादे असदउल्ला से उमराव की शादी हुई, उसकी उम्र भी कच्ची—सिर्फ तेरह साल की थी। यद्यपि उसे वह सुख नसीब न हुआ था जो उमराव को बचपन में प्राप्त था, पर उसका बचपन भी बड़े प्यार-दुलार में बीता। बाप तो अक्सर बाहर रहते थे और यह छोटे ही थे कि वह मर गये परन्तु चचा ने जो एक उच्चाधिकारी थे, इन्हें अपनी ही सन्तान मानकर पाला। वह भी कुछ समय बाद दुनिया से चले गये। ननिहाल वैभवपूर्ण था, किसी प्रकार का अभाव न था। वहाँ रहे। बड़े आराम और आसाइश की ज़िन्दगी थी। इस तरह हम देखते हैं कि उमराव और असदउल्ला, पति और पत्नी, दोनों का बचपन आराम और आसाइश में बीता।

एक अन्तर

पर एक अन्तर था। शरीफ़ों की लड़कियाँ तो अन्तःपुर की सीमा में खिलती थीं। उन्हें बातचीत का सलीक़ा, उठने-बैठने का ढंग और घर-गृहस्थी की बातें सिखायी जाती थीं। उमराव के माँ-बाप थे। उनकी छाया में वह पली-बढ़ी। किन्तु असदउल्ला के ऊपर कोई देख-रेख करनेवाला, उनके जीवन को दिशा और मोड़ देनेवाला न था। बाप तो दूर ही रहे, चचा भी जल्दी ही संसार से प्रयाण कर गये। नानी

1. कुसुमकोमल राजकुमार।

और माँ का दुलार मिला। पर बाहर कोई बड़ा-बूढ़ा देख-रेख करनेवाला न होने से कच्ची उम्र में ही मौज-मज़ा की आदत पड़ गयी। यार-दोस्त जुट गये। और बचपन उस नियन्त्रण और प्रशिक्षण से छूटकर बह चला जिससे भावी जीवन ढलता है। मुग़ल सभ्यता के उस पतन काल में, जब वातावरण तमसाच्छन्न हो रहा था और अँधेरा गहरा होता जा रहा था, रईसज़ादों की ज़िन्दगी यों भी एक बँधे ढर्रे पर चलती थी। वह, कच्चेपन में ही ताक-झाँक, चूमाचाटी, ग़प-शप, सैर-सपाटे की ज़िन्दगी बन जाती थी। असदउल्लाख़ाँ या ग़ालिब के जीवन के सम्बन्ध में यह बात बहुत ध्यान रखने की है। अनियन्त्रित, अभाव का नाम न जाननेवाले, उत्तम संस्कारों से हीन, यारबाशी भरे बचपन में उस चिर-पिपासा की नींव पड़ी जिसने भोगवादी भावनाओं को ग़ालिब में सदा प्रबल रखा और कभी उन्हें अन्तःस्थ नहीं होने दिया।

अपना सोचा कहाँ होता है?

जब लड़की के घरवालों ने पति के रूप में ग़ालिब को पसन्द किया तो सोचा, अच्छे ख़ानदान का लड़का है, देखने में सुन्दर, गोरा-चिट्टा, मृदुभाषी; आगे चलकर अपने बड़ों की तरह फ़ौजी नौकरी में नाम कमाएगा, खाने-पीने की कोई तकलीफ़ लड़की को न रहेगी। एक शरीफ़ घराना, खूबसूरत शौहर, हर तरह की आसूदगी लड़की को मिल रही है, और क्या चाहिए! यह बात भी थी कि ग़ालिब की चाची लड़की उमराव की सगी फूफी थीं। इसलिए ख़याल था कि लड़की जाने-पहचाने, एक तरह से अपने ही घर में जा रही है। पर सब कुछ होकर भी वह आशा पूरी न हुई। असदउल्ला ने जीविकोपार्जन की ओर या कोई अच्छा पद प्राप्त करके एक औसत गृहस्थ का तृप्त जीवन बिताने की ओर कभी ध्यान न दिया। बचपन की स्वच्छन्दता ज़िन्दगी-भर बनी रही। विवाहित जीवन के चन्द साल किसी क़दर बेफ़िक्री में बीते पर ज्यों-ज्यों समय बीतता गया, गृहस्थ जीवन से निश्चिन्तता समाप्त होती गयी। बेकारी और शेरख़ानी ज़िन्दगी पर छाती गयी। ज्यों-ज्यों उम्र में बढ़ते गये, आर्थिक एवं दैनिक जीवन की मुसीबतें बढ़ती ही गयीं। यहाँ तक कि चौबीस साल के बाद तो उमराव के जीवन से सुख के सपने सदा के लिए विदा हो गये।

दिलों के बीच खाई बढ़ती गयी

कुछ पत्नियाँ ऐसी होती हैं जो चरण पकड़कर सिर पर चढ़ जाती हैं, पति की कमज़ोरियों से व्यथित होकर भी वे जानती हैं कि जो मिल गया है बुरा-भला, उसे ही लेकर अपनी दुनिया बनानी है। वे धीरज से काम लेती हैं और अपने

स्नेह, सेवा और निष्ठा से धीरे-धीरे पति-हृदय पर अधिकार कर लेती हैं। दूसरी वे होती हैं जिनका अहंकार चुटीला होकर ज़िन्दगी की सतह पर आ जाता है; आँखों में विकृत पति के लिए उपेक्षा, दिल में अपनी क़िस्मत फूट जाने की रह-रहकर उमड़ पड़नेवाली अनुभूति, ज़बान में अन्दर के दर्द की तीक्ष्णता भर जाती है। जो बात पत्नी के लिए कही गयी है, वही पति के लिए भी है। समझदार, सहृदय पति पुरानी ज़िन्दगी और सपनों को भूलकर शान्ति के लिए ही सही, जो लक्ष्मी मिली, उसे ही सहेजने-सँवारने की कोशिश करते हैं। दूसरे दिलफेंक और अभागे उसे लात मारकर, अपने और उसके बीच एक ऐसी दीवार खड़ी कर लेते हैं जो उम्र बढ़ने के साथ-साथ टूटने की जगह और दृढ़ होती जाती है। दुर्भाग्य कि ग़ालिब और उमराव दोनों इस दूसरी टाइप के पति-पत्नी निकले। दोनों में गहरी अहंवृत्ति थी। कोई किसी के आगे झुकने को तैयार नहीं। उमराव ज़रा झुककर ग़ालिब पर ग़ालिब हो सकती थीं पर उन्हें एक नवाब की लड़की होने की चेतना थी और उनका अहंकार उन्हें ऐसा करने की इजाज़त न दे सकता था। ग़ालिब की सगी बहन के पोते नवाब सरूरुल्मुल्क ने लिखा है :

"बचपन में जब मैं अपनी वाल्दा मरहूमा[1] के साथ उनके यहाँ जाया करता था, तो दादी (बेगम ग़ालिब) मुझको एक दुअन्नी दिया करती थीं। अजीब बात यह है कि इन दोनों मियाँ-बीवी में हमेशा अनबन रही। बीबियाँ इस ख़ानदान की निहायत मोहज़्ज़ब व शाइस्ता[2] मगर कमाल दर्जा मग़रूर व मुतकव्वर[3] थीं।..."

उमराव का अहंकार एक ओर, ग़ालिब का दूसरी ओर। मिलने की जगह दोनों टकराते गये, टकराते गये और कटते गये, कटते गये और टकराते गये।

दूसरी औरत का आकर्षण

जब घर में दिल की छाया न प्राप्त न हो, जब पत्नी जीवन के आशीर्वाद की जगह जीवन का बोझ बन जाए, उससे प्रेम और मृदुलता के आश्वासन के स्थान पर विष-बुझी वाणी के वाण झरने लगें, पुरुष घर से बाहर भागता है। ग़ालिब पर तो बचपन से ही स्वच्छन्दता के संस्कार प्रधान थे, अब जो दोनों के दिल फट गये तो वह बाज़ारू औरतों की ओर झुके। इसी सिलसिले में एक गायिका (डोमनी) पर बेतरह आसक्त हो गये। वह भी इनको प्यार करने लगी। इससे उमराव के दिल पर क्या बीती होगी, इसकी कल्पना की जा सकती है। उसके जीवन की धारा कटकर बिलकुल अलग हो गयी। कई सालों तक ग़ालिब और उनकी इस प्रियतमा का प्रेम-व्यापार चलता रहा। फिर जान पड़ता है, उसकी मृत्यु

---

1. स्वर्गीया माँ, 2. सभ्य और शिष्ट, 3. अहंकारी।

हो गयी। उस वक़्त यह बीस-बाईस के पट्ठे थे। उन्होंने उसकी मृत्यु पर जो शोकपूर्ण रचना की है उससे इनकी गहरी लगावट का पता चलता है। यह रचना प्रबल भावावेग से पूर्ण है। देखिए इसके कुछ शेर :

तेरे दिल में गर न था आशोबे-ग़म का[1] हौसला,
तूने फिर क्यों की थी मेरी ग़मगुसारी[2] हाय हाय।
उम्र भर का तूने पैमाने-व.फा[3] बाँधा तो क्या?
उम्र को भी तो नहीं है पायदारी[4] हाय हाय।
ज़ह्र लगती है मुझे आबोहवाए-ज़िन्दगी,
यानी तुझसे थी उसे नासाज़गारी हाय हाय।
शर्मे-रुसवाई से जा छुपना न.कावे-.खाक[5] में,
.खत्म है उल्.फत की तुझ पर पर्दादारी हाय हाय[6]।
किस तरह काटे कोई शबहाय तारे बर्शगाल[7],
है नज़र खूकर्दए[8] अ.ख्तरशुमारी[9] हाय हाय।
गोश महजूरे पयाम[10] व चश्म महरूमे-जमाल[11],
एक दिल तिसपर य' नाउम्मीदवारी हाय हाय।
इश्क़ ने पकड़ा न था ग़ालिब अभी वहशत का[12] रंग,
रह गया था दिल में जो कुछ ज़ौक़ख्वारी[13] हाय हाय।

इनसान मरे हुए को एक दिन तो भूल ही जाता है—कब तक कोई किसी को याद रखता है पर घर में बीवी से दिल न लगने के कारण ग़ालिब को इस माशूक़ा की याद युगों तक रही। फिर वैसा आँधीवाला प्रेम उनकी ज़िन्दगी में न आया। घटना के चालीस-बयालीस वर्ष बाद भी अपने एक प्रिय मिर्ज़ा हातिम अली 'मेह्र' की प्रियतमा की मृत्यु पर जो पत्र उन्होंने लिखा था, उससे मालूम होता है, उस बुढ़ौती में भी जवानी की इस प्रियतमा से बिछुड़ने की कसक उनमें थी :

"मुग़ल बच्चे भी ग़ज़ब के होते हैं। जिस पर मरते हैं उसको मार रखते हैं। मैं भी मुग़ल बच्चा हूँ। उम्र-भर एक सितमपेशा डोमनी को मैंने भी मार रखा है। ख़ुदा इन दोनों को बख़्शे और हम तुम दोनों को भी कि ज़ख्मे-मर्गे-दोस्त[14]

---

1. दु:ख और मुसीबत की हलचल, 2. सहानुभूति, हमदर्दी, 3. निष्ठा की शपथ, वफ़ादारी की क़सम, 4. स्थिरता, 5. मिट्टी के पर्दे में, तुम बदनामी के डर से मिट्टी के पर्दे में जा छिपीं, 6. इस प्रकार प्रेम को छिपाने की कला की सीमा तुममें समाप्त है, 7. वर्षा की अँधेरी रातें, 8. अभ्यस्त, 9. तारे गिनकर, 10. सन्देश से रहित कान, 11. दर्शन से बिछुरी आँखें, 12. पागलपन, 13. बदनामी की उत्कण्ठा, 14. प्रियमरण का घाव।

खाये हुए हैं, मग़फ़िरत[1] करे। चालीस-बयालीस बरस का यह वाक़आ है, बाआँकि[2] यह कूचा[3] छुट गया, इस फ़न में बेगाना महज़[4] हो गया हूँ, लेकिन अब भी कभी-कभी वह अदाएँ याद आती हैं। उसका मरना ज़िन्दगी भर न भूलूँगा।''

उमराव की गूढ़ वेदना

मतलब यह कि मियाँ-बीवी में जो खाई थी वह इस घटना से स्थायी हो गयी। अगर आमदनी काफ़ी होती यानी ग़ालिब कमाऊ होते तो दिल का दयार सूना ही सही, जीवन की बाह्य आवश्यकताएँ तो पूरी होती रहतीं और ज़िन्दगी एक ढर्रे पर तो चल सकती। किन्तु उमराव की क़िस्मत में वह भी न था। शादी के चौदह वर्ष बाद जो कुछ घर में था, वह भी बिकने लगा। ग़ालिब ने शायरी, मित्र-मंडली और अपनी हास्यप्रियता में अपने दुःख को निमग्न कर दिया था; शराब भी ग़म को भुलाने में उनकी सहायता करती थी, पर बेचारी उमराव अपने दुःख को कहाँ भुलाती? इसलिए वह दूर-दूर होती गयी, एकान्तप्रिय होती गयी और परम्परागत अर्थ में धर्मनिष्ठ होती गयी।

सन्तान के अभाव की व्यथा

यह अभिशप्त जीवन कदाचित कुछ शीतल हो उठता यदि दाम्पत्य सुख-स्नेह के अभाव में भी एकाध बच्चे होते, पर यहाँ भी दोनों अभागे रहे। बच्चे तो सात हुए, पर बरस-सवा बरस से ज़्यादा एक न जिया। माँ की ज़िन्दगी और तन-मन की गर्मी बच्चों को पेट में रख-रखकर जन्म देने और फिर कलेजे के टुकड़ों को एक के बाद एक मौत के भयानक पंजों द्वारा छीन लिये जाने के ग़म में ही ख़त्म हो गयी। उस माँ की निराशा-भरे जीवन की कल्पना भी अत्यन्त व्यथाजनक है जिसे पति का प्रेम न मिला। उसके अभाव में सन्तान की किलकारियाँ न मिलीं या मिलीं तो यों कि उनका मिलना न मिलने से भी अधिक कसक और करक पैदा करनेवाला, फिर दैनिक जीवन की निश्चिन्तता भी नहीं, कहीं हार्दिक सहानुभूति का एक शब्द नहीं, एक बात नहीं। उलटे पति के व्यंग्य और भोंडी हँसी की चोट।

नहीं कहता कि सन्तानहीनता का ग़म ग़ालिब को कुछ कम रहा होगा। कोई प्यारा बच्चा जी गया होता तो शायद उसके माध्यम से दोनों कुछ नज़दीक आते पर दुर्भाग्य की सीमा थी कि एक न जिया। यहाँ तक कि ग़ालिब ने बड़ी साली के बड़े लड़के यानी बीवी के भाँजे आरिफ़ को गोद लिया तो वह भी दगा दे गया

---

1. क्षमा, 2. यद्यपि, 3. गली, 4. बिलकुल अपरिचित।

और मिर्ज़ा तथा उमराव दोनों को समुद्र में डूबते हुए को जो तिनके का सहारा मिला था, वह भी छिन गया। दोनों छटपटाकर रह गये। ग़ालिब को इस घटना ने बेतरह प्रभावित किया जैसा आरिफ़ की मृत्यु पर लिखी उनकी शोकपूर्ण रचना से विदित होता है :

जाते हुए कहते हैं, क़यामत को मिलेंगे,
क्या ख़ूब क़यामत का है गोया कोई दिन और।

सन्तान प्रायः पति-पत्नी के उखड़ते, उचटते, टूटते दिलों को जोड़ देती है, पर यहाँ तो दोनों का सारा निजी जीवन, गृह-जीवन एक ऐसा रेगिस्तान बनकर रह गया दिखाई देता है जिसमें एक हरित भूमिखंड नहीं है—चटियल, पथरायी हुई धरती पथराये कलेजे में पथरायी उमंगें और पथरायी आँखें लिये ताक रही है।

दूरी पैदा करनेवाली निराशा

कभी-कभी निराशाएँ और विपत्तियाँ भी हृदयों को नज़दीक लाती हैं। पर ऐसा प्रायः तभी होता है जब दोनों के अन्तस में कहीं सहानुभूति का सोता, भले मुँह बन्द किये, पड़ा हो या कम-से-कम दूसरे प्रबल आकर्षण एवं प्रवृत्तियाँ न हों, पर यहाँ यह बात भी न थी। ग़ालिब की प्रकृति उड़नछू थी—वह बन्धनों में बँधकर रहनेवाले न थे। उधर बीवी गम्भीर, कुछ अहंकारी, चोट खायी हुई, कम बोलनेवाली और बन्धन एवं परम्परा के प्रति आसक्त। ग़ालिब को पत्नी में कभी वह गहरा आकर्षण न मिला जो जीवन को सोहाग का वह वरदान देता है जिस पर सौ-सौ स्वर्ग निछावर किये जा सकते हैं। वह शादी को सदा जंजाल और फन्दा ही समझते रहे। फ़ारसी क़िते में उनके भाव स्पष्ट हो गये हैं :

ब आदमज़न ब शैतां तौक़े लानत,
सुपुर्दन्द अज़ रहे तकरीमो तज़लील।
वलेकिन दर असीरी तौक़े आदम,
गिरांतर आमद अज़ तौक़े अज़ाज़ील।

शादी उस समय हुई थी जब ज़िन्दगी यारबाशी में बीतती थी—उन्मुक्त थे। दुनिया के मज़े सामने थे। स्वभावतः विवाह का बन्धन रुचा नहीं।

'उर्दू-ए-मुअल्ला' (पृष्ठ 295) में नवाब अलाउद्दीन अहमदख़ाँ को लिखे गये पत्र में अपनी शादी के विषय पर लिखते हैं :

"एक बेड़ी (यानी बीवी) मेरे पाँव में डाल दी और दिल्ली शहर को ज़िन्दान

मुक़र्रर किया और मुझे इस ज़िन्दान में डाल दिया।''

इससे जान पड़ता है कि शुरू से ही इन्होंने बीवी को बेड़ी समझ लिया था और विवाह से कभी खुश न रहे :

आर्ज़ूए-ख़ाना आबादी ने वीराँ तर किया,
क्या करूँ गर सायए-दीवार सैलाबी करे।

खोखले हास्य के पीछे भयानक चेहरा

मैं कह चुका हूँ कि दोनों के स्वभाव भिन्न थे—एक गम्भीर, दूसरा ठिठोलिया। एक लजाधुर, दूसरा दिलफेंक। प्रोफ़ेसर हमीद अहमद ने ठीक ही लिखा है कि ''वह खोखला हास्य, जिसके पीछे गरीबी, अनिश्चितता और फ़ाक़ामस्ती का भयानक चेहरा हो, उस बीवी के लिए कोई अर्थ नहीं रखता था जिसे अपने मान-मर्यादा को बनाये रखने के लिए न जाने क्या-क्या कष्ट सहन करना पड़ता था।'' बेचारी शायरी को लेकर क्या करती, उसे तो एक शौक़ीन एवं ख़र्चीले पर बेकार-शौहर की घर-गृहस्थी को चलाना पड़ता था। ग़ालिब को हँसी-दिल्लगी, छेड़छाड़ का जो लपका था, वह अन्दर ही अन्दर दुखी उमराव के दिल में व्यंग्य के विषैले तीर की तरह चुभता था। उनकी यह आदत उमराव के लिए बोझ हो गयी। उधर बुढ़ापे तक ग़ालिब की वह आदत न गयी।

नोक-झोंक

इन बातों का परिणाम यह हुआ कि फटे दिल और फटते ही गये। दोनों ने नियति के आगे कन्धा डाल दिया था और कभी दुखते दिलों पर मरहम लगाने की चेष्टा भी न की। बल्कि मामला इतना तूल पकड़ गया कि दोनों एक साथ रहते हुए भी अलग-अलग बैठ रहे। अपने जीवन के उत्तरकाल में ग़ालिब प्रायः सारा वक़्त अपने बैठकख़ाने में ही गुज़ारते और सिर्फ़ एक बार लाठी टेकते-टेकते अन्दर जाते थे। इसके पूर्व जीवन में भी उनका ज़्यादा समय बाहर या घर के पुरुष-कक्ष में ही बीतता था। अन्दर जाते तब भी कुछ-न-कुछ व्यंग्य उनके मुँह से निकल ही जाता था। वह आज़ाद तबीयत, पूर्णतः इसी दुनिया के आदमी थे जबकि पत्नी कुछ संस्कार-वश, कुछ इनके कारण दुःखी हो, अपने पिता के पद-चिह्नों पर चलनेवाली, नमाज़रोज़ा की पाबन्द और परहेज़गार थीं। इसलिए दोनों में अक्सर नोक-झोंक हो जाती थी। ग़ालिब बीवी को 'हज़रत मूसा की बहन' कहते थे और ज़्यादा बिगड़ते तो यहाँ तक कह जाते थे कि 'मेरी तो नाक में दम कर दिया है।' बहू (मिर्ज़ा बाक़रअलीख़ाँ की पत्नी ज़मानी बेगम उर्फ़ बुग्गा बेगम[1])

के सामने ये बातें होती थीं। इससे उमराव बेगम बड़ी दुखी हो जाती थीं। वह चुप रह जातीं और बहू से कहतीं, "बेटी, तू तो बच्चा है। बुड्ढे की बातों का ख़याल न किया कर। बुड्ढा तो दीवाना हो गया है।"

बुग्गा बेगम ने कई ऐसी घटनाओं का ज़िक्र किया है[2] जिनसे इस स्थिति पर विशेष प्रकाश पड़ता है। वह कहती हैं :

"मिर्ज़ा पिछले पहर हवाख़ोरी को जाया करते थे। एक रोज़ अस्र[3] के बाद वह वापस आये। मैं और मेरी सास अस्र की नमाज़ पढ़ रही थीं। दोनों बी उसी तख़्त पर। नुक्कड़ पर हो बैठे। जब हमने सलाम फेरा तो कहने लगे—'वाह-वा! खूब! बहू को भी अपना-सा कर लिया। कम्हारी बूँट का कीड़ा अपने घर ले जाती है तो चालीस दिन में उसे अपना-सा करके निकाल देती है।'

"बरसात के दिन थे। मेंह बहुत बरसने लगा। पोतों (बाक़र एवं हुसेन) ने खाना खाया और चले गये। नियाज़अली (मुलाज़िम) भी चला गया। (मिर्ज़ा साहब) बैठे बीवी से बातें करते थे। मैं यों बैठी थी, गावतकिये के कोने से लगी हुई। कहने लगे—'एक बीवी, दूसरा मैं। तीसरा आँखों में ठीकरा! बहू, मैं और मेरी बीवी बैठे हैं, तुम क्यों बैठी हो?'[4] इस पर मेरी सास बोलीं—'ऐ तोबा! बुड्ढा तो दीवाना है। उसे तो ठट्टे के लिए कोई चाहिए। अब बहू ही मिल गयी।' "

मैं पीछे किसी अध्याय में लिख आया हूँ कि एक बार मकान बदलने के सिलसिले में ग़ालिब ने उमराव बेगम को मकान देखने भेजा। देखकर आने पर पूछा, "कहो, मकान पसन्द आया?" बेगम ने जवाब दिया, "उस घर में तो लोग बला बताते हैं।" ग़ालिब ने कहा, "मगर क्या दुनिया में तुमसे भी बढ़कर कोई बला है?"

एक बार अन्दर गये और किसी से पूछा कि बेगम क्या कर रही हैं। उसने कहा, "नमाज़ पढ़ रही हैं।" कुढ़कर बोले, "जब आओ, नमाज़! अरे इसने तो घर को फ़तहपुरी की मस्जिद बना दिया।"

---

1. 10 मई, 1945 को तिरानवे साल की उम्र में इनकी मृत्यु हो गयी।
2. '*अहवाले-ग़ालिब*' में प्रो. हमीद अहमदख़ाँ के लेख (पृष्ठ 78-87 एवं 266-276)।
3. गोधूलि बेला, सूर्यास्त के पूर्व।
4. हमीदा सुलतान ने, जिनका बुग्गा बेग़म से काफ़ी नज़दीकी सम्बन्ध था, इस घटना का वर्णन यों किया है: "...ऐ है बीवी, देखो कितना प्यारा मौसम है! कैसी जुनूँ अँगेज़ हवाएँ चल रही हैं। इस वक़्त पै तुम हो और मैं हूँ। यह बहू तो दो में तीसरा, आँखों में ठीकरा बनी बैठी है...।"

इनके अनेक पत्र भी ऐसे मिलते हैं जिनसे यह बात प्रमाणित होती है कि ज़िन्दगी में कभी बीवी से खुश नहीं रहे; बल्कि गृहजीवन के कटु अनुभवों ने विवाहित जीवन के प्रति इनके दृष्टिकोण को ही विकृत कर दिया था। जब एक पत्नी के मरने पर किसी को विवाह के लिए सन्नद्ध देखते तो इन्हें हैरत होती थी। दूसरी पत्नी की मृत्यु पर तीसरी से शादी करने के लिए तैयार उमराव सिंह के बारे में 19 दिसम्बर, 1858 के पत्र में लिखते हैं :

"...अल्ला-अल्ला! एक वह हैं कि दो बार उनकी बेड़ियाँ कट चुकी हैं और एक हम हैं कि एक ऊपर पचास बरस से जो फाँसी का फन्दा गले में पड़ा है, न फन्दा ही टूटता है, न दम ही निकलता है।"

एक और पत्र में लिखा है : "ताहुल[1] मेरी मौत है। मैं कभी उसकी गिरफ़्तारी से ख़ुश नहीं रहा।...पटियाला जाने में मेरी सुबकी और ज़िल्लत[2] थी। अगर्चे मुझको दौलते-तनहाई[3] मयस्सर[4] आ जाती लेकिन इस तनहाई चन्दरोज़ा[5] और तजरीदे-मुस्तआर[6] की क्या खुशी?...."[7]

अक्सर कहा करते थे : "ज़न न ख़्वाहद अगरश दुख़तरे क़ैसर बदिहन्द।"

इनके उर्दू-फ़ारसी काव्य में ऐसी अनेक रचनाएँ[8] हैं जिनसे इसकी बार-बार पुष्टि होती है।

विश्व-साहित्य में पारिवारिक जीवन, दाम्पत्य जीवन के दुःख की छाया बड़ी लम्बी है। सुक़रात, सादी, शेक्सपियर, तोल्सताय जैसे दर्जनों नाम गिनाये जा सकते हैं। अक्सर कवि और कलाकार इतने आत्मकेन्द्रित होते हैं कि एक ओर उनका व्यक्तित्व और अहं तथा दूसरी ओर संसार की वास्तविकताओं से भागकर कल्पना की आनन्द-वाटिका में विचरण करने की वृत्ति गार्हस्थ्य जीवन

---

1. पत्नी, 2. हीनता और अपमान, 3. एकान्त-धन, 4. प्राप्त, 5. क्षणिक एकान्त, 6. माँगी हुई स्त्री-विहीनता, 7. *नादिराते-ग़ालिब* (129-130), 8. फ़ारसी की दो रुबाइयों में इसकी झलक देखिए :

ऐ आँकि बराह काबा रुयेदारी,
दामन कि गुज़ीदः आर्ज़ूए दारी,
ज़ीं गूनऽकि तुन्द मयख़रामी दामन,
दर ख़ाना ज़ने सतीज़ः ख़ूएदारी।

और—

आँ मर्द कि ज़न गिरफ़्त दाना नबूद,
अज़ गुस्सा फ़राग़तश हमाना नबूद,
दारद जहाँ ख़ाना व ज़न नेस्त दर्द,
नाज़म बख़ुदा चरा तवाना न बूद।

के ब्यौरों के प्रति न्याय करने में बाधक होती है। पर ग़ालिब तो कल्पना-प्रधान नहीं, बुद्धिप्रधान, चिन्ताशील कवि माना जाता है। उसने अपनी बीवी के प्रति ऐसा क्यों किया, इसी की विवेचना हम करते रहे हैं। बचपन से ही स्वच्छन्दता के संस्कार, सांसारिक भोगविलास के प्रति आकर्षण, इस दुनिया के बाहर की वस्तुओं पर अनास्था का ग़ालिब के जीवन में बहुत बड़ा भाग है पर दाम्पत्य जीवन की असफलता ने उनके जीवन और काव्य पर जो प्रभाव डाला है, वह सर्वप्रधान है। इस दुःख ने परम्परागत आस्थाओं को टुकड़े-टुकड़े कर दिया है और एक संसारी को और अधिक संसारी, एक स्वच्छन्द आत्मा को और स्वच्छन्दता तथा निर्बन्ध कर दिया है। यदि उनका दाम्पत्य जीवन सुखी होता, उसमें उपेक्षा के कंटक वन की जगह मादक आकर्षणों की शय्या बिछी होती तो वही ज़िन्दगी ऐसे फूलों से भर जाती है जहाँ काँटे भी स्नेह की अँगुलियों-से मृदुल होते हैं—और जहाँ दुनिया के ज़हरीले दंश अमृत के फ़व्वारे उगलते हैं।

ग़ालिब का जीवन : हाज़िरजवाबी तथा व्यंग्य-विनोद वृत्ति

मिर्ज़ा ग़ालिब की अधिकांश ज़िन्दगी कठिनाइयों में बीती—यद्यपि कुछ हद तक वे कठिनाइयाँ ख़ुद उनकी पैदा की हुई थीं। रईसज़दगी की अहंवृत्ति उन्हें अपनी शक्ति से अधिक ख़र्च करने और एक उच्चतर रहन-सहन ग्रहण करने को विवश करती थी। आमदनी कम, ख़र्च ज्यादा था। इस प्रकार बाहर कठिनाइयाँ, महाजनों का क़र्ज़ और तक़ाज़ा, साहित्य में विरोधियों से संघर्ष, इस पर अनमेल बीवी के कारण घर में वह स्वाद नहीं जो मानव-जीवन का एक प्रसाद और आशीर्वाद है। इन प्रतिकूलताओं के बीच, स्वभावत: वह आत्मविश्वास के बल पर ज़िन्दगी का सफ़र पूरा करते रहे। कुछ तो उनमें जन्मजात उत्फुल्लता और विनोदवृत्ति थी, कुछ प्रतिकूल वातावरण में रक्षा-कवच रूप में उभर आयी थी। इस प्रतिकूल एवं कठोर परिस्थिति के कारण ही उनके विनोद में तीव्र एवं प्रच्छन्न व्यंग्यों का स्पर्श है। काव्य एवं जीवन दोनों में तीक्ष्ण व्यंग—'सरकाज़्म'—का स्वर हमें मिलता है। मिर्ज़ा का सारा जीवन ही ऐसे लतीफ़ों से भरा हुआ है जिनमें उनके मज़ाक़ और नश्तर-सी चुभनेवाली उनकी व्यंग-वृत्ति के दर्शन होते हैं। अन्दर से दुखी पर ऊपर से चुहल और ख़ुशी से भरे हुए ग़ालिब के जीवन का यह एक महत्त्वपूर्ण पक्ष है। यहाँ चन्द घटनाएँ लिखी जाती हैं जिनसे उनकी हाज़िरजवाबी—'विट'-विनोदवृत्ति तथा प्रच्छन्न व्यंग्य-कला पर प्रकाश पड़ता है।

लखनऊ एवं दिल्ली की ज़बान

लखनऊ की एक गोष्ठी में, जिसमें संयोगवश मिर्ज़ा मौजूद थे, लखनऊ एवं दिल्ली की ज़बान पर बात चल पड़ी। एक सज्जन ने मिर्ज़ा से कहा कि जिस अवसर पर दिल्लीवाले 'अपने तईं' बोलते हैं वहाँ लखनऊ के लोग 'आपको' बोलते हैं। आपकी राय में शुद्ध 'आपको' है या 'अपने तईं?' मिर्ज़ा ने कहा, "फ़सीह

(शुद्ध) तो वही मालूम होता है जो आप बोलते हैं, मगर इसमें दिक़्क़त यह है कि मसलन आपकी ही निस्बत यह अर्ज़ करूँ कि मैं तो 'आपको' कुत्ते से भी बदतर समझता हूँ, तो सख़्त मुश्किल वाक़अ होगी। मैं तो अपनी निस्बत कहूँगा और आप—मुमकिन है कि अपनी निस्बत समझ जाएँ।'' उपस्थित सब लोग इसे सुनकर फड़क उठे कि क्या जवाब दिया है और कैसा प्रच्छन्न व्यंग्य किया है। फिर अपने-अपने स्थान पर 'आपको' और 'अपने तईं' दोनों के उपयोग का, प्रकारान्तर से, समर्थन भी है।

पुल्लिंग या स्त्रीलिंग?

शब्दों के सम्बन्ध में मिर्ज़ा का एक और लतीफ़ा भी मशहूर है। दिल्ली में 'रथ' को कुछ लोग स्त्रीलिंग, कुछ पुल्लिग बोलते हैं। किसी ने मिर्ज़ा से पूछा कि ''हज़रत, रथ मोअन्नस[1] है या मुज़क्कर[2]?'' वह बोले, ''भैया! जब रथ में औरतें बैठी हों तो मोअन्नस कहो, जब मर्द बैठे हों तो मुज़क्कर समझो।''

गोरे की क़ैद बनाम काले की क़ैद

ग़ालिब के ज़माने में हज़रत मुहम्मद नसीरुद्दीन उर्फ़ मियाँ काले साहब अपनी विद्वत्ता एवं उच्चारण के लिए प्रसिद्ध थे। वह बहादुरशाह के शेख एवं मौलाना फ़ख्रउद्दीन क़दससिरा के पोते थे। इन्हीं के कारण क़िले से मिर्ज़ा का सम्बन्ध स्थापित हुआ था। मिर्ज़ा से बड़ी मुहब्बत रखते थे। जीवन-रेखा अध्याय में हम बता चुके हैं कि किस प्रकार मिर्ज़ा जुए के अभियोग में पकड़ लिये गये थे। जब मिर्ज़ा जेल से छूटे तो काले साहब उन्हें अपने घर ले गये और अरसे तक वहाँ रखा। उनके आराम-आसाइश की सब सुविधाएँ कर दीं। एक रोज़ मियाँ काले साहब के पास बैठे थे कि किसी ने आकर क़ैद से छूटने की मुबारकबाद दी। मिर्ज़ा कब चूकनेवाले थे, झट बोल उठे—''कौन भड़ुआ क़ैद से छूटा है? पहिले गोरे की क़ैद में था, अब काले की क़ैद में हूँ।''

आधा मुसलमान हूँ

हाज़िरजवाबी और विनोद वृत्ति के कारण ही अनेक बार कठिनाइयों एवं विपत्तियों से छूट जाते थे। यहाँ एक घटना दी जाती है।

ग़दर के दिनों की बात है। उन दिनों अँग्रेज़ सभी मुसलमानों को शुबहे की निगाह से देखते थे। दिल्ली मुसलमानों से खाली हो गयी थी। पर ग़ालिब

---

1. स्त्रीलिंग, 2. पुल्लिग।

और कुछ दूसरे लोग चुपचाप अपने घरों में पड़े रहे। एक दिन कुछ गोरे इन्हें भी पकड़कर कर्नल ब्राउन के पास ले गये। उस वक़्त 'कुलाह' (ऊँची टोपी) इनके सिर पर थी। अजीब वेशभूषा थी। कर्नल ने मिर्ज़ा की यह धज देखी तो पूछा कि "वेल टुम मुसलमान?"

मिर्ज़ा ने कहा, "आधा।"

कर्नल ने पूछा, "इसका क्या मटलब है?"

मिर्ज़ा बोले, "शराब पीता हूँ, सुअर नहीं खाता।"

कर्नल सुनकर हँसने लगा और इन्हें घर लौटने की इजाज़त दे दी।

बाग़ी कैसे गिना गया?

ग़दर के बाद जब पेंशन बन्द हो गयी थी और दरबार में जाने का दरवाज़ा भी बन्द था, लेफ़्टिनेंट गवर्नर पंजाब के मीर मुंशी पं. मोतीलाल एक बार इनसे मिलने आये। मिर्ज़ा ने उनसे कहा, "तमाम उम्र में एक दिन शराब न पी हो तो काफ़िर, और एक दफ़ा नमाज़ पढ़ी हो तो गुनहगार[1]। फिर मैं नहीं जानता कि सरकार ने किस तरह मुझे बाग़ी मुसलमानों में शुमार[2] किया?"

ख़ुदा या आप?

जब रामपुर के नवाब युसूफ़अलीख़ाँ का देहान्त हो गया और नये नवाब क़लबअलीख़ाँ गद्दी पर बैठे तो मातमपुर्सी और नये नवाब के प्रति सम्मान-प्रदर्शन के लिए मिर्ज़ा रामपुर गये थे। चन्द दिनों बाद नवाब क़लबअली लेफ्टिनेंट गवर्नर से मिलने बरेली जा रहे थे। रवानगी के वक़्त, परम्परानुसार, मिर्ज़ा से कहा, "ख़ुदा के सुपुर्द।" मिर्ज़ा झट बोल उठे, "हज़रत! ख़ुदा ने तो मुझे आपके सुपुर्द किया है। आप फिर उलटा मुझको ख़ुदा के सुपुर्द करते हैं।" सुनकर लोग हँस पड़े।

गाली देने की भी कला होती है

जब मिर्ज़ा के ख़िलाफ़ तूफ़ान उठ खड़ा हुआ था तब बहुत-से विरोधी अश्लील बातें एवं गालियाँ लिखकर ख़तों में भेजते थे। इस तरह के ख़त अक्सर गुमनाम होते थे। इसी ज़माने की बात है। मौलाना हाली मिलने उनके यहाँ गये थे। वह लिखते हैं : "मिर्ज़ा साहब खाना खा रहे थे। चिट्ठीरसाँ ने एक लिफ़ाफ़ा लाकर

---

1. अपराधी, 2. गणना।

दिया। लिफ़ाफ़े की बेरब्ती[1] और कातिब[2] के नाम की अजनबीयत से उनको यक़ीन हो गया कि यह किसी मुख़ालिफ़[3] का वैसा ही गुमनाम ख़त है जैसे पहले आ चुके हैं। लिफ़ाफ़ा मुझको दिया कि इसको खोलकर पढ़ो। मैं ख़ुद देखता हूँ तो...फ़िलहक़ीकत[4] सारा ख़त फ़हस व दुश्नाम[5] से भरा हुआ था। पूछा, "किसका ख़त है? और क्या लिखा है?" मुझे उसके इज़हार[6] में ता' मुल[7] हुआ। फ़ौरन मेरे हाथ से लिफ़ाफ़ा छीनकर...अव्वल से आख़िर तक पढ़ा। इसमें एक जगह माँ की गाली भी लिखी थी। मुस्कराकर कहने लगे कि "इस उल्लू को गाली देनी भी नहीं आती। बुड्ढे या अधेड़ आदमी को बेटी की गाली देते हैं, ताकि उसको ग़ैरत[8] आये। जवान को जोरू की गाली देते हैं क्योंकि उसको जोरू से ज़्यादा ताल्लुक होता है। बच्चे को माँ की गाली देते हैं कि वह माँ के बराबर किसी से मानूस[9] नहीं होता। यह...जो बहत्तर बरस के बुड्ढे को माँ की गाली देता है, इससे ज़्यादा कौन बेवकूफ़ होगा?"

तुम सौदाई हो!

एक गोष्ठी में मिर्ज़ा मीरतक़ी की तारीफ़ कर रहे थे। शेख़ इब्राहीम 'ज़ौक़' भी मौजूद थे। ज़ौक़ और मिर्ज़ा में अक्सर छेड़-छाड़ चलती रहती थी। ज़ौक़ कुछ 'ठस' क़रीने के आदमी थे। ग़ालिब जो कहते, उसे काटने की नीयत उनकी रहती थी। ग़ालिब द्वारा मीर की तारीफ़ सुनकर उन्होंने 'सौदा' को मीर से श्रेष्ठ बताया। मिर्ज़ा ने झट चोट की, "मैं तो तुमको मीरी समझता था मगर अब मालूम हुआ कि आप सौदाई हैं!"[10]

शैतान की कोठरी

मिर्ज़ा के बैठकख़ाने के पास ही एक छोटी-सी अँधेरी कोठरी थी, जिसका दरवाज़ा इतना छोटा था कि उसमें से झुककर जाना पड़ता था। उसमें सदा फ़र्श बिछा रहता और गर्मी एवं लू के मौसम में मिर्ज़ा दिन के दस बजे से शाम चार बजे तक वहाँ रहते थे। एक दिन जब गर्मी के दिन थे और रमज़ान का महीना चल रहा था, मौ. आज़ुर्दा ठीक दोपहर के वक़्त मिर्ज़ा से मिलने आ गये। उस वक़्त मिर्ज़ा इसी कोठरी में थे और किसी दोस्त के साथ चौसर या शतरंज खेल रहे थे।

---

1. अस्तव्यस्तता, 2. लेखक, 3 विरोधी, 4. वास्तव में, 5. गाली-गलौज, 6. कथन, अभिव्यक्ति, 7. संकोच, 8. शर्म, 9. हिला हुआ, प्रेमी, 10. यहाँ मीरी और सौदाई दोनों में श्लेष है। मीरी का एक अर्थ है मीर का समर्थक, दूसरा है नेता, आगे आनेवाला। इसी प्रकार 'सौदाई' का एक अर्थ है 'सौदा' का अनुयायी; दूसरा अर्थ है—पागल।

मौलाना वहीं पहुँच गये और रमज़ान के महीने में उन लोगों को चौसर खेलता हुआ देखकर कहने लगे, ''हमने हदीश[1] में पढ़ा था कि रमज़ान के महीने में शैतान मुक़य्यद[2] रहता है मगर आज इस हदीस की सेहत[3] में तरद्दुद[4] पैदा हो गया है।''

मिर्ज़ा ने कहा, ''क़िबला हदीस बिलकुल सही है। मगर आपको मालूम रहे कि वह जगह जहाँ शैतान मुक़य्यद रहता है, यही कोठरी तो है!''

आमों पर नाम

आम इन्हें निहायत पसन्द थे। आमों के सम्बन्ध में इनके कई लतीफ़े मशहूर हैं। एक रोज़ की बात है कि बादशाह बहादुरशाह, आमों के मौसम में, महताब बाग़ में टहल रहे थे। उस वक़्त अन्य मुसाहिबों के अलावा मिर्ज़ा भी मौजूद थे। आम के पेड़ रंग-बिरंग के ख़ूबसूरत आमों से लद रहे थे। यहाँ के आम बादशाह, राजकुमारों और बेगमों के सिवा किसी को न मिल सकते थे। मिर्ज़ा बार-बार आमों की तरफ़ टकटकी लगाते। जब कई बार बादशाह ने उन्हें ऐसा करते देखा तो पूछा, ''मिर्ज़ा, इतने ध्यान से क्या देखते हो?'' मिर्ज़ा ने हाथ बाँधकर कहा, ''पीरो मुर्शिद, यह जो किसी बुज़ुर्ग ने कहा है :

बरसरे दाना बनविश्ता अयाँ,
कि ईं फलाँ इब्न फलाँ इब्न फलाँ।

वही देख रहा हूँ कि किसी दाने पर मेरा और मेरे बाप-दादा का नाम भी लिखा है या नहीं?''

बादशाह मुसकराये और उसी रोज़ एक बहँगी चुने आमों की मिर्ज़ा को भेजवा दी।

बेशक गधा नहीं खाता!

मिर्ज़ा के एक दोस्त थे हकीम रज़ीउद्दीन ख़ाँ। उन्हें आम अच्छे नहीं लगते थे। एक दिन की बात है कि वह मिर्ज़ा के साथ उनके मकान पर बरामदे में बैठे थे। एक गधेवाला अपने गधे लिये हुए गली से गुज़रा। गली में आम के छिलके पड़े थे। गधे ने सूँघकर छोड़ दिया। हकीम साहब ने कहा, ''देखिए, आम ऐसी चीज़ है जिसे गधा भी नहीं खाता।''

मिर्ज़ा ने कहा, ''बेशक, गधा नहीं खाता।''

---

1. पैगम्बर मुहम्मद द्वारा फ़रमायी बातों का संकलन, 2. बन्दी, 3. शुद्धता, 4. शंका, भ्रम।

पीड़ा में भी विनोद

बीमारी के दिनों की बात है। शाम का वक़्त था। मिर्ज़ा पलँग पर लेटे दर्द से कराह रहे थे। उस वक़्त उनके प्रिय शिष्य मीर मेहँदी मजरूह बैठे थे। मिर्ज़ा को कराहता देख मजरूह पाँव दाबने लगे। मिर्ज़ा ने कहा, "भई, तू सय्यदज़ादा है, मुझे क्यों गुनहगार करता है?" मजरूह ने माना और कहा कि "आपको ऐसा ही ख़याल है तो पैर दाबने की उज्रत दे दीजिएगा।"

मिर्ज़ा ने कहा, "हाँ, इसका मुज़ायक़ा नहीं।"

जब मजरूह पैर दाब चुके, उन्होंने उज्रत माँगी।

मिर्ज़ा ने कहा, "भैया! कैसी उज्रत? तुमने मेरे पाँव दाबे, मैंने तुम्हारे पैसे दाबे। हिसाब बराबर हो गया!"

शराबी को और क्या चाहिए?

किशोरावस्था में जो शराब उनके मुँह लगी वह आख़ीर दम तक न छूटी। यद्यपि अपनी इस दुर्बलता पर मन-ही-मन वह लज्जित थे पर जब कोई शराब पर आक्षेप करता तो उसे ऐसा जवाब देते कि बोलती बन्द हो जाती। शराब की निस्बत उनकी विनोद-व्यंग्यपूर्ण बातें प्रसिद्ध हो गयी हैं। एक बार की बात है कि एक व्यक्ति ने इनके सामने शराब की बड़ी बुराई की और कहा कि शराब पीना महान पाप है।

ग़ालिब ने बड़ी गम्भीरता से पूछा, "अच्छा, कोई पिये तो उसका क्या होता है?"

उसने कहा, "छोटी-सी बात यह है कि शराब पीनेवाले की दुआ क़बूल नहीं होती।"

मिर्ज़ा बोले, "भई, जिसे शराब मयस्सर है, उसको और क्या चाहिए जिसके लिए दुआ माँगे?"

जाड़े में भी

जाड़े का मौसम था। एक दिन नवाब मुस्तफ़ाख़ाँ मिर्ज़ा के घर पहुँचे। मिर्ज़ा ने उनके आगे शराब का गिलास भरकर रख दिया। वह उनका मुँह ताकने लगे। मिर्ज़ा ने कहा, "नोश फ़र्माइए।" चूँकि उन्होंने शराब पीनी छोड़ दी थी, इसलिए बोले, "मैंने तो तोबा[1] कर ली है।"

मिर्ज़ा ने आश्चर्य से पूछा, "हैं! क्या जाड़े में भी?"

---

1. किसी धर्म-विरुद्ध वस्तु को ग्रहण न करने की प्रतिज्ञा।

धोखे में नजात मिल गयी!

एक महाशय भूपाल से दिल्ली घूमने के लिए आये थे। वह मिर्ज़ा से भी मिले। कट्टर आदमी थे; धार्मिक सिद्धान्तों और परम्पराओं के माननेवाले थे। जब वह पहुँचे, मिर्ज़ा साग़र-व-मीना[1] सामने रखे बैठे थे। पी रहे थे। आगन्तुक को मालूम न था कि मिर्ज़ा शराब पीते हैं। उन्होंने शराब का शीशा शर्बत का गिलास समझकर हाथ में उठा लिया। इस पर पास बैठे दूसरे व्यक्ति ने कहा, ''जनाब, यह शराब है।'' हज़रत ने तुरन्त गिलास रख दिया और कहा, ''मैंने तो शर्बत के धोखे में उठा लिया था।''

मिर्ज़ा ने मुस्कराकर उनकी तरफ़ देखा और कहा, ''ज़हे-नसीब[2]! धोखे में नजात[3] हो गयी।''

वहाँ कौन पकड़ेगा?

मिर्ज़ा की एक बहन बीमार थीं। वह उनका हाल पूछने गये। बहन बोली, ''भैया, अब तो चला-चली का वक़्त है। ख़ैर, उसका क्या? पर क़र्ज़ का फ़िक्र व अफ़सोस है कि गर्दन पर लिये जाती हूँ।'' मिर्ज़ा ने कहा, ''भला, यह भी कोई फ़िक्र की बात है? ख़ुदा के यहाँ मुफ़्ती सदरुद्दीन ख़ाँ बैठे हैं जो डिगरी इजरा करके पकड़वा बुलाएँगे?''

मेरे पीपल के पत्ते क्यों न खा लिये

एक दिन मिर्ज़ा के एक शिष्य ने उनसे आकर कहा, ''हज़रत, आज मैं अमीर ख़ुसरो के मक़बरे पर गया था। वहाँ एक खिरनी का पेड़ है। मैंने ख़ूब खिरनियाँ खायीं। खिरनियों का खाना था कि मेरा ज़मीर रोशन हो गया।'' (लोगों का ऐसा विश्वास था कि वहाँ की खिरनियाँ खाने से योग्यता बढ़ जाती है)। मिर्ज़ा बोले—''अरे मियाँ! तीन कोस नाहक गये। मेरे पिछवाड़े के पीपल की पत्तियाँ खा लेते तो इससे भी ज़्यादा फ़ायदा होता।''

चील के घोंसले में मांस कहाँ?

पूर्वजों की छोड़ी हुई सम्पत्ति जब मिर्ज़ा के ख़र्चीले और उदार स्वभाव के कारण ख़त्म हो गयी तो रुपये की तंगी सदा रहने लगी। यहाँ तक कि कभी-कभी पास में एक टका न होता। बच्चे गिड़गिड़ाकर रह जाते और उन्हें पैसे न मिलते। एक दिन हुसेन अलीख़ाँ खेलता हुए इनके पास आया और कहा, ''दादा जान! मिठाई

---

1. प्याला और सुराही, 2. भाग्य की बात है, 3. मुक्ति।

लूँगा।" इन्होंने उत्तर दिया, "बेटे, पैसे नहीं हैं।" वह सन्दूकची खोलकर पैसे इधर-उधर टटोलने लगा। पर वहाँ क्या था? इन्होंने झट यह शेर कहा :

दिरमो-दाम अपने पास कहाँ!
चील के घोंसले में माँस कहाँ!

शैतान ग़ालिब है

रमज़ान का महीना था। नवाब हुसेन मिर्ज़ा के यहाँ बैठे थे। मिर्ज़ा तो रोज़ा-नमाज़ कुछ रखते न थे। उन्होंने पान मँगवाकर खाये, वहाँ एक धर्मनिष्ठ मुसलमान मौजूद थे। उन्होंने आश्चर्य से पूछा, "क़िबला! आप रोज़ा नहीं रखते?"
मिर्ज़ा ने मुस्कराकर उत्तर दिया, "शैतान ग़ालिब है।"[1]

क़र्ज़ की शराब

किसी दुकानदार ने उधार ली गयी शराब के दाम वसूल न होने पर मुक़दमा चला दिया। मुक़दमे को सुनवाई मुफ़्ती सदरउद्दीन की अदालत में हुई। आरोप सुनाया गया। इनको उज्रदारी में क्या कहना था, शराब तो उधार मँगवायी ही थी और दाम भी चुकते न कर पाये थे। इसलिए कहते क्या? आरोप सुनकर सिर्फ़ यह शेर पढ़ दिया :

क़र्ज़ की पीते थे मय लेकिन समझते थे कि हाँ,
रंग लाएगी हमारी .फ़ा.क़ामस्ती एक दिन

मुफ़्ती साहब ने वादी को अपने पास से रुपये दे दिये और मिर्ज़ा को छोड़ दिया।

पत्नी या फाँसी का फन्दा?

यह बात पहले लिखी जा चुकी है कि इनका पारिवारिक जीवन सुखी न था। इसलिए अन्दर को खीज एवं व्यंग्य-वृत्ति दोनों के मिश्रण से कभी-कभी बड़ी कठोर बातें लिख या कह जाते थे। इनके शिष्यों में एक उमराव सिंह था। उसकी दूसरी पत्नी मर गयी जिसके नन्हे-नन्हे बच्चे थे। किसी परिचित ने उसका हाल लिखा और यह भी कि "इन नन्हे बच्चों के लिए बेचारी तीसरी शादी न करे

---

1. श्लिष्ट पद है। एक अर्थ यह है कि मैं शैतान के वश में हूँ। दूसरा यह कि ग़ालिब ख़ुद शैतान है।

तो क्या करे? बच्चों की परवरिश कैसे हो?'' मिर्ज़ा ने उसके जवाब में लिखा, ''उमराव सिंह के हाल पर उसके वास्ते रहम और अपने वास्ते रश्क आता है। अल्ला-अल्ला! एक वह हैं कि दो-दो बार उनकी बेड़ियाँ कट चुकी हैं और एक हम हैं कि एक ऊपर पचास बरस से जो फाँसी का फन्दा गले में पड़ा है तो न फन्दा ही टूटता है, न दम ही निकलता है। उसको समझाओ कि भई, तेरे बच्चों को मैं पाल लूँगा, तू क्यों बला में फँसता है?''

मियाँ तोते! तुम्हें क्या फ़िक्र है?

जाड़े कै मौसम था। तोते का पिंजरा सामने रखा था। सर्द हवा चल रही थी। तोता सर्दी के कारण परों में मुँह छिपाये बैठा था। मिर्ज़ा ने देखा और उनकी अन्दर की जलन बाहर निकली। बोले—''मियाँ मिट्ठू! न तुम्हारे जोरू, न बच्चे तुम किस फ़िक्र में यों सर झुकाये हुए बैठे हो?''

आपसे बढ़कर भी बला है!

इसी तरह एक बार की बात है कि जिस मकान में रह रहे थे, उसमें कई त्रुटियाँ थीं इसलिए तकलीफ़ थी। मकान बदलना चाहते थे। एक दिन ख़ुद एक मकान देखकर आये। उसका बैठकख़ाना तो पसन्द आ गया पर जल्दी में अन्तःपुरवाला हिस्सा न देख सके। फिर यह भी बात रही होगी कि मेरे उस हिस्से के देखने से क्या फ़ायदा? जिसे वहाँ रहना है वह ख़ुद देखे और पसन्द करे। इसलिए बाहरी हिस्सा देखने के बाद जब लौटे तो बीवी से ज़िक्र किया और अन्दर का हिस्सा देखने के लिए ख़ुद उन्हें भेजा। वह गयीं और देखकर आयीं तो उनसे पूछा, ''पसन्द है या नापसन्द?'' बीवी ने कहा, ''उसमें तो लोग बला बताते हैं।''

मिर्ज़ा कब चूकनेवाले थे। बोले, ''क्या दुनिया में आपसे बढ़कर भी कोई बला है?''

इस प्रकार हम देखते हैं कि उनके हास्य और व्यंग्य में भी गहरा विष है। यह विष उनके जीवन का एक अंग है जिसकी समीक्षा हम स्वतन्त्र रूप से आगे करेंगे।

ग़ालिब : जीवन एवं काव्य की ऐतिहासिक पृष्ठभूमि

साम्राज्यों की श्मशानभूमि

जब ग़ालिब पैदा हुए, दिल्ली की बादशाहत के अन्तिम दिन थे। औरंगज़ेब के बाद मुग़ल साम्राज्य का जो पतन आरम्भ हुआ था, वह अपनी पराकाष्ठा को पहुँच गया था। 'मीर' के ज़माने में निराशा और आत्मपलायन के कारण मुहम्मदशाह इत्यादि आकंठ विलास के पंक में धँस गये थे। राज-काज की ओर कोई ध्यान न देता था। दरबार षड्यन्त्रों का एक अड्डा बन गया था। यद्यपि ग़ालिब के जीवन-काल के अन्तिम तीनों मुग़ल सम्राट् मानव के रूप में बहुत भले थे, पर शासन का शीराज़ा बिखर चुका था। मुग़लों की प्यारी दिल्ली का यौवन-बसन्त बीत चुका था; यह खिज़ाँ के दिन थे। लुटी, भूलुंठिता, अपमानित दिल्ली बेबस थी और अपने वर्तमान पर अतीत के भयानक अट्टहास को सुनकर सिहर-सिहर उठती थी। पर इस लुटी, खोई, वंचिता भिखारिणी में न जाने कैसा जीवन था कि बार-बार खोकर, लुटकर, पददलिता होकर भी वह उठ खड़ो होती थी। उसके खंडित सौन्दर्य में भी न जाने कैसा जादू था कि मिटकर भी नहीं मिटता था। जैसे इतिहास के खँडहर आकर्षित करते हैं वैसे ही वह आकर्षित करता था। अगणित साम्राज्यों की श्मशानभूमि दिल्ली मृत्यु के आलिंगन-पाश में कितने राजाओं, नवाबों, सरदारों को कस-कसकर छोड़ देती थी; वे निर्जीव होकर गिर पड़ते थे तब दूसरे उनका स्थान ग्रहण कर लेते थे।

राज-मार्ग पर बढ़ते ब्रिटिश चरण

ग़ालिब के जन्म के पूर्व वह अनेक बार लुट चुकी थी। बंगाल, अवध, रुहेलखंड, राजस्थान, हैदराबाद, महाराष्ट्र, पंजाब के सूबे तथा राज्य बहुत कुछ स्वतन्त्र हो

चुके थे। बंगाल-बिहार में तो ईस्ट इंडिया कम्पनी के पाँव अच्छी तरह जम चुके थे, पश्चिम का बनिया देश में पूर्व द्वार से आकर दूर तक फैल चुका था, मद्रास तथा बम्बई के राजमार्ग पर ब्रिटिश राजपुरुष के चरणों की धमक दूर-दूर तक सुनाई पड़ती थी। अब वह अपना वणिक् का छद्मवेश बहुत-कुछ उतार चुका था और अपने अन्तःरूप शासक वेश में दिखाई पड़ने लगा था। अब वह शासन-व्यवस्था में हस्तक्षेप करने लगा था। लोग कुढ़ते थे, खीजते थे, पर उसकी अजा और उसके दाँव पर टूट पड़ते थे। सारे देश में अराजकता की स्थिति थी, कोई व्यापक शासकीय बन्धन तो था नहीं, नैतिक बन्धन भी टूट गया था। आज जो दोस्त बनता, दोस्ती की शपथ लेता, क़ुरान माथे से लगाकर साथ देने का आश्वासन देता, वही मौक़ा मिलते कलेजे में कटार भोंक देता। किसी पर किसी का विश्वास न था। स्वार्थ-लिप्सा अब नंगी होकर नाचने लगी थी। नृपतिगण शासन एवं प्रजापालन का कार्य भूल चुके थे और विलासी तथा लुटेरे हो रहे थे। लूट के कार्य में, स्थिति और समय के अनुसार, कभी मित्रता होती, कभी शत्रुता। बेटा बाप और भाई को क्षण-क्षण भर में भूल जाता था।

नैतिक विशृंखलता

बादशाह बादशाह तो थे पर सामन्तों के अत्याचार से प्रजा की रक्षा न कर सकते थे। बार-बार लुटकर दिल्ली श्रीहीन हो चुकी थी, उसमें कोई आर्थिक स्थिरता न थी। सैनिकों एवं राजकर्मचारियों को नियमित वेतन नहीं मिल पाता था। इससे वे भी लूटपाट करके काम चलाते थे और बादशाह का नियन्त्रण स्वीकार न करते थे। कौन किसके साथ है, इसका कुछ पता न चलता था। रोज़ जोड़-तोड़, नये सौदे होते रहते थे।

दिल्ली की बादशाहत अन्तिम साँस ले रही थी। अक्सर बादशाह वज़ीर और अमीर-उमराव के हाथ की कठपुतली बनकर जीता था। वे उसे अपने मतलब के लिए रखते थे और मतलब हल न होने पर साँठ-गाँठ कर बदल देते, मरवा देते, मरवा देते या अपदस्थ कर देते। उसे बनाये इसलिए रखते थे कि देवता के आड़ में ही पुजारी धन-संचय कर सकता है। इस पतनकाल में भी दिल्ली के बादशाह का जनता में सम्मान अक्षय था। इसलिए उसे ख़त्म करते न बनता था।

बेताजो-तख़्त शाह आलम

ग़ालिब के जन्मकाल में शाह आलम द्वितीय (पहले के शाहज़ादा अली गौहर) तख़्त पर थे। इस अभागे बादशाह की सारी ज़िन्दगी एक दुःखद कहानी है। **पिता**

आलमगीर द्वितीय (1754–1759) की मृत्यु* के बाद उसे बारह साल तक तो बिहार में ही, तख़्त से दूर रहना पड़ा। उस समय दिल्ली की हालत ऐसी अनिश्चित और भयानक थी कि उसे उधर बढ़ने का ही साहस न हुआ। बाप की मृत्यु के बाद 1761 में पानीपत की लड़ाई में मराठों की भयानक पराजय एवं उसके बाद अब्दाली द्वारा दिल्ली की लूट ने स्थिति बहुत बदल दी थी। इसलिए उसका बड़ा बेटा अलीगौहर (बाद का शाह आलम) दूर-दूर मारा-मारा फिरता रहा। उसका बहुत समय इलाहाबाद और बिहार में बीता। वह तख़्त से दूर असहाय फिर रहा था, उधर अँग्रेज़ बढ़े आ रहे थे। उसे यह बात खलती थी। पटना में रहते उसने मीर क़ासिम को बंगाल का नवाब बनाया जिसे पहले तो अँग्रेज़ों ने स्वीकार किया, किन्तु बाद में मीर क़ासिम की स्वतन्त्र नीति से चिढ़कर उसे बंगाल से निकाल दिया। शाह आलम, मीर क़ासिम की स्वतन्त्र नीति से चिढ़कर उसे बंगाल से निकाल दिया। अँग्रेज़ों के संरक्षण में शाह आलम, मीर क़ासिम एवं अवध के नवाब वज़ीर शुजाउद्दौला ने अँग्रेज़ों के विरुद्ध लड़ने के लिए आपस में गठबन्धन किया। 1764 में, बक्सर की लड़ाई में, तीनों की पराजय हुई और शाह आलम नज़रबन्द कर लिया गया। अँग्रेज़ उसे शतरंज की मुहर बनाना चाहते थे; इसलिए उन्होंने सन्धि कर ली। 16 अगस्त, 1765 को, कुछ सविधाएँ प्राप्त करने के लिए वे बादशाह से इलाहाबाद में मिले, जहाँ उसे इन दिनों रखा गया था। बादशाह (शाह आलम) ने उन्हें बंगाल, बिहार और उड़ीसा की दीवानी दे दी। अँग्रेज़ों ने बादशाह को छः लाख वार्षिक देना स्वीकार किया। 1765 से 1771 ई. तक वह अँग्रेज़ों के संरक्षण में रहा, पर अपनी अपमानजनक स्थिति से अन्दर-ही-अन्दर वह बड़ा असन्तुष्ट था। वह बराबर दिल्ली जाने के लिए अधीर था और तदर्थ प्रयत्न कर रहा था। अन्त में उसकी इच्छा पूरी हुई। मराठों, विशेषतः माधवराव सिन्धिया की सहायता से 25 दिसम्बर, 1771 को उसने बादशाह के रूप में दिल्ली में प्रवेश किया।

दिल्ली में

दिल्ली में क्या था! कोरा सिंहासन था, लुटे महल थे, दरोदीवार से हसरत टपकती थी। स्थिति अत्यन्त निराशाजनक थी। ख़ज़ाना ख़ाली था; शाही परिवार को जब-तब भूखों मरने की नौबत आ जाती। कोई बिना मतलब हल हुए सहायता करने को तैयार न था। सबको लक्ष्मी की भूख थी और उसी चीज़ का अभाव था।

* मृत्यु क्या कहें, वस्तुतः इसे इमादुद्दौला ने क़त्ल करा दिया था। बड़ा नमाज़ी पर परले सिरे का विलासी था। इसे बुढ़ौती में भी नयी-नयी शादियाँ करने की झक थी। साठ साल की उम्र में, जब इसे चक्कर आते थे, इसने एक नवोढ़ा से विवाह किया।

मराठे सहायता करने को तैयार थे परन्तु उसके बदले चालीस लाख रुपये एवं कुछ प्रदेश चाहते थे। सौदा पक्का न होते देख उन्होंने दिल्ली को घेर लिया। विवश होकर सम्राट् ने कोरा एवं इलाहाबाद के इलाक़े उन्हें सौंप दिए।

अकल्पनीय यन्त्रणाओं का जीवन

यह सब करने पर भी उसकी चिन्ता कम न हुई। सच पूछें तो उसे जीवनभर कठिनाइयों से छुट्टी न मिली। दरबार षड्यन्त्रों का अड्डा बन गया था। दिल्ली पर मराठों का आतंक था। उधर बादशाह के पूर्व सहायक अवध के नवाब शुजाउद्दौला भी अँग्रेज़ों से मिल गये थे। सहारनपुर की ओर ज़ाब्ताख़ाँ के पुत्र ग़ुलाम क़ादिर रुहेला की शक्ति तेज़ी से बढ़ रही थी। उसने सिखों से साँठ-गाँठ करके दोआवे के कई शाही क्षत्रों पर कब्जा कर लिया। बाद में तो उसने शाह आलम और उसके छोटे-छोटे बच्चों पर वह भयंकर अत्याचार किये कि इतिहास लज्जित है। उसने बादशाह को सिंहासन से उतार दिया, उसकी आँखें निकाल लीं, बेगमों को अपमानित किया, महल को लूटा। बच्चे भूख-प्यास से तड़प-तड़पकर मर गये पर उसने पानी न दिया। शाह आलम को, राजकुमारों सहित, जलती ईंटों पर खड़ा किया। यह वही ग़ुलाम क़ादिर था जिसने क़ुरान छूकर शाह आलम के प्रति वफ़ादारी की शपथ ली थी। पर उस युग में लोगों—विशेषत: दरबारियों—में चरित्र का स्तर बिलकुल ही गिर गया था। निराश होकर बादशाह ने महादाजी सिन्धिया से सहायता की प्रार्थना की। महादाजी तुरन्त आये और ग़ुलाम क़ादिर[1] तथा उसके धूर्त साथी मंजूरअली को गिरफ़्तार करके मरवा दिया और सम्राट् का उद्धार किया। तब से शाह आलम बराबर महादाजी को बेटे की तरह मानता था और उनपर भरोसा रखता था। ग़ुलाम क़ादिर द्वारा आँखें निकाल लिये जाने के बाद जो वेदनापूर्ण फ़ारसी ग़ज़ल उसने लिखी थी, उसमें स्पष्ट कहा है : *'माधोजी सिंधिया फर्ज़न्दे जिगरबन्दे मन अस्त।'* महादाजी भी उसकी बड़ी इज्ज़त करते थे। 1794 में महादाजी का देहान्त हो गया। उनके बाद दौलतराव सिन्धिया ने दिल्ली को अपने अधिकार और संरक्षण में ले लिया। 1803 में अँग्रेज़ों के सेनापति लॉर्ड लेक ने दिल्ली ले ली किन्तु शाह आलम को बादशाह बनाये रखा। 19 नवम्बर, 1806

---

1. मराठा सेना पकड़कर उसे मथुरा, जहाँ महादाजी उस समय ठहरे हुए थे, ले जा रही थी। रास्ते में उसने सिपाहियों को दुर्वचन कहे तो सिपाहियों ने उसकी आँखें फोड़ डालीं, अंग-प्रत्यंग काट डाले और बाद में रास्ते के एक वृक्ष पर टाँगकर 3 मार्च, 1789 को उसे फाँसी दे दी। सिन्धिया की आज्ञा से उसका मस्तकहीन शरीर शाह आलम के पास दिल्ली भेजा गया।

को शाह आलम की मृत्यु हो गयी। उस समय ग़ालिब सिर्फ़ नौ साल के थे।

शाह आलम अन्तिम मुग़लों में काफ़ी योग्य था। अरबी, फ़ारसी, तुर्की, संस्कृत तथा हिन्दी भली भाँति जानता था। उर्दू, फ़ारसी, हिन्दी और पंजाबी में कविता करता था जैसा कि रामपुर से प्रकाशित उसके काव्य-संग्रह 'नादिराते-शाही' से प्रकट होता है। जीन ला इत्यादि अँग्रेज़ों ने, जो उसके सम्पर्क में आये, उसके गुणों की प्रशंसा की है पर उसकी योग्यता किसी काम न आयी। ज़माने ने उसका साथ नहीं दिया और सारा जीवन कठिनाइयों एवं मुसीबतों में ही बीता।

अकबर द्वितीय

शाह आलम के बाद अकबर शाह द्वितीय गद्दी पर बैठा। इसमें न बाप की योग्यता थी, न साहित्यिक प्रतिभा। हाँ, वह सीधा-सादा, भलामानस था। अँग्रेज़ जान चुके थे कि दिल्ली का बादशाह नाममात्र का बादशाह है, उसकी अपनी कोई ताक़त नहीं है इसलिए उसकी अधीनता स्वीकार करने को तैयार न थे; ज़्यादा से ज़्यादा बराबरी का दर्ज़ा देने को राज़ी थे। अकबरशाह द्वितीय नाम-मात्र का सम्राट् रहा। उसे पेंशन मिलती रही। वस्तुतः बादशाह की उपाधि एक सम्मान की निशानी मात्र रह गयी थी। जब तक महादाजी सिन्धिया जीवित रहे, दिल्ली पर अँग्रेज़ों का प्रभाव बढ़ने न पाया। वह एक प्रबल योद्धा ही नहीं थे, कुशल राजनीतिज्ञ, सुहृदय एवं गुणी पुरुष भी थे। किसके साथ कैसा व्यवहार करना चाहिए, इसे भी वह जानते-समझते थे। उनके मरते ही अँग्रेज़ों का प्रभाव बढ़ने लगा। अब कोई उनका प्रतिद्वन्द्वी न रह गया था। जैसा मैं कह चुका हूँ कि अकबर द्वितीय व्यक्तिगत रूप से सीधा और भला था पर उसमें शाह आलम की-सी शासन-क्षमता न थी। शाह आलम आपदाओं की गोद में पला था, जीवन के उत्थान-पतन से गुज़रा था, कठिनाइयों एवं मुसीबतों के बीच बढ़ा था, उसमें सूझ-बूझ थी, ऊँच-नीच समझने की ताक़त थी पर अकबर द्वितीय दरबार एवं अन्तःपुर की पतनशील प्रवृत्तियों से पूर्ण वातावरण में पला था। उसने राज-कार्य में ज़रा भी दिलचस्पी न ली; सारा काम बेगमों पर छोड़ दिया। उसकी माँ क़ुदसिया बेगम बड़ी चतुर महिला थीं। वह उसकी पत्नी मुमताज़ महल के साथ सारा राज-कार्य देखतीं। अँग्रेज़ रेज़ीडेंट तक से बातें करने की ज़रूरत पड़ती तो वे ही, बीच में पर्दा डालकर, बातें करती थीं।

सबसे प्रिय पुत्र तथा मृत्यु की बढ़ती हुई शक्ति

सच पूछें तो बादशाह अँग्रेज़ों का वज़ीफ़ाख़ार मात्र रह गया था। जनता में बादशाह की इज़्ज़त थी इसलिए ऊपर से दिखाने के लिए वह उसे बादशाह बनाये हुए

थे पर उसे महत्त्व देने को तैयार न थे। ज़माना बदल गया था। कल के बनिये आज के शासक थे। यहाँ तक कि अब घरेलू एवं क़िले के राजकीय मामलों में भी अँग्रेज़ हस्तक्षेप करने लगे थे। युवराज के निर्वाचन के लिए भी उनकी स्वीकृति आवश्यक हो गयी थी। मुमताज़महल अपने सबसे छोटे राजकुमार मिर्ज़ा जहाँगीर को युवराज बनाना चाहती थीं पर अँग्रेज़ उसे युवराज के रूप में मानने को तैयार न थे; वे ज्येष्ठ पुत्र अबुलज़फ़र को युवराज बनाना चाहते थे। इस समस्या को लेकर बादशाह और अँग्रेज़ों में संघर्ष भी हो गया। अकबरशाह के स्वाभिमान को गहरी चोट लगी। इसलिए यह शान्तिप्रिय बादशाह भी अपनी ऐसी हीन स्थिति मानने को तैयार न हुआ। उसने अँग्रेज़ों के मत की उपेक्षा करके मिर्ज़ा जहाँगीर के अभिषेक की घोषणा भी कर दी। ध्यान रखना चाहिए कि यद्यपि अँग्रेज़ों की शक्ति बहुत बढ़ गयी थी। किन्तु उन्हें जनमत का भय था और चूँकि जनता में दिल्ली का बादशाह तत्कालीन भारतीय शक्ति का प्रतीक मानकर पूजा जाता था इसलिए इच्छा न होते हुए भी अँग्रेज़ों को बादशाह का विशेष सम्मान करना पड़ता था। वास्तविक तथ्य जो हो पर काग़ज़ पर दिल्ली का बादशाह एक स्वतन्त्र सम्राट् था। वह अब तक गवर्नर जनरल को 'सबसे प्रिय तथा भृत्य' लिखा करता था। अँग्रेज़ों को यह बात खटकती थी। अकबरशाह ने लॉर्ड मिंटो को इसी प्रकार सम्बोधित करते हुए मिर्ज़ा जहाँगीर को ही युवराज बनाने तथा उसके अभिषेकोत्सव की सूचना दी। एक स्वतन्त्र शासक के रूप में उसे ऐसा करने का पूर्ण अधिकार था। पर वह अँग्रेज़ों का पेंशनर या वज़ीफ़ाख़ार भी था इसलिए उसके इस अधिकार पर अँग्रेज़ों की स्वीकृति की बन्दिश थी। लॉर्ड मिंटो ने बादशाह के दावे को स्वीकार नहीं किया, इस प्रकार के पत्र को भविष्य में स्वीकार करने में असमर्थता प्रकट की और दिल्ली के रेज़ीडेंट को ऐसे समारोह में सम्मिलित होने से मना कर दिया। उन्होंने रेज़ीडेंट के ज़रिये यह सन्देशा भी भेज दिया कि वक़्त आ गया है कि मुग़ल बादशाह तथा अँग्रेज़ सरकार के मध्य जो वास्तविक वैधानिक सम्बन्ध है, उसका निर्णय हो जाना चाहिए।

अँग्रेज़ों के साथ संघर्ष

बादशाह ने अपने प्रतिनिधि शाह हाजी के द्वारा कलकत्ता बड़े लाट के पास ख़िलअत भेजी जिसे लेने से उसने इनकार कर दिया। यही नहीं, भविष्य में मुग़ल बादशाह के किसी प्रतिनिधि को राजदूत के रूप में स्वीकार करने में भी असमर्थता प्रकट कर दी। इससे बादशाह और बेगमों को बड़ा दुःख और चिन्ता हुई आपस में सलाह हुई; बेगमों ने सोचकर एक राह निकाली। उन्होंने राजा प्राणकृष्ण नाम के एक आदमी को, रेज़ीडेंट की बिना जानकारी के, कलकत्ता होते हुए विलायत

सम्राट् के दरबार में मुग़ल राजदूत के रूप में भेजने की व्यवस्था की, पर राजा प्राणकृष्ण के कलकत्ता पहुँचते-पहुँचते बात खुल गयी। लॉर्ड मिंटो ने इस आदमी की मुहर तथा इंग्लैंड के बादशाह के नाम लिखा प्रत्यय-पत्र छिनवा लिया।

क़ुदसिया बेगम को अँग्रेज़ों का यह व्यवहार बहुत चुभा। वह चुप बैठनेवाली महिला न थीं। अपने पति शाह आलम के ज़माने में उन्होंने बड़े-बड़े उतार-चढ़ाव देखे थे। वह बेटे मिर्ज़ा जहाँगीर के साथ स्वयं लखनऊ गयीं एवं वहाँ के नवाब वज़ीर या अवध के बादशाह से अँग्रेज़ों के विरुद्ध सहायता माँगी। सहायता न मिल सकी और परिणाम उलटा हुआ। लॉर्ड मिंटो को इस गुप्त यात्रा और क़ुदसिया बेगम के प्रयत्न का पता चल गया। उन्होंने बादशाह की वृत्ति की वृद्धि तब तक के लिए रोक दी जब तक वह इन सब कार्यों के लिए खेद न प्रकट करें।

बादशाह की मर्यादा का सवाल

इस प्रकार बादशाह की मर्यादा और अधिकार का प्रश्न, जो शाह आलम के समय में ही उठ खड़ा हुआ था, अकबर द्वितीय के समय में भी बना रहा; बल्कि और जटिल हो गया। बार-बार यही सवाल उठता था कि इस देश में सम्राट् की स्थिति सर्वोपरि है या नहीं। इसे लेकर अकबर शाह द्वितीय और अँग्रेज़ गवर्नर जनरल के बीच बराबर खींचातानी चलती रही। जब लॉर्ड हेस्टिंग्ज़ दिल्ली आये और बादशाह से मिलने की इच्छा प्रकट की तब अकबर शाह द्वितीय ने कहला भेजा कि मैं उनसे तभी मिल सकता हूँ जब कि वह एक प्रजा के रूप में मुझसे मिलें और 'नज़र' पेश करें। लॉर्ड हेस्टिंग्ज़ ने इसे स्वीकार न किया। वह 'नज़र' देने को तैयार न हुए क्योंकि इससे सम्राट् के प्रति उनकी अधीनता प्रकट होती थी। दोनों पक्ष, इस प्रश्न पर, तने ही रहे इसलिए भेंट न हो सकी। हेस्टिंग्ज़ के बाद, 1826 ई. में लॉर्ड एमहर्स्ट जब दिल्ली आये तब फिर वही पुराना सवाल उठा। उस समय सर चार्ल्स मेटकाफ़ दिल्ली के रेज़ीडेंट थे। उन्होंने दौड़-धूप और बीच-बचाव करके एक सूरत निकाली। तब लॉर्ड एमहर्स्ट दरबार में गये और सिंहासन की दाहिनी ओर बैठे। नज़र की शर्त न रखी गयी थी। चलते समय बादशाह ने उन्हें एक मोती की माला भेंट में दी और दरवाज़े तक पहुँचाने आये। फिर जब जवाबी मुलाक़ात के लिए बादशाह रेजीडेंसी गये तो लॉर्ड एमहर्स्ट ने उनका ज़ोरदार स्वागत किया और उन्हें कुछ सामग्री भेंट में दी।

इंग्लैंड के सम्राट् को स्मृतिपत्र

इस प्रकार बादशाह को अपने पहले के रुख़ को छोड़कर नीचे आना पड़ा। दोनों पहली बार समान स्थिति में मिले। कोई चारा न था, कोई शक्ति न थी कि वह

अपनी स्वाधीनता एवं स्वतन्त्र वृत्ति की रक्षा कर सकता। उसने यह भी सोचा कि ऐसा करने से हमारी वृत्ति (अलाउंस) की वृद्धि किये जाने के मार्ग में जो अड़चनें आ गयी हैं, वे दूर हो जाएँगी। पर उसकी यह आशा भी फलवती न हुई। अँग्रेज़ दिल्ली की दुर्बलता एवं विवशता से पूर्णतः परिचित हो चुके थे और उसका लाभ उठा रहे थे। इससे बादशाह को बड़ी निराशा, दुःख तथा खीज हुई और 1831 में जब लॉर्ड वेंटिक आये और मुलाक़ात का सवाल उठा तो बादशाह ने मिलने से इनकार कर दिया। अब बादशाह को अनुभव हुआ कि कम्पनी सरकार के विरुद्ध इंग्लैंड के सम्राट से अपील करने के सिवा दूसरा चारा नहीं है। सौभाग्य से उसे इस कार्य के लिए एक योग्य आदमी मिल गये। बंगाल में इस समय राम मोहनराय का प्रभाव बढ़ रहा था। बादशाह एवं बेगमों ने उनसे सम्बन्ध स्थापित किया। उन्हें 'राजा' की उपाधि प्रदान की और इंग्लैंड के सम्राट् के दरबार में उन्हें मुग़ल राजदूत बनाकर भेजने का निश्चय हुआ। राजा राममोहन राय ने इस कार्य को स्वीकार किया।

राजा राममोहन राय द्वारा बादशाह का प्रतिनिधित्व

सम्राट् विलियम को दिये जानेवाला मेमोरियल (स्मृतिपत्र) तैयार किया गया। सबने उसे पसन्द किया। कम्पनी-सरकार के बीच बड़ी सनसनी फैली। उन लोगों ने हर तरह से इसका विरोध किया, अड़ंगे डाले, इस बार बादशाह अपनी तेजस्विनी माँ एवं पत्नी के कारण ज़रा भी विचलित न हुआ। अड़चनों के बावजूद राजा राममोहन राय ने समय पर विलायत के लिए प्रस्थान किया। विलायत पहुँचकर उन्होंने जिस अधिकृत ढंग से बात की और अपना पक्ष उपस्थित किया, उससे कम्पनी के डाइरेक्टर तो क्रुद्ध हुए परन्तु सम्राट्-सरकार पर उसका बहुत अच्छा प्रभाव पड़ा। बोर्ड ऑव कंट्रोल के अध्यक्ष पर चार्ल्स ग्रांट तो बड़े ही प्रभावित हुए। उन्होंने राजा राममोहन राय के पद को स्वीकार किया और उनका स्मृतिपत्र विलियम चतुर्थ के सामने उपस्थित कर दिया। सम्राट् तथा उनके मन्त्रियों पर भी काफ़ी असर पड़ा, क्योंकि यह स्मृतिपत्र बड़े ही अच्छे ढंग पर तैयार किया गया था और इसमें कम्पनी-सरकार के विरुद्ध, तथ्यों के आधार पर, अनेक आरोप थे। इसकी विशेषता यह थी कि इसमें आरोप ही नहीं थे, ऐसे उचित सुझाव भी थे, जिनसे दोनों पक्षों का सम्मान सुरक्षित रहता था।

नियति का उलटा चक्र

पर नियति का चक्र किसी और दिशा में चल रहा था। सम्राट्-सरकार द्वारा स्मृति-पत्र पर कुछ निर्णय होने के पूर्व, विलायत में ही राजा राममोहन राय की मृत्यु

हो गयी। कम्पनी के डाइरेक्टरों में अनेक प्रभावशाली लोग थे। वे सब इस स्मृति-पत्र के विरुद्ध थे और उसकी बातों को असत्य बताते थे। सम्राट् तथा उनके मन्त्रियों का रुख़ अनुकूल था पर राजा राममोहन राय की मृत्यु के बाद उस प्रश्न पर बोलने और अपना पक्ष सिद्ध करनेवाला कोई न रह गया और बातें जहाँ की तहाँ रह गयीं।

हास्यजनक स्थिति

इस परिस्थिति का उलटा परिणाम हुआ। कम्पनी-सरकार और चिढ़ गयी। जब नया रेज़ीडेंट हाकिंस दिल्ली आया तो उसने बादशाह एवं क़िले पर होनेवाले व्यय में और कमी कर दी। नज़र देने का वक़्त आया तो नज़र देने का विरोध किया और देना स्वीकार भी किया तो एक हाथ से नज़र दी। उसने बेगमों के स्वागत में खड़ा होने से भी इनकार किया। इससे स्पष्ट है कि बादशाह की स्थिति हास्यजनक थी। वह एक परम्परा को बनाये रखने की स्थिति थी—एक ऐसी परम्परा को, जिसके संचालन की शक्ति उसमें न रह गयी हो। यह स्थिति पूर्णतः अँग्रेज़ों के ऊपर निर्भर थी। अँग्रेज़ इस परम्परा को केवल इसलिए जारी रखे हुए थे कि शक्तिहीन होते हुए भी, प्रजा के बीच दिल्लीश्वर की बड़ी प्रतिष्ठा थी। वे बादशाह की वास्तविक दुर्बलता को जानते थे, इसलिए उसकी बातों की ज़्यादा परवाह नहीं करते थे।

अन्त में अकबर बादशाह निराश, अपनी भग्न लालसाओं के साथ ही इस संसार से चले गये।

क़िले की हालत

अब स्थिति यह थी कि समस्त दिल्ली, असल में कम्पनी के शासन में थी। उसी के अफ़सर थे, अदालतें थीं, पुलिस थी, प्रबन्ध था। केवल क़िले के अन्दर सम्राट् की हुकूमत थी। पर क़िले के अन्दर भी हालत अच्छी न थी। ख़जाना ख़ाली था। सैनिकों को वेतन देने का उपाय न था। बेगमें और अन्य आश्रितजन मुश्किल से पेट भर पाते थे। प्रजा में दो वर्ग थे; बहुत-से उच्च वर्ग के लोग, जिनका ऐश्वर्य समाप्त हो रहा था, अँग्रेज़ों के विरुद्ध थे। दूसरे ऐसे थे, जो इस विषय में निरन्तर की कठिनाइयों के कारण उदासीन हो गये थे और कौन जाता है, कौन आता है, इसमें उनकी कोई ख़ास दिलचस्पी नहीं रह गयी थी। उनके लिए सब बराबर था। इसी ज़माने में विलियम फ्रेज़र की हत्या से दिल्ली में सनसनी फैल गयी। हम इस घटना का वर्णन ग़ालिब की ज़िन्दगी में विस्तार के साथ कर चुके हैं। इसलिए यहाँ दोहराना व्यर्थ समझते हैं।

सम्राट् की ऊपर से भरी पर अन्दर से खोखली ज़िन्दगी

बहादुर शाह 'ज़फ़र' के ज़माने में भी वही परम्परा चलती रही जो उनके पिता के समय में चलती थी। वह 1837 ई. में गद्दी पर बैठे, जब ग़ालिब प्रौढ़ यौवनकाल में थे और उनके जीवन और काव्य का एक निश्चित ढाँचा बन चुका था। बहादुर शाह एक साधु प्रकृति के बादशाह थे। दिल के भले, सादगीपसन्द, पवित्र जीवन के अभ्यासी और धार्मिक मामलों में अत्यन्त उदार। इतने उदार कि उन्होंने ख़ुद कहा है :

मये वहदत की हमको मस्ती है,
बुतपरस्ती .ख़ुदापरस्ती है।

ऐसे उदार, शराब से दूर रहनेवाले, खाने-पीने के शौक़ीन, शेरो-शायरी में वक़्त बितानेवाले, झगड़े-झंझट से दूर रहनेवाले, शान्ति के प्रेमी। सच पूछें तो अन्तिम तीनों मुग़ल सम्राट् निजी चरित्र, स्वाभिमान, धार्मिक औदार्य, सज्जनता, शिष्टता में बहुत ऊँचे थे। अँग्रेज़ों और यूरोपीय यात्रियों ने भी उनकी प्रशंसा की है। उनकी ऊपरी शान-शौक़त वही थी, जो मुग़ल साम्राज्य के वैभवकाल में थी। उन्हें शाही परम्पराओं का पालन करना पड़ता था। यद्यपि अन्तिम मुग़ल सम्राटों की शासन सीमा क़िले के छोटे-से क्षेत्र में ही सीमित थी, पर क़िले में राजवंश के सम्बन्धियों—सलातीन—की भरमार थी। इनका और इनके कुटुम्बियों का पालन सम्राट् को ही करना पड़ता था। दान, भेंट, उपहार की परम्परा पुरानी ही थी। ख़िलअत उसी तरह दी जाती थी। परिणाम यह हुआ कि आमदनी कम और ख़र्च ज़्यादा होने के कारण आर्थिक संघर्ष बढ़ता गया। ऊपरी टीम-टाम के बावजूद अन्दर से वे खोखले होते गये। 1857 के ग़दर के साथ अवध और दिल्ली दोनों की आंशिक स्वतन्त्रता भी समाप्त हो गयी। अवध के अन्तिम बादशाह वाजिदअली शाह और दिल्ली के अन्तिम ताजदार बहादुर शाह की अन्तिम घड़ियाँ वतन और साथियों से दूर मटियाबुर्ज और रंगून की कोठरियों में बीतीं। दोनों कवि, गुणी, रसिक, धर्मनिष्ठ और योग्य थे, पर जिस धरती पर खड़े थे, वही धसक गयी और वे भू-गर्भ में समा गये।

कहानी ख़त्म हो गयी

ग़ालिब के जीवन-काल (1797-1869 ई.) में मुग़ल-साम्राज्य का अन्त हो गया। उनके समय में अन्तिम तीन मुग़ल सम्राट् हुए : 1. शाह आलम द्वितीय (1759-1806), 2. अकबर द्वितीय (1806-1837) तथा 3. बहादुरशाह (ज़फ़र) द्वितीय (1837-1857)। मतलब यह कि ग़ालिब का बचपन शाह आलम के अन्तिम

काल में पनपा, उनकी जवानी अकबर द्वितीय के काल में गुज़री और प्रौढ़ावस्था, तथा वार्द्धक्य बहादुर शाह के ज़माने में और उसके बाद भी चलता रहा। तीनों अच्छे थे, पर शासन-क्षमता की दृष्टि से अशक्त और साधनहीन थे। इनके काल में मुग़ल-साम्राज्य कहानी बनकर रह गया था और अन्त में वह कहानी भी ख़त्म हो गयी।

ग़ालिब के जीवनकाल की राजनीतिक स्थिति

इस प्रकार हम देखते हैं कि ग़ालिब के जन्म के समय दिल्ली सल्तनत की जड़ें टूट चुकी थीं, बल्कि तना भी खोखला होने लगा था। उनके जीवनकाल में जितने भी बादशाह हुए, नाम के बादशाह थे। दिल्ली शहर में भी उनका शासन न चलता था। वहाँ भी कम्पनी का इन्तज़ाम था। बादशाह वस्तुतः क़िले में घिरे हुए, कहने को स्वतन्त्र पर वस्तुतः सम्मानित बन्दी मात्र थे। वे पिंजरबद्ध पंछी थे। इन बादशाहों को अपना मतलब निकालने के लिए कभी मराठे, कभी अँग्रेज़ संरक्षण एवं पेंशन देते रहे। देश की अवस्था बिलकुल अनिश्चित और निराशाजनक थी। जनता बार-बार सामन्तों एवं युद्ध-पिपासु सरदारों द्वारा लूटी जाती थी। कभी अफ़ग़ान, कभी मराठे, कभी अँग्रेज़, कभी सिख, कभी राजपूत सिर उठाते और कुछ-न-कुछ हड़प लेते। रोज़ लूट-खसोट, झगड़े, युद्ध और भाग्य-परिवर्तन होते रहते थे। कल का बादशाह आज का भिखारी था। दक्षिण के मराठों ने एक सार्वभौम राज्य स्थापित करने के लिए जो प्रयत्न किये, मध्यवर्ती अनेक सफलताओं-विफलताओं के बाद, 1818 में पेशवाई के साथ ही उसका भी अन्त हो गया। उसके बाद उस स्वप्न को पूर्ण करने का कार्य अँग्रेज़ों ने अपने हाथ में ले लिया।

सजा हुआ मुर्दा

लेनपूल ने ठीक ही लिखा है : "जैसे किसी राजा की मृत देह को युग-युगान्तर तक एकान्त में ताज पहनाकर, शस्त्र धारण कराके पूर्ण प्रभावशाली बना-सजाकर रखा जाए, किन्तु प्रकृति की एक फूँक में वह धूलिसात हो जाए, यही हालत मुग़ल साम्राज्य की थी।"

मुग़लकालीन सामाजिक अवस्था

सच पूछें तो मुग़ल-साम्राज्य के ह्रास के बीज उसके वैभवकाल में ही पड़ गये थे। मुग़ल आरामतलबी, यारबाशी, उत्फुल्लता और जीवन के नाना भोगों के अभिलाषी थे। वैभव एवं विलास का जीवन था। मुग़ल-सम्राटों के इर्द-गिर्द अनेक

जागीरदार, सरदार वा मनसबदार इकट्ठे हो गये थे। इस प्रकार एक सामन्तशाही की सृष्टि हुई थी। उन्होंने समाज को भी सामन्ती ढाँचे में ढालने का प्रयत्न किया। सम्राट् स्वयं एक प्रधान जागीरदार होता था। उसके बाद सरदारों या मनसबदारों का स्थान था जो राज्य के प्रधान पदों पर नियुक्त होते थे। जिसको जैसा मनसब मिलता, समाज में उसका उतना ही आदर होता था। इन मुग़ल सरदारों एवं मनसबदारों का जीवन भी प्राय: भोग-विलास से पूर्ण होता। राज्य की बहुत बड़ी आय उनको प्राप्त होती थी। उनका जीवन बाहुल्य का जीवन था। वे भी बड़े-बड़े महलों में रहते, सुन्दर वस्त्राभूषण पहनते, अनेक हरम और रखेलियाँ रखते और शराब, रागरंग एवं कामलिप्सा से पूर्ण जीवन बिताते थे। इस प्रकार एक उच्च वर्ग बन गया, जो मुग़ल-साम्राज्य के ह्रास के दिनों में उसका ही विनाशक बन गया।

उच्चवर्गों के बाद एक मध्यवर्ग था जिसमें छोटे सरकारी कर्मचारी, सौदागर और महाजन इत्यादि थे। इनके पास सामान्यत: धन तो होता था पर वे ऊपर से अपना जीवन सीधा-सादा और आडम्बरहीन रखते थे, क्योंकि उन्हें सदा डर लगा रहता था कि लालची सूबे और सरदार उनका धन लूट व छीन न लें।

निम्न वर्ग सबसे बड़ा था। इसमें मज़दूर, किसान और दुकानदार इत्यादि थे। इनका जीवन बड़ा कष्टमय था। मज़दूरी कम मिलती थी, उनसे जबरन काम कराया जाता या बेगार लिया जाता था। लूट-पाट, या लड़ाई-झगड़ों के कारण निश्चिन्तता न थी कि वे खेती और लघु उद्योग-धन्धों की उन्नति कर पाते। उनकी स्थिति विषम थी।

ज्यों-ज्यों मुग़ल साम्राज्य की केन्द्रीय सत्ता क्षीण होती गयी, इन तीनों वर्गों का भी अधिकाधिक पतन होता गया। औरंगज़ेब में दृढ़ता थी, चरित्र था, लगन थी, यद्यपि सूझ-बूझ न थी। वह कठिनाइयों में भी अडिग रहा। पर उसके बाद जो आये, वह चारों ओर के विरोध एवं तूफ़ान में ठहरने लायक न थे। अधिकांश परेशानियों से घबराकर सुरा-सुन्दरी द्वारा अपना ग़म ग़लत करनेवाले थे। सम्राटों की देखादेखी सामन्तों में भी विलासिता आयी। जब मुग़ल भारत में पहले आये थे, एक परिश्रमी जाति थे। पर बाद में धन, विलास एवं वैभव-बाहुल्य ने उनका चरित्र गिरा दिया। रनिवासों की भीड़ में षड्यन्त्रों को फूलने-फलने के लिए अनुकूल भूमि प्राप्त हुई। सर यदुनाथ सरकार ने ठीक ही लिखा है कि "जब सुकाल होता तब भी खेती की सारी आय मुग़ल सामन्तों की जेबों में जाती थी और यह धन उन्हें उस विलासिता के लिए प्रोत्साहित करता जिसकी कल्पना फ़ारस या मध्य एशिया में कोई राजा भी नहीं कर सकता था।"

रईसज़ादों की हालत

फिर देश में अच्छी शिक्षा का कोई प्रबन्ध न था। मुग़लों ने इस ओर बहुत कम ध्यान दिया। इसीलिए उनमें उच्च बौद्धिक शक्तियों का अभाव रहा और वे राजनीतिज्ञ एवं नेता उत्पन्न करने में बिलकुल असफल रहे। मुग़ल सरदारों एवं सामन्तों के पुत्रों के लिए अच्छी शिक्षा की कोई ठीक व्यवस्था न होने के कारण वे आवारागर्दी करते, हिजड़ों एवं खूबसूरत लौंडियों से घिरे रहते, उनके चोंचलों पर मुग्ध होते; जीवनारम्भ से ही वे शराब-कबाब और औरत के मज़ों में पड़ जाते। विलासिता की जोंकें उनका ख़ून पी जातीं। फिर अपने सामाजिक महत्त्व एवं अहंकार के कारण वे जनजीवन से भी कटे-कटे रहते। अत: जीवन की विस्तृत पाठशाला भी उनको शिक्षा देने एवं गढ़ने में असमर्थ थी। दरबार में षड्यन्त्र चला ही करते, इसलिए ज़रा बड़ा होते ही वे दलबन्दियों एवं गुटों में बँट जाते थे।

भ्रष्टाचार

राजा से लेकर सामान्य अधिकारी तक प्रत्येक कृपा के लिए रिश्वत लेता था। इससे शासन में भ्रष्टाचार बहुत बढ़ गया था। मन्त्री एवं सम्राट् के निकट रहनेवाले अधिकारी ख़ूब धन बटोरते थे; सामन्त लूट-पाट करते थे और प्रजा दिन-दिन ग़रीब होती जा रही थी। शासन के प्रति उसकी निष्ठा टूट गयी थी। राज-कोष ख़ाली होने के कारण सेना को महीनों तनख़ाह न मिलती, इसलिए सैनिक भी जनता एवं व्यापारियों को लूटते रहते थे।

काव्य का समादर एवं उर्दू का संरक्षण

परन्तु यह आश्चर्य की बात है कि जहाँ मुग़ल साम्राज्य के अन्तिम युग में राजनीतिक अनिश्चितता, आर्थिक दुर्दशा तथा चारित्रिक पतन का सर्वत्र बोलबाला था, वहाँ साहित्य एवं काव्य बराबर फूलता-फलता रहा। कदाचित् इसलिए कि वह विलास-कक्ष के सौन्दर्य को बढ़ाता था। विलासी एवं रसिक होने के कारण मुग़ल काव्य के प्रेमी थे। अधिकांश स्वयं कवि थे और उनके दरबार में बराबर कवियों, विद्वानों एवं कलाकारों का सम्मान होता रहा। शाह आलम द्वितीय तो उर्दू, फ़ारसी, हिन्दी और पंजाबी का अच्छा कवि था। उसका हिन्दी काव्य पर्याप्त मात्रा में मिलता है। वह 'आफ़ताब' और 'खुर्शीद' के उपनाम से फ़ारसी-उर्दू तथा 'शाह आलम' के उपनाम से हिन्दी में कविता करता था। उर्दू तो उसके संरक्षण में खूब पनपी। अभी तक दरबार की ज़बान (राजभाषा) फ़ारसी थी। उसने पहली बार उर्दू को वह स्थान दिया। इस समय तक दक्षिण—बीजापुर एवं गोलकुंडा—में उर्दू या रेख़ती

पल रही थी। वली जब दिल्ली आये तो इस नयी ज़बान ने दिल्लीवालों को मुग्ध कर लिया। शाह आलम के कारण उजड़ती दिल्ली में अनेक कवि एकत्र हो गये थे।

उर्दू ज़बान थी तो इस देश की बेटी, पर उसके मन, प्राण एवं हुस्न में फ़ारसीयत प्राधान्य था। इसलिए फ़ारसी से इसमें भी ग़ज़ल आयी, क़सीदे आये, मस्नवी आयी। पर विलासी जीवन में इश्क़िया शायरी की भूख ग़ज़ल में ही मिट सकती थी। इसलिए ग़ज़लों का प्राधान्य हुआ। इसमें प्रेम-पीड़ा वार्तालाप के रूप में व्यक्त होने के कारण सजीव हो उठती थी। इसने हिन्दू-मुसलमान दोनों के दिलों को खींचा। काव्य-प्रेम की मस्ती में हिन्दू-मुस्लिम भेदभाव बहुत कम हो गया। इस समय की दिल्ली की जो हालत थी, उस पर मीर, सौदा, इंशा, ज़ौक़, ग़ालिब, दाग़—सभी ने आँसू बहाये हैं। कुछ अजब ज़माना था। घुटे हुए दिल, लुटी हुई और पामाल जवानियों पर हसरत-भरी निगाहें डालते और सिसकते थे। भली प्रकार रो भी न सकते थे। 'सौदा' ने ठीक ही लिखा है :

हैफ़! दर चश्मे ज़दन सोहबते यार आख़िर शुद।
रूए गुल सैर न दीदम व बहार आख़िर शुद॥

अर्थात : 'अफ़सोस! पलक झपकते मित्र का साथ छूट गया। फूल के आनन को जीभर देख भी न पायी थी कि वसन्त समाप्त हो गया।'

आत्मरोदन

शाह आलम की ज़िन्दगी दुःख-दर्द से भरी ज़िन्दगी है। ग़ुलाम क़ादिर ने जिस प्रकार उसकी आँखें निकालीं, उसका वर्णन पढ़कर रोंगटे खड़े हो जाते हैं। पर यह वह ज़माना था जब आँखें रहते भी लोग अन्धे हो रहे थे। दिल्ली तख़्त के चतुर्दिक् तूफ़ान उठ रहे थे। कहीं मराठे, कहीं अँग्रेज़, कहीं रुहेले, कहीं सिख, कहीं राजपूत, कहीं जाट विद्रोह करके स्वतन्त्र हो चुके थे। लूट-पाट एवं शोषण का सर्वत्र बोलबाला था। पर सबसे बड़ी बात यह थी कि किसान लुटा और निम्न मध्यवर्ग शोषित था तथा राजा, नवाब, सरदार मतलब उच्चवर्ग का भयंकर आत्म-पतन हो चुका था। दिल्ली के तख़्त की दुर्दशा का कारण उसकी ही अपनी पतित एवं विलासपूर्ण ज़िन्दगी थी। अन्धे शाह आलम ने अपनी एक करुणाजनक एवं व्यथापूर्ण फ़ारसी ग़ज़ल में ख़ुद ही कहा है :

सरसरे हादसा बर्खास्त पये ख्वारिए मा।
दाद बरबाद सरोवर्ग जहाँदारिए मा।

आ.फ़ताबे .फ़लके रफ़अतो शाही बूदेम,
बुर्द दर शामे ज़वाल आह सियहकारिए मा।
नाज़नीनाने परी-चेहरा कि हमदम बूदंद,
नेस्त जुज़ महले मुबारक ब परस्तारिए मा।

अर्थात : 'दुर्भाग्य का तूफ़ान हमें मिटाने को उठा। इसने हमारी जहाँदारी को, हुकूमत को बरबाद कर दिया। शाही वैभव के गगन में हम सूर्य की भाँति चमक रहे थे। हमारी ही सियहकारियों—काली करतूतों—के कारण यह पतन की सन्ध्या आयी है।...अप्सराओं-सी कोमलांगनाएँ हमारी सेवा में उपस्थित रहती थीं, पर आज हमारी देख-रेख को हमारी पवित्र पत्नी के सिवा कोई नहीं है।'

जनजीवन के स्तर एवं उनकी झाँकी

मतलब बादशाह अशक्त; सामन्त और सरदार विलासी और एक-दूसरे के विरुद्ध, राजकर्मचारी रिश्वती और बेईमान, निम्नवर्ग शोषित एवं भयभीत। देश की अवस्था ऐसी थी कि अँग्रेज़ आसानी से प्रधान हो उठे। वैसे उनके अलावा भी छोटे-छोटे अनेक राजे-राजवाड़े, नवाब-सरदार स्वतन्त्र या अर्धस्वतन्त्र हो गये थे। जिसे जहाँ मौक़ा मिला, उसने वहीं अपना अधिकार जमाया। सामान्य प्रजा तो सैकड़ों साल से बराबर लुटती आ रही थी। स्वभावत: वह ऐसे अनिश्चितता के जीवन से ऊब चुकी थी। जो आता, वही उसे लूटता और उससे खिराज माँगता। वह किसका-किसका पेट भरती और कब तक भरती! अनिश्चितता एवं नित्य की लड़ाइयों के कारण खेती, व्यापार और गृह-उद्योग सब तबाह हो गये थे। उच्च वर्ग के लोगों—नवाबज़ादों, रईसज़ादों के सामने जीवन का कोई ध्येय न था। वे स्वच्छन्द जीवन के अभिलाषी, ऐशोइशरत के दिलदादे प्रजा को दबाकर उससे छीन-झपटकर अपने विलास की सामग्री जुटाते, बचपन से ही इश्क़ की बातें करते और विलासी जीवन बिताने लगते थे। मुर्ग़ और बटेर लड़ाते, पतंगबाज़ी करते, शतरंज और चौसर खेलते, काव्य-गोष्ठियों और नाच-रंग की महफ़िलों में जाते, शराब व शायरी का शौक़ करते। देश का बहुसंख्यक वर्ग इस अवस्था से ऊब गया था। पर उसे सूझती न थी कि वे क्या कर सकते हैं। इस मानसिक दुर्बलता का अँग्रेज़ों ने लाभ उठाया। वे जहाँ गये, वहाँ भले ही मतलब से सही, एक व्यवस्था तो ले गये। एक निज़ाम तो था। भले उसमें ग़ुलामी थी, पर ज़िन्दगी का समतौल तो था।

निराशा का युग

मतलब राजनीतिक दृष्टि से देश निराश एवं जर्जर हो पड़ा था। मध्य एवं उत्तरकालीन

भारतीय इतिहास में सदैव विदेशियों से लोहा लेनेवाले व्यक्ति पैदा होते रहे, प्रतिरोधक संगठित प्रयत्न भी जब-तब हुए पर सदियों से जातीय भावना इतने निम्न स्तर पर गिर गयी थी और इतनी संकुचित हो गयी थी कि वह विस्तृत एवं जनगत, लोकगत हो ही न सकी। शताब्दियों के संघर्ष के बाद जैसे बहुसंख्यक वर्ग, अनिश्चितता से ऊबकर, दम ले रहा था। लोगों में अपनी हीनता का भाव, इसीलिए विदेशियों के प्रति आक्रोश तो था पर जैसे नियति के आगे अधिकाधिक जन कन्धा डालते जा रहे थे। मतलब ग़ालिब के कैशोर काल में एक ओर दिल्ली क्या, सारा देश, राजनीतिक दृष्टि से अशक्त था; देश की राजकीय शक्ति तेज़ी से बिखर रही थी और जो कुछ कर सकते थे, उन सामन्तों और रईसों तथा उनके बच्चों को केवल शेरो-शायरी, भोग-विलास, साग़र व मीना और नीचे दर्जे की हुस्नपरस्ती से काम था। उधर अँग्रेज़ों के संरक्षण में भारत के पूर्व तट पर एक नया नगर—कलकत्ता—न केवल तेजी से बसता और बढ़ता जा रहा था वरन एक नये जीवन, एक नयी दृष्टि, एक नयी सभ्यता एवं संस्कृति, एक नयी सामाजिक एवं औद्योगिक व्यवस्था का प्रतीक बनता जा रहा था।

चेतना के दो रूप

जब तक भारतीय घरेलू उद्योग-धन्धे सुरक्षित रहे, इस देश के कला-कौशल एवं चीज़ों की धूम विदेशी बाज़ारों में रही। अँग्रेज़ व्यापारी यहाँ से चीज़ें यूरोप तथा सुदूर पूर्व के बाज़ारों में ले जाकर बेचते रहे। पर जब उनके देश में यूरोपव्यापी औद्योगिक क्रान्ति की लहर आयी और वाष्पयन्त्रों तथा चिमनियोंवाले कारख़ाने फैल गये तब अपने माल को यहाँ तथा अन्यत्र खपाने के लिए यहाँ के धन्धों का धीरे-धीरे निराकरण किया गया। इसी के कारण यहाँ की राजनीति में अँग्रेज़ों ने अधिकाधिक दिलचस्पी लेनी शुरू की। उद्योगों के मिटने से भूमि पर भार बढ़ गया। आर्थिक स्थिति बिगड़ती गयी। हमारे यहाँ बेकारी फैली, धनिक एवं व्यापारी अपदस्थ हुए। अपने देश एवं उद्योग-धन्धों की पामाली पर जाग्रत लोगों में क्षोभ था। वह कहीं विद्रोह के रूप में फूटा, कहीं सुधारवादी प्रयत्नों के रूप में। स्थिति ऐसी थी कि अँग्रेज़ों को स्वीकार करने के सिवा कोई चारा न था। अव्यवस्था और अनिश्चितता से तो अँग्रेज़ी शासन अच्छा ही दीखता था। अँग्रेज़ी शिक्षा-दीक्षा ने जहाँ अभारतीय मन:स्थिति पैदा करने में योग दिया वहाँ संसार के सम्बन्ध में एक नयी दृष्टि भी दी; नवीन ज्ञान ने नयी भावनाएँ पैदा कीं। 1826 का बैरकपुर विद्रोह प्रथम दल के क्षोभ का, और राममोहन राय इत्यादि के क्रिया-कलाप दूसरे दल की मन:स्थिति एवं व्यवहार के द्योतक हैं।

अँग्रेज़ों में भी दो वर्ग

भारत में मुग़ल–साम्राज्य के क्षय एवं अँग्रेज़ी राज्य के विस्तार का इतिहास न केवल मनोरंजक वरन शिक्षाप्रद भी है। अँग्रेज़ों ने एक ओर देशव्यापी अव्यवस्था, फूट तथा हमारे नैतिक एवं सामाजिक पतन का लाभ उठाकर अपना रथ आगे बढ़ाया तो दूसरी ओर अपने अधीनस्थ प्रदेशों को सुव्यवस्था, शिक्षा, न्याय–पद्धति का भी दान दिया। उन्होंने समझा कि केवल तन जीतने से काम नहीं चलेगा, देश के लोगों का मन भी जीतना होगा। इसलिए उन्होंने शिक्षित वर्गों को प्रोत्साहित किया। नवीन औद्योगिक क्रान्ति के लाभ उन्हें दिए। यह जागरण और नवीन शिक्षण का ही परिणाम था कि 1823 ई. में राममोहन राय इत्यादि ने मुद्रण–स्वातन्त्र्य के लिए एक निवेदन–पत्र ब्रिटिश सम्राट् को भेजा था। यह संक्रान्ति का काल था। अतः अँग्रेज़ भी दो दलों में बँटे हुए थे। एक दल भारतीयों को शिक्षित करने, उन्हें मुद्रण–स्वातन्त्र्य प्रदान करने; आधुनिक सभ्यता का लाभ उन्हें देने के पक्ष में था; दूसरा इसके विरुद्ध था। लॉर्ड विलियम बैंटिक, सर टामस मनरो भारतीयों को मुद्रण–स्वातन्त्र्य की सुविधाएँ देने के विरुद्ध थे पर 1836 ई. में जब सर चार्ल्स मेटकाफ़ गवर्नर जनरल हुए, उन्होंने भारतीयों को मुद्रण–स्वातन्त्र्य का अधिकार दे दिया। हाँ, प्रगति–विरोधी गुट के प्रभाव के कारण, इस 'अपराध' में वह अपने पद से हटा दिये गये। फिर भी वह अपने विचारों पर दृढ़ रहे।

शाप या वरदान

उन्होंने लिखा था : 'यदि यह कहा जाता है कि ज्ञान–जागरण के फलस्वरूप हमारे भारतीय राज्य का अन्त हो जाएगा तो इस पर मेरा जवाब यह है कि नतीजा कुछ भी हो, उन्हें ज्ञान–लाभ कराना हमारा कर्तव्य ही है। यदि हिन्दुस्तानियों को अज्ञान में रखने से ही यह देश हमारे साम्राज्य में रह सकता तो हमारा प्रभुत्व इस देश के लिए शाप–रूप ही सिद्ध होगा और उसका अन्त हो जाना ही ज़रूरी हो जाएगा।'

'मुझे तो ऐसा मालूम पड़ता है कि यह मानना अधिक युक्तियुक्त और साधार है कि लोगों को अज्ञानी बनाए रखने में ही अधिक भय है। मैं तो यह सोचता हूँ कि ज्ञान–जागरण से हमारा साम्राज्य अधिक बलिष्ठ होगा। इससे शासक और प्रजाजन दोनों में सहानुभूति उत्पन्न होगी और परस्पर एकता का भाव बढ़ेगा और आज जो खाई उनमें है, वह धीरे–धीरे बिलकुल पट जाएगी।''[1]

---

1. The Development of An Indian Policy by Anderson and Subedar p. 143

इससे तो टूट जाना अच्छा

इसी प्रकार का भाव प्रकट करते हुए एलफिंस्टन ने जून, 1819 में ही मेकेंटाश को लिखा था : "हमारा साम्राज्य अधिक समय तक नहीं टिकेगा, यह केवल कुशंका नहीं बल्कि युक्तियुक्त है।...हमारे प्रभुत्व का अत्यन्त इष्ट अन्त यही हो सकता है कि हमारे शासन में लोगों के अन्दर इतने सुधार हो जाएँ कि किसी भी विदेशी सत्ता का राज्य करना असम्भव हो जाए।...यह समय कितना होगा इसका अनुमान नहीं लगाया जा सकता। फिर भी हमारे सम्बन्ध-विच्छेद का समय कभी न कभी आये बिना नहीं रह सकता और यहाँ के लोग जंगली बने रहकर, अत्याचार करके हमारा सम्बन्ध तोड़ डालें, इससे तो हमारे लिए यही अधिक हितकारक है कि भले ही वह जल्द टूट जाए परन्तु टूटे वह उनका सुधार होने के बाद।"[1]

जैसी स्थिति अँग्रेज़ों के अन्दर थी, वैसी ही भारतीयों के बीच भी थी। देश में राजनीतिक दृष्टि से जहाँ असामर्थ्य की एक सुप्त चेतना थी और वह चेतना रह-रहकर जब-तब भड़क भी उठती थी वहाँ एक चैतन्य वर्ग में अँग्रेज़ी शासन-व्यवस्था का लाभ उठाने का भाव भी था। जैसा हम ऊपर के उद्धरणों में बता चुके हैं, उदार अँग्रेज़ अपनी जीवन-परम्परा, समाज-व्यवस्था, शिक्षण तथा यूरोप में उठ रहे नवीन विचारों का अधिकाधिक लाभ अपनी नवीन भारतीय प्रजा को देने के पक्ष में थे। एक ओर राजनीतिक शक्ति से, दूसरी ओर ज्ञान से अपनी श्रेष्ठता के प्रति भारतीयों को प्रभावित करना ही उनका लक्ष्य था। शताब्दियों की अव्यवस्था से ऊबकर धीरे-धीरे किन्तु निश्चित गति से लोग अँग्रेज़ी व्यवस्था के प्रति आकर्षित हो रहे थे। बहुतों ने तो मान लिया कि प्रभु की इच्छा से या नियति के खेल को पूरा करने ही अँग्रेज़ इस देश में आये हैं और उनसे हमारा सम्बन्ध हुआ है। उनमें दोष हैं, विदेशी तत्त्व हैं पर जब देशी वर्ग एक दूसरे को हड़पने एवं मलियामेट करने को तैयार हों, जब उनमें एक होकर विदेशियों के सामने खड़ा होने का भाव न हो बल्कि आपसी झगड़ों या स्वार्थसिद्धि के लिए विदेशियों को आमन्त्रित करने का भाव हो[2] तो उनकी ओर एक निराशाभरी दृष्टि डालने के सिवा चारा ही क्या है?

---

1. Mount stuart Elphinstone by J.S. Cotton pages 185-186.
2. 1835 ई. में सरजानशोर ने 'इंडियन आर्मी' निबन्ध में लिखा था कि हिन्दुस्तानियों में आत्मविश्वास नहीं है, न राष्ट्राभिमान है और वे एका भी नहीं कर सकते, यही हमारे साम्राज्य का सामर्थ्य है।

ऐतिहासिक आवश्यकता

इस समय भारत टुकड़े-टुकड़े हो रहा था। भारतीय केन्द्रीय सत्ता का प्रतीक दिल्ली उपहासजनक स्थिति में थी। देश की सबसे बड़ी आवश्यकता एक भारतीय सार्वभौम राज्य की थी। 1819 में जब माउंट स्टुअर्ट एलफिंस्टन ने (जो बम्बई प्रान्त का प्रथम गवर्नर था) पेशवाई को ख़त्म कर दिया तब से भारतीयों का सार्वभौम का भारतीय राज्य स्थापित करने का स्वप्न भी समाप्त हो गया। अब कोई ऐसा देशी संघटन नहीं रह गया था जो मराठों का स्थान लेता। अँग्रेज़ों में भी ऐसे लोग थे और हिन्दुस्तानियों में भी, जो इस सम्बन्ध को एक ऐतिहासिक आवश्यकता मानकर उसे स्वीकार करने और उसका सर्वोत्तम उपयोग करने के पक्ष में थे, जैसा कि ऊपर के उद्धरणों से हम प्रकट कर चुके हैं। 1850 में 'लोकहितवादी' पत्र ने मानो त्रस्त भारतीय जनता की इसी भावना को प्रकट करते हुए लिखा था : ''सुज्ञ लोगों को चाहिए कि वे अँग्रेज़ों के जाने की इच्छा कदापि न करें।'' क्योंकि उनके न रहने का परिणाम, उस समय व्यापक अराजकता एवं अनिश्चितता के अतिरिक्त और कुछ नहीं हो सकता था। लोग यह भी देख चुके थे कि हमारे राष्ट्रीय चरित्र में कोई ऐसी दुर्बलता अवश्य है कि बार-बार विद्रोह करके भी हम सफल नहीं हो पाते। इसलिए पहले शिक्षा एवं संस्कार द्वारा अपनी वास्तविक स्थिति को समझने तथा अपनी परम्परागत दुर्बलताओं को दूर करने से आगे चलकर स्वतन्त्रता की सम्भावना अधिक हो सकती है। उदार अँग्रेज़ भी इस बात को समझते थे कि शिक्षा पाकर भारतीय बराबरी का दावा करेंगे पर वे धीरे-धीरे अपने को इस स्थिति के लिए तैयार कर रहे थे क्योंकि अब बिना भारतीयों के अधिकाधिक सहयोग के उनका शासनतन्त्र भली भाँति चल नहीं सकता था। 1824 ई. में एलफिंस्टन ने कम्पनी के कोर्ट ऑव डाइरेक्टर्स को जो शिक्षा-विषयक वक्तव्य भेजा था उससे यह बात स्पष्ट हो जाती है।

सब दृष्टियों से भारतीयों को समत्व का अधिकार देना अच्छा है!

इस वक्तव्य में अन्य बातों पर प्रकाश डालने के बाद वह लिखता है :

''यह आपत्ति उठायी जाएगी कि यदि हमने यहाँ के लोगों को शिक्षा देकर अपने बराबर का दर्जा दे दिया और शासन-कार्य में भी उन्हें हिस्सा देते चले गये तो वे उन पदों पर ही सन्तुष्ट नहीं रह सकेंगे जो हम उन्हें देंगे बल्कि वे सारे शासन पर अपना अधिकार साबित किये बिना शान्त न बैठे रहेंगे। इस बात से इनकार नहीं किया जा सकता कि ऐसा भय रखने के कई कारण हैं परन्तु दूसरी

किसी नीति द्वारा हम अधिक स्थायी बन सकेंगे, ऐसा मुझे विश्वास नहीं होता। यदि हमने देशी लोगों को नीचे ही दबा रखा तो उनके प्रतिकार से ही हमारा राज्य उलट-पुलट हो जाएगा और यह संकट पूर्वोक्त संकट की अपेक्षा अधिक भयंकर और अधिक अकीर्तिकर होगा। इस खींचातानी में हमें सफलता मिल भी गयी तो हमारे साम्राज्य के लोगों से एकरस न होने के कारण विदेशी आक्रमण से, अथवा हमारे ही वंशजों की बग़ावत से, उसके उखड़ जाने की सम्भावना है। हमारी कीर्ति एवं हित दोनों दृष्टियों से, एवं मानव जाति के कल्याण की दृष्टि से भी विचार किया जाए तो जिन लोगों के हित के लिए इस सत्ता की धरोहर ईश्वर ने हमें दी है, उन्हीं के हाथों में उसे वापस सौंप दे यही बेहतर है कि बनिस्बत इसके कि उसे विदेशी हमसे छीन लें या हमारे ही कुछ मुट्ठीभर उपनिवेशवासी अपना जन्मसिद्ध अधिकार कहकर अपने हाथ में ले लें।''*

साम्प्रदायिक वैमनस्य का अभाव

इस प्रकार हम देखते हैं कि उन्नीसवीं शताब्दी के पूर्वार्द्ध में देश में एक ओर घोर राजनीतिक अव्यवस्था और अनिश्चितता व्याप्त हो गयी थी और इस अनिश्चितता में अँग्रेज़ अपने शोषण में भी जो व्यवस्था, नवीन जीवन-विधि, शिक्षा-प्रणाली लाये, उसकी ओर धीरे-धीरे भारतीय जनता आशा से देखने लगी थी। दूसरी ओर दिल्ली के अन्तिम बादशाहों के मुसलमान होने के बावजूद हिन्दुओं में उनके प्रति अत्यन्त सम्मान का भाव था। समान दुःख और संकट के इस काल में उनके तथा उच्चवर्गीय लोगों के अन्दर साम्प्रदायिक वैमनस्य तो रह ही नहीं गया था, भेदभाव भी बहुत कुछ दूर हो चला था। जनता भूल चली थी कि शासक मुसलमान हैं। यह मुग़लों की धार्मिक उदारता की नीति का परिणाम था। यद्यपि मुग़ल मुसलमान थे और कोई-कोई कट्टर भी थे पर उन्होंने योग्य हिन्दुओं को ऊँचे पद दिए, कलाकारों, कवियों एवं संगीतज्ञों को आश्रय दिया, विद्वानों को अपनाया, भारतीय भाषाओं को ग्रहण किया। यह परम्परा, औरंगज़ेब की धार्मिक कट्टरता के बावजूद, अन्त तक चलती रही बल्कि अन्तिम मुग़लकाल में वह और निखर गयी। ख़ासतौर से, कवियों की दुनिया में हिन्दू-मुस्लिम भेद-भाव कम-से-कम था। मुसलमान देशज शब्दों को अपनाने लगे थे और दोनों के सम्पर्क से बनी हिन्दवी (बाद की रेख़ता या उर्दू) पनपती जा रही थी। यह ठीक है कि उर्दू की आधारशिला फ़ारसीयत थी क्योंकि एक लम्बे अरसे तक फ़ारसी के राजभाषा होने तथा शिष्ट हिन्दू-मुसलमानों द्वारा उसे स्वाभाविक रूप में ग्रहण कर लिये जाने के कारण

* M.S. Elphinstone by J.S. Cotton, p. 184

ऐसा होना ही था पर उसमें इस देश के शब्द एवं संस्कार भी तेज़ी से आ रहे थे (वली, इंशा, मीर, ज़फ़र इत्यादि की रचनाओं से यह स्पष्ट हो जाता है।) मीर, ग़ालिब इत्यादि उर्दू-कवियों में कहीं कट्टरता का कोई चिह्न नहीं है। मतलब जब मुग़लों की शक्ति का पतन हो रहा था, हिन्दू-मुस्लिम-समन्वय तथा जन-सम्पर्क से एक नयी ज़बान बन रही थी। इसके पीछे शिष्टता की एक लम्बी परम्परा थी, जीवन का एक हलका-फुलका दृष्टिकोण था। रीतिकालीन हिन्दी काव्य की भाँति, राजनीतिक शक्ति की क्षीणता के दिनों में, शत-शत निराशाओं एवं कठिनाइयों से भरे मानव को इसने प्रेम की घूँट पिला-पिलाकर जिलाया।

वातायन जिससे जीवन की वायु के झकोरे आते रहे

भले ही यह प्रेम अधिकांशतः बाज़ारू था पर इन संकट के दिनों में उसने मानव-हृदय को कट्टरता की कालिमा से दूर रखा, जन-जीवन के नज़दीक लाया, पस्ती में एक समता, एक निकटता पैदा की और फ़ारसी के विशाल प्रेमपूर्ण एवं शृंगार-साहित्य का ख़ज़ाना शिष्ट एवं शिक्षित वर्गों के आगे रख दिया। फलतः राजनीति से दूर रहनेवाले पर इस देश की रीति-नीति में पले; इस देश की परम्पराओं से बँधे हिन्दू-मुसलमानों में एक संस्कार, एक शिष्टता, एक शराफ़त, एक काव्यकला-प्रेम आया, एक सौहार्द पैदा हुआ, एक रस्मोराह पैदा हुई। उच्च वर्गों के, परम्परागत रूढ़ियों से ग्रस्त एवं विलासपूर्ण जीवन-कक्ष में भी इसने एक दरीचा, एक खिड़की, एक वातायन बना दिया था जिसमें से आनेवाले वायु के झकोरों में जनजीवन की घुटन, आकांक्षाएँ, हसरतें, लालसाएँ भी होतीं। राग-रंग की ज़िन्दगी तो होती, परम्पराएँ और रूढ़ियाँ भी होतीं पर वह उत्कट भेदभाव न होता जो विजेता एवं विजित के रूप में मुसलमानों एवं हिन्दुओं के बीच, एक ज़माने में, आ गया था। इससे ज़िन्दगी में वह सतह उभरी जिसमें दोनों एक गोष्ठी में बैठकर हमप्याला, कभी-कभी हमनिवाला, भी हुए, एक भावराशि से भरे, एक ज़बान में बोले। मुसलमान कवि एवं भक्त ब्रजभाषा तथा अवधी में अपनी वाणी का गौरव प्रदर्शित करते, हिन्दू फ़ारसी एवं उर्दू में तबअ-आज़माई करते। हिन्दी में श्रेष्ठ मुसलमान कवियों के अनेक नाम गिनाये जा सकते हैं; इसी प्रकार उर्दू और फ़ारसी में हिन्दुओं के काव्य एवं ज्ञान-गरिमा के श्रेष्ठ उदाहरण सुरक्षित हैं।

दो प्रवृत्तियाँ

इस प्रकार अन्तिम मुग़लों के समय जहाँ देश की राजनीतिक क्रियाशीलता सुप्त हो गयी, अँग्रेज़ों का प्रभाव बढ़ता गया, अँग्रेज़ी शिक्षा-दीक्षा एवं जीवन-क्रम से

एक नवीन, अपेक्षाकृत व्यापक, दृष्टि आयी, नवीन के प्रति किंचित आकर्षण उत्पन्न हुआ वहाँ दूसरी ओर, सांस्कृतिक धरातल, हिन्दू-मुसलमान अधिकाधिक निकट आते गये; साहित्य-जगत में एक विशेष साहचर्य का जन्म हुआ, फ़ारसी का स्थान धीरे-धीरे एक नयी भारतीय भाषा उर्दू लेने लगी।

ऊपर हमने जिस स्थिति का चित्र दिया है उसे संक्षिप्त करने से निम्नलिखित निष्कर्ष निकलते हैं :

सार्वभौमिकता के तीन प्रतिद्वन्द्वी

1. अठारहीं शती के भारत में अनेक शक्तियाँ सार्वभौम सत्ता हस्तगत करने के लिए प्रयत्नशील थीं। इनमें फ्रांसीसी, अँग्रेज़, मराठे प्रमुख थे। प्रादेशिक स्वतन्त्र राज्य के लिए भी हैदराबाद, मैसूर, बंगाल (मुर्शिदाबाद), अवध, पंजाब प्रयत्नशील रहे। समय-समय पर अफ़ग़ान भी आ जाते थे पर उनका रूप प्रमुखतः लुटेरों का रहा। इन तीनों में पहले फ्रांसीसियों ने सार्वभौम राज्य की आशा छोड़ दी, मराठों और अँग्रेज़ों की प्रतिद्वन्द्विता बहुत दिनों तक चलती रही; पर अँग्रेज़ों की शक्ति बराबर बढ़ती गयी।

मराठा शक्ति की त्रुटि

2. पानीपत की तीसरी लड़ाई (1761) में मराठों की भयंकर पराजय के पश्चात नक़्शा बदलता गया। फिर भी अठारहवीं शताब्दी के अन्त तक मध्य एवं उत्तर भारत में मराठा शक्ति प्रबल रही। यह शक्ति कदाचित और प्रबल होती यदि उनमें दम्भ कुछ कम होता, लूटपाट की वृत्ति अनुशासित होती और आपस में वे बिखर न जाते।

मराठा शक्ति का अन्त

3. 1804 ई. में लॉर्ड लेक ने सिन्धिया को हराकर दिल्ली पर भी अँग्रेज़ी प्रभुत्व की नींव डाली। 1806 ई. में माधवराव (महादाजी) सिन्धिया की मृत्यु के बाद अँग्रेज़ों को चुनौती देनेवाला कोई प्रबल वीर उत्तर भारत में न रह गया। 1818 ई. में पेशवाई का ही अन्त हो गया। यद्यपि राख के अन्दर से कहीं-कहीं सुप्त चिनगारियाँ, हवा अनुकूल होते ही, चमक उठती थीं और इक्के-दुक्के विस्फोट भी हो जाते थे पर निश्चित गति से भारत पर अँग्रेज़ी प्रभुता फैलती जा रही थी। उन्नीसवीं शताब्दी का प्रथमार्द्ध उसके प्रसार एवं द्वितीयार्द्ध उसके दृढ़ गठन का युग है। 1857 ई. में अन्दर की धधकती आग उभरी परन्तु वह समस्त भारत में न फैल सकी। बंगालियों, सिखों, राजपूतों, मद्रासियों, गुजरातियों ने उसमें हिस्सा नहीं लिया; कहीं-कहीं लिया तो नाम-मात्र का लिया। वह आग अन्त

में हिन्दीभाषी प्रान्तों एवं दिल्ली के आस-पास ही उमड़-घुमड़कर और राष्ट्रीय खीज का एक प्रतीक बनकर रह गयी।

आत्मगौरव और आत्मसुधार की दो धाराएँ

4. अँग्रेज़ी में ऐसे अनुदार बड़ी संख्या में थे जो भारतीयों को सदा के लिए हीन और तुच्छ बनाकर रखना चाहते थे, पर उदार विचारवाले अँग्रेज़ों की संख्या भी कुछ कम न थी, जो समझते थे कि देर तक भारतवासियों को इस प्रकार रखना सम्भव नहीं है और सम्भव हो भी तो उचित नहीं है। फिर यूरोप में भाप की शक्ति की पहचान के साथ ही हुए आविष्कारों के कारण जो औद्योगिक क्रान्ति हुई और जिसकी परिधि तीव्र गति से विश्वव्यापी होती गयी उससे बचना-बचाना सम्भव न था। इसलिए कुछ समझकर, कुछ बे-समझे, कुछ स्वेच्छा से, कुछ बेबसी के कारण उन्हें शिक्षा, न्याय-व्यवस्था, कल-कारख़ाने, मतलब नयी सभ्यता का अधिकाधिक परिचय एवं लाभ भारतीयों को देना पड़ा। प्रेस एवं अख़बारों के कारण दुनिया में एक नयी चेतना आ रही थी। यहाँ भी, समय पर, वह आयी। इसके प्रभाव-तले हममें से एक वर्ग ने अपने देश एवं संस्कृति के प्रति गौरव के भाव का प्रचार किया; दूसरे ने उन्मुक्त हृदय से यूरोप से नवीन दृष्टिकोण के लाभ ग्रहण किये, अपनी परम्पराओं के दोषों एवं अपनी दुर्बलताओं की ओर ध्यान दिया। 'जो पुराना है वह अच्छा ही है', इसके विरुद्ध भी कुछ प्रबुद्ध व्यक्ति उन्मुक्त हुए।

उच्च वर्गों में शिक्षण का रूप

5. उच्च मध्यवर्ग राजनीतिक शक्ति से हीन होकर भोग-विलास, अधिकार, जायदाद में फँसकर जीवन बिताता था। उसकी शिक्षा का कोई प्रबन्ध न था। जहाँ था भी वहाँ उसका ढाँचा बहुत पुराना, अनगढ़ और अविकसित था। वे लोग उस्तादों से थोड़ी अरबी-फ़ारसी पढ़ लेते; कुछ हिन्दू संस्कृत भी पढ़ते। जो हिन्दू दरबार एवं नौकरियों से सम्बन्धित थे या जिनका रब्त-ज़ब्त उच्चवर्गीय मुसलमान शरीफ़ों अथवा अदालतों से था, वे भी फ़ारसी पढ़ते। हिन्दू-मुसलमान के बीच भाषा का कोई झगड़ा न था। उच्च वर्गों की ज़िन्दगी चाहे वे हिन्दू हों या मुसलमान, प्रायः एक-सी थी। इनमें रस्मोराह, मेल-मिलाप भी था। पर शिक्षण में भाषा-ज्ञान ही मुख्य था। भाषा के माध्यम से अधिकतर काव्य एवं पारम्परिक धर्मग्रन्थों का अध्ययन होता था।

उर्दू का जन्म

6. अन्तिम मुग़लों के ज़माने में सांस्कृतिक तल पर कुछ बातें हुईं। इनमें पहली बात है उर्दू का अभ्युदय। तुर्कों, ईरानियों एवं भारतीयों के संसर्ग से एक नयी

ज़बान का जन्म हुआ। हिन्द की ज़बान होने के कारण यह हिन्दवी कहलायी। वली ने इसे बचपन में सँभाला; हातिम, अबरू, मज़हर और ख़ाँ आरज़ू ने इसे होशियार किया। बाद में यही रेख़्ता हो गयी। शुरू में यह एक ग्रामीण बोली थी—उस समय शरीफ़ज़ादों ने इसे नहीं अपनाया। वे फ़ारसी लिखने और बोलने में अपनी शान समझते थे, फ़ारसीयत एक प्राचीन सांस्कृतिक गठन का प्रतीक थी इसलिए उसमें पारायण होना शराफ़त का, शिष्ट जीवन का एक प्रमाणपत्र था। पर हिन्दवी या रेख़्ता में एक अजब लोच थी, उसमें इस देश की मिट्टी की सुगन्ध थी (यद्यपि उसका वातावरण फ़ारसी का ही था) इसलिए धीरे-धीरे उत्तर, फिर दक्षिण और फिर उत्तर में अनेक कवियों ने उसे अपनाया। ज़्यादातर ऐसे थे जिन्होंने शौक़िया, एक नये प्रयोग के आकर्षण के कारण, उसे अपनाया। यही बाद की उर्दू है जो दरअस्ल हिन्दी की ही एक धारा है। इंशा, सौदा और मीरतक़ी 'मीर' ने इस भाषा का संस्कार किया; बाद में आतिश और नासिख़ ने उसे सँवारा। शाह आलम ने उसे दरबार में संरक्षण दिया। मतलब अन्तिम मुग़लों ने स्वयं मिटते हुए भी उर्दू के विकास में काफ़ी योग दिया।

नवीन का आकर्षण

दूसरी बात हुई अँग्रेज़ों, फ्रांसीसियों, डचों का भारतीयों से संसर्ग। इनके साथ एक नया दृष्टिकोण, एक नया जीवन-गठन आया। एक सिहरन हुई, नींद में एक फुरेरी-सी आयी और पश्चिम के तीव्र, कर्कश, नाद ने मानो झिंझोड़कर हमें जगा दिया। अँग्रेज़ों के अभ्युदय के साथ यूरोपीय शिक्षण-प्रणाली, प्रेस, अख़बार, शासन-व्यवस्था, न्याय-प्रणाली आयी। औद्योगिक सभ्यता का शैशव आरम्भ हुआ। दासता तो आयी पर एक सुरक्षा एवं निश्चितता प्राप्त हुई। इस नवीन जीवन-क्रम ने उच्च एवं मध्यवर्गों को प्रभावित किया। सागर-सन्तरण को पाप माननेवाले भारतीयों को समुद्री हवा ने खड़बड़ा दिया। नवीन के प्रति एक रहस्य का आकर्षण उत्पन्न हुआ।

आत्म-वेदना ही नहीं, युग-वेदना भी

7. अन्तिम मुग़लों का जीवन कष्ट, मुसीबत, करुणा से पूर्ण एक ऐसी कहानी के रूप में प्रकट हुआ जिससे इनसान सबक़ ले सकता है। शाह आलम ने ठीक ही कहा था :

सरसरे हादसा बर्ख़ास्त पये ख़्वारिए मा।
दाद बर्बाद सरोवर्ग जहाँदारिए मा।

और उनकी बड़ी वेदना घनीभूत होकर अन्तिम मुग़ल सम्राट् बहादुरशाह 'ज़फ़र'

के साथ रंगून की एक अँधेरी कोठरी में, जहाँ केवल पत्नी रोने के लिए रह गयी थी, यों बरस पड़ी थी :

अपने मरने का ग़म नहीं लेकिन,
हाय, तुझसे जुदाई होती है।

यह ग़म केवल अपने मरने का, अपने मिटने का ही ग़म नहीं है, यह एक प्राचीन परिपाटी, एक प्राचीन विरासत, एक जीवन-प्रणाली, एक सभ्यता के मिटने का ग़म है। इसीलिए वह ग़मे-जानाँ ही नहीं, आत्म-वेदना ही नहीं बल्कि ग़मे-दौराँ (युग-वेदना) भी है। एक दुनिया, युगों की जानी-पहचानी, परखी-परखायी दुनिया मिट रही थी और एक मादक, नवीन पर अज्ञात दुनिया, भविष्य के पर्दे में बनती हुई दुनिया की परछाइयाँ पहले से ही फैलने लगी थीं।

प्राचीन के बीच नवीन की पकड़—यह थे ग़ालिब!

संक्रान्ति के इसी काल में ग़ालिब का जीवन बीता—वह पैदा हुए, पले-बढ़े, दुनिया देखी, खेले-खाये, रोये-हँसे और चले गये। वह ईरानी संस्कारों से पूरित थे। फ़ारसीयत उनके ख़ून में प्रविष्ट हो गयी थी और उसके प्रति दृढ़ आग्रह उनके जीवन में अन्त तक दिखाई देता है। जैसे पुराने पंडित वर्ग में हिन्दी के प्रति उपेक्षा और उपहास का भाव था, वैसे ही ग़ालिब और उनके वर्ग में इस नयी उर्दू के प्रति तुच्छता का भाव था। ग़ालिब की ज़िन्दगी भी वही रसईज़ादों की स्वच्छन्दता के लिए तड़पती हुई ज़िन्दगी थी, जिसके बारे में हम ऊपर कई जगह संकेत कर चुके हैं। ज़्यादातर वह एक सतही ज़िन्दगी थी पर उनकी तथा उनकी रचनाओं की पृष्ठभूमि जो ऐतिहासिक प्रवृत्तियाँ एवं शक्तियाँ उभरीं, उन्होंने उनको समझा, एक सीमा तक उनकी ओर आकृष्ट भी हुए। चूँकि ज़माना बदल रहा था, पुरातन और नूतन की आँख-मिचौनी हो रही थी, उन्होंने दोनों को ग्रहण किया बल्कि यों कह सकते हैं कि परिच्छेद, पोशाक पुरानी होते हुए, और उसमें एक पुराने दिल की धड़कनें होते हुए भी अभिव्यक्ति, कल्पना, पकड़ और सूझ नयी थी—दिल पुराना पर दिमाग़ नया। प्राचीन की जड़ों से रस ग्रहण करनेवाला दिल पर नवीन की ओर देखती चिन्ता की आँखें—कुछ जगे, कुछ खोये हुए, स्वप्निल कल्पनाओं की रंगीनियों में डूबे पर उनकी उपयोगिता एवं सत्यता के प्रति शंकाएँ जिसके ओठों पर मचलती और आँखों में चमककर व्यंग्य करती हैं, यह थे ग़ालिब—अपने ज़माने के पतन की परछाइयों के बीच गर्भ में करवट लेते नवीन का अभिवादन करनेवाले!

विधवा-सी उपहास का साधन दिल्ली!

उनके समय में भारतीय समाज, सभ्यता, शासन—सब टूट रहा था। मुग़ल वैभव की प्रतीक दिल्ली, विदेशों में अफ़वाह की तरह प्रसिद्ध दिल्ली, विदेशियों के दिलों पर स्वप्न और दिमाग़ पर जादू की तरह छायी दिल्ली लुट-पिटकर पस्त हो गयी थी। ऐसी पस्त कि उसके लिए कविगण रोते, नृपतिगण सिर धुनते, शिष्ट एवं शिक्षितजन आश्चर्य से अभिभूत होते और जनसामान्य वेदना की घूँट पी-पीकर रह जाते थे। वह विधवा-सी हो रही थी। एक दिन उसके भृकुटि-विलास पर राज्य बनते-बिगड़ते थे, उसकी मुस्कराहट से अगणित मन-प्राण शीतल होते थे, एक दिन वहाँ से 'दिल्लीश्वरो वा जगदीश्वरो वा' का घोष उठता था, एक दिन उसकी शोख़ी पर उसकी नाज़ोअदा पर राजमुकुट उलटते थे, उसके चरणों में शत-शत मस्तक अर्पित होते थे, एक दिन वह संसार का स्वर्ग थी पर आज वही भूलुंठिता थी। जो आता, उसे मसल देता; जो आता उसके दिल के ज़ख़्म कुरेदकर देखता कि यह नाट्य तो नहीं है; जो आता उसकी अस्मत पर हाथ डालने को लोलुप। वह सिसकती है और लोग हँसते देते हैं, वह रोती और लोगों का मनोरंजन होता है; उसकी लटें सचमुच एक अँधेरे की सृष्टि करती हैं, एक ऐसे अँधेरे की जिसमें तड़पती रूहों का रोदन, मसली लालसाओं का क्रन्दन, बीते वसन्त के करुण स्मरण और अतीत की शत-शत स्मृतियों का दंशन है। वह दिल्ली जिसके वैधव्य में, सारी पस्ती के बावजूद, एक अद्भुत आकर्षण था—डूबते हुए सूर्य की लालिमा का आकर्षण।

मिटते प्राचीन में से फूटता नवीन

भारतीय जीवन उथला हो रहा था। उसकी गरिमा नष्ट हो गयी थी। जीवन की गहराई और पकड़ खो गयी थी, दर्शन एवं तत्त्वज्ञान दिल-बहलाव का साधन बन गये थे। पर पतन में, मिटती हुई एक लम्बी जीवन-विधि के पीछे तेज़ी से ऊपर उठती एक नयी सभ्यता, एक नयी जीवन-विधि की आवाज़ें, कुछ अस्पष्ट-सी, आने लगी थीं। पुरानी सभ्यता मृत्यु की वेदना में करवटें लेती थी और उसके अन्दर से अँगड़ाइयाँ लेता नवीन फूट-फूट उठता था।

ग़ालिब का कार्य

ग़ालिब नये ज़माने की, आते हुए नवीन के चरणों की धमक सुनी। यह बूता तो उनमें न था कि एक नयी राह, एक नयी दुनिया, एक नया समाज वह गढ़ते, इतना ही क्या कम था कि प्राचीन शृंखलाओं को अपने तन से नहीं तो मन से अवश्य उतार दिया और समझा कि जो नया आ रहा है वह हमारे बावजूद,

उपदेशकों के नाक-भौं सिकोड़ने के बावजूद आकर रहेगा। इसलिए उसे अपनाना ही होगा, इसलिए कि वही इस युग का सत्य है। इसीलिए उनमें अँग्रेज़ों के प्रति, अँग्रेज़ी समाज के प्रति एक रुझान हम देखते हैं। उन्होंने कभी खुलकर अँग्रेज़ों का विरोध नहीं किया, 1857 के उन तूफ़ानी दिनों में भी नहीं, क़िले और बादशाह के सम्पर्क में रहते हुए भी नहीं। इसे उनकी देशभक्ति का अभाव ही कहा जा सकता है पर वस्तुस्थिति को समझने और ग्रहण करने की उनकी दृढ़ता का प्रमाण भी इसमें सन्निहित है। यह दिल्ली की बदक़िस्मती है कि उसके पतन के उस ज़माने में किसी शायर के ओठों पर विद्रोह का वह बिगुल अपनी शायरी में नहीं तड़पा कि क़ौम की स्वप्न-बिजड़ित आत्माएँ—ख़्वाबीदा रूहें—एकाएक जग पड़तीं।

अँग्रेज़ों को इनकार करना ज़माने को इनकार करना होता

ग़ालिब की ज़िन्दगी का जो गठन था उसमें यह उम्मीद नहीं की जा सकती थी पर इससे उन्हें देशद्रोही नहीं कहा जा सकता। वह अँग्रेज़ के प्रति अनुकूल इसलिए थे कि वह उस ज़माने का एक सत्य था जिसे इनकार करना ज़माने को इनकार करना होता। अँग्रेज़ों के साथ जो जीवन की चमक-दमक आ रही थी, जो जीवन-विधि आ रही थी, उसमें लाख दोष सही पर एक उन्मेष था, संसार-सुख को पूर्ण उत्साह एवं उमंग से ग्रहण करने, ज़िन्दगी का अधिक से अधिक रस लेने की वृत्ति थी। यह वृत्ति ग़ालिब की उत्फुल्लता, रसग्राहिणी भोग-प्रधान जीवन-वृत्ति के भी अनुकूल थी। वह दिल्ली की बरबादी पर रोते हैं पर अँग्रेज़ों के आगमन पर सन्तुष्ट हैं। वह बादशाह के सेवक और पार्षद हैं पर उनके मिटने पर हम उन्हें रोते-तड़पते नहीं देखते। युग की ऐतिहासिकता का ग्रहण उनके जीवन का सत्य है।

समीक्षा-भाग

ग़ालिब : मानसिक पृष्ठभूमि और मानवीय संवेदनाएँ

मानव की वह बुभुक्षा और प्यास!

ग़ालिब के जीवन और काव्य में सर्वत्र उसका मानवीय रूप बिखरा हुआ मिलता है। उसकी बुराइयाँ-भलाइयाँ, दोष-गुण दोनों इनसान के दोष-गुण हैं। यही सामान्यता उसकी असाधारणता है। हमारा अभिप्राय यह है कि उसका निर्माण अपने युग के एक जागरित मानव के समानान्तर होते हुए भी अनुभूति एवं कल्पना में उससे कहीं तीव्र है और विरोधी जलवायु एवं तूफ़ानों के बीच भी वह मानव की उस बुभुक्षा, उस प्यास, उस उत्कंठा तथा उन सहानुभूतियों की रक्षा कर सका है, जिसके कारण जीवन का रथ कभी युगों की लीक पर चलता और कहीं उसे मिटाकर नयी लीकें बनाता है तथा मनुष्य को नयी शक्ति, नये मूल्य एवं नयी निष्ठाएँ प्रदान करता है।

अन्तर्विरोध व्यक्ति और युग दोनों के अन्तर्विरोध हैं

ग़ालिब के निर्माण-तत्त्वों का अध्ययन करने से हमें उनमें परस्पर-विरोधी प्रवृत्तियाँ मिलती हैं। ये अन्तर्विरोध या परस्पर-विरोध व्यक्ति एवं युग दोनों के अन्तर्विरोध हैं। व्यक्तिगत एवं वर्गगत अहं से भरा हुआ पर बदलते हुए ज़माने से यों तंग कि हर क़दम पर वह अहं पददलित होता है; किसी के सामने हाथ फैलाने में शर्म का अनुभव, फिर भी सदा हाथ फैलाने को बाध्य; ज़माने के दुःख को समेट लेने का जज़्बा लेकर भी अपनी तंगी से दलित; उमंगों और रंगीनियों की एक दुनिया दिल में बसाये हुए, फिर भी क़दम-क़दम पर असफलता एवं निराशा से उत्पीड़ित; अपनी फ़ारसीयत एवं फ़ारसी रचना पर आत्म-मुग्ध, किन्तु युग की प्रतिहिंसा से ऐसा प्रताड़ित कि जिस रेख़ता (उर्दू) को पाँव की धूल समझता रहा, उसी ने उसे अमर कर दिया और उसकी लोकप्रियता फ़ारसी काव्य को खा गयी। रहन-सहन (वज़ा) में सामन्ती, दिल से रईस, ख़ून से मुग़ल, रुचि से

ईरानी-फ़ारसी और मज़बूरी तथा परिस्थिति से हिन्दुस्तानी ग़ालिब अनेक व्यक्तित्वों का व्यक्ति है, अनेक रंगों का चित्रकार है, अनेक अन्तर्विरोधों का आकार है।

अन्तर्विरोधों को समतल करनेवाला तत्त्व

किन्तु इन सब अन्तर्विरोधों को समतल कर देनेवाली एक चीज़ है, दुनिया और इनसान को प्यार करने की उसकी निष्ठा। यह उसकी समस्त विषमताओं, सब नाहमवारियों को ढँक लेती है, उसकी सम्पूर्ण दुर्बलताओं और अपूर्णताओं को अपने अंक में समेट लेती है। यही वह जादू है जिसके कारण उदासी और दुःख की घटाएँ प्यार की बिजलियों से चमक-चमक उठती हैं और भावना की धरती संवेदनाओं की अजस्र वर्षा से तृप्त होकर उर्वरा हो उठती है। वह लाख बुरा हो, पर इनसान का दिल उसकी हर वाणी में बोल-बोल उठता है—देवता का नहीं, इनसान का दिल, गर्म-गर्म ख़ून से भरा दिल जो अपनी अगणित शिराओं में जीवन की प्यास लिये चलता है।

वह ज़माना!

ग़ालिब जिस ज़माने में पैदा हुआ, वह मुग़ल-साम्राज्य की सन्ध्या थी। वह एक ऐसी सभ्यता में पला जो ऊपर से मोहक बनी हुई थी, पर अन्दर से इतनी खोखली हो गयी थी कि मृत्यु ही उसकी मुक्ति थी। उस गठन का शारीज़ा तेज़ी से बिखर रहा था। इस बिखराव के क्रम को बहुत कम लोग देख पाते थे। नियति ने लोगों को मोहाविष्ट कर रखा था और उच्च वर्ग के लोग उस विनाश की ओर से आँखें मूँद अपने में ही सिमट चले थे जो तेज़ी से उनकी ओर दौड़ा चला आ रहा था। चरित्र राष्ट्रीय न होकर बहुत कुछ वैयक्तिक हो गया था—निजी या समूहगत स्वार्थों के पंक में लिपटा हुआ। ग़ालिब ऐसे ही ज़माने में हुआ। बचपन दुलार में पला, किशोरावस्था रंगरलियों में गुज़री, पर उत्तम संस्कार की एक भी किरण न मिली। कोई निश्चित संस्कार बचपन में न बन सका। न वातावरण था, न प्रेरणा थी, न बनानेवाला था। चैन से गुज़रती थी और एक रईसज़ादे के लिए यही क्या कम था! स्वभावतः उसमें विलासी जीवन की परम्पराएँ पनपीं। अपने वर्ग के बहुत अधिक लोगों की तरह उसे भी विलासिता एवं कामना के तूफ़ान की ज़िन्दगी मिली।

ख़ुशहाली के पीछे से झाँकती यतीमी

पर एक बात में वह औरों से भिन्न था। उसे किसी की छाया अधिक दिनों तक नसीब न हुई। उसकी ख़ुशहाली के पीछे से यतीमी झाँक रही थी। उसी ने उसको उच्छृंखल किया, दुनिया के खुले रास्ते पर अकेला छोड़ दिया, और उसी ने हथौड़ों

की चोट से इसको गढ़ा और तूफ़ानी थपेड़ों से इसकी जीवन की गति उत्पन्न की। बचपन में हम देखते हैं कि एक ओर आराम-आसाइश की सब सामग्री प्रस्तुत थी, दूसरी ओर वह अनाथ था—तन से भी और मन से भी। इस सतह पर उसके दुःख-दर्द की इन्तहा नहीं थी। यह स्थिति जीवन-भर चलती रही और कभी समाप्त नहीं हुई। दो बरस का था कि बाप मरा, पाँच का था कि चचा मर गये। बच्चा था और घर में अभाव न था, इसलिए यह दर्द, कुछ समय के लिए अन्दर ही अन्दर दब गया, पर यह इसके जीवन का एक महत्वपूर्ण एवं स्मरणीय तथ्य है कि पाँच बरस की उम्र के बाद इसका कोई सरपरस्त न रह गया। किसी के आगे झुकने की ज़रूरत न रही, कोई अनुशासन न रहा (इसीलिए ग़ालिब के इश्क़ में वह आत्मार्पण का भाव कभी न आया जो मांस के मानव में आध्यात्मिक अनुभूतियों की सृष्टि करता है)।

निर्बाध जीवन की डगर पर

चचा के मर जाने के बाद दुनिया की रंगरलियों में डूबने का रास्ता खुल गया। कोई रोक-टोक न रही। ज़रा ही बड़ा हुआ कि दिल्ली आया और एक उच्च वंश की लड़की इसे गले बाँध दी गयी। वह सच्चे अर्थों में गले ही बँधकर रह गयी; कभी दिल में न उतरी, आँखों में न चमकी, पाँवों में गति न बनी; अरमानों में न उभरी। जीवन के अन्तिम क्षण तक खटपट रही।

स्थायी पतझड़ का जीवन

उधर इशरत की क़ीमत चुकाने में, जो पास था, समाप्त हो गया, घर की चीज़ें बिक गयीं और तब कठिनाइयों का जो सिलसिला शुरू हुआ वह ज़िन्दगी-भर न टूटा। मरने के बाद भी बाक़ी रहा। ज़िन्दगी सदा ऋणदाताओं की मोहताज रही। तीस बरस में भाई पागल होकर मर गया। कई बच्चे हुए पर एक न जीया। जिसे गोद लिया वह भी चल बसा। पत्नी से जिस जीवन-रस की आशा थी, उसकी एक बूँद न मिली। पचास बरस की उम्र में जेल जाना पड़ा। इस प्रकार सुख के चन्द दिनों बाद दुःख जो आया तो ज़िन्दगी-भर मेहमान बना रहा। जीवन के उद्यान में चन्द दिन रहकर जो बहार गयी तो गयी, फिर सदा ख़िज़ाँ की सनसनाहट, तोड़ और कुरेदन बनी रही।

जीवन की प्यास

वह दुःख में पला। दुःख उसकी ज़िन्दगी पर छा गया किन्तु उसके अन्दर जो जीवन की प्यास थी उसने कभी उसके प्राण को, दिल को मरने न दिया। उसने

दुःखों की चुनौती स्वीकार की और सदा उनसे लड़ता रहा। कभी हथियार नहीं डाले। ज़िन्दगी की घाटियों में भटकता हुआ निराश भी हुआ और दुःख का कलेजा मथनेवाला चीत्कार भी सुनाई दिया :

है सब्ज़ः ज़ार हर दरो-दीवारे-ग़मकदः;
जिसकी बहार यह हो फिर उसकी ख़िज़ाँ न पूछ॥[1]

× × ×

जिसे नसीब हो रोज़ेसियाह मेरा-सा
वह शख़्स दिन न कहे रात को तो क्योंकर हो?[2]

× × ×

ज़िन्दगी अपनी जब इस शक्ल से गुज़री 'ग़ालिब'
हम भी क्या याद करेंगे कि ख़ुदा रखते थे॥[3]

रोदन को मुसकराहट की गोद में उछालनेवाला इनसान

पर ग़ालिब की विशेषता यही है कि वह इतने पर भी कभी ग़म का शिकार नहीं हुआ। क़िस्मत पर रोया भी है—कलेजे को टूक-टूक करनेवाला रोना, दिलों को हिला देनेवाला रोना, किन्तु फिर इस रोदन को मुसकराहट की गोद में उछाल दिया है; एक आत्मविनोद (सेल्फ़-ह्यूमर) में दुःख-दर्द खो गये हैं, और जीवन की उमंगों के रंग फिर उभर आये हैं; कामना के पंछी के डैने फिर फड़फड़ाने लगे हैं।

मतलब यह कि दुःखों में निढाल होकर वह कभी न बैठा; सदा लड़ता ही रहा। मंज़िल पर बैठकर रोने की जगह, रोते-हँसते और लड़खड़ाते हुए राह पर आगे बढ़ते जाना उसका शेवा था।

अर्श पर उछालनेवाला ग़म नहीं

यह ठीक है कि ग़ालिब का ग़म उस कोटि का नहीं था जो मानवता के बन्धन तोड़ने को उद्यत होता है, जिसमें आदमी आकाश-कुसुम तोड़ने को बेचैन हो

---

1. दुःखपूर्ण घर के द्वार व दीवार, मुद्दतों की वीरानी के कारण लम्बी घास से भर गये हैं, यही इस ग़मकदः की बहार है तब हमारी ख़िज़ाँ का हाल क्या पूछते हो?
2. जिसे मेरे जैसा रोज़ेसियाह—काला दिन—प्राप्त हो वह विवश है कि दिन को रात कहे क्योंकि ऐसा काला दिन, दिन तो कहा नहीं जा सकता। (भला उस दिन की सियाही कैसी होगी जिसके आगे रात भी दिन मालूम होती है?)
3. जब हमारी ज़िन्दगी ऐसे बुरे हाल में गुज़री (कि कभी कोई आरज़ू पूरी न हुई) तो हम भी क्या याद करेंगे कि हमारा भी कोई ख़ुदा था।

उठता है और दुःख का गला मरोड़कर, पस्ती की पसलियाँ तोड़कर निराशाओं के शव-पुंज पर जीवन की ज्योति और आशा के शंख फूँकता है तथा स्वप्निल आत्माओं को, ख़्वाबीदः रूहों को बेदार कर देता है—संसार का चेहरा बदल देनेवाला ग़म जो इनसान को अर्श पर उछाल देता है, वह जो बुद्ध और गाँधी में फूटता है, या और नज़दीक और नीचे स्तर पर उतरकर कहें तो वह ग़म जो 'हाली', 'जोश' और 'फ़ैज़' वग़ैरा को बेचैन कर देता है।

वह ग़म भी नहीं जो कभी दूर न हो

स्वभावतः उस माहौल में, उस वातावरण में, जिसमें ग़ालिब पला था यह सम्भव न था पर यह ग़म ऐसा भी नहीं है कि 'मीर' के ग़म की भाँति कलेजे के पोर-पोर में समा जाए, निकाले न निकले, हटाये न हटे, और ज़िन्दगी पर एक अपरिवर्तनीय ऋतु की तरह छा जाए; ग़म जो जिसे छूता है उसे रुलाता है, और रुलाता है; जिसकी आँखों पर उतरता है उसकी ज्योति छीन लेता है; जिसको डँसता है उसे सदा के लिए अपने आग़ोश में, आलिंगन में, यों जकड़ लेता है कि फिर छुटकारा नहीं।

दुनिया से मुहब्बत सिखानेवाला ग़म

इन दो आत्यन्तिक सीमाओं के बीच एक ग़म और होता है, जो स्वस्थ इनसान का ग़म है, वह ग़म जिसमें बिखरे हुए मज़ारों के बीच भी ज़िन्दगी के मेले लगते हैं; वह ग़म जिसमें इनसान रोता है पर रोकर समाप्त नहीं हो जाता, और घुल जाता है, ज़िन्दगी के लिए और शक्ति प्राप्त करके उठता है। ग़ालिब का ग़म उस मानव का ग़म है जो ऊबकर, निराश होकर संसार का त्याग करने को उतावला नहीं होता, बल्कि उसके बावजूद, उसके कारण, दुनिया तथा उसकी चीज़ों से और मुहब्बत करना सीखता है। हर कठिनाई, हर दुःख उसे बताता है कि यह दुनिया कितनी सुन्दर, कितनी प्राणोन्मादक, कैसी मोहक है। ग़ालिब हर हालत में इसी दुनिया में रहना चाहता है और इसी दुनिया का रस और स्वाद लेने के लिए प्रयत्नशील है। तूफ़ान आते हैं, पैर लड़खड़ा जाते हैं; जब वह स्वाद नहीं मिलता तो दुखी और निराश भी होता है पर कभी दुनिया का तिरस्कार नहीं करता। उसमें दुनिया के प्रति घृणा नहीं; एक अटूट लगाव है। इसीलिए ग़ालिब का ग़म मारक नहीं है। वह जीवन का ऐसा शृंगार है जिसमें कामनाओं का हुस्न अपनी अगणित अदाओं के साथ मचलता है; जिसमें जीवन की गति है; जीवन का नर्त्तन है।

मुग़ल का रंग

ग़ालिब मुग़ल था। जीवन के विषय में मुग़ल का दृष्टिकोण उत्फुल्लता का दृष्टिकोण है। मुग़ल-रक्त में धर्म और मज़हब की प्यास शिथिल होती है और जीवन की रानाइयों एवं रंगीनियों के प्रति उसमें तीव्र आकर्षण होता है। स्वभावतः वह विलासी एवं काव्य-संगीत तथा सौन्दर्य का प्रेमी होता है। ग़ालिब में भी यही रंग उभरा मिलता है।

यह अदम्य प्यास ही जीवन का उत्स और काव्य का प्राण है

उसमें संसार के प्रति कामना का प्रबल आग्रह है। संसार के प्रति यह अदम्य प्यास ही उसके जीवन का उत्स है, उसके काव्य का प्राण है। अमित कामनाएँ उसके जीवन और काव्य से फूटती हैं। आले अहमद 'सुरूर' ने ठीक ही लिखा है— "उन्हें बचपन की तफ़रीहात[1], जवानी की रँगरलियों, ऐशोइशरत[2] की बहारों, सबमें हिस्सा मिला, अगर्चे उनके अरमान निकलने पर भी न निकले[*]। वह दरिया से सैराब[3] होते हुए भी प्यासे रहे। यह तिश्नगी[4], यह प्यास, यह बेचैनी, यह बहुत कुछ हासिल[5] होते हुए भी बेहासिली का एहसास[6] मामूली नहीं है।"[7]

और यह अमित प्यास किसी छिछोरे की प्यास नहीं है। औरत और शराब कोई उसकी ज़िन्दगी नहीं है, जीवन के उल्लास के साधन-मात्र हैं। वह नशा करता है पर नशेबाज़ नहीं है; नशा एक मस्ती का साधन भर है :

मय से ग़रज़ निशात[8] है किस रूसियाह को[9],
एक गून: बे.ख़ुदी मुझे दिन-रात चाहिए।

जीवन गति है

इसी प्यास ने उसे गति दी है। वह जानता है कि जीवन स्वयं गति है। ज़िन्दगी एक प्रवाह है, एक रवानी है, एक सफ़र है। मृत्यु एक ठहराव है, एक मंज़िल है, एक गतिहीनता है। इसीलिए वह मंज़िल का नहीं, राह का कवि है। जब तक ग़म है, ख़ुशी है, चल-चलाव है, गति है, तभी तक यह ज़िन्दगी है। इसलिए वह बराबर चलते रहने में विश्वास रखता है। यहाँ आयु निर्बन्ध होकर नाच रही है। उसपर किसी प्रकार का नियन्त्रण नहीं है :

---

1. सैर-सपाटा, विहार, मनोरंजन, 2. विलास, 3. लबरेज़, पूर्ण छके हुए, 4. पिपासा।

* *हज़ारों ख़्वाहिशें ऐसी कि हर ख़्वाहिश पै दम निकले,*
बहुत निकले मेरे अरमान लेकिन फिर भी कम निकले।

5. प्राप्त, 6. अनुभूति, 7. *नक़दे-ग़ालिब,* पृष्ठ 120 8. ऐश, 9. कृष्णमुख, पापी।

रौ में[1] है रख़्से[2]-उम्र कहाँ देखिए थमे,
न हाथ बाग पर है न पा है रकाब में।

अर्थात : 'आयु का अश्व—काल अश्व—इस तीव्र गति से भाग रहा है कि बाग हमारे हाथ से और पाँव रकाब से निकल गये हैं; कुछ मालूम नहीं कि यह कहाँ जाकर थमता है।'

यह मानसिक स्थिति है कि निष्क्रिय शान्ति की अपेक्षा ज़िन्दगी का शोरगुल और हंगामा, फिर चाहे वह रोना ही हो, अच्छा लगता है। कहते हैं :

एक हंगामः पै मौक़ूफ़ है घर की रौनक़,
नौहए-ग़म[3] ही सही, नग़मए शादी[4] न सही।

अर्थात : 'घर की शोभा एक चहल-पहल पर निर्भर है। इसलिए आनन्द का गान न हो तो शोक का गीत ही चलता रहे।'

यह उमंग है कि वधस्थल की ओर हुए भी ज़िन्दगी की वही अकड़ और आह्लाद का वही रंग है :

मक़तल[5] को किस निशात[6] से जाता हूँ मैं कि है,
पुरगुल ख़याल ज़ख़्म से दामन निगाह में।

इसीलिए ग़ालिब का दुःख जीवन को और मोहक बनाता है। फिर यह ग़म भी अनेक कोटियों में बँटा हुआ है। इन कोटियों में इश्क़ का ग़म (प्रेम-वेदना) श्रेष्ठ है क्योंकि इसमें जीवनानन्द है, क्योंकि यह दर्द भी है और दवा भी है :

इश्क़ से तबीयत ने ज़ीस्त[7] का मज़ा पाया,
दर्द की दवा पायी दर्द बेदवा पाया।

फिर जब ग़म ज़िन्दगी से लिपटा हुआ है तब इश्क़ के ग़म से बच भी जाते तो दुनिया का ग़म, जीविका का ग़म, कोई ग़म तो होता ही। तब यही अच्छा है :

ग़म अगर्चे जाँगुसिल[8] है पै कहाँ बचें कि दिल है,
ग़मे-इश्क़ अगर न होता-ग़मे रोज़गार होता।

---

1. गति, 2. लाल और सफ़ेद घोड़ा, 3. शोक का गीत, 4. आनन्दगान, 5. वधगृह, 6. आह्लाद, 7. जीवन, 8. हृदयविदारक, प्राणघातक।

ग़मों को चीरकर बहते हुए सुख और हास्य के झरने

ग़ालिब के सारे जीवन में कोई-न-कोई ग़म दिखाई पड़ता है। कभी इश्क़ का ग़म है, कभी रोज़गार का ग़म है, यहाँ तक कि कभी अस्तित्व का ग़म (ग़मे-हस्ती) भी है। पर इन ग़मों को उलीचकर उसने सुख और हास्य के झरने बहा दिये हैं। बहुत दुःख उठाया है, उसकी ज़िन्दगी आख़ीर तक दुःखों से भरी रही। बचपन से वृद्धावस्था तक दुःख ही दुःख—यतीमी का दुःख, सन्तानहीनता का दुःख, स्त्री का दुःख, पैसे का दुःख, उत्तर काल में अपने साथियों-सहयोगियों से बिछुड़ने का दुःख—मोमिन मरे, इमामबख़्श सहबाई तोप से उड़ा दिये गये, मयकश का प्राण गया, आज़ुर्दा को कालापानी हुआ, शेफ़्ता दंडित हुए—दिल्ली की सल्तनत ख़त्म होने का दुःख, दुनिया द्वारा अपनी ठीक पहचान न होने का दुःख, वंश-मर्यादा निभाने की कठिनाइयों का दुःख। पर ये दुःख कभी उसकी ज़िन्दगी की हविस तोड़ने में समर्थ न हुए। ऐसा नहीं कि असफलता की निराशा ने दिल को छेदा नहीं। ग़ालिब निराश हुआ है और ख़ूब हुआ है। मौन में कलेजे का दर्द सीमा को पहुँच गया है और कह भी डाला है :

ख़मोशी में निहाँ ख़ूँगश्तः लाखों आरज़ूएँ हैं,
चिराग़े-मुर्दः हूँ मैं बेज़बाँ गोरे ग़रीबाँ का।

अर्थात : 'हमारे मौन में लाखों कामनाएँ ख़ून हो-होकर, प्रच्छन्न हो गयी हैं। मैं बेज़बान परदेशियों की क़ब्रों का मृत—बुझा हुआ—दीपक हूँ।'

पर जो आदमी स्वर्ग के लिए भी दुनिया के आराम-आसाइश और मज़े छोड़ने को तैयार नहीं हुआ वह निराशा में कब तक पड़ा रह सकता था। एक क्षण की पस्ती और फिर वही ज़िन्दगी का झटका, जो कहता और कहलाता है :

न होगा यक बयाबाँ माँदगी से ज़ौक़ कम मेरा,
हबाबे-मौजए-रफ़्तार है नक़्शे-क़दम मेरा।

अर्थात : 'एक बयावान को पार करने की थकान मेरी (यात्रा की) उमंग को कम नहीं कर सकती। मेरा पद-चिह्न मेरी गति की तरंग में सिर्फ़ बुद्बुद् की भाँति है; अर्थात जैसे लहरों में अगणित बुलबुले उभरते रहते हैं पर उनका लहरों की गति पर कोई प्रभाव नहीं पड़ता, वैसे ही इस यात्रा में मेरे चरण-चिह्नों का मेरी गति पर कोई असर नहीं है, थकान से मेरी उत्कंठा में कोई कमी नहीं आयी है।'

यह विश्वास ही ग़ालिब का ऐश्वर्य है

अपनी शक्ति में यही दृढ़ विश्वास ग़ालिब का ऐश्वर्य है। यही विश्वास जीवन

को गति देता है—गति जो, परिवर्तनों के बीच भी, अगणित स्वादों का अर्घ्य लिये पास आती है। एक फ़ारसी क़सीदे में तो उसने यहाँ तक कहा है, "मेरा उन्माद मुझे बैठने नहीं देता। आग जितनी तेज़ है उतना ही मैं उसे हवा दे रहा हूँ। मौत से लड़ता हूँ और नंगी तलवारों पर अपने जिस्म को डालता हूँ। तलवार और कटार से खेलता हूँ, तारों को चूमता हूँ।"

जहाँ ग़म ग़म नहीं सुख की सीढ़ी है

यह वृत्ति उसके ग़म में एक अजीब कशिश पैदा कर देती है, एक अद्‌भुत आकर्षण भर देती है, यहाँ तक कि ग़म ग़म नहीं रह जाता, सुख की सीढ़ियाँ बन जाता है। दुःख को सुख में ढाल देने का यही करिश्मा ग़ालिब के काव्य का प्रधान तत्त्व है, यही उसके काव्य की जीवन्त पृष्ठभूमि है।

ग़ालिब और मीर के मानसिक निर्माण में अन्तर

ग़ालिब ने इश्क़ किया, गृहस्थी बनायी, दोस्ती की, मन की गहराइयों में पैठा पर ऐसा कभी न हुआ कि एक बिन्दु पर पहुँचकर रुक गया हो, एक तत्त्व या तथ्य में केन्द्रित होकर रह गया हो। अन्तर एवं बाह्य दोनों उसके जीवनानन्द के साधन हैं। 'मीर' में यही न था। वह अन्तर की दुनिया से कभी बाहर न निकले; अन्तर एवं बाह्य दोनों को मिलाने की कभी कोशिश न की। इसलिए उनमें वेदना और अनुभूति की गहराइयाँ हैं, अतलस्पर्शी पकड़ है।

दिल की एक ऐसी दुनिया है जिसका चप्पा-चप्पा उनका जाना हुआ है। वह उसी पर मुग्ध हैं; उसी में खो गये हैं। बाहरी दुनिया की ओर नज़र ही नहीं डालते। पर ग़ालिब, दिल के दयार में सैर कर लेने के बाद बाहर भी निकल आता है और वहाँ की बहार और ख़िज़ाँ का आनन्द भी लूटता है। उसमें एक अद्‌भुत व्यापकता और विविधता है। कैमरे के शीशे की तरह जो कुछ सामने आया, उस सबका प्रतिबिम्ब उसके मानस ने ग्रहण कर लिया। यहाँ दिल धड़कता है पर हुस्न की अदाकारियों पर निछावर भी होता है; यहाँ भावना की दृष्टि है पर माँसलता का स्पर्श भी है।

ग़ालिब की कुंजी

मैंने ऊपर कहीं लिखा है कि ग़ालिब में एक मुग़ल की दुनिया-परस्ती और तबीयत की रंगीनी है। पर यदि इतना ही होता, यदि उसके जिस्म में दौड़ते हुए गर्म-गर्म ख़ून की माँग बहुत तेज़ होती तो उस ज़माने के मुग़लों की तरह बीबी को,

जो उसकी स्वच्छन्दता के पाँव में बेड़ी-जैसी थी और जिसे वह सदा वैसी अनुभव करता रहा, छोड़ रँगरलियों में डूब जाता। अगर एक भारतीय की अनुभूति तीव्र होती तो वह घर छोड़कर फ़क़ीर हो जाता, फिर चाहे तसव्वुफ के रंग उसमें उभरते या ज़ाहिद और वाइज़ का रोल वह इख़्तियार करता। या फिर ऊँचाई पर निखरकर प्रवक्ता बनकर एक सन्देश, एक पयाम देने की कोशिश करता। पर वैसी बात न थी। उसमें अनेक व्यक्तित्वों का सामंजस्य था; अनेक धाराएँ एक हो गयी थीं। यह व्यक्तित्व-बहुलता (Multiplicity of Personality) ग़ालिब को समझने-पाने की एक प्रधान कुंजी है।

क्या उसकी माशूक़ा बाज़ारू थी ?

ग़ालिब ख़ून से मुग़ल, स्वभाव एवं रुचि से ईरानी तथा रहन-सहन के संस्कार से हिन्दुस्तानी हैं। अन्दर से असीम प्यास लिये हुए भी, जिसमें ऐशोइशरत की, विलासिता की अक्षय माँग है, छिछोरापन नहीं है। उस गर्मी और प्यास पर भारतीय संस्कृति की शालीनता एवं ईरानी संस्कृति की विश्वानन्दी धारा की कुछ-न-कुछ छाप स्पष्ट है। स्वभावतः उसकी प्यास एक ऐसे स्वस्थ मानव की प्यास बन गयी जिसकी रगों में गर्म ख़ून बहता है, पर जिसके दिमाग़ में मानवी मूल्यों का एहसास भी है। डॉ. अब्दुल लतीफ़ ने लिखा है कि "ग़ालिब का इश्क़ बिलकुल माद्दी है, उसकी माशूक़ः बाज़ारू है।" यह सही है, पर एक सीमा तक। इसमें सत्य है, पर आंशिक। उसमें कहीं-कहीं बाज़ारूपन ज़रूर आ गया है, पर वह बाज़ारू नहीं है। वह न स्वर्गीय है, न बाज़ारू, वह औसत इनसान है। माद्दी भी है, क्योंकि जैसा मैं कह चुका हूँ, ग़ालिब के लिए जो कुछ है, यही दुनिया है—इसके बाद जो कुछ है, उसमें उसको विश्वास नहीं।* वह इसी दुनिया का है—अगणित जिह्वाओं से दुनिया का रस और स्वाद लेनेवाला, कामना के अगणित नयनों से उसकी सौन्दर्य-भंगिमाओं को देखनेवाला, कल्पना के सहस्त्र-सहस्त्र करों से उसे स्पर्श करनेवाला। हम इसे पसन्द न करें, यह और बात है। निजी रूप में स्वयं इसे पसन्द नहीं करता।

मानवी प्रेयसी

पर असलियत यह है कि वह इस भौतिक जगत् में ही अन्तर्जगत्, अतीन्द्रिय जगत् का सौन्दर्य देखता है। इसीलिए प्रेयसी के हुस्न की सौ-सौ अदाएँ उसे खींचती

---

* हमारे बच्चन की तरह जो कहते हैं :

इस पार यहाँ मधु है तुम हो उस पार न जाने क्या होगा ?

हैं। वे अदाएँ, जो ज़्यादा गहरे, अध्यात्म-प्रवण व्यक्तियों के अन्तर्मन को एक गूढ़ एवं रहस्यमय स्वाद, एक अव्यक्त आनन्द से भर देती हैं, ग़ालिब में स्पर्श और ग्रहण, चुम्बन और आलिंगन की प्यास पैदा करती हैं। ग़ालिब इसे छिपाता नहीं; वह कभी संकेत नहीं करता कि उसका प्रेम ईश्वरीय है, वह कभी नहीं कहता कि उसकी प्रेयसी तसव्वुफ़ की कभी पकड़ में न आनेवाली और एक छलावे-सी अदृश्य हो जानेवाली प्रेयसी है। उसका प्रेम मानवी है; उसकी प्रेयसी मानवी है, उसका सौन्दर्य मानवी है, उसकी पकड़ मानवी है। स्वभावत: उसमें बार-बार देखने की कामनाएँ उठती हैं, उसमें स्पर्श की भावनाएँ मचलती हैं, उसमें माशूक़ को आलिंगन में आबद्ध करने की तृष्णा है। पर इस हविस, इस तृष्णा में छिछोरापन नहीं है, बाज़ारूपन नहीं है। यहाँ प्रेयसी के सौन्दर्य में ही विश्व का सौन्दर्य अपनी सम्पूर्ण मोहक भंगिमाओं, दिलकश अदाओं के साथ आकर सिमट गया है। यहाँ त्याग नहीं है, पर केवल भोग भी नहीं है या यह कहना ज़्यादा ठीक होगा कि भोग के लिए भोग नहीं है, वह एक अक्षय अतृप्तिमूलक तृप्ति के साधन-रूप में है। इसीलिए उसमें एक रख-रखाव, एक सन्तुलन भी है।

वातावरण और संगति

यहाँ उस वातावरण का स्मरण फिर से दिलाने की आवश्यकता है जिसमें ग़ालिब का पालन-पोषण हुआ। वह एक उच्च मुग़ल घराने में पैदा हुआ, ईरानी संस्कारों के तीव्र गन्धयुक्त वातावरण में पला। फ़ारसीयत उसकी घुट्टी में थी—वह फ़ारसीयत जो गुल और बुलबुल, मय और मीना के कभी ख़त्म न होनेवाले दास्तान से भरी हुई थी। उसकी निश्चित परम्पराएँ थीं। फिर वह मुग़ल सभ्यता एवं शासन के सन्ध्याकाल में जन्मा और बढ़ा। पिता और चचा कोई ऐसे संस्कार डालने के पूर्व ही चल बसे जो उसकी ज़िन्दगी में अनुशासन लाते। वह सोलह आना रईसज़ादा, एक रईसज़ादी से विवाहित, उसकी संगत भी रईसज़ादों की थी जिनमें से अधिकांश ज़िन्दगी की बाहरी खुशियों एवं ऐशोइशरत में डूबे हुए थे। इसलिए ग़ालिब के अन्तर्मुख होने का कोई सवाल ही न पैदा होता था। उसकी विशेषता यही है कि ऐसी परिस्थिति में भी उसने ज़िन्दगी की लड़ाई ख़ुद लड़ी, कभी उससे भागा नहीं और अपना रास्ता खुद बनाया—जीवन में भी और काव्य में भी। स्वभावत: उसके काव्य में न तो आकाश में उड़नेवाले देवों की वाणी है, न कीचड़ में रेंगनेवाले वासना-कीटों का चीत्कार है। वह इन दोनों के बीच की चीज़ है; वह एक भरपूर मानव की वाणी है और यह ग़ालिब का कैरेक्टर है कि उसने अपने को कभी नहीं छिपाया, जैसा था वैसा ही ज़ाहिर किया। जहाँ प्रकट न करना था या कोई आवश्यक न था, वहाँ अपने को स्वाभाविक रंग में ही रखा, जिसमें पहचान में

कोई धोखा न हो (यद्यपि खुद धोखा खाने और धोखा देनेवाले समीक्षकों एवं व्याख्याकारों ने उसे इस पर भी नहीं बख़्शा)। जीवन और काव्य सबसे उसकी यह ईमानदारी की भावभूमि बिलकुल स्पष्ट है।

इसीलिए उसके काव्य में हुस्न की मचलती हुई तस्वीरों की बहुतायत है। काशी और कलकत्ता में उसने जो सौन्दर्य देखा उस पर लहालोट हो गया है। निश्चय इस सौन्दर्य में, जिसे सौन्दर्य की अपेक्षा रूप कहना चाहिए, शारीरिक आकर्षण है, कोई अशरीरी अनुभूति नहीं। पर इसमें बुतों के आकर्षण का ही नहीं, प्राकृतिक हरीतिमा के आकर्षण का भी ज़िक्र है :

वह सब्ज़:ज़ारहाए[1] मुतर्रा[2] कि है ग़ज़ब
वह नाज़नीं[3] बुताने-ख़ुदआरा[4] कि हाय हाय।
सब्रआज़मा[5] वह उनकी निगाहें, कि हफ़ नज़र[6],
ताक़तरुबा[7] वह उनका इशारा कि हाय हाय।

वासना ही जीवन का सत्य है

इसी प्रकार दिल्ली में भी एक प्रेयसी की मृत्यु पर जो 'नौहा' (शोकगीत) लिखा था, उसमें एक मानवी प्रेयसी के चिरविरह का रोदन है, उसमें मांसल कामनाओं की कराह है। ग़ालिब ने कहीं यह इशारा तक नहीं किया है कि उसका प्रेम अमानवीय, अशरीरी और वासनारहित है; बल्कि वासना ही उसके जीवन का सत्य है। पर वासना का ग्रहण उसने इस ईमानदारी और निष्ठा के साथ किया है कि वासना वासना नहीं रह जाती। आत्यन्तिक आग्रह एवं निष्ठा के कारण उसमें एक प्रकार का आध्यात्मिक सौन्दर्य पैदा हो गया है।

ग़ालिब का काव्य शरीर-सौन्दर्य एवं माँसल प्रेम का काव्य होकर भी किसी को गिराता नहीं। उसमें लगावट है, पर गिरावट नहीं। उसमें आग्रह है, पर पशुत्व नहीं। उसमें प्यास है, पर विष नहीं। उसमें दर्द की तमन्ना है, पर ज़िन्दगी का एहसास भी है; उसमें बेहोशी है, पर एक अद्‌भुत सजगता भी है। उसमें भोग है पर कुछ-न-कुछ अर्पण भी है। वह अगणित जिह्वाओं से जीवन का रस चूसता है, पर चूसकर रस दूसरों को देता भी है।

इसीलिए घोर सांसारिक वासनाओं का कवि होकर भी वह इनसान को इस गहराई के साथ प्यार करता है, दूसरों के बच्चों को अपने बच्चों की तरह अपना लेता है, दोस्तों एवं शिष्यों पर जान देता है; हर एक के दुःख-दर्द का शरीक

---

1. हरीतिमाएँ, 2. तरावट देनेवाली, 3. सुकुमारियाँ, 4. स्वयं-सज्जिता प्रतिमाएँ, 5. धैर्य-विघातक। 6. नज़र न लगे, 7. साहस और शक्ति देनेवाला।

है। इसीलिए उसमें दुनिया के प्रति वह प्रीति और निष्ठा है कि इसे छोड़ अमरता का सौदा करनेवाले ख़िज्र को ललकारकर कह सकता है :

वह ज़िंद: हम हैं कि रूशनासे-ख़ल्क[1] ऐ ख़िज्र,
न तुम कि चोर बने उम्रे-जाविदाँ के[2] लिए।

अर्थात : 'ऐ ख़िज्र! ज़िन्दा तो असल में हम हैं कि दुनिया में चलते-फिरते और उससे पहचान रखते हैं, न कि तुम जो अमर होने के लिए चोर बने।'

तीव्र आसक्तियों के मूल में एक अनासक्ति भी है

इसी निष्ठा के कारण, इसी ईमानदारी के कारण उसमें मानवीय संवेदनाओं का वह निखार है जो सूफ़ी और जाहिद में नहीं मिलता। यह ठीक है कि वह अपनी आवश्यकताओं के लिए गिड़गिड़ाता भी है, पर यह न भूलना चाहिए कि दूसरों को भीख़ माँगते देख, उनकी वेदना अनुभव कर, दर्द से कराह भी उठता है। तीव्र एवं प्रबल आसक्तियों के इस मानव की जड़ों में एक प्रकार की फ़कीरी, एक अनासक्ति है। एक जागरित सच्चे मानव की तीव्र संवेदना उसमें है; बिना इसके क्या वह एक मित्र को, अपने एक निजी पत्र में लिख सकता था :

"क़लन्दरी[3] व अज़ादगी व असियारो करम[4] के जो दुआवी[5] मेरे ख़ालिक[6] ने मुझमें भर दिये हैं, बक़दर हज़ार[7] एक ज़हूर[8] में न आये। न वह ताक़त जिस्मानी[9] कि एक लाठी हाथ में लूँ और उसमें शतरंजी और एक टिन का लोटा मय सूत की रस्सी के लटका लूँ और प्यादा पा चल दूँ, कभी शीराज जा निकला, कभी मिस्र में जा ठहरा, कभी नजफ़ जा पहुँचा :

न वह दस्तगाह[10] कि एक आलम का मेज़बान बन जाऊँ।
अगर तमाम आलम में न हो सके न सही,
जिस शहर में रहूँ उस शहर में तो कोई, नंगा-भूखा नज़र न आये।

ख़ुदा का मक़हूर[11], ख़ल्क का मरदूद, बूढ़ा, नातवाँ[12], बीमार फ़कीर, नक्बत[13] में गिरफ्तार। मेरे और मआमलात कलाम व कमाल से क़तअनज़र करो; वह जो किसी को भीख माँगते न देख सके, और ख़ुद दर-बदर भीख माँगे, वह मैं हूँ।"

---

1. संसार का परिचय रखनेवाले, 2. अमर जीवन, 3. फ़कीरी, 4. श्रेष्ठता और कृपा, 5. दावे, 6. कर्त्ता, 7. हज़ार में एक भी, 8. व्यक्त, 9. शारीरिक शक्ति, 10. सामर्थ्य, 11. दैवकोपग्रस्त, 12. दुर्बल, 13. दरिद्रता, कंगाली।

ऐसे समय उसकी निराशा समाजगत हो जाती है; उसका निजी दुःख युग-वेदना में परिणत हो जाता है और अपनी असमर्थता पर कह उठता है :

न गुले-नग़मा हूँ न पर्दए-साज़[1]।
मैं हूँ अपनी शिकस्त[2] की आवाज़।

यह 'अपनी शिकस्त' उसकी शिकस्त नहीं है। यह उस समाज-व्यवस्था की पराजय की वाणी है जिसके पास एहसास तो था, अनुभूतियाँ तो थीं, पर निर्माण का कोई नया स्वप्न नहीं था।

राह से बेख़बर पर नवीन का स्वागत करने को उत्सुक

ग़ालिब का जैसा निर्माण था उसमें उससे यह आशा नही की जा सकती कि वह एक नयी दुनिया का सन्देश देगा, एक नये जगत् की राह दिखाएगा। इच्छा होती तो भी वैसी शक्ति न थी। वह ठीक-ठाक देख भी न पाता था कि नया मानव कब आएगा या कैसा होगा पर उसकी विशेषता यह है कि वह पुराने से बँधा होकर भी नवीन का स्वागत करने को उत्सुक है। ठीक राह उसे ज्ञात नहीं है पर उसकी खोज में हर एक तेज़ी से चलनेवाले के साथ कुछ दूर जाता है; ग़लती मालूम होने पर रुक जाता है :

चलता हूँ थोड़ी दूर हर-एक तेज़रौ के साथ,
पहचानता नहीं हूँ अभी राहबर को मैं।

वह नवीन मानव के निर्माण में क्रियात्मक भाग न ले सका—नहीं ले सकता था पर एक वस्तुवादी की भाँति उसके निर्माण की प्रबल आशा उसमें थी। वह इतना समझ गया था कि पुरानी व्यवस्था मिट रही है पर उसके कारण एवं परिणाम को वह देख न पाता था। फिर भी वह 'मृत प्राचीन' की उपासना का स्पष्ट विरोधी था* और कहता था कि 'हर पुरानी चीज़ दुरुस्त नहीं।' उसने जड़ परम्पराओं का उपहास करते हुए कहा :

तेशे बग़ैर मर न सका कोहकन 'असद',
सरगश्त-ए-ख़ुमारे-रसूमो-क़यूद था।

अर्थात : 'ऐ 'असद!' कोहकन (फ़रहाद) बिना कुदाल (मारे) न मर सका। बेचारा एक परम्परा और बन्धन के नशे में मस्त था!'

---

1. बाजे का पर्दा, 2. पराजय।

* सर सय्यद ने लिखा था! मुर्दापरवर्दन मुबारककार नेस्त। (मुर्दे को पालना श्रेय कार्य नहीं है।)

वह नवीन जीवन के अभिनन्दन के लिए तैयार रहता था इसीलिए 1857 के ग़दर में, गहरी आत्मवेदना के बावजूद वह तटस्थ रहा क्योंकि वह जानता था कि यह व्यवस्था मिटकर रहेगी। यद्यपि इस उपक्रम में उसके ही वर्ग का विनाश निहित था और एक इनसान की भाँति उसे इसका अफ़सोस भी था, फिर भी वह समझता था कि इसे मिटना ही चाहिए।

एक मानव में अनेक मानव

उस पर जो अपवाद लगाये जाते हैं, वे केवल इस बात को भुला दिये जाने के कारण लगाये जाते हैं कि वह अनेक धाराओं, अनेक व्यक्तित्वों और विविधताओं का कवि है। उसमें एक साथ अनेक मानस-संसार प्रतिफलित हैं। उसमें प्रायः परस्पर-विरोधी तत्त्व हैं। एक ओर घोर अहं, दूसरी ओर जन्मभर नवाबों, राजाओं और शासकों की ख़ुशामद। एक ओर वासना-बाहुल्य, दूसरी ओर घर-गृहस्थी के बन्धनों की सँभाल। एक ओर मानव-वेदना की अनुभूति एवं ग्रहण, दूसरी ओर अपनी ही पत्नी की निराशा और गहरी जीवनव्यापी वेदना के प्रति उपेक्षा। एक ओर भावुकता, दूसरी ओर प्रबल वस्तुवादिता एक मानव में अनेक मानवों की अभिव्यक्ति की भाँति ग़ालिब था। एक फ़ारसी शेर में अपनी प्रकृति की विविधता की ओर ध्यान दिलाते हुए अपनी प्रेयसी से कहता है :

दबीरम, शायरम, रिंदम, नदीमम, शेवःहा दारम,
गिरफ़्तम रह्म बर फ़रियादो अफ़गानम नमे आयद।

उसकी ख़ूबसूरती यही है कि सारी विविधताएँ, सारे विरोधाभास, उसकी उस सर्वग्राहिणी, अन्तर्भेदिनी पिपासित दृष्टि के सामने आकर एक पुष्प-गुच्छ की भाँति व्यवस्थित हो गये हैं जो लाला-व-गुल में भी, प्रकृति में भी मानवी सौन्दर्य को देख सकी थी :

सब कहाँ! कुछ लालः-वो-गुल में नुमायाँ हो गयीं।
ख़ाक में क्या सूरतें होंगी कि पेनहाँ हो गयीं।

ग़ालिब संसार का प्रेमी, मानवी सौन्दर्य एवं प्रेम का पुजारी, अमित कामनाओं का कवि, अनेक अन्तर्विरोधों का आकर, अनेक व्यक्तित्वों का व्यक्ति, अपनी भावना एवं कल्पना में डूबा पर अपने दिमाग़ को उनसे ऊपर रखे, भावुक होकर भी वस्तुवादी, पुराना होकर भी नया, ग़म के सुरों में ख़ुशी के राग गानेवाला ऐसा इनसान है जो जाफ़री के शब्दों में 'प्राचीनता की खिड़की से नये युग को देख रहा था।'

ग़ालिब के काव्य में दर्शन

क्या ग़ालिब दार्शनिक थे?

कुछ समीक्षकों ने ग़ालिब के काव्य से इधर-उधर के उद्धरण देकर यह सिद्ध करने का प्रयास किया है कि वह एक दार्शनिक थे और उनका काव्य गम्भीर दार्शनिक चिन्तन-कणों से पूर्ण है। दूसरों ने इसके बिलकुल विपरीत उन्हें एक ऐसे सामान्य कवि के रूप में उपस्थित किया है जिसकी वाणी से निम्नस्तरीय भोग-विलास तथा वासनाओं की दुर्गन्ध आती है। यह इस बात का उदाहरण है कि आज की समीक्षा गहरी चिन्ता और अनुशासित विचार-शृंखला का परिणाम नहीं, मन का एक अनियन्त्रित उद्‌गार मात्र बनकर रह गयी है। वह सस्ती भावनाओं की तरंगों पर बहती है और निजी रुचि की आँधियों में तिनके-सी उड़ती फिरती है। इस तूफ़ानी वातावरण में अच्छों-अच्छों के क़दम उखड़ रहे हैं। ऐसे समय इस विषय पर कुछ कहना एक दुस्साहस ही है।

दार्शनिक का कार्य

पर इतना तो निश्चित है कि ग़ालिब कोई दर्शनशास्त्री या तत्त्ववेत्ता न थे। तत्त्ववेत्ता जीवन और विश्व के दृश्य-रूप के अन्तराल में पैठकर, सामने होते हुए अगणित परिवर्तनों के पीछे जो सत्य होता है, उसे एक विशिष्ट केन्द्रीय बिन्दु से देखता है और उसी के प्रकाश में प्रत्येक वस्तु या सत्ता का निरीक्षण करता है; अपने एवं चतुर्दिक् फैले जगत् और जगत् से भी परे जो जीवन है, उसकी व्याख्या करता है। वह एक आत्मकेन्द्रित व्यक्ति होता है; सबके विषय में उसका एक निश्चित दृष्टिकोण होता है।

कवि का कार्य

कवि का मानस एक विशाल दर्पण की भाँति होता है जिसके कलेजे में शत-

शत रूपावलियाँ इठलाती हुई प्रतिबिम्बित होती हैं; जिसकी दुनिया में वसंतागम की अँगड़ाइयाँ ज़िन्दगी के सौ-सौ सपने लिये आती हैं, पर जहाँ ख़िज़ाँ के दर्द-भरे चीत्कार भी बुलबुल के प्राण में समा जाते हैं; जहाँ जीवन का विलास है तो मृत्यु की विभीषिका भी है; जहाँ हुश्नोइश्क़ की अदाएँ, अठखेलियाँ और प्राण-मुग्धकर संकेत हैं तो विरह-अश्रु की नदियों का उफान भी है। श्रेष्ठ कवि चाहकर स्वयं (बज़ात ख़ुद) दार्शनिक नहीं होता; हाँ, उसकी कल्पनाएँ और अनुभूतियाँ गम्भीर सत्यों को कभी-कभी स्पर्श कर लेती हैं और उसमें दार्शनिक तत्त्वों की झलकियाँ फूट पड़ती हैं। कवि की पकड़ प्रज्ञा की पकड़ नहीं है; वह कल्पना की पकड़ है। वह कल्पना के पंखों पर भावना के अनन्त आकाश में उड़ता है और रंगीन दर्पण की भाँति उसके मानस में पड़नेवाली छाया भी रंगीन होती है। इस प्रकार वह शुद्ध दार्शनिक नहीं हो सकता। हाँ, जीवन एवं जगत् के दार्शनिक छायाचित्र अनुभूति के रंगीन प्रतिबिम्ब हमारे मन पर फेंकता है।

जीवन-दर्शन देनेवाले कवि

न तो ग़ालिब की जीवन-शैली, न उनका काव्य-क्षेत्र ऐसा था कि वह दुनिया को एक निश्चित सन्देश दे सकते। संसार में ऐसे कवि भी हुए हैं जिन्होंने हमें एक जीवन-दर्शन दिया है, पर साहित्य के इतिहास में उनकी ख्याति कवि के रूप में उतना नहीं है जितनी जातीयता या मानवता के पथ-दर्शक के रूप में है। वे जीवन में सत्य के साधक होते हैं। जीवन-शोधन उनका प्रमुख साध्य होता है।

ग़ालिब उनमें नहीं

ग़ालिब में कहीं इस प्रकार के जीवन के लिए कोई तड़प नहीं। तड़प क्या, उत्कंठा ही नहीं। बचपन से लेकर जीवन के अन्त तक वह जिस वातावरण में रहे-सहे, जो संस्कार ग्रहण किये, उनमें कभी अन्तर्दृष्टि न रही, सदा वह दुनिया और उसकी रंगीनियों को कलेजे से लगाये रहे। ख़ुद ही कहा है :

जानता हूँ सवाब ताअतो-ज़ुह्द[1],
पर तबीयत उधर नहीं आती।

ग़ज़लगो शाइर की मर्यादा

ऐसे आदमी से तत्त्व-विवेचन या दर्शन की आशा करना एक ज़्यादती है। फिर संसार में जिन महाकवियों ने दार्शनिक का भी कार्य किया है, उनमें से अधिकांश

1. उपासना और तप (पवित्रता)।

ने महाकाव्य या आख्यान काव्य को साधन के रूप में प्रयुक्त किया है, गीतिकाव्य को नहीं। ग़ालिब की न तो अपनी ज़िन्दगी तत्त्व-विवेचना के अनुकूल थी, न उनके काव्य-साधन ही उस गहरी एवं व्यापक विचार-शृंखला की अभिव्यक्ति के अनुरूप थे। वह प्रधानतः एक 'ग़ज़लगो' शाइर थे। ग़ज़ल में किसी कल्पना या अनुभूति की एक झलक मात्र दी जा सकती है; बल्कि एक ही ग़ज़ल के विभिन्न शेरों में भी अलग-अलग झलकियाँ या कल्पनाएँ होती हैं। ज़्यादा से ज़्यादा वह एक गुलदस्ता है जिसमें फूल और पँखुरियाँ, पत्तियाँ और काँटे सब एक शक्ल में गूँथ दिये जाते हैं। ग़ज़ल एक ऐसा गीतिकाव्य है जिसे मुक्तक कहना चाहिए। ग़ज़लगो शाइर हर क़दम पर, हर शेर में अपना विषय बदलता है। इसलिए यूँ भी ग़ालिब के काव्य में किसी स्पष्ट एवं विवेचनपूर्ण जीवन-दर्शन की खोज करना महज एक ख़ामख़याली है।

बन्धनों को चुनौती देनेवाला कवि

ग़ालिब के जीवन एवं काव्य की सबसे बड़ी विशेषता यही है कि वह बन्धनों को स्वीकार नहीं करता; किसी एक दृष्टिकोण, विचार-धारा या जीवन-शैली में बँधकर रहना उसे मंज़ूर नहीं। पुराना होकर भी वह पुराना नहीं और नये की झलक दिखाकर भी वह नया नहीं है। उसमें पुराना और नया, भूत और वर्तमान बल्कि भविष्य में मिलकर रह गया है—जैसा वस्तुतः प्रत्येक विकसित एवं जागरित मानव में होता है। इसलिए उन्हें किसी विशेष दार्शनिक विचार-धारा में बाँटकर या बाँधकर रख देना एक हास्यास्पद चेष्टा है और ख़ुद उन्हें असलियत से दूर कर देना है—उस असलियत से, जो उनमें थी और जो उनके काव्य का आधार है। हाँ, दुनिया में चलते हुए उन्होंने जो देखा, जो सोचा, उसमें कभी-कभी ऐसे आभास भी दिख जाते हैं, ऐसी झाँकियाँ भी मिल जाती हैं, जिनमें दार्शनिक कल्पना, चिन्ता एवं अनुभूति की चलती-फिरती तस्वीरें झाँक-झाँक उठती हैं।

एक अर्थ में दर्शनशास्त्री है

यदि दर्शन से सूक्ष्म एवं चिन्तन-प्रधान विचार-पुंज का अर्थ लिया जाए तो ग़ालिब को दार्शनिक कहा जा सकता है किन्तु यदि दर्शन से मानव-जीवन या उसके किसी पक्ष-विशेष के सम्बन्ध में निश्चित निजी दृष्टिकोण का तात्पर्य है तो वह दर्शनशास्त्री नहीं है। ग़ालिब के काव्य में जो दार्शनिक झाँकियाँ हमें मिलती हैं, वे तत्त्ववेत्ता की प्रज्ञा की अभिव्यक्तियाँ नहीं हैं। इनमें कवि न दर्शनशास्त्री है, न दर्शन का व्याख्याता या मुतकल्लिम है। जैसा मैं कह चुका हूँ, वह सूफ़ी भी नहीं है—उसकी

प्रकृति ही सूफ़ी की प्रकृति नहीं है।

जब मैं यह कह रहा हूँ, तब मुझे उनका यह शेर ख़ूब याद है :

य' मसायले-तसव्वुफ़ य' तेरा बयान 'ग़ालिब'
तुझे हम वली समझते जो न बादाख़ार होता।

पर तसव्वुफ़ की समस्याओं पर कुछ कह देने से ही कोई सूफ़ी नहीं हो जाता, वह तत्त्वज्ञानी के सत्य को अनुभूति के माध्यम से जीवन में उतारने पर सूफ़ी होता है। और सच पूछें तो इस शेर में भी मदिरापान पर लेक्चर देनेवालों पर एक सूक्ष्म व्यंग्य-मात्र है।

जहाँ भी तसव्वुफ़ की बातें हैं वहाँ वे उनके दिल की गहराई से उठती नहीं जान पड़तीं। मन में लहरें उठती हैं और दिमाग़ के पर्दे पर एक परछाईं-सी उठती दिखती है, आती और जाती हुई। तसव्वुफ़ में संसार की वासना का त्याग और परम प्रियतम के प्रति सर्वस्वार्पण मुख्य है जिनका ग़ालिब में एकान्त अभाव है—बल्कि विश्व-वासना ही उनके जीवन की प्रधान प्रेरणा है।

जिज्ञासा

संसार में मचलता सौन्दर्य

जिज्ञासा ज्ञान-रथ का पहिया है। ग़ालिब ने जब खुली आँखों से दुनिया को देखा, तो दुनिया के विविध परिवर्तनों के बीच उसके पीछे छिपी सत्ता का सौन्दर्य सर्वत्र मचलता दीख पड़ा। उनमें जिज्ञासा प्रबल हुई। वह संसार में बिखरे सौन्दर्य को देखते हैं। ये दिल मोहनेवाली तरुणियाँ, उनके हाव-भाव, सुगन्धित कुंचित अलकें, सुरमई आँखें, हरीतिमा और पुष्प, वर्षा एवं वायु क्या हैं? कहाँ से आये हैं? क्यों हैं, जब तेरे बिना कोई नहीं?—

जब कि तुझ बिन नहीं कोई मौजूद,
फिर य' हंगामा ऐ ख़ुदा क्या है?
ये परीचेहर: लोग कैसे हैं?
ग़मज़:[1] वो इश्क़ वो अदा क्या है?
शिकने-ज़ुल्फ़े-अम्बरीं[2] क्यों है,
निगहे-चश्मे-सुर्म:सा क्या है?
सब्ज़: व गुल कहाँ से आये हैं,
अब्र[3] क्या चीज़ है, हवा क्या है?

1. हाव, 2. सुगन्धित अलकों की लटें या घुमाव, 3. मेघ, वर्षा।

अस्तित्व (हस्ती) का तत्त्वज्ञान

यही जिज्ञासा ग़ालिब के समस्त मानस पर छा गयी है और तब समस्त सृष्टि एक खेल, बच्चों की एक क्रीड़ा-सी दिखाई पड़ती है। अस्तित्व एक तमाशा-सा लगता है; बड़े-बड़े करिश्मे विनोद-से जान पड़ते हैं :

बाज़ीचए-अतफ़ाल[1] है दुनिया मेरे आगे।
होता है शबोरोज़ तमाशा मेरे आगे।
एक खेल है औरंगे-सुलेमाँ मेरे नज़दीक,
एक बात है ऐजाज़े-मसीहा[2] मेरे आगे।
जुज़ नाम नहीं सूरते-आलम मुझे मंज़ूर,
जुज़ वहम नहीं हस्तिए-अशिया[3] मेरे आगे।

अर्थात : 'संसार मेरे सामने हो रहा बच्चों का खेल है। इसकी नवीनताओं को देखकर यही समझता हूँ कि मेरे सामने रात-दिन एक तमाशा हो रहा है। सुलेमान का तख़्त और हज़रत ईसा के चमत्कार मेरे निकट एक खेल और सामान्य बात हैं। संसार का यह रूप-नाम ही नाम-भर को है। मेरे विचार में सभी वस्तुओं का अस्तित्व एक वहम, एक भ्रम, एक माया है।''

ये विचार मायावादी वेदान्तियों के विचारों से मिलते हैं। एक स्थान पर फिर कहते हैं :

हस्ती के मत फ़रेब में आ जाइयो 'असद'
आलम[4] तमाम हल्क़ए-दामे-ख़याल[5] है।

अर्थात : ऐ असद! ज़िन्दगी के फ़रेब में न आ जाना (यह सरासर धोखा है), सारा विश्व विचार के जाल का फन्दा है (फन्दे से बचो; क्षणिक अस्तित्व को जीवन न समझ लेना)।

फिर कहते हैं :

हाँ, खाइयो मत फरेबे-हस्ती,
हरचन्द कहें कि है, नहीं है।

सांसारिक असारता और संसार की कल्पनाजन्यता के विषय में उनके उर्दू तथा फ़ारसी काव्य में अनेक शेर मिलते हैं। फ़ारसी में तो उनकी संख्या उर्दू से भी अधिक है। दो ऐसे फ़ारसी शेरों में उन्होंने कहा है :

---

1. बाल-क्रीड़ा, 2. ईसा के चमत्कार (मुर्दों को जिलाना, रोगियों को निरोग तथा पीड़ितों को पीड़ारहित करना आदि), 3. पदार्थों का अस्तित्व, 4. विश्व, 5. कल्पना-जाल का घेरा।

आसमान, जहान, बयाबान और समुद्र

"मेरी कल्पनाओं ने धुएँ की तरह उठकर एक पर्दा-सा तान दिया; मैंने उसका नाम आसमान रखा। मेरी आँखों ने एक परीशान-सा ख़्वाब देखा; मैंने उसका नाम जहान रख दिया। मेरी वहम ने आँखों में धूल डाल दी, अब जो कुछ नज़र आया उसका नाम बयाबान रखा। पानी का एक क़तरा गुदाज़[1] होकर फैल गया, उसे समुन्दर के नाम से पुकारने लगा।"

ऐसे शेरों में रूपनाममय जगत् के मिथ्या होने की घोषणा है। यह जगत् 'एकमेवाद्वितीयं ब्रह्म' का प्रतिबिम्ब मात्र है; उसकी स्वतन्त्र सत्ता नहीं। यह जो बाह्य जगत् है, उसी के अवलम्ब से और उसी को लेकर है। वह है, इसलिए यह भी दिखाई देता है। वेदान्त में माया के दो प्रकार बताये गये हैं : 1. व्यावहारिक और 2. प्रातिभासिक। वस्तुजगत् व्यावहारिक है। वह होते हुए भी नहीं है। शून्य को जाने दें पर जो शून्य नहीं है, वह भी 'नास्ति' ही है। इसलिए ग़ालिब कहते हैं :

हस्ती[2] है न कुछ अदम[3] है ग़ालिब।

पर जिज्ञासा यहाँ पहुँचकर और आगे बढ़ती है। यह सृष्टि जब उसकी झलक है, उसका प्रतिबिम्ब है, उस एक मात्र सत् का, तब वह असत्य क्योंकर है? जो सत् है, वह असत् को कैसे उत्पन्न कर सकता है? तत्त्वज्ञानी कहते हैं कि संसार को स्वतन्त्र मानने या देखने का कारण हमारा अज्ञान है। यूनान के प्राचीन तत्त्वज्ञानी प्लेटगेनियस के 'नव-अफलातूनवाद' (Noe-Platonism) का भी कुछ ऐसा ही कथन है कि यह सारा जगत् उसी एक तत्त्व की झलक है, जलवा है। यह उसकी विविध अभिव्यक्ति है। इस विविधता में उसकी एकता है। अनेक में वही एक है। यों समझिए—सूर्य एक प्रकाश-पिंड है। जब तक उसकी रश्मियाँ उसी में सिमटी हैं, कुछ दिखाई नहीं देता। जब उसकी रश्मियाँ अपने मूल स्रोत से निकलकर समस्त जगत् पर छा जाती हैं तो संसार नाना रूपों में चमक उठता है। पर जब सूर्य अस्त होता है तो उसके साथ उसकी किरणें भी आँखों से ओझल हो जाती हैं। सूर्य का प्रकाश सूर्य से अलग नहीं। जब तक किरणें सूर्य में निमग्न हैं, उनमें अनेकता नहीं, ऐक्य है पर उससे निकलते ही, बाहर होते ही उनमें अनेकता आ जाती है या हमें दिखाई पड़ती है। इस प्रकार हमारी आँखों के सामने नाना रूप प्रकट होते रहते हैं।

---

1. पिघलकर, फैलकर, 2. अस्तित्व, 3. अनस्तित्व (शून्यता)।

संसार उसी का आईना है

तब क्या ग़ालिब वेदान्तियों की तरह, सचमुच, संसार को मिथ्या मानता है? नहीं। जब संसार के पर्दे में वही है और उसी का रूप, शृंगार, अदाएँ इस जगत् के रूप में प्रकट हो रही हैं, जब यह जगत् उसी के शृंगार का ऐसा आईना है जिसके सामने वह अपने को नित्य-नूतन सज्जा में प्रस्तुत करता है, तब वह मिथ्या कैसे है? यह संसार उसी का है, हम उसी के हैं—उसी के कारण हैं। कहते हैं :

है तजल्ली[1] तेरी सामाने वजूद[2],
ज़र्रा[3] बे परतौए-ख़ुर्शीद[4] नहीं।

अर्थात : 'तेरी ही ज्योति (तजल्ली) से अस्तित्व का संसार प्रकट हुआ। सूर्य-प्रकाश के बिना एक कण भी नहीं चमक सकता।'

वह प्रियतम नित्य शृंगार में मग्न है :

आराइशे-जमाल[5] से फ़ारिग़ नहीं हनोज़[6],
पेशेनज़र[7] है आईना दाइम[8] नक़ाब में।

अर्थात : 'पर्दे में भी, नक़ाब में भी वह सदैव आईने को देखता रहता है। गोया अपने सौन्दर्य के शृंगार से अभी फ़ारिग नहीं हुआ।'

यह संसार उसके सौन्दर्य की एक झलक है। प्रियतम का हुस्न यदि आत्मदर्शी (दूसरे अर्थ में अभिमानी) न होता तो हमारी सृष्टि कैसे होती?

देह्र[9] जुज़ जलवए-यकताइए-माशूक़[10] नहीं,
हम कहाँ होते अगर हुस्न न होता ख़ुदबीं।

अर्थात : 'संसार माशूक़—प्रियतम—की एकमात्र सत्ता की झलक—जलवा के सिवा और कुछ नहीं है। अगर वह सौन्दर्य ख़ुदबीं (अपने आपको देखने-में मग्न) न होता तो हम कैसे अस्तित्व में आते?) मतलब यह कि हम सब उसी के सौन्दर्य-प्रसाधन के कारण हैं।'

जब संसार में वही है, संसार उसी की छवि है, तब हम उससे अलग कैसे हैं? हम तो उसी के हैं :

दिले हर क़तरा है साज़े अनलबह्र[11],
हम उसके साथ हैं हमारा पूछना क्या?

---

1. ज्योतिप्रभा, 2. अस्तित्व का कारण, 3. कण, 4. सूर्य-प्रकाश, 5. सौन्दर्य का शृंगार, 6. अब तक, 7. आँख के सामने, 8. सदैव, 9. जगत् 10. प्रियतम के एकत्व की छवि या प्रदर्शन, 11. 'मैं समुद्र हूँ।'

अर्थात : 'हर एक बूँद का दिल तड़पकर कह रहा है कि मैं सागर हूँ। तब हमारे लिए क्या पूछना? हम तो उसके हैं ही।'

दरिया और क़तरा

क़तरा और दरिया की उपमा एवं रूपक द्वारा जीव एवं ब्रह्म के ऐक्य की बात फ़ारसी एवं उर्दू कवि न जाने कब से कहते आ रहे हैं। दरिया में मिलते ही क़तरा खो जाता है, उसका निजत्व विलीन हो जाता है। क़तरा स्वयं दरिया हो जाता है। पर यह भी तो है कि दरिया भी क़तरे में समा जाता है। प्रो. शौक़त सब्ज़वारी ने लिखा है : "हक़ीक़त यह है कि विसाले-दरिया[1] के बाद सिर्फ़ यही नहीं होता कि क़तरे मौजे-दरिया[2] की आगोश[3] में समा जाते हैं बल्कि दरिया भी अपनी बेपनाह वसअतों[4] और शोख़ लहरों के साथ क़तरे के नन्हे-से दिल में उतर जाता है। क़तरा दरिया ही नहीं होता बल्कि दरिया भी क़तरा हो जाता है।"* साधना की इसी स्थिति को हेगल और मेकटेगार्ट ने 'परिपूर्ण भाव' (Absolute Idea) कहा है। ग़ालिब का उस स्थिति की ओर संकेत मात्र है।

इशरते-क़तरा[5] है दरिया में फ़ना[6] हो जाना
दर्द का हद से गुज़रना है दवा हो जाना।

क़तरा और दरिया की भिन्नता केवल वाणी की विवशता प्रकट करने के लिए है अन्यथा हर क़तरा (जैसा पहले कह चुके हैं) दरअस्ल दरिया ही है :

क़तरा अपना भी हक़ीक़त में है दरिया (लेकिन)

संसार माशूक़ के हुस्न का जलवा है

इस प्रकार ग़ालिब संसार को ईश्वर से भिन्न नहीं मानते। यह सब उस माशूक़ के ही हुस्न का जलवा है। यह संसार ही उसकी छवि है। इसी में उसे ढूँढ़ना और पाना है। ग़ालिब दर्शन 'एकं ब्रह्म द्वितीयो नास्ति' या 'ब्रह्म सत्यं जगन्मिथ्या' (या तौहीदे मुतलक़) से बिलकुल भिन्न हैं। उनपर ईरान के प्राचीन धर्म एवं दर्शन 'पैंथइज़्म' ('जगत् ही ईश्वर है' का सिद्धान्त या विश्व देववाद) का बड़ा प्रभाव है जिसमें ब्रह्म को प्रकृति से भिन्न नहीं माना जाता था।

---

1. समुद्र-मिलन, 2. समुद्र-तरंग, 3. आलिंगन, 4. असीम विस्तृतियों, 5. बूँद का ऐश्वर्य, 6. नष्ट, विलीन,

* *फ़िलसफ़ा कलामे-ग़ालिब,* पृ. 68-69

'प्रसाद' से साम्य

पिथागोरस के पूर्व के यूनानी भी ऐसा ही मानते थे। अपनी बाह्याभिव्यक्ति में ग़ालिब का दर्शन हिन्दी के महाकवि 'प्रसाद' के दर्शन से बहुत मिलता है। 'प्रसाद' ने 'प्रियतममय यह विश्व निरखना' तथा 'विश्व स्वयं ही ईश्वर है' इत्यादि में ठीक उसी दर्शन की उद्भावना की है। दोनों ने कभी जगत् के सौन्दर्य, सुख और शृंगार का तिरस्कार नहीं किया, बल्कि उसी में, उसे खोजा। फ़ारसी मस्नवी 'अब्रे गुहरबार' में 'ग़ालिब' कहते हैं कि विश्व चेतना-दर्पण है जिसमें ब्रह्म रूप (बजहुल्लाह) का दर्शन होता है।

हमारा मुँह उसी का मुँह है

सृष्टि के अनेकानेक रूपों में एक ही तत्त्व विद्यमान है, इस विश्वास के कारण ही मानव के ईश्वरत्व में ग़ालिब का विश्वास है। सरदार जाफ़री ने ठीक ही लिखा है : "न केवल यह कि मानव जिस दिशा में मुँह करता है, उस ओर वह ही नज़र आता है बल्कि जिस मुँह को मानव चारों ओर मोड़ रहा है, वह भी ख़ुद 'उसी' का मुँह है।"*

ग़ालिब ने अनेक स्थानों पर ब्रह्म एवं जगत् या ब्रह्म एवं जीव की एकता पर बल दिया है। कहते हैं :

है ग़ैबे-ग़ैब जिसको समझते हैं हम शुहूद,
हैं ख़्वाब में हनोज़ जो जागे हैं ख़्वाब में।

अभेद तत्त्व

शुहूद साधना की वह अवस्था है जब साधक को जगत् की सम्पूर्ण वस्तुओं में ईश्वर (बल्कि ब्रह्म) ही ईश्वर दिखाई देता है।** ग़ैबे-ग़ैब या ग़ैबुलग़ैब (ग़ैब का ग़ैब) वह परम सत्ता है जो इन्द्रिय, मन और बुद्धि से परे है। ग़ालिब कहते हैं जिसको हम शुहूद की अवस्था समझे हुए हैं, वही वस्तुतः परम-सत्ता (ग़ैबेग़ैब) है। (भ्रमवश हम उसे शुहूद माने हुए हैं)। यह वैसा ही है जैसे आदमी स्वप्न में अपने को जगा हुआ देखने पर भी स्वप्न में ही रहता है। (अज्ञानवश साधक अपने को ब्रह्म से भिन्न समझे हुए है।)

---

* *दीवाने-ग़ालिब*, सम्पा. सरदार ज़ाफरी, पृष्ठ 10 (बम्बई संस्करण)

** 'हरिऔध' ने 'प्रियप्रवास' में विरहिणी राधा के मुँह से कहलाया है :

पायी जातीं जगत् में जितनी वस्तुएँ उन सबों में,
मैं प्यारे को विविध रंग और रूप में देखती हूँ।

इसी ग़ज़ल में (जिसका मिस्रा दिया हुआ है) वह और भी स्पष्ट कहते हैं :

अस्ले शुहूदो-शाहिदो-मशहूद एक है
हैराँ हूँ फिर मुशाहिद: है किस हिसाब में।

हम ऊपर बता चुके हैं कि शुहूद साधना की वह अवस्था है जिसमें साधक को दुनिया की हर चीज में ब्रह्म ही ब्रह्म दिखाई पड़ता है। शाहिद इस अवस्था के द्रष्टा (साधक) को कहते हैं। जिसको देखा जाता है वह मशहूद है। मुशाहिदा का अर्थ निरीक्षण, देखना है। कहते हैं कि जब वस्तुतः शाहिद और मशहूद (दर्शन, द्रष्टा और दृश्य वा साधना, साधक और साध्य) सब एक ही हैं तो हम क्या निरीक्षण करें, क्या देखें?

फिर कहते हैं, विश्वास दिलाते हैं :

हैं मुश्तमिल[1] नमूदे-सुवर[2] पर वजूदे-बह्र[3],
याँ क्या धरा है क़तर: वो मौजो[4]-हबाब[5] में

अर्थात : 'सागर का अस्तित्व ही इन रूपों में सम्मिलित (प्रकट) है अन्यथा बिन्दु, तरंग और बुलबुले में क्या रखा है?'

अस्लज़ात (ब्रह्म) अविनश्वर है, अमृत है और सृष्टि चूँकि उस परम तत्त्व से अद्वैत (वहदत) है इसलिए सृष्टि भी अविनश्वर है। ग़ालिब जगत् को ब्रह्म से भिन्न नहीं मानते, जगत् स्वयं ब्रह्म है।

तब अन्तर्विरोध क्या है?

तब एक दूसरा सवाल पैदा होता है कि यदि विश्व ब्रह्म का ही प्रकाश है तो पाप, अपराध, बुराइयाँ, दुःख-दर्द क्या हैं? प्रकाश के साथ मलिनता क्यों है? अन्तर्विरोध कहाँ से पैदा होते हैं? भारतीय आर्यदर्शन इसका उत्तर यह देता है कि ऐसा उस परम सत्य की अनुभूति न होने के कारण या आत्मा के 'स्व-रूप' को न समझने के कारण है। एक पर्दा पड़ा हुआ है। इस्लाम में उत्तर यह है कि आलोक सूर्य से भिन्न नहीं है पर उससे जितना ही दूर जाता है, उसमें अन्तर के कारण मलिनता आती जाती है। इस उत्तर से जिज्ञासा का पूर्ण समाधान नहीं होता क्योंकि तब प्रकाशस्रोत (ब्रह्म) से एक भिन्न वस्तु—अन्तर—पैदा हो जाती है और 'हमः ऊस्त' (सब कुछ वही है) का सिद्धान्त शिथिल पड़ जाता है। चूँकि ग़ालिब कोई तत्त्व-ज्ञानी नहीं, इसका कुछ ठीक उत्तर नहीं दे सका। हाँ, उसकी तीव्र कल्पना में जो सत्य उद्भासित हुआ, उसके प्रकाश में उसने आंशिक उत्तर देने की चेष्टा की है :

1. सम्मिलित, 2. रूपाभिव्यक्ति, 3. सागर का अस्तित्व, 4. तरंग, 5. बुद्बुद्।

"गुण (सिफ़ाते-कमाल) के एक बिन्दु से सम्पूर्ण अन्तर्विरोध सम्पन्न होता है।
—मुनाजात (अब्रे-गुहरबार)

"तूने अन्य के भ्रम (वहमे-ग़ैर) में पड़कर दुनिया में हलचल मचा रखी है।"
—फ़ारसी क़सीदा

जब एक बार कह चुके कि दर्शक एवं दर्शनीय बल्कि दृश्य एवं दर्शन भी एक हैं तब दो क्यों मालूम पड़ते हैं? यह स्वयं और अस्वयं का विभाजन कैसा? उत्तर यह कि इनके बीच पूजा की रीति (रस्मे-परस्तिश) का पर्दा पड़ा हुआ है।

मलिनता की पृष्ठभूमि पर प्रकाश का गौरव

मलिनता की समस्या सुलझाते हुए यह भी कहा जाता है कि ठीक वह माशूक़ इस प्रकृति या जगत् के दर्पण में अनेक जल्वों और अदाओं में दिखाई पड़ता है, प्रतिबिम्बित होता है पर यह प्रतिबिम्ब तब तक सम्भव नहीं, जब तक शुभ्र काँच के पीछे कलई न हो। उज्ज्वल पर किरणें उतनी नहीं खिलतीं जितनी मलिनता पर। सूर्य-किरणें स्वच्छ आकाश में उतनी नहीं चमकतीं जितनी धरती की अस्वच्छ वस्तुओं पर पड़कर चमक उठती हैं। प्रकाश के गौरव के लिए, उसकी स्वीकृति एवं अनुभूति के लिए अन्धकार की पृष्ठभूमि आवश्यक है। ग़ालिब कहते हैं :

लताफ़त[1] बेकसाफ़त[2] जल्वः पैदा कर नहीं सकती,
चमन ज़ंगार[3] है आईनए - बादे - बहारी[4] का।

अर्थात् : 'सौन्दर्य (लताफ़त) विना मलिनता (कसाफ़त) के जल्वे नहीं पैदा कर सकता। वसन्त-समीरण के आईने के लिए चमन (पुष्पोद्यान) क़लई (ज़ंग—मण्डूर—ज़ंगार) का काम देता है (चमन के कारण ही वसन्त-समीरण का गौरव है।'

इससे भी भिन्नता एवं द्वैत का समाधान तो नहीं होता। बहरहाल ग़ालिब चाहे इसका ठीक उत्तर न दे सकें, वह मानते यही हैं कि संसार के सत्य को—कर्त्ता को—हम संसार में ही जान और पा सकते हैं क्योंकि यह कहीं बाहर से नहीं आया; उसी की अभिव्यक्ति है, उसी का स्वरूप है। वर्ड्सवर्थ ने भी कहा है कि एक ही सत्ता समस्त जगत् के अन्तर में गतिशील है :

वही एक बात है जो याँ नफ़स[5] वाँ नहकते-गुल[6] है
चमन का जल्वा बाइस[7] है मेरी रंगींनवाई का।

इधर (मेरी) वाणी, उधर फूल की सुगन्ध एक ही चीज़ के दो रूप हैं।

---

1. सौन्दर्य, सुषमा, 2. विना मलिनता, 3. मलिनता, क़लई; जंग, 4. वसन्त-समीर का आईना, 5. श्वास, वाणी, 6. पुष्प-गन्ध, 7. कारण।

संसार और जीवन का दर्शन

सब कुछ उसका है

जब यह संसार उसका है तब संसार की सम्पूर्ण वस्तुएँ भी उसकी हैं। हम भी उसके हैं; यह दुःख-सुख, यह अन्धकार-प्रकाश, यह बुराई-भलाई—सब उसकी है। इसलिए ग़ालिब अपने आलिंगन में समस्त संसार को, संसार को उसकी सम्पूर्ण विविधताओं के साथ, ग्रहण करता है। वह उसकी सम्पूर्ण रंगीनियों के साथ उसे प्यार करता है। वह संसार का इसीलिए है कि संसार उसका है, संसार की हर चीज़ उसकी है। उत्कण्ठा और उमंग ने बीच का पर्दा उठा दिया है :

वा[1] कर दिये हैं शौक़ ने बन्दे-नकाबे-हुस्न[2],
ग़ैर अज़ निगाह[3] कोई भी हायल[4] नहीं रहा।

दृष्टि का पर्दा

शौक़ ने हुस्न के नक़ाब के बन्द (बन्ध) खोल दिए हैं। अब उसके और हमारे बीच सिवाय निगाह के दूसरी कोई चीज़ बाधक नहीं रह गयी है।

हाँ, यह दृष्टि ही उसके सौन्दर्य पान में, उसके मिलन में बाधक है। आधुनिक ग़ज़ल के अद्वितीय कवि 'जिगर' मुरादाबादी इससे भी आगे जाकर कहते हैं :

लाओ, उसे भी रख दें उठाकर शबे-विसाल[5],
हायल[6] जो एक ख़रीफ़[7]-सा पर्दा नज़र का है।

अर्थात : 'दृष्टि का एक क्षीण आवरण जो बाधक हो रहा है, लाओ इस मिलन-रात्रि में उसे भी उठाकर अलग रख दें।'

सचमुच, पर्दा उठाकर निगाह स्वयं पर्दा बन जाती है। नहीं तो आत्मा (रूह) और पदार्थ (माद्दा), जीवन-मृत्यु, ब्रह्म-जीव सब एक है। यहाँ आकर दुःख-सुख, ख़िज़ाँ और बहार मिल जाते हैं—एक दूसरे को आलिंगन में लिये आते हैं। ऐसी स्थिति में धर्मपरम्परा (मज़हब) परम सत्य से हटा देती है। तब रीति-रिवाज़ और सम्प्रदाय का त्याग ही ईमान बन जाता है :

मिल्लतें जब मिट गयीं अजज़ाए-ईमाँ[8] हो गयीं।

---

1. अनावृत, उद्‌घाटित, खोल दिये, 2. सौन्दर्य के नक़ाब (आवरण) के बन्धन, 3. दृष्टि के सिवाय दूसरा, 4. बाधक, 5. मिलनरात्रि, 6. बाधक, 7. क्षीण, 8. ईमान के अंग।

दुःख-दर्द माशूक़ की अदाएँ हैं

संसार, जो प्रियतम की छवि है, पर मुग्ध हुआ कवि उसके दुःख-दर्द को भी उसकी अदाओं की तरह ग्रहण करता है। अदाओं से और प्यार उमड़ता है, शोख़ियों में माशूक़ा का हुस्न और उभरता है, मलिनता की पृष्ठभूमि पर प्रकाश की गौरव-वृद्धि होती है। इसी प्रकार दुःख-दर्द भी वहीं से आते हैं, इसलिए कि सुख-चैन का स्वाद बढ़ा दें। ख़िज़ाँ का आगमन होता है, इसलिए कि जीवन का, आनन्द का नवीनीकरण हो (पत्तियाँ जाती हैं, नयी कोपलें फूटती हैं)।

मतलब यह कि दुःख सुख का, मलिनता प्रकाश का शृंगार है, यों बदी (बुराई) सत्कृति का ही अंग बन जाती है। अभेद हो जाता है :

याँ इम्तियाज़े[1]-नाक़िसो[2]-कामिल[3] नहीं रहा।

अर्थात : 'सिद्ध और अपूर्ण की भेदरेखा मिट गयी है।'

गीता के वही शब्द याद आते हैं :

शुनि चैव श्वपाके च पण्डिताः समदर्शिनः।

चूँकि मानव उसका है, चूँकि मानव में भी वही है, इसलिए वह मानव को प्यार करता है, चूँकि संसार में वही है, इसलिए वह संसार को प्यार करता है; उसके दुःख-सुख, उसकी मृत्यु, उसके जीवन को प्यार करता है; बल्कि मृत्यु के कारण ज़िन्दगी का मज़ा और बढ़ गया है; प्यार की, जीने की, संसार को कलेजे से लगाने की लालसाएँ और तीव्र हो गयी हैं :

हविस[4] को है निशाते-कार[5] क्या क्या?
न हो मरना तो जीने का मज़ा क्या?

लालसा को काम करने की क्या-क्या उमंगें हैं? क्यों हैं? इसलिए कि मरना है। इसी के कारण लालसाएँ और प्रबल होती हैं। चूँकि विनाश है इसीलिए दुनिया इतनी मनोरम लगती है। यह जो द्वैत की मनोदशा है, इसमें मरण की कल्पना ही संसार के बिखरे अंगों को एक लड़ी में गूँथ देती है; अर्थात रूपगत जो परिवर्तन हैं उसके कारण संसार का आकर्षण और तीव्र हो गया है। ऊपर-ऊपर जो विनाश का मार्ग चतुर्दिक् फैला दिखाई पड़ता है, उससे भी उच्च और निम्न सब बराबर हो जाते हैं :

---

1. विशिष्टता, भेद, 2. अपूर्ण, असिद्ध, 3. सिद्ध, 4. लालसा, 5. कर्म का उल्लास।

नज़र में है हमारी जादए-राहे-.फ़ना ग़ालिब,
कि यह शीराज़ा है आलम के अजज़ाए-परीशाँ का।

अर्थात : 'ऐ ग़ालिब! विनाश की राह हर समय हमारी नज़र में रहती है, क्योंकि संसार के बिखरे हुए अंगों को मिलाने की कड़ी यही है।'

साधक को आरम्भ में ऐसा ही लगता है। सब कुछ नाशवान है, हमारे अन्दर भी विनाश के बीज छिपे हुए हैं :

मेरी तामीर[1] में मुज़मिर[2] है एक सूरत ख़राबी की।

तुम्हारी कृपा हमें लूट लेगी

पर यह भय, यह द्वैत, तभी तक है जब तक माशूक़ की कृपा से हम वंचित हैं, जब तक उसने हमें अपनाया नहीं है, अपने कृपा-कटाक्ष से घायल नहीं किया है। ज्योंही उसकी कृपा-दृष्टि होती है, यह अस्तित्व की भिन्नता नष्ट हो जाती है :

परतवे[3]-ख़ुर[4] से है शबनम[5] को .फ़ना[6] की ता'लीम,
मैं भी हूँ एक इनायत[7] की नज़र होने तक।

सूर्य का प्रकाश ओस-बिन्दु (शबनम) को फ़ना (विनाश) की सीख देता है। इसी प्रकार मैं भी तभी तक हूँ जब तक तुम्हारी कृपा-दृष्टि नहीं होती। (तुम्हारी इनायत की एक नज़र होते ही मैं भी तुममें विलीन हो जाऊँगा।)

मिट्टी के पर्दे में मचलता प्रलय : मानव

यह इनायत की नज़र होने तक संसार और जीवन को ग़ालिब अमित कामनाओं के साथ प्यार करता है। वैसे मानव भी दुनिया की अन्य वस्तुओं की भाँति ही प्यार की चीज़ है, पर उसमें अन्य वस्तुओं से यही अन्तर है कि उसमें कामना है, भावना है, उत्कण्ठा है, व्याकुलता है, तड़प है। सबसे बड़ी बात यह कि उसमें बुद्धि है :

ज़िमा गर्मस्त इन हंगाम: विनगर शोरे हस्ती रा,
क़यामत भी दमद अज़ पर्दए ख़ाके कि इन्साँ शुद।

---

1. निर्माण, रचना, 2. प्रच्छन्न, निहित 3. प्रकाश, ज्योति, 4. सूर्य, ख़ुर्शीद, 5. ओस, 6. विनाश (यहाँ 'फ़ना' अस्तित्वहीनता नहीं है वरन् पूर्ण विलीनता, तल्लीनता है), 7. कृपा।

अर्थात : 'दुनिया की यह हलचल मेरे ही कारण है और मिट्टी के उस पर्दे में प्रलय मचल रहा है; वह मानव बन गया है।'

मानव में ब्रह्म बोलता है। वह ब्रह्म की सबसे प्रत्यक्ष अभिव्यक्ति है। इसीलिए सृष्टि में मानव महान् है, मानो समस्त सृष्टि उसी के लिए, उसी की रुझान के लिए हो :

ज़ि आफ़रीनिशे आलम ग़रज़ जुज़ आदम नेस्त।

अर्थात : 'मानव के सिवा विश्व की उत्पत्ति का कोई हेतु नहीं है।'

इसीलिए ग़ालिब हज़ार जान से दुनिया को चाहता है, हज़ार कामनाओं से वह उसे आलिंगन किये हुए है, जकड़े हुए है। संसार की भाँति ही इन कामनाओं का अन्त नहीं है और प्रत्येक कामना इतनी लुभावनी कि क्या कहें :

हज़ारों ख़्वाहिशें ऐसी कि हर ख़्वाहिश पै दम निकले।

वह अबाध कामना का कवि है। उसका पीना अबाध, उसकी मस्ती अबाध। जिस रूप की जादूगरी का तमाशा चारों ओर बिखरा है, वह कभी समाप्त नहीं होता। वह उसमें इतना खो गया है कि उसी का होकर रह गया है। उसके बिना चैन नहीं। कामना की इस बेचैनी में वह सृष्टि के समस्त सौन्दर्य एवं भोग्य पदार्थों को अपना ही मानता है :

हर चेः दर मब्दः ए .फ़ैयाज़ बुवद आने मनस्त।

अर्थात : 'जो कुछ उदार (फ़ैयाज़) सृष्टि के पास है, सब मेरा है, मेरे लिए है।'

कामना ही माशूक़ से जोड़ती है

इसीलिए ग़ालिब, रवीन्द्रनाथ की भाँति, संसार से विरक्त करनेवाली मुक्ति का उपासक नहीं है। कामना ही उसे संसार से, और उसी के माध्यम से उस माशूक़ से, जो सब माशूक़ों में प्रकट है, जोड़ती है। इस कामना का ज्वार कभी शान्त नहीं हुआ। वह निरन्तर बढ़ता ही गया है, यहाँ तक कि सम्भावनाओं का समग्र संसार उसके एक क़दम में विलीन हो जाता है :

है कहाँ तमन्ना[1] का दूसरा .क़दम, यारब[2]!
हमने दश्ते -इम्काँ[3] को एक नक्शे-पा[4] पाया।

---

1. कामना, 2. हे ईश्वर, 3. सम्भावना का बियाबान, 4. चरण-चिह्न।

अर्थात : 'हे प्रभु! कामना का दूसरा पग कहाँ है? (उसके रखने की जगह ही नहीं) यहाँ तो सम्भावनाओं के बियाबान को हमने केवल एक चरण-चिह्न के रूप में पा लिया है (सम्भावनाओं का बियाबान एक ही कामना के चरण में समाप्त हो गया)।'

उनके जीवन की जड़ें इसी संसार की धरती में गहरी गयी हैं

स्वभावतः इस निर्बाध कामना के स्वाद के आगे, इस्लाम धर्म में पवित्र लोगों को मिलनेवाले बिहिश्त (स्वर्ग) की क्या हस्ती? ग़ालिब इस संसार के आनन्द को किसी भी सम्भावित, भावी परलोकगत सुख से बदलने को तैयार नहीं! उनके जीवन की जड़ें इसी संसार की भूमि में इतनी गहराई तक चली गयी हैं कि ऐसे किसी भी प्रलोभन को, बिना एक क्षण विचार किये, वह ठुकरा देती है। शायद ही संसार के किसी दूसरे कवि ने स्वर्ग का ऐसा उपहास किया होगा जितना ग़ालिब ने किया है। फ़ारसी और उर्दू काव्य में बार-बार उन्होंने बिहिश्त का मज़ाक उड़ाया है। एक उर्दू शेर है :

देते हैं जन्नत[1] हयाते-दह्र[2] के बदले,
नशा बअन्दाज़ए ख़ुमार नहीं है।

वह सांसारिक जीवन के बदले जन्नत देते हैं। यह नशा मेरे ख़ुमार के अनुरूप नहीं है।

फिर एक नास्तिक की भाँति कहते हैं :

हमको मालूम है जन्नत की हक़ीक़त[3] लेकिन
दिल के ख़ुश रखने को ग़ालिब ये ख़याल अच्छा है

स्वर्ग की बातें चढ़ा-चढ़ाकर उससे की जाती है; उसकी तारीफ़ के पुल बाँधे जाते हैं पर यहाँ माशूक़ के जल्वःगाह (संसार) का जो सौन्दर्य उसकी आँखों में बसा है, उस पर दूसरा रंग चढ़ने का नहीं :

सुनते जो हैं बिहिश्त की तारीफ़ सब दुरुस्त,
लेकिन ख़ुदा करे वह तेरी जल्वःगाह[4] हो।

पर उपदेश देनेवाले कब मानते हैं? वे तो अपनी ही कहते जाते हैं; उनकी बड़ जारी रहती है। यहाँ तक कि ग़ालिब चिढ़कर कहते हैं :

---

1. स्वर्ग, 2. सांसारिक जीवन, 3. वास्तविकता, 4. छविधाम, छविकक्ष।

ताअत[1] में ता रहे न मय वो वाँगबीं[2] की लाग,
दोज़ख़[3] में डाल दो कोई लेकर बिहिश्त[4] को।

जन्नत का लोभ हेय है

उपासना के पीछे शराब और शहद की लाग (लालच) न रह जाए इसलिए कोई स्वर्ग को उठाकर नरक में डाल दो। (इस्लाम में माना गया है कि परहेज़गारी और इबादत की ज़िन्दगी बितानेवालों को स्वर्ग मिलता है जिसमें हूरें ख़िदमत को मिलती हैं और शराब व शहद पीने-खाने को। इसी प्रलोभन भरे विश्वास की हँसी उड़ायी गयी है।)

क्यों न फिरदौस को दोज़ख़ में मिला लें यारब!
सैर के वास्ते थोड़ी सी फ़िज़ा और सही।

अर्थात : 'हे ईश्वर! स्वर्ग को क्यों न नरक में मिला लें जिससे दिल-बहलाव और सैर के लिए थोड़ी फ़िज़ा और बढ़ जाए।'

वह बिहिश्त के दिलदादः इसलिए भी न हुए कि वहाँ मिलनेवाला सौन्दर्य सीमित है, जब उनकी कामना बिखरे हुए सम्पूर्ण सौन्दर्य को कलेजे से लगा देने को छटपटाती है। इस प्रकार कामना की पूर्ति स्वर्ग की अपेक्षा संसार में कहीं अधिक हो सकती है।

बिहिश्त के तसव्वुर से कलेजा मुँह को आता है

चुनाँचे एक ख़त में लिखते हैं : ''जब मैं बिहिश्त का तसव्वुर[5] करता हूँ और सोचता हूँ कि मग़फ़िरत[6] हो गयी और एक क़स्र[7] मिला और एक हूर[8] मिली, अक़ामत[9] जाबिदाँ[10] है और एक नेकबख़्त के साथ ज़िन्दगानी है तो इस तसव्वुर से जी घबराता है और कलेजा मुँह को आता है। हय, हय, वह हूर अजीरन हो जाएगी। तबीयत क्यूँ न घबराएगी? वही ज़मुर्रदीं काख़[11] और वही तूबा[12] की एक शाख़!''

स्वर्ग की वस्तुओं की हँसी उड़ाने का कोई मौक़ा हाथ से जाने नहीं देते। चुनाँचे कहते हैं :

---

1. उपासना, भक्ति, 2. मधु, 3. नरक, 4. स्वर्ग, 5. कल्पना, ध्यान, 6. छुटकारा, मुक्ति, 7. महल, 8. परी, स्वर्गांगना, 9. निवास, 10. नित्य, शाश्वत, 11. पन्ना (हीरा) का घर, 12. कल्पवृक्ष।

वाइज़[1] न तुम पियो न किसी को पिला सको,
क्या बात है तुम्हारी शराबे-तहूर की।

अर्थात : 'ऐ उपदेशक! तेरी शराबे-तहूर (स्वर्ग में पी जानेवाली मदिरा) का क्या कहना, जिसे न तू पी सकता है न दूसरे ही किसी को पिला सकता है (ऐसी ख़्याली शराब लेकर क्या होगा)?'

मंज़िल का नहीं, राह का; तृप्ति का नहीं, तृष्णा का कवि

युवावस्था में ग़ालिब के उस्ताद ने उनसे कहा था, "शकर का मज़ा चख लेना मगर मक्खी बनकर शहद पर कभी न बैठना, नहीं तो उड़ने की शक्ति बाक़ी न रहेगी।" यह बात ग़ालिब के हृदय में पैठ गयी थी। यही उनके जीवन का मेरुदंड है। एक में केन्द्रित होना, एक जगह बैठकर पीना, बँधकर रहना उन्होंने कभी स्वीकार न किया। इसीलिए सरदार जाफ़री के शब्दों में "वह मंज़िल का नहीं, पथ का; तृप्ति का नहीं, तृष्णा के रस का कवि है।" प्यास बुझाना उसका उद्देश्य नहीं, प्यास बढ़ाना उसका आदर्श है।" 'प्रसाद' की तरह :

इस पथ का उद्देश्य नहीं है श्रान्त भवन में टिक रहना।

राह में चलते हुए रस लूटते जाना ही उसके सुख और जीवन का तत्त्व है। उसे मंज़िल पर पहुँचकर तृप्त हो जानेवाले पथिक से कभी ईर्ष्या न हुई क्योंकि तब वह पथिक ही कहाँ रह गया? उसे ईर्ष्या यदि होती है तो मार्ग में अकेले भटकनेवाले पिपासाकुल राही से होती है, जैसा ख़ुद फ़ारसी में कहा है :

रश्क बरतश्नः-ए-तनहा रवे वादी दारम,
न बर आसूदः दिलाने हरमो ज़मज़मे शाँ।

इस आदमी की प्यास कभी न बुझी। वह कभी बुझने के लिए पैदा ही न हुई थी। हाथों में जब गति ही न रह गयी, तब भी यह प्यास नहीं मिटी; तब भी वह चीख़कर कहता है :

गो हाथ को जुम्बिश[2] नहीं, आँखों में तो दम है,
रहने दो अभी साग़र[3]-मीना[4] मेरे आगे।

---

1. उपदेशक, 2. गति, 3. चषक, मद्य का प्याला, 4. मद्य की सुराही या बड़ा कंटर।

हँसी में रुदन, रुदन में हँसी

पर ग़ालिब की दार्शनिक सफलता, जीवन के स्तर पर यह है कि तीक्ष्ण एवं प्रबल कामनाओं से लिपटे हुए भी उसमें घटनाओं के प्रति, परिणाम के प्रति गहरी अनासक्ति है। इसी कारण ग़म में पलकर भी वह हँस सका है और हँसते हुए भी रो सका है। हास्य और रुदन, सुख और दुःख, उस स्तर पर है जहाँ उनका भेद मिट जाता है। दिल की निहाई पर दुःख के इतने हथौड़े पड़े हैं कि वह और दृढ़ हो गयी है—दुःख इतने देखे हैं कि वे मिटकर रह गये हैं। कठिनाइयाँ इतनी आयी हैं कि उनकी डँसने की शक्ति समाप्त हो गयी है; वे कठिनाइयाँ रही ही नहीं; आसान हो गयी हैं। मुश्किलों को आसान बनाने का गुर इनके हाथ आ गया है। कहते हैं :

रंज से ख़ूगर[1] हुआ इंसाँ तो मिट जाता है रंज,
मुश्किलें इतनी पड़ीं मुझ पर कि आसाँ हो गयीं।

अर्थात : 'यदि किसी को दुःख की आदत पड़ जाती है तो फिर दुःख दुःख नहीं रह जाता। मुझ पर इतनी कठिनाइयाँ पड़ी हैं कि मैं उनका अभ्यस्त हो गया हूँ और यों मुश्किलें आसान हो गयी हैं।'

जिसमें आसक्तियाँ अनासक्ति की गोद में सो जाती हैं

आसक्तियों से इस तरह लिपटा हुआ कि आसक्तियाँ अनासक्ति की गोद में सो जाती हैं—कुछ ऐसा इनसान था ग़ालिब। उत्तरकाल में तो यह बात बहुत स्पष्ट हो जाती है। एक बार की बात है कि उनके परमप्रिय शिष्य हरगोपाल 'तुफ़्ता' निराशा के कारण संसार-त्याग को तैयार हुए। उस समय ग़ालिब ने जो ख़त उन्हें लिखा था, उससे उनके मानसिक सन्तुलन का पता चलता है। लिखते हैं :

"क्यों तर्के-लिबास[2] करते हो? पहनने को तुम्हारे पास क्या है जिसको उतारकर फेंकोगे? तर्के-लिबास से क़ैदे-हस्ती[3] मिट न जाएगी। बग़ैर खाये-पिये गुज़ारा न होगा। सख़्ती व सुस्ती[4], रंज-व-अलम[5] को हमवार[6] कर दो। जिस तरह हो उसी सूरत ब हर सूरत गुज़रने दो।"

एक दूसरे ख़त में उन्हीं को फिर लिखते हैं :

"मुझको देखो कि न आज़ाद हूँ, न मुक़य्यद[7]; न रंजूर[8] हूँ; न तन्दुरुस्त; न ख़ुश हूँ, न नाख़ुश; न मुर्दा हूँ, न ज़िन्दा। जिये जाता हूँ, बातें किये जाता हूँ,

---

1. अभ्यस्त, व्यसनी, 2. वस्त्र-त्याग, 3. जीवन का बन्धन, 4. दृढ़ता और शिथिलता, 5. दुःख-कष्ट, 6. समतल, 7. बन्दी, बन्धनमय, 8. बीमार।

रोटी रोज़ खाता हूँ, शराब गाह-गाह[1] पिये जाता हूँ। जब मौत आएगी, मर रहूँगा। न शुक्र है, न शिकायत। जो तक़रीर है, वसबीले हिकायत।''

मुंशी बदरुद्दीन को एक पत्र में लिखते हैं : ''नैरंगिए कुदरत के तमाशाई रहो।'' फिर कहते हैं :

रात-दिन गर्दिश में हैं सात आसमाँ,
हो रहेगा कुछ न कुछ घबराएँ क्या ?

हर रंग में मिलकर मस्ती लेनी चाहिए। दर्शनोत्कण्ठा से ही दृश्य में सौन्दर्य उत्पन्न हो जाता है :

बख़्शे है जल्वए-गुल ज़ौके-तमाशा 'ग़ालिब',
चश्म को चाहिए हररंग में वा हो जाना।

मूढ़ परम्पराओं से ऊपर

एक ओर दृष्टि की विशालता, दूसरी ओर उच्च मनोभूमि ने उन्हें सम्पूर्ण धार्मिक परम्पराओं और विभेदों के ऊपर उठा दिया था। उनमें धार्मिक मूढ़ग्राह ज़रा भी न थे। 'मीर' भी इससे बहुत ऊपर थे पर वह एक सूफ़ी पिता के पुत्र थे, फ़क़ीरी उनका ज़ज़्बा थी, इश्क़ उनका मज़हब था। इसलिए धार्मिक संकुचितता से ऊपर उठना उनकी ख़ुदापरस्ती का एक सुबूत था, प्रेमधर्म की उपासना के लिए अनिवार्य। ग़ालिब रईसी तबक़े के आदमी थे। एक दूसरे वातावरण में पले थे फिर भी उनमें विचार और तर्कना की प्रबलता थी और वह मूढ़ परम्पराओं के सामने सिर झुकाने को तैयार न थे। हम देख चुके हैं कि रोज़ा, नमाज़, परहेज़गारी और स्वर्ग-लोभ का उन्होंने किस प्रकार बार-बार उपहास किया है। यह भावना के उत्कर्ष का प्रमाण नहीं है, यह एक अविश्वासी के उच्चतर जीवन-मूल्यों के प्रति निष्ठा का प्रमाण है। इसीलिए दैरोहरम (मन्दिर-मस्जिद) उनके लिए, अधिक से अधिक अभिलाषा की पुनरुक्ति का एक दर्पणमात्र बनकर रह गया है :

दैरोहरम आईन-ए-तकरारे-तमन्ना।

या कहीं भी उपासना में निष्ठा हो तो वह हर स्थान पर वन्दनीय है। किसकी हिम्मत है जो उनकी तरह कहे :

---

1. जब-तब, कभी-कभी।

व़फ़ादारी बशर्ते-इस्तवारी अस्ले-ईमाँ है,
मरे बुतख़ाना में तो का'ब: में गाड़ो बिरहमन को।

अर्थात : 'यदि निष्ठा में दृढ़ता हो तो वही धर्म का तत्त्व है। यदि ब्राह्मण मूर्तिधाम (मन्दिर) में मरे तो उसे (सम्मानपूर्वक) काबः में दफ़न करो।'

फ़ारसी में भी कहा है :

दिलम दर का'बा अज़ तंगी गिरफ़्त आदारए ख़्वाहम,
कि बामन वसअते बुतखानाहाए हिन्दूचीं गोयद।

तत्त्ववेत्ता न होकर भी तत्त्ववेत्ता

इस प्रकर ग़ालिब तत्त्ववेत्ता न होकर भी तत्त्ववेत्ता है क्योंकि जीवन और जगत् का दर्शन करते हुए वह अनुभूति की ऐसी गहराइयों में उतर जाता है जिनसे तत्त्वज्ञान की ज्योति जन्म लेती है। ग़ालिब की विशेषता यह है कि वह संसार को केवल भावना के आकाश में उड़ते हुए ही नहीं देखता, उसे बुद्धि की ठोस भूमि से भी देखता है इसीलिए उसमें कल्पना की उड़ान के साथ गम्भीर दृष्टि-निक्षेप की स्थिरता भी है। और यही ठहराव तत्त्वज्ञान की अनेक झलकियाँ उसके दिल के आईने में उतारता है। चूँकि वह कवि है इसलिए इन झलकियों में भी तरह-तरह के रंग खिल उठे हैं। वे तत्त्वज्ञानी की शुद्ध ज्ञानचर्चा से नहीं, कवि के सौन्दर्य-बोध से उत्पन्न चित्र हैं।

मौलाना 'नियाज़' फ़तहपुरी ने लिखा है कि यदि ग़ालिब का कोई दर्शन है तो वह आनन्द का दर्शन है। यदि इसका अभिप्राय यह हो कि ग़ालिब केवल सुख, वैभव और खुशी का शाइर है तो यह बात बिलकुल ही तथ्यहीन है। ग़ालिब के काव्य में दुःख और दर्द की तस्वीरें सुख के चित्रों से कहीं ज़्यादा हैं। पर यदि इसका यह अर्थ है कि ग़ालिब का ग़म उसे निष्क्रिय नहीं करता, निराश नहीं करता और उस ग़म की घटाओं के बीच मुस्कराहट की बिजलियाँ तड़पती और चमकती हैं तथा आँसू के बादलों में ज़िन्दगी की हज़ार-हज़ार लज्ज़तें तीव्र प्रकाश-रेखा की भाँति प्रविष्ट हो जाती हैं तो यह सत्य है।

ज़िन्दगी और कामना की अगणित भंगिमाएँ उसके काव्य में चलती हैं

ग़ालिब ऐसी उद्दाम कामना का कवि और चित्रकार है जो कभी शान्त नहीं होती, जो इसी दुनिया के सहस्र-सहस्र रूपों में अपने को खोजती और पाती है, जो मरती है और मर-मरकर जी उठती है, जिसमें जिन्दगी की अगणित भंगिमाएँ

नित्य नूतन स्वाद का सर्जन करती हैं; नयी-नयी अदाएँ, नयी-नयी तस्वीरें, नये-नये रंग सामने आते हैं और एक ऐसा तमाशा हो रहा है जो कभी ख़त्म नहीं होता और जहाँ तमाशाई ख़ुद एक तमाशा है, बल्कि तमाशे में, दर्शनीय में, दृश्य में ही दर्शक मिल जाता है। माशूक़ की छवि यहाँ चारों ओर बिखरी हुई है, पर्दा उठाने की देर है; हर जगह उसे नयन भरके देखा जा सकता है। यह संसार, दुःख की घटाओं के साथ भी, कलेजे से लगा लेने, हज़ार जान से फ़िदा होने के योग्य है। ग़ालिब शत-शत जिह्वाओं से संसार के सौन्दर्य की ओर इशारा करता है :

नहीं निगार को उल्फ़त, न हो, निगार तो है।
नहीं बहार को फ़ुर्सत, न हो, बहार तो है॥

यही शतधा बहनेवाला संसार एवं जीवन का सौन्दर्य ग़ालिब का दर्शन है।

ग़ालिब की रचनाएँ

फ़ारसी रचनाएँ

मिर्ज़ा ग़ालिब फ़ारसी के उस्ताद थे। उन्हें अपनी फ़ारसी पर नाज़ था। कभी-कभी उर्दू लिखते थे पर फ़ारसी रचनाओं पर आसक्त थे। बचपन से ही फ़ारसी में शेर कहना शुरू कर दिया था और अन्तकाल तक लगभग ग्यारह हज़ार शेर लिखे।

फ़ारसी पद्य

फ़ारसी के लगभग ग्यारह हज़ार शेरों में ग़ज़लें, क़सीदे, मस्नवियाँ, तर्कीबबन्द इत्यादि शामिल हैं। इनका मोटा विभाजन इस प्रकार किया जा सकता है :

ग़ज़ल—लगभग साढ़े चार हज़ार शेर।

मस्नवी—दो हज़ार से ऊपर।

क़सीदे इत्यादि—लगभग चार हज़ार।

फ़ारसी की अधिकांश ग़ज़लों में 'बेदिल' का रंग है। मस्नवियाँ ग्यारह हैं जिनमें तीन (चिराग़े-दैर, बादे-मुखालिफ़ और अब्रे-गुहरबार) ज़्यादा प्रसिद्ध हैं। अब्रे-गुहरबार सबसे अच्छी है। फ़ारसी क़सीदे कुल तैंतीस हैं जिनमें बारह धार्मिक हैं, शेष इक्कीस दिल्ली, अवध और रामपुर के शासकों, मित्रों एवं अँग्रेज़ अधिकारियों तथा महारानी विक्टोरिया की प्रशंसा में लिखे गये हैं। क़सीदों में यह सौदा से बहुत नीचे और दूर मालूम पड़ते हैं फिर भी कहीं-कहीं उनमें उनकी प्रतिभा ग़ज़लों से अधिक चमकी है और इनका काव्य-शिल्प उभर आया है।

कुल्लियाते-नज़्मफ़ारसी—पैंतीस-छत्तीस साल की उम्र तक मिर्ज़ा के फ़ारसी कलाम का अच्छा-खासा संकलन हो चुका था जिसे उन्होंने 1835 ई. में 'मयख़ानए-आर्ज़ू' (कामना की मधुशाला) के नाम से सम्पादित और क्रमबद्ध किया। पर यह दस वर्ष तक अप्रकाशित पड़ा रहा। 1845 ई. में नवाब ज़ियाउद्दीन अहमदख़ाँ

'नय्यर' ने इसे संशोधित और सम्पादित कर मतअब दारुलसलाम देहली से प्रकाशित करवाया। इसमें 506 पृष्ठ हैं, और अन्त में 3 पृष्ठ का परिशिष्ट है। इसमें 6672 शेर हैं।

इसके बाद का फ़ारसी कलाम नवाब ज़ियाउद्दीन और नाज़िर हुसेन मिर्ज़ा के पास एकत्र होता रहा। 1857 की उथल-पुथल में इन दोनों के घर ऐसे लुटे कि किताबें भी न बचीं। यह संगृहीत काव्य भी उसी में स्वाहा हो गया। 1862 ई. तक प्रयत्न करके जो कुछ दूसरी बार एकत्र किया जा सका, उसे लखनऊ के मुंशी नवलकिशोर ने नवाब ज़ियाउद्दीन अहमदख़ाँ के पुत्र मीरज़ा शहाबउद्दीन 'साक़िब' से मँगवा लिया और अपने प्रेस से जून, 1863 में प्रकाशित किया। इसमें 'मयख़ानए-आर्ज़ू' के शेरों के अलावा 3752 शेर हैं अर्थात कुल शेरों की संख्या 10424 है।

अब्रे-गुहरबार—शाब्दिक अर्थ है 'मुक्तावर्षक मेघ'। ग़ालिब की यह सबसे बड़ी मस्नवी है। यह कुल्लियात में सम्मिलित है पर कुल्लियात के मुद्रण के कुछ दिनों बाद एक मित्र के आग्रह पर अलग छापी गयी। इसमें 42 पृष्ठ हैं। इसमें ग्यारह सौ से अधिक शेर हैं। वस्तुतः यह एक अपूर्ण मस्नवी है जिसे मिर्ज़ा फ़िर्दौसी के 'शाहनामः' के ढंग पर लिखना चाहते थे पर वह शान्ति, जिसमें इसे पूरा कर सकते, नसीब न हुई। मिर्ज़ा के उत्तर जीवन की मानसिक स्थिति के अध्ययन के लिए इसमें पर्याप्त सामग्री मिलती है। इस काल में जब भौतिक सुख, विलास और भोग की कामनाएँ शिथिल पड़ती जा रही थीं, उनका मन बीच-बीच में भगवान के चरणों में निवेदित होना चाहता था पर अभी तक उनमें संशय के पूर्व संस्कार बने हुए थे इसलिए ईशस्तवन तथा विनय में भी वह प्राण-वेदन नहीं है जो अनुतापदग्ध भक्त के हृदय से फूटता है।

इस संस्करण में मस्नवी के अन्त में दो क़सीदे और दो क़िते भी हैं जो कुल्लियात के प्रकाशन के बाद लिखे गये थे। इनके अतिरिक्त चन्द रुबाइयाँ (चतुष्पदियाँ) भी हैं जो कुल्लियात में छपने से रह गयी थीं।

सबदे-चीन—'सबदे-चीन' का अर्थ है 'फूल चुननेवाले की डलिया'। इसमें कुल्लियात के प्रकाशन के अनन्तर लिखे हुए क़सीदे, क़िते तथा अन्य कलाम हैं जिनमें से कुछ तो 'अब्रे-गुहरबार' में भी छप चुके थे। इसे अगस्त, 1867 ई. में मतबअ मुहम्मदी ने प्रकाशित किया था। 1938 ई. में इसका दूसरा परिवर्धित संस्करण श्री मालिकराम ने सम्पादित करके मकतब जामिअः दिल्ली से प्रकाशित कराया। इसमें ग़ालिब की बिखरी हुई कुछ और रचनाएँ भी जोड़ दी गयीं। इसमें एक क़सीदा रामपुर के नवाब क़लबअलीख़ाँ की प्रशंसा में है। 'सबदे-चीन' के इस संस्करण में 807 शेर हैं।

सबद बाग़े-दोदर—इसका पता कुछ समय पूर्व चला है। अभी तक अप्रकाशित है। इसकी जो पांडुलिपि देहली यूनिवर्सिटी के फ़ारसी-अरबी विभाग के अध्यक्ष प्रो. सय्यद वज़ीर हसन के पास है उसे लिपिक ने ग़ालिब के शिष्य मुंशी हीरासिंह खत्री की फ़र्माइश पर तैयार किया था। किताब का लेखन-कार्य तो ग़ालिब के जीवन में ही शुरू हुआ था पर उसकी पूर्ति उनकी मृत्यु के सवा साल से भी अधिक समय के बाद, 7 जुलाई, 1870 ई. को हुई। ग़ालिब ने इसका अधिकांश भाग देखा था।

दुआए-सबाह—इस पुस्तक के दो खंड हैं। पहले खंड में सबदे-चीन (प्रथम संस्करण) तथा कुछ थोड़ी अन्य नज़्में हैं। दूसरे खंड में कुछ गद्य रचनाएँ हैं। 'दुआए-सबाह' का अर्थ है 'प्रातः प्रार्थना' या 'सुन्दर स्तव'। एक मस्नवी है जिसे ग़ालिब ने अपने भाँजे मीरज़ा अब्बास बेग (एक्स्ट्रा अस्सिटेंट कमिश्नर लखनऊ) की फ़र्माइश पर लिखी थी और नवल किशोर प्रेस, लखनऊ से छपी थी। मई, 1941 के 'निगार' (लखनऊ) में मौलाना इम्तियाज़ अली अर्शी ने पुनः प्रकाशित करवायी।

फ़ारसी गद्य

मिर्ज़ा जितने अच्छे शाइर थे उतने ही उच्चकोटि के गद्यकार भी थे। यौवन काल के आरम्भ से ही उन्होंने फ़ारसी में गद्य लिखना शुरू कर दिया था। अधिकांश फ़ारसी गद्य-रचनाएँ 28 से 40 साल की उम्र तक की लिखी हुई हैं। बाद में उर्दू गद्य लिखने लगे थे और फ़ारसी में लिखना छोड़ दिया था।

पंच आहंग—यह फ़ारसी गद्य में मिर्ज़ा की पहली रचना है। इसमें पाँच खंड हैं। 1825 ई. में जब अँग्रेज़ों ने भरतपुर पर चढ़ाई की तो मिर्ज़ा ग़ालिब के चचिया ससुर नवाब अहमदबख़्शख़ाँ भी उनके साथ युद्ध में सम्मिलित थे। इस अवसर पर ग़ालिब तथा उनके साले अलीबख़्शख़ाँ 'रंजूर' भी वहाँ थे। रंजूर ने ग़ालिब से अनुरोध किया कि आप पत्र-लेखन के नियमादि पर एक पुस्तक लिख दें। इसी अनुरोध के फलस्वरूप इस पुस्तक की नींव पड़ी। उस समय इसके दो खंड लिखे गये। फिर तीसरे खंड में वे शेर दीवान से लेकर एकत्र किये जिनका पत्र-लेखन में उपयोग किया जा सकता है। चौथे खंड में स्फुट पद्य-गद्य रचनाएँ हैं। सबसे महत्त्वपूर्ण पाँचवाँ खंड है जिसमें मिर्ज़ा के फ़ारसी पत्र हैं जो उन्होंने ग़दर से पहले अपने मित्रों को लिखे थे और जिनसे उनके जीवन पर प्रकाश पड़ता है।

मेह्र नीमरोज़—इसका शाब्दिक अर्थ है मध्यदिवस का सूर्य। जब अँग्रेज़ों की चेष्टा और प्रभाव से हकीम अहसन उल्लाख़ाँ शाह के वज़ीर नियुक्त हुए

तो उन्होंने अँग्रेजों के शुभैषियों के लिए दरबार में जगह पैदा करने की कोशिश की। इन्हीं में एक मिर्ज़ा ग़ालिब भी थे जो अँग्रेज़ों के पेंशनख़ार और प्रिय थे। अवसर पाकर हकीम साहब ने बादशाह का ध्यान इस ओर आकर्षित किया कि ग़ालिब जैसा विद्वान और कवि दिल्ली में उपस्थित हो और उसे शाही दरबार में जगह न मिले, यह आश्चर्य की बात है। इस पर ग़ालिब 4 जुलाई, 1850 ई. को राजकीय इतिहासकार के पद पर नियुक्त किये गये और उन्हें तैमूर वंश का इतिहास फ़ारसी में लिखने का काम सौंपा गया। शुरू में बहादुरशाह 'ज़फ़र' के आदेश के अनुसार यह तय पाया कि तैमूर से लेकर वर्तमान दिल्लीपति तक का विवरण पुस्तक में दिया जाए। जनवरी, 1851 तक तैमूर से आरम्भ कर बाबर तक का वृत्तान्त पूर्ण कर दिया और फिर मार्च, 1851 के अन्त तक निर्वासन से हुमायूँ के लौटने तक का इतिहास लिख डाला।

जब मिर्ज़ा हुमायूँ तक का इतिहास लिख चुके तब बहादुर शाह ने आज्ञा दी कि इतिहास सृष्टि के आरम्भ से लिखा जाए। मिर्ज़ा को इस विषय में कोई दिलचस्पी न थी, न उन्हें सृष्टि के आरम्भ के बारे में कोई विशेष जानकारी थी, इसलिए वज़ीर ने ऐतिहासिक तथ्य एवं आँकड़े एकत्र कर देने की ज़िम्मेदारी अपने ऊपर ली। एक प्रकार से वज़ीर उसे उर्दू में लिखते और ग़ालिब फ़ारसी रूप देते थे। अब मिर्ज़ा ने योजना बनाकर इतिहास के दो भाग कर दिए। पूरे ग्रन्थ का नाम 'परतवस्तान' और प्रथम भाग का 'मेह्र नीमरोज़' एवं दूसरे का 'माहे-नीम माह' रखना तय किया। यह भी निश्चय हुआ कि प्रथम भाग में हुमायूँ तक के और दूसरे भाग में अकबर से बहादुरशाह तक के वृत्तान्त दिए जाएँ। बीच-बीच में अनेक प्रकार के विघ्न पड़ते रहे, कभी हकीम साहब की ओर से ढिलाई होती, कभी ग़ालिब की ओर से। किसी तरह पहला बाग अर्थात 'मेह्र नीमरोज़' अगस्त, 1854 ई. में समाप्त हुआ और 1855 में फख़रुलमताबअ से प्रकाशित हुआ। इसका दूसरा संस्करण प्रोफ़ेसर औलादहुसेन शादाँ ने, संशोधन एवं सम्पादन के बाद, मतबअ करीमी लाहौर से प्रकाशित करवाया। दूसरा भाग लिखा ही नहीं गया।

दस्तम्बू—'दस्तम्बू' उस पुष्प गुच्छ को कहते हैं जो हाथ में लेकर सूँघने के लिए बनाया जाता है। जब ग़दर का हड़कम्प मचा और मिर्ज़ा का क़िले में आना-जाना या बाहर निकलना बन्द हो गया तो बेकारी में उन्होंने ग़दर का हाल लिखना शुरू किया। इस पुस्तक का आरम्भ मई, 1857 ई. में हुआ और अगस्त '57 में वह समाप्त हो गयी। ज्यों-ज्यों लिखते थे, एक नक़ल मीर मेहँदी 'मजरूह' को भी भेजते जाते थे। अभिप्राय यह था कि हंगामे में यदि एक के यहाँ नष्ट हो जाए तो दूसरे के यहाँ सुरक्षित रहे। पुस्तक पहली बार मतबअ मुफ़ीदुल्ख़लायक़ आगरा से नवम्बर, 1858 के प्रथम सप्ताह में प्रकाशित हुई। पाँच महीने में 500

प्रतियों का यह संस्करण समाप्त हो गया। अधिक बिक्री पंजाब में हुई। 1865 ई. में दूसरा और 1871 ई. में तीसरा संस्करण प्रकाशित हुआ। इस पुस्तक की मुख्य विशेषता यह है कि ठेठ फ़ारसी में है और सिवाय व्यक्तिवाचक नामों के एक भी अरबी शब्द का प्रयोग नहीं किया गया है।

कुल्लियाते-नस्त्र—इसमें उपर्युक्त तीनों पुस्तकें संकलित कर दी गयी हैं। लखनऊ के मुंशी नवलकिशोर ने जनवरी, 1867 ई. में पहली बार इस ग्रन्थ का प्रकाशन किया। 1871 और 1884 ई. में इसके द्वितीय, तृतीय संस्करण हुए। 1875 में नवलकिशोर प्रेस की कानपुर शाखा से भी इसका एक संस्करण निकला था।

क़ातअ बुरहान—ग़दर के दिनों में घर में बन्द होने के कारण, वक़्त बिताने के ख़याल से ग़ालिब ने 'बुरहान क़ातअ' को पढ़ना शुरू किया। यह मौलवी मुहम्मद हुसेन तब्रेज़ी का लिखा प्रसिद्ध फ़ारसी शब्दकोश है। जब पढ़ने लगे तो उन्हें उसमें बहुतेरी ग़लतियाँ दिखाई दीं। वह पुस्तक के पृष्ठों के हाशिये पर अपनी आपत्तियाँ लिखते गये। बाद में उन सबको एकत्र करके 'क़ातअ बुरहान' नाम से एक पुस्तक बना दी। 1860 ई. में पूरी हो गयी थी परन्तु दो साल बाद 1862 ई. में नवलकिशोर प्रेस, लखनऊ से पहली बार प्रकाशित हुई।

दुरफ़्श कावयानी—कावः ईरान में एक लोहार था जिसने 'ज़हहाक' के अत्याचारों से तंग आकर उसके विरुद्ध विद्रोह एवं युद्ध किया और उसे हराकर 'फ़रीदूँ' को उसके स्थान पर बैठाया। दुरफ़्श का अर्थ झंडा या पताका है। भावार्थ है विद्रोह का झंडा। 'क़ातअ बुरहान' के प्रकाशन के बाद साहित्य-जगत् में एक तहलका मच गया और मिर्ज़ा की कड़ी आलोचना का जवाब अनेक पुस्तकों के रूप में प्रकट हुआ। कई साल तक यह तूफ़ान चलता रहा। जब उसका वेग कम हुआ तब 'क़ातअ बुरहान' में कुछ नयी आपत्तियाँ और अन्य बातें सम्मिलित करके दिसम्बर, 1865 ई. में इस नाम से एक नया संस्करण प्रकाशित किया गया।

मआसिर ग़ालिब—शाब्दिक अर्थ है ग़ालिब के अच्छे स्मृतिचिह्न या सुकृतियाँ। इसमें ग़ालिब के 32 फ़ारसी पत्र हैं जो उन्होंने कलकत्ता और ढाका के अपने कुछ मित्रों को लिखे थे। बैरिस्टर अब्दुल वदूद (पटना) ने इन पत्रों तथा कुछ अन्य उर्दू-फ़ारसी रचनाओं का संकलन-सम्पादन कर इस नाम से प्रकाशित करवाया था।

मुतफ़र्रक़ाते-ग़ालिब—इसमें कलकत्ता के मित्रों के नाम लिखे ग़ालिब के कुछ फ़ारसी पत्र, कलकत्ता-प्रवास में लिखी कुछ नज़्में हैं। एक अच्छी भूमिका और टिप्पणी के साथ सय्यद मा'सूद हसन रिज़्वी ने इन रचनाओं को उपर्युक्त नाम से 1947 ई. में रामपुर से प्रकाशित किया। इसमें 49 पत्र हैं जिनमें से अनेक पंच आहंग में भी सम्मिलित हैं।

उर्दू रचनाएँ

उर्दू पद्य

मिर्ज़ा ग़ालिब ने अपने काव्य का आरम्भ उर्दू से ही किया था परन्तु सामन्ती अहं ने शीघ्र फ़ारसी की ओर आकर्षित कर दिया। फिर भी आज ग़ालिब को जो इतना यश मिला है, वह उर्दू कवि के रूप में ही मिला है। पाँव की धूल कभी-कभी सिर पर चढ़कर बोलती है।

दीवाने-ग़ालिब—इनकी प्रारम्भिक उर्दू शाइरी बेदिल की फ़ारसी शाइरी की नक़ल है। वह बोझिल, कृत्रिम है। जब इन पर तीव्र आक्षेप होने लगे तब अपने परम प्रिय मित्र मौलवी फ़ज़लहक़ ख़ैराबादी तथा दूसरे हितैषियों की सलाह पर अपने संकलन से सैकड़ों शेर काटकर निकाल दिये और काट-छाँटकर चुने शेरों का एक दीवान सम्पादित किया। इसमें नमूने के तौर पर अपने प्रारम्भिक काव्य के भी बहुत से शेर रहने दिये। यह दीवान पहली बार 1842 ई. में सय्यदुल मताबअ दिल्ली से प्रकाशित हुआ। इसमें कुल 1095 शेर हैं, यद्यपि इसमें गणना 1070 की ही दी हुई है। यह संस्करण दुर्लभ है।

इसका दूसरा संस्करण मई 1847 में मतबअ दारुलसलाम दिल्ली से छपकर निकला। इसमें 1159 शेर हैं।

ग़ालिब ने मई, 1857 में, ग़दर से दो-चार दिन पहले, अपने उर्दू दीवान-की एक हस्तलिपि रामपुर के नवाब युसुफअलीख़ाँ के पास भेजी थी। इसी की प्रतिलिपि लेकर मतबअ अहमदी दिल्ली से 29 जुलाई, 1861 में और मतबअ निज़ामी कानपुर से जून, 1862 में दीवाने-उर्दू के दो संस्करण और निकले। इनमें पहला बहुत अशुद्ध और भद्दा छपा है। दोनों संस्करणों में शेरों की संख्या एक ही, 1796 है पर पृष्ठ कम-ज़्यादा हैं। दिल्ली संस्करण में 88 तथा कानपुर वाले में 104 पृष्ठ हैं। 1863 में 1795 शेरों का एक और संस्करण मुंशी शिवनारायण ने मतबअ मुफीदुल ख़लायक़ आगरा से निकाला था जिसमें 146 पृष्ठ हैं।

ग़ालिब के जीवनकाल में उनके उर्दू काव्य के यही चार संस्करण प्रकाशित हुए। उनके जीवन के बाद तो 'दीवाने-ग़ालिब' (उर्दू) के बीसियों संस्करण हुए हैं।

नुस्खः हमीदियः या नुस्खः भूपाल—मिर्ज़ा साहब ने अपना उर्दू दीवान रदीफ़वार—अक्षरानुक्रम से—1821 ई. में साफ़ कराया था, जब वह केवल 24 वर्ष के थे और बेदिल के रंग में रंगे हुए थे। इसकी एक प्रति भूपाल के राजकीय पुस्तकालय में थी। 1931 ई. में नुस्खः हमीदियः के नाम से वह प्रकाशित कर

दी गयी। इसके आरम्भ में 60 शेरों का एक फ़ारसी क़ितअ है फिर उर्दू के तीन क़सीदे हैं जिनमें क्रमशः 110, 68 और 29 शेर हैं। इसके बाद ग़ज़लें हैं जिनमें 1883 शेर हैं। जब दीवाने-ग़ालिब का चयन किया गया तब पहले और दूसरे कसीदे के केवल 28 एवं 33 शेर उसमें लिये गये, तीसरा बिलकुल निकाल दिया गया। इसी प्रार ग़ज़लों के 1883 शेरों में से लगभग साढ़े चार सौ लिये गये।

आजकल दीवाने-ग़ालिब के जितने संस्करण मिलते हैं वे वहीं हैं जिन्हें ख़ुद या अपनी देख-रेख में चुनाव करके ग़ालिब ने अपने जीवन काल में प्रकाशित कराया था। इनमें मालिकरामजी द्वारा सम्पादित संस्करण सबसे शुद्ध है।

अर्शी-सम्पादित दीवाने-ग़ालिब—रामपुर के राजकीय पुस्तकालय के अधीक्षक श्री इम्तियाज़अली अर्शी वर्षों से ग़ालिब पर परिश्रम कर रहे थे। 1958 ई. के मध्य उन्होंने कृपापूर्वक मुझे सूचित किया कि मैंने ग़ालिब का सम्पूर्ण प्राप्त उर्दू काव्य एकत्र कर दिया है और वह छप रहा है। शीघ्र ही आपको मिल जाएगा। अब यह संस्करण अंजुमनतरक़्क़िए उर्दू से प्रकाशित हो गया है। निश्चय ही अर्शी साहब ने इसमें शुद्धता का बहुत ध्यान रखा है और पाद-टिप्पणियों में पाठभेद का संकेत भी विभिन्न प्रतियों के आधार पर कर दिया गया है।

दीवाने-ग़ालिब के अनेक सुन्दर संस्करण निकले हैं। इनमें बर्लिनवाला संस्करण, चग़ताई के चित्रयुक्त संस्करण, सरदार जाफ़री सम्पादित संस्करण तथा पूर्णता की दृष्टि से अर्शी संस्करण उल्लेखनीय हैं परन्तु इनके मूल्य अधिक हैं और साधारण हैसियत के पाठक उनसे लाभ उठाने में असमर्थ हैं।

उर्दू गद्य

ऊदे-हिन्दी—1849 ई. तक मिर्ज़ा अपने पत्र फ़ारसी में ही लिखा करते थे पर इसके बाद उर्दू में लिखने लगे; फ़ारसी में लिखना प्रायः छोड़ दिया। मिर्ज़ा के उर्दू पत्र उर्दू गद्य में बहुत ऊँचा स्थान रखते हैं। श्रीमुम्ताज़ अली मेरठी ने बड़े परिश्रम से ग़ालिब के 137 पत्र एकत्र किये और 'ऊदे हिन्दी' के नाम से मतबअ मुजतबाई मेरठ में छापकर 27 अक्टूबर, 1868 को, अर्थात ग़ालिब की मृत्यु से लगभग चार मास पूर्व प्रकाशित किया।

उर्दूए-मुअल्ला—मार्च, 1869 ई. में, ग़ालिब की मृत्यु के उन्नीस दिन बाद, इस नाम से, उनके पत्रों का एक दूसरा संकलन अकमलुलमताबअ द्वारा प्रकाशित हुआ। यह प्रथम भाग था। इसमें 464 पृष्ठ हैं। इसी प्रेस से इसका दूसरा संस्करण 11 फ़रवरी, 1891 ई. को प्रकाशित हुआ।

एप्रिल, 1899 ई. में मतबअ मुजतबाई देहली से प्रथम भाग के साथ ही दूसरा भाग भी मिलाकर, पहली बार प्रकाशित किया गया। मौलाना हाली ने इसका

सम्पादन किया था। पुनः यह पूरा ग्रन्थ 1902 ई. में मुबारकअली ने करीमी प्रेस लाहौर से छापकर प्रकाशित किया। इसके बाद तो कई संस्करण निकल चुके हैं। एक सस्ता-सा पर असम्पादित संस्करण इलाहाबाद के प्रकाशक लाला रामनारायण लाल ने भी निकाला है।

मकातीबे-ग़ालिब—जीवन के उत्तरकाल में ग़ालिब का रामपुर दरबार से घनिष्ठ सम्बन्ध रहा इसलिए 1857 ई. से मृत्युपर्यन्त उन्होंने अनेकानेक पत्र लिखे। अधिकांश पत्र रामपुर के सरकारी साहित्य-विभाग में सुरक्षित थे। उन्हें संकलित और सम्पादित कर मौ. इम्तियाज़अलीख़ाँ अर्शी ने 1937 ई. में 'मकातीबे-ग़ालिब' के नाम से प्रकाशित कर दिया। तब से इसके कई संस्करण निकल चुके हैं और प्रत्येक संस्करण में कुछ न कुछ वृद्धि होती गयी है। इसका छठा संस्करण, जो 1949 ई. में निकला था, मेरे पास है। इसमें 130 पत्र हैं। ग़ालिब के उत्तरजीवन तथा उनकी मानसिक एवं शारीरिक स्थिति के ज्ञान के लिए यह ग्रन्थ बहुत ज़रूरी है। इस पुस्तक में ग़ालिब के पत्र तो हैं ही, जहाँ तक सम्भव हो सका है, उनके उत्तर भी संकलित किये गये हैं तथा उपयुक्त टिप्पणियाँ देकर घटनाओं पर प्रकाश डाला गया है।

नादिराते-ग़ालिब—इसमें ग़ालिब के 74 ऐसे पत्र हैं जो इस पुस्तक के पूर्व (दो पत्रों के सिवा) कहीं प्रकाशित नहीं हुए थे। श्रीआफ़ाक़हुसेन 'आफ़ाक़' ने, एक अच्छी भूमिका और परिशिष्ट के साथ, इस नाम से, 1949 ई. में 'अदारए-नादिरात' कराची से छपवाया था। मेरे पास इसकी जो प्रति है उसमें डॉ. अब्दुलहक़ की एक छोटी प्रस्तावना भी है। अब यह पुस्तक भी बाज़ार में नहीं मिल रही है।

ख़ुतूते-ग़ालिब—हिन्दू विश्वविद्यालय के फ़ारसी-अरबी विभाग के प्रोफ़ेसर स्व. मौलवी महेशप्रसाद आलिम फ़ाज़िल ने ग़ालिब पर बहुत काम किया था। उन्होंने ग़ालिब पर अनेक भागों में एक महाग्रन्थ लिखने की योजना बनायी थी। इस सिलसिले में उन्होंने ग़ालिब के बहुत-से पत्र भी एकत्र किये थे। इन पत्रों को 'ख़ुतूते-ग़ालिब' के नाम से सम्पादित किया था और उसका प्रथम भाग 1941 ई. में हिन्दुस्तानी एकेडमी इलाहाबाद से प्रकाशित भी कराया था, पर असमय उनकी मृत्यु से वह महान कार्य पूर्ण होने से रह गया। यह भी पता नहीं चला कि वह सब सामग्री, जो उन्होंने एकत्र की थी, अब कहाँ है।

नकाते-ग़ालिब—छोटी-सी पुस्तक है जिसमें फ़ारसी व्याकरण के नियम हैं। मिर्ज़ा ने इसे शिक्षा विभाग पंजाब के संचालक मेजर फ़ुलर के अनुरोध पर लिखा था।

नामए-ग़ालिब—'क़ातअ बुरहान' के झगड़े के वक़्त 'सातअ बुरहीन' नामक पुस्तिका के उत्तर में मिर्ज़ा ने यह पुस्तिका लिखी थी। बाद में वह 'ऊदे-हिन्दी' में सम्मिलित कर दी गयी।

इसके अतिरिक्त 'तेग़ेतेज़' तथा क़ादिरनामः (पद्य) दो और छोटी पुस्तकें ग़ालिब की लिखी हैं। ग़ालिब के ख़तों में से साहित्यिक पत्र छाँटकर स्व. मिर्ज़ा मुहम्मद अस्करी ने 1954 ई. में कराची से 'अदबी ख़ुतूते ग़ालिब' के नाम से प्रकाशित किया है। इसमें 98 पत्र हैं। ग़ालिब के साहित्य-सम्बन्धी विचार जानने के लिए यह पुस्तक बड़े काम की है।

इस प्रकार हम देखते हैं कि छोटे-से उर्दू 'दीवाने-ग़ालिब' ने ग़ालिब को अमर कर दिया। इस छोटे-से ग्रन्थ पर न जाने कितने भाष्य लिखे गये हैं और अब भी लिखे जा रहे हैं। इनमें हसरत मोहानी, तबातबाई, बेख़ुद, आशी, जोश मल्सियानी, अर्श मल्सियानी और बाक़र की टीकाएँ अपेक्षाकृत अच्छी हैं। पर इनमें भी कहीं-कहीं इतनी खींचतान है कि कवि के काव्य का अर्थ अँधेरे में पड़ जाता और उन्हें टीकाकारों की विद्वत्ता ज़रूर सामने आ जाती है। अब भी एक शुद्ध, सरल टीका की ज़रूरत बनी हुई है।

पद्य की भाँति ग़ालिब का उर्दू गद्य भी बहुत महत्त्वपूर्ण है। सच पूछिए तो गद्यकार के रूप में उर्दू के लिए ग़ालिब की देन उससे भी अधिक महत्त्वपूर्ण है जितनी पद्यकार या कवि के रूप में है। कवि के रूप में उन पर पर्याप्त कार्य हुआ है; समीक्षाएँ, टीकाएँ और प्रशंसा-ग्रन्थ लिखे गये हैं, परन्तु गद्यकार ग़ालिब पर बहुत कम काम हुआ है। कोई अच्छा और प्रामाणिक समीक्षा-ग्रन्थ मेरी जानकारी में नहीं निकला है। ग़ालिब के उर्दू पत्रों की शैली अनोखी है। इनमें वह लिखते नहीं, बल्कि बोलते हैं—जैसे दूर के मित्र, शिष्य, प्रियजन उनके सामने बैठे हों और वह उनसे बातें कर रहे हों।

ग़ालिब का काव्य : 1

विकास-रेखा

ग़ालिब उर्दू के सबसे लोकप्रिय कवि हैं। कदाचित् ही किसी दूसरे उर्दू कवि की कविताओं के इतने संग्रह निकले हों या उनपर चर्चा एवं समीक्षा हुई हो। कुछ विरोध करते हैं, कुछ प्रशंसा के पुल बाँधते हैं, कुछ खड़े तमाशा देखते हैं। कुछ अभिनेता हैं, कुछ दर्शक हैं पर सबकी दिलचस्पी यहाँ है। सब कुछ-न-कुछ कहना चाहते हैं, सब कुछ-न-कुछ सुनना चाहते हैं, सब कुछ-न-कुछ देखना चाहते हैं। उन्हें भूलना, उनकी उपेक्षा करना मुश्किल हो गया है।

इन आलोचनाओं में प्रकाश उतना नहीं जितना अन्धकार है

पर भीड़ सदा भ्रमित करती है। उसमें एक सामूहिक उत्कंठा और मनोवृत्ति होती है। उससे तर्क करना कठिन होता है। वह समझने या समझाने के 'मूड' में नहीं होती। निरपेक्ष दर्शक के लिए किसी समस्या की तह तक पहुँचना कठिन कर देती है। ग़ालिब पर निकली आलोचनाएँ भी कुछ ऐसी ही हैं। उन्होंने जितना प्रकाश दिया, उससे ज्यादा अन्धकार फैलाया; जितना सुलझाव नहीं रखा, उससे ज़्यादा उलझनें पैदा कर दीं। इनमें इतनी अतियाँ हैं कि जो समझना चाहता है, वह विमूढ़ हो जाता है। आलोचकों या प्रशंसकों की भीड़ की एक अति हैं स्व. डा. अब्दुर्रहमान बिजनौरी, जिनका फ़तवा है :

"हिन्दुस्तान की इलहामी किताबें दो हैं : मुक़द्दस वेद और दीवाने-ग़ालिब।"*

भीड़ की दूसरी अति हैं डा. सय्यद अब्दुललतीफ़, जो कहते हैं :

---

* *मुहासिन कलामे-ग़ालिब,* चतुर्थ संस्करण, पृष्ठ 5

"उसकी शायराना पैदावार में न तो वह मुहब्बत है जो हयातआफ़री[1] होती है, न वह हमआहंगी[2] जो हक़ाइक़[3] से पैदा होती है।...एक नये सितारे की आन में चमकने की आरज़ू में वह अपने हक़ीक़ी मनसब[4] को भुला बैठा और उस रब्बानी तजल्ली[5] को, जो बहैसियत शायर उसको अता[6] की गयी थी, उसने अपने हाथ से दे दिया।"*

यह अन्धपूजा!

इन दो दलों के बीच कुछ और लोग हैं जो 'रामाय स्वस्ति, रावणाय स्वस्ति', 'यह भी ठीक है, वह भी ठीक है' कहते रहते हैं। जब उर्दू आलोचना की यह स्थिति हो तब निरपेक्ष भाव से ग़ालिब को देखना और उनके सम्बन्ध में निर्णय करना और कठिन हो जाता है। डॉ. बिजनौरी ने तो दुनिया के सबसे बड़े कवियों से ग़ालिब की तुलना की और उनकी श्रेष्ठता की घोषणा की है। ग़ालिब एक ग़ज़लगो शायर थे। ग़ज़ल का क्षेत्र सीमित है; वह मुक्त का क्षेत्र है। उसका हर मिसरा स्वतन्त्र होता है। उसमें केवल झाँकियाँ मिलती हैं। पर बिजनौरी ने राफेल, रूबेंस, वर्जिल, गेटे, रैम्बो, मेटरलिंक, इब्सन, बर्गसाँ इत्यादि को ग़ालिब की अदालत में लाकर खड़ा कर दिया है और ग़ालिब की विशेषताएँ समझाने के स्थान पर अपने किताबी ज्ञान का प्रदर्शन अधिक किया है। उनकी विवेचना और निर्णयशक्ति भावावेश एवं अन्धनिष्ठा का शिकार हो गयी है। बहरहाल, हमें इन अतियों से दूर रहकर ग़ालिब और उनके काव्य को समझने की चेष्टा करनी चाहिए।

ग़ालिब के काव्य को ऐतिहासिक विकास-क्रम की दृष्टि से चार भागों में बाँटा जा सकता है :

1. प्रारम्भिक काव्य : 1821 ई. तक (1811-21 ई.)। भूपालवाली प्रति में सुरक्षित है। इस काव्य का बहुत-सा अंश ग़ालिब ने अपने दीवान का सम्पादन-संकलन करते समय निकाल दिया था।

2. मध्य युग का काव्य : 1821 से 1832 ई. तक। भूपाली प्रति के हाशिये पर मिलता है।

3. प्रौढ़ युग का काव्य : 1833 से 1855 ई. तक, जो भूपाली प्रति में नहीं है किन्तु रामपुरवाली प्रति में है।

4. उत्तरकालिक काव्य : 1856 से 1869 ई. तक।

---

1. जीवनवर्द्धक, 2. समवृत्ति, एक-सी आवाज़, एक-सा इरादा, 3. सत्यों, यथार्थताओं, 4. वास्तविक स्थान, 5. ईश्वरीय ज्योति, 6. प्रदान। * 'ग़ालिब' लाइफ़ एंड क्रिटिकल एप्रीसियेशन ऑव हिज़ पोएट्री (उर्दू संस्करण) अब अलभ्य है।

1. प्रारम्भिक काव्यः

प्रारम्भिक एवं मध्यकालिक जीवन में कवि पर फ़ारसी का नशा इतना प्रबल था कि वह उर्दू में शेर कहने को लज्जा का कारण मानते थे। एक क़िते में कहा भी है :

.फारसीबीं ताब:बीनी न.क्शहाए-रंग-रंग,
बगुज़र अज़ मजमूअए उर्दू कि बेरंगे मन अस्त।

पर आश्चर्य तो यह है कि शेरगोई पहले उर्दू में ही शुरू की[1], और उसी उर्दू काव्य के कारण उर्दू साहित्य में अमर हो गये।

बेदिल का प्रभाव : जो भी हो, फ़ारसीयत उनके ख़ून में मिली हुई थी। स्वाभाविक था कि पूर्वार्द्ध काल में, विशेषत: किशोरावस्था में, जब दिल दिमाग़ के ऊपर छा जाता है और मानव भावावेग के आकाश में उड़ता रहता है, उनपर इस वातावरण का अधिक प्रभाव पड़ता। हम देखते हैं कि इनके प्रारम्भिक काव्य पर 'बेदिल' का प्रभाव अत्यधिक है। बेदिल की शाइरी दिमाग़ी जोड़-तोड़ की शाइरी है जिसमें शब्द भावना का श्रृंगार नहीं करते, नटों-सी क़लाबाज़ी दिखलाते हैं। इसी तरह के शेरों को देखकर मीर तक़ी ने भविष्यवाणी की थी कि 'इस लड़के को अगर कोई कामिल उस्ताद मिल गया और उसने इसे सीधे रास्ते पर डाल दिया तो लाजवाब शाइर बन जाएगा वर्न: महमिल बकने लगेगा।'

कृत्रिमता का आधिक्य : इस युग का काव्य फ़ारसी तरकीबों से भरा हुआ है। भाषा क्लिष्ट है; भावानुभूति के स्थान पर कल्पना की उड़ान है; काव्य-सौन्दर्य बहुत कम है। स्वाभाविकता नहीं, कृत्रिमता बहुत अधिक है। कोई नयी बात कहने, नये ढंग से कहने और घुमा-फिराकर असामान्य ढंग से कहने को ही काव्य समझते थे। इसीलिए इनपर आक्षेप भी होते थे पर यह 'बेदिल' पर इस तरह रीझे हुए थे कि उसके अनुकरण को बहुत बड़ी बात समझते थे :

तर्ज़े-बेदिल में रेख़्त: कहना,
असद उल्लख़ाँ क़यामत है।

---

1. *'दर आग़ाज़ ख़ार ख़ार जिगर कावी शौकम हम: सिर्फ़ निगारिश अशआर उर्दू ज़बान बूद।'*
—गुलेराना

'इब्तिदाई फ़िक्रे-सखुन में...रेख़्त लिखता था।'
—शाकिर के पत्र में

दूसरों के आक्षेप से चिढ़ते थे पर कभी-कभी अनुभव भी करते थे कि मैं जो लिखता हूँ, वह बहुत अच्छा नहीं है। एक ग़ज़ल लिखी जिसका मतलअ था :

क़तरए मय बस कि हैरत से नफ़स परवर हुआ,
ख़त्ते जामे मय सरासर रिश्तए-गौहर हुआ।

आक्षेप हुआ। जवाब देते हुए लिखते हैं, "इस मतलअ में ख़याल है दक़ीक़ मगर कोह कुन्दन व काह बर आवर्दन यानी लुत्फ़ ज़्यादा नहीं।"

उस ज़माने के काव्य की भाषा देखिए, कैसी बोझिल है :

करे गर फ़िक्र ता'मीरे-खराबी हाय दिल गर्दूं,
न निकले ख़िश्त मिस्ले-इस्तख़्वाँ बैरूँ ज़क़ालिब हा।

असद हर अश्क है यह हल्क़: बरज़ंजीर अफ़ज़ूदन,
ब बन्दे गिरिय: है नक्शे बर आब उम्मीदे रस्तन हा।

ब हसरतगाहे-नाज़े-कुश्तए-जाँ बख़्शिए ख़ूबाँ!
खिज़िर को चश्मए आबे बक़ा से तरजबीं पाया।

रखा ग़फ़लत ने दूर उफ़्तादए ज़ौक़े फ़ना वर्ना,
इशारत फ़ह्म को हर नाख़ुने बरींद: अबरू था।

बाद में जब चुनी हुई ग़ज़लों का दीवान सम्पादित किया तब भी उसमें अनेक शेर इस रंग के रह गये :

हवाए-सैरे-गुल आईनए बेमेह्रिए क़ातिल[1],
कि अन्दाज़े-बख़ूँ ग़लतीदने बिस्मिल[2] पसन्द आया।

× ×

शब ख़ुमारे-चश्मे-साक़ी रुस्तख़ेज़ अन्दाज़: था[3],
ता मुहीते बाद:[4] सूरत-ख़ानए-ख़मियाज़:[5] था।

× ×

1. क़ातिल की निर्दयता का दर्पण, 2. घायल के पलटने—करवट लेने का ढंग, 3. रात को साक़ी की आँखों का ख़ुमार क़यामत के अन्दाज़ के समान था, 4. मदिरा का सागर, 5. अँगड़ाइयों की चित्रशाला।

ब तूफ़ाँ गाहे-जोशे-इज़्तराबे-शामे-तनहाई,[1]
शुआए आफ़ताबे सुबहे महशर तारे बिस्तर है।[2]
अभी आती है बू बालिश से[3] *उसकी ज़ुल्फ़े मुश्कींकी*[4],
हमारी दीद को ख़्वाबे ज़ुलेखा आरे बिस्तर है।[5]

ख़ूबसूरत लाशानी कविता : फ़ारसीयत से लदी हुई भाषा के इन नमूनों में भाव का उत्कर्ष भी कहीं नहीं मिलता। दिमाग़ खुरचकर और खींच-तानकर अर्थ निकालना पड़ता है। जहाँ सरल भाषा है, वहाँ भी काव्य काव्य नहीं पद्य एवं तुकबन्दी मात्र बनकर रह गया है, उसमें शब्दों का जोड़-तोड़ है पर अर्थ या भाव का सौन्दर्य नहीं, जैसे एक बेजान, ख़ूबसूरत लाश हो :

पाँवों में जब वह हिना[6] *बाँधते हैं,*
मेरे हाथों को जुदा बाँधते हैं।

× ×

शायद कि मर गया तेरा रुख़सार[7] *देखकर,*
पैमाना रात माह का लबरेज़े-नूर[8] *था।*

इस जंगल में प्राणोन्मादक फूल भी हैं : इस ज़माने का अधिकांश काव्य काल्पनिक है, उसमें एक दिमाग़ी कसरत है। वह एक ऐसा जंगल है जिसमें झाड़ियाँ बेतरह बढ़ी हुई हैं, कोई क्रम, व्यवस्था या सजावट नहीं। उलझनें हैं और उलझनें हैं। पर ऐसा भी नहीं कि इस काल का समस्त काव्य नीरस और सौन्दर्यहीन हो। इस जंगल में भी ऐसे फूल हैं जिनकी सुगन्ध मन-प्राण में बस जाती है। इसमें भी ऐसे शेर हैं जो अनुभूति, भावना, अर्थ एवं काव्य के अन्य गुणों से पूर्ण हैं, विशेषतः वे जो इस अवधि के अन्तिम दिनों, चौबीस वर्ष की आयु के आसपास, (1819-21 ई.) लिखे गये। उदाहरण के तौर पर हम यहाँ उनके कुछ शेर देते हैं, जिनमें उनकी प्रतिभा और भावी सफलता की स्पष्ट झलक है। कवि को प्रिय होने के कारण ये शेर बाद के दीवान में भी रख लिये गये हैं।

---

1. मैं अपनी एकान्त सन्ध्या (शामे-तनहाई) में इतना बेक़रार हूँ कि मेरी बेचैनी के जोश ने एक तूफ़ान उठा रखा है, 2. मुझे अपने बिस्तर का हर तार प्रलय-प्रभात के सूर्य की किरण के समान लगता है, 3. तकिया, 4. सुगन्धित अलकों की, 5. हमारी आँखों के लिए ज़ुलेख़ा का स्वप्न (जिसमें उसने यूसुफ़ के दर्शन किये थे) लज्जा और ग़ैरत की बात है (ज़ुलेख़ा की तरह स्वप्न-दर्शन को हम और हमारा बिस्तर अच्छा नहीं समझता), 6. मेहँदी, 7. कपोल, 8. ज्योति से परिपूर्ण।

आह को चाहिए एक उम्र असर होने तक,
कौन जीता है तेरी ज़ुल्फ़ के सर होने तक।
आश.की सब्रतलब और तमन्ना बेताब,
दिल का क्या रंग करूँ ख़ूने-जिगर होने तक।
हमने माना कि तग़ाफ़ुल[1] न करोगे लेकिन
ख़ाक हो जाएँगे हम, तुमको ख़बर होने तक।

× ×

जब तक दहाने-ज़ख़्म[2] न पैदा करे कोई,
मुश्किल कि तुमसे राहे-सखुन वा[3] करे कोई।
नाकामिए-निगाह है ब.र्के-नज़ार:सोज़,[4]
तू वह नहीं कि तुझको तमाशा करे कोई।
सरबर हुई न वादए-सब्रआज़मा[5] से उम्र,
.फ़ुर्सत कहाँ कि तेरी तमन्ना करे कोई।
हुस्ने-.फ़रोग़[6] शमए-सखुन[7] दूर है 'असद',
पहले दिले-गुदा.ख़्त:[8] पैदा करे कोई।

× ×

आइन: क्यों न दूँ कि तमाशा कहें जिसे,
ऐसा कहाँ से लाऊँ कि तुझसा कहें जिसे।
फूँका है किसने गोशे-मुहब्बत में ऐ .ख़ुदा,
अ.फ़सूने-इन्तज़ार[9] तमन्ना कहें जिसे।
सर पर हुजूमे-दर्दे-.ग़रीबी से डालिए,
वह एक मुश्ते-.ख़ाक कि सेहरा कहें जिसे।
दरकार है शिगु.फ़्त ने गुलहाए ऐश को,
सुबहे-बहार पंबए-मीना[10] कहें जिसे।
.ग़ालिब बुरा न मान जो वाइज़ बुरा कहें,
ऐसा भी कोई है कि सब अच्छा कहें जिसे।

इसी युग में उन्होंने वह शोक-गीत भी लिखा था, जिसमें उनका दिल टुकड़े-टुकड़े होकर बहा है, जिसमें अपने यौवन की आशा, राग, आसक्तियों और

---

1. उपेक्षा, 2. घाव का मुँह, 3. खोले, मुक्त, 4. दर्शन को जाननेवाली बिजली, 5. धीरज को डिगानेवाला वादा, 6. प्रकाशपूर्ण सौन्दर्य, 7. वाणी-दीप, 8. द्रवित हृदय, 9. प्रतीक्षा का जादू, 10. शराब के शीशे पर लगी रुई या डाट।

अभिलाषा के चिता-भस्म पर बैठकर वह रोते हैं और जो उनके काव्य में अमर हो गया है :

दर्द से मेरे है मुझको बेक़रारी हाय हाय,
क्या हुई ज़ालिम तेरी ग़फ़लतशआरी हाय हाय।
ज़ह्र लगती है मुझे आबो-हवाए ज़िन्दगी,
यानी तुझसे थी उसे नासाज़गारी हाय हाय।
किस तरह काटे कोई शबहाय तारे-बरशकाल,[1]
है नज़र[2] ख़ूकर्दए[3] अख़्तरशुमारी[4] हाय हाय।
गोश[5] महजूरे-पयाम[6] वो चश्म[7] महरूमे-जमाल[8],
एक दिल तिस पर यह नाउम्मीदवारी हाय हाय।

ग़ालिब के इस दौर के कलाम में उपमाओं और रूपकों की भरमार है। कितनी ही ग़ज़लें ऐसी हैं जिनके द्वितीय मिसरे उदाहरण एवं उपमा से पूर्ण हैं। इनमें ग़ालिब की कोशिश यह रहती है कि उपमाएँ नयी-नयी हों, और हो सके तो विषय—मज़मून—भी नये हों। देखिए :

सरापा[9] रेहने-इश्क़ वो नागुज़ीरे[10]-उल्फ़ते-हस्ती[11],
इबादत[12] बर्क़[13] की करता हूँ और अफ़सोस हासिल का[14]।

× ×

थी वतन में शान क्या ग़ालिब कि हो ग़ुर्बत में क़द्र,
बेतकल्लुफ़ हूँ व मुश्ते-ख़स कि गुलख़न[15] में नहीं।

पहले शेर में कहते हैं कि सिर से पाँव तक, आपादमस्तक प्रेम में रेहन-गिरवी—हूँ और उधर अपने प्राण को प्रिय समझने पर भी मजबूर हूँ। विद्युत की उपासना करता हूँ और खलिहान के जल जाने का शोक भी है। (प्रेम को विद्युत् और प्राण को अन्नभंडार या खलिहान कहा है।)

दूसरे शेर में कहते हैं कि वतन में ही मेरी क्या शान थी कि परदेश में सम्मान हो। मैं वह मुट्ठी भर घास हूँ जो भट्ठी में पड़े तो वह उसे जला दे और भट्ठी से बाहर (परदेश) जाए तो वहाँ उसे कोई न पूछे।

---

1. बरसात की अँधेरी रातें, 2. दृष्टि, आँखें, 3. अभ्यस्त, 4. तारे गिनना, 5. कान, 6. सन्देश से हीन, 7. आँख, 8. दर्शनहीन, 9. आपादमस्तक, 10. अनिवार्य, जिससे छुटकारा न हो, 11. जीवन का, प्राण का मोह, 12. उपासना, 13. विद्युत्, 14. खलिहान, 15. भट्ठी।

भावी की झलक

इन बातों से यह स्पष्ट हो जाता है कि यद्यपि लड़कपन में उन पर बेदिल, सायब इत्यादि का रंग छाया हुआ था और कलाम में बड़ी दुर्बोधता एवं कृत्रिमता थी, पर उनमें जन्मजात प्रतिभा भी थी और किशोरावस्था की ड्योढ़ी पार करते-करते वह सँभलने लग गये थे तथा बीस साल की उम्र के बाद ज़बान में सफ़ाई और व्यंजना में सुघड़ता आने लगी थी। इसी ज़माने के दो शेर हैं, जिनके पीछे उनकी भावी श्रेष्ठता और ऊपर उठने के लिए संघर्ष करती हुई प्रतिभा के दर्शन होते हैं :

रात के व.क्त मय पिये साथ र.क़ीब[1] को लिये,
आये वह याँ .ख़ुदा करे पर न .ख़ुदा करे कि यों।
मैंने कहा कि बज़्मे-नाज़[2] चाहिए .ग़ैर से तिही[3],
सुन के सितमज़रीफ़[4] ने मुझको उठा दिया कि यों।

2. मध्य युग का काव्य :

इसमें उस दूसरे तरुणकाल के श्रेष्ठ काव्य की झलक है जिसने उर्दू काव्य के इतिहास में ग़ालिब को अमर कर दिया है। यह दूसरा युग 1821 से 1832 ई. तक का है, यद्यपि कई साहबों ने इसको भी दो भागों में विभाजित कर दिया है। इस काल का काव्य भूपालवाली प्रति के मुख्य भाग में तो नहीं है पर उसके हाशिये पर लिखा हुआ मिलता है।

उर्फ़ी और नज़ीरी का रंग : इस युग के काव्य का अध्ययन करने से ज्ञात होता है कि कवि की मानसिक उलझनें कम होती गयी हैं, कल्पना में यथार्थता है, अनुभूति दृढ़ होती गयी है, ज़बान ज़्यादा साफ़ है, ऊपर से फ़ारसी तरक़ीबों का बोझ कम होता गया है। जहाँ पहले 'बेदिल' और 'सायब' मानस-क्षितिज पर छाये हुए थे वहाँ 'उर्फ़ी' और 'नज़ीरी' का रंग चढ़ता गया है। उपमाएँ, रूपक, उत्प्रेक्षाएँ स्वाभाविक होती गयी हैं। विषय काल्पनिक (ख़याली) की जगह यथार्थ (हाली) हैं; अभिव्यक्ति में बाँकपन है।

ज्योतिर्मयी कल्पना : इस युग के उनके काव्य में, स्वभावत: प्रेमल भावनाएँ प्रधान हैं। सौन्दर्य की शत-शत भंगिमाएँ उसमें प्रकट हुई हैं। पर प्रेम और सौन्दर्य के अतिरिक्त अन्य मानवी अभिलाषाओं का सागर भी उसमें उमड़ता दिखाई देता है। मानव हृदय के प्रच्छन्न कोनों को अपनी ज्योतिर्मयी कल्पना से कवि प्रकाशित कर देता है। देखिए :

---

1. प्रतिस्पर्द्धी, 2. प्रेमिका की गोष्ठी, 3. रिक्त, शून्य, 4. हँसी-हँसी में अत्याचार करनेवाला।

इस नामुराद दिल की तसल्ली को क्या करूँ,
माना कि तेरे रुख़[1] से निगह कामयाब[2] है।

यद्यपि तुम्हारे मुख को देखकर मेरी दृष्टि सफल हो गयी है पर अपने नामुराद दिल को किस तरह आश्वासन प्रदान करूँ? (केवल दर्शन से हृदय को सन्तोष नहीं हो सकता।)

मत पूछ कि क्या हाल है मेरा तेरे पीछे,
तू देख कि क्या रंग है तेरा मेरे आगे।

मुझसे क्या पूछते हो कि तुम्हारे पीछे, तुम्हारे विरह में मेरा क्या हाल होता है, यह देखो कि मेरे सामने तुम्हारा क्या रंग होता है (तुम मेरे सामने कितने परेशान हो जाते हो? अपनी इस परेशानी से ही तुम अपने वियोग में मेरी हालत का अन्दाज़ कर सकते हो!)

देखना तक़रीर की लज़्ज़त[3] कि जो उसने कहा,
मैंने यह जाना कि गोया यह भी मेरे दिल में है।

अर्थ स्पष्ट है।

संशोधन की कला का निखार : इसी काल के उत्तरार्द्ध में मिर्ज़ा ने 'दीवाने-ग़ालिब' का सम्पादन किया था और उसमें पहले लिखे हुए शेरों में जो परिवर्तन तथा संशोधन उन्होंने किये हैं, उनसे पता चलता है कि न केवल उनकी कल्पना, अनुभूति तथा अभिव्यक्ति अधिकाधिक सशक्त होती जा रही थी वरन् काव्य-शिल्प भी अधिकाधिक उभरता और निखरता जा रहा था। कुछ उदाहरण लीजिए। पहले उन्होंने लिखा था :

गर निगाहे-गर्म .फ़र्माती रही ता'लीमेज़ब्त[4],
शो'लः ख़स में जैसे ख़ूँ दर रग निहाँ[5] हो जाएगा

अब इसे यों कर दिया :

गर निगाहे-गर्म .फ़र्माती रही ता'लीमे ज़ब्त,
शो'लः ख़स में जैसे ख़ूँ रग में निहाँ हो जाएगा।

पहले लिखा था :

इशरत ईजाद चः बूए-गुलो-क़ूदूदे-चिराग़,
जो तेरी बज़्म से निकला सो परीशाँ निकला।

---

1. मुख, 2. सफल, 3. वाणी का स्वाद, 4. संयम की शिक्षा, 5. प्रच्छन्न।

अब यों कर दिया :

बूए गुल[1], नालए दिल[2] दूदे-चिराग़े महफ़िल[3],
जो तेरी बज़्म[4] से निकला सो परीशाँ[5] निकला।

कहीं-कहीं पहले हुए शेरों में एकाध शब्द ऐसे बदल दिए कि ज़मीन ही बदल गयी और नया मज़मून निकल आया। जैसे पहले लिखा था :

नहीं बन्दे, ज़ुलेख़ा बेतकल्लुफ़ माहे-कनआँ[6] पर,
सफ़ेदी दीदए-याक़ूब[7] की फिरती है ज़िन्दाँ पर।

अब यों कर दिया :

न छोड़ी हज़रते यूसुफ़ ने याँ भी ख़ानाआराई,
सफ़ेदी दीदए-याक़ूब की फिरती है ज़िन्दाँ पर।

पहले की उपमाओं, रूपकों या तरकीबों में शब्दों की जोड़-तोड़ को ऐसा बदल दिया है कि वे चमक उठी हैं और एक नयी दुनिया, जैसे, व्यक्त हो गयी है। जैसे पहले का शेर था :

आता है दाग़े-हसरते-दिल का[8] शुमार[9] याद,
मुझसे हिसाबे-बेगुनाही ऐ ख़ुदा न माँग।

इसमें 'दाग़े-हसरते-दिल' के ख़याल से 'बेगुनाही' शब्द का जोड़ ठीक था किन्तु इसके कारण अर्थ-वैचित्र्य में दुर्बलता आ गयी थी इसलिए ग़ालिब ने ज़रा-सा बदल दिया और शेर ज़मीन से आसमान पर पहुँच गया :

आता है दाग़े-हसरते-दिल का शुमार याद
मुझसे मेरे गुनह का हिसाब ऐ ख़ुदा न माँग।

3. प्रौढ़ युग का काव्य :

शिल्प और सौन्दर्य की पराकाष्ठा : तीसरे दौर (1833-55) में मिर्ज़ा ने उर्दू की अपेक्षा फ़ारसी की ओर ज़्यादा ध्यान दिया। इस ज़माने की अधिकांश फ़ारसी

---

1. पुष्पगन्ध, 2. हृदय का रोदन, 3. महफ़िल के दीपक का धुआँ, 4. सभा, 5. बिखरा हुआ, अव्यवस्थित, 6. पैलेस्टाइन का चाँद, (यूसुफ़), 7. युसूफ़ के पिता जो इनके विरह में अन्धे हो गये थे, 8. हृदय की वासनाओं के धब्बे, 9. गणना।

ग़ज़लें 'गुले-रा'ना' में एकत्र हैं। ज़्यादातर ग़ज़लें 1838 के पहले की हैं। कुल 1838 तथा 1845 के बीच लिखी गयी हैं। समय-समय पर उर्दू ग़ज़लें भी लिखते थे पर कम। 1847 के बाद बादशाह बहादुरशाह से उनके सम्बन्ध अच्छे हो गये, तब उनके लिए फिर उर्दू में लिखने लगे। इस ज़माने का कलाम थोड़ा है किन्तु उसमें ग़ालिब का शिल्प और सौन्दर्य अपनी पराकाष्ठा पर पहुँच गया। शाही दरबार से सम्बन्ध होने के कारण भी इनमें भाषा की सादगी, मुहावरों का प्रयोग, रोज़मर्रे का आग्रह बढ़ गया है क्योंकि दरबार पर शाह नसीर और 'ज़ौक़' का रंग चढ़ा हुआ था। इस आग्रह के कारण कहीं-कहीं स्तर गिर भी गया है। जैसे :

वाइज़[1] ! न तुम पिओ न किसी को पिला सको,
क्या बात है तुम्हारी शराबे-तहूर[2] की।

× ×

दर्द मन्नत कशे[3] दवा न हुआ,
मैं न अच्छा हुआ, बुरा न हुआ।

× ×

ग़म खाने में बोदा दिले-नाकाम बहुत है,
यह रंज कि कम है मये-गुलफ़ाम[4] बहुत है।

पर ऐसे शेर तादाद में कम हैं। अछूते मज़मून और अभिव्यंजना के ख़ास अन्दाज़वाले एक से एक शेर मिलते हैं। जैसे :

बस कि मुश्किल है हर एक काम का आसाँ होना,
आदमी को भी मयस्सर[5] नहीं इंसाँ होना।

या

हविस[6] को है निशाते-कार[7] क्या था,
न हो मरना तो जीने का मज़ा क्या?

× ×

य' न थी हमारी क़िस्मत कि विसाले-यार[8] होता,
अगर और जीते रहते यही इन्तज़ार[9] होता।

× ×

---

1. धर्मोपदेशक, 2. स्वर्गीय मदिरा, 3. आकांक्षी, प्रत्याशी, 4. पुष्पांगना, 5. प्राप्त, 6. कामना, वासना, 7. काम की उमंग, 8. प्रिय-मिलन, 9. प्रतीक्षा।

दिल ही तो है न संगो-ख़िश्त[1] दर्द से भर न आये क्यों?
रोएँगे हम हज़ार बार कोई हमें सताये क्यों?

नीचे के शेर देखिए। छोटी काया में एक-एक दुनिया आबाद है :

मुनहसिर[2] मरने पै हो जिसकी उमीद,
नाउमीदी उसकी देखा चाहिए।

× ×

दैर[3] नहीं, हरम[4] नहीं, दर[5] नहीं, आस्ताँ[6] नहीं,
बैठे हैं रहगुज़र[7] पै हम ग़ैर हमें उठाये क्यों?

× ×

जब मैकदः[8] छुटा तो फिर अब क्या जगह की क़ैद
मस्जिद हो, मदरसा हो, कोई ख़ानकाह[9] हो।

× ×

वफ़ादारी बशर्ते इस्तवारी अस्ले ईमाँ है,
मरे बुतख़ाने में तो का'बे में गाड़ो बिरहमन को।

4. उत्तरकालिक काव्य :

चौथा और अन्तिम युग, जिसका आरम्भ ग़दर की भूमिका से और अन्त ग़ालिब की मृत्यु से होता है, बहुत उपजाऊ नहीं। चूँकि ग़दर के बाद दिल्ली की बादशाहत ख़त्म हो गयी, और एक ओर दिन-दिन गिरते हुए स्वास्थ्य तथा दूसरी ओर बढ़ती जानेवाली आर्थिक कठिनाइयों के कारण ग़ालिब में काव्य की उमंग भी गिरती गयी इसलिए बहुत कम लिखा है। जो लिखा भी वह अधिकांश फ़ारसी में लिखा, या फिर पत्रों के रूप में गद्य में जो उर्दू साहित्य के अभिमान की वस्तु है।

1855 के बाद उनकी मानसिक स्थिति ख़राब होती गयी। 1857-58 ई. में वह अन्दर से इतने टूटे हुए थे कि ग़ज़ल लिखने की ओर तबीयत ही न होती थी। एक पत्र में स्वयं लिखते हैं :

"...मियाँ, तुम्हारी जान की क़सम, न मेरा अब रेख्तः लिखने को जी चाहता है, न मुझसे कहा जाए। इस दो बरस में सिर्फ़ वह पचीस शेर बतरीक़ क़सीदः तुम्हारी ख़ातिर से लिख भेजे थे। सिवाय इसके अगर कोई रेख़्तः कहा होगा तो

---

1. पत्थर-ईंट, 2. निर्भर, 3. मन्दिर, 4. का'बा, खुदा का घर, 5. द्वार, 6. ड्योढ़ी, निवास-स्थान, 7. आम रास्ते, 8. मद्यशाला, 9. तकिया, फ़क़ीरों एवं साधुओं के रहने की जगह, आश्रम।

गुनहगार बल्कि फ़ारसी ग़ज़ल भी वल्लाह नहीं लिखी।...क्या कहूँ कि दिलोदिमाग़ का क्या हाल है?"

अब न वह जवानी थी जो प्रत्येक रूपसी में स्वर्ग का चित्र देखती है और जिसमें राह के काँटे भी फूल हो जाते हैं, न वे उमंगें, वे वलवले थे जो ज़मीन से उठते हैं पर आकाश में जीते और पुष्ट होते हैं। सच है :

थी वह यक शख़्स के तसव्वुर से,
अब वह रा'नाइए ख़याल कहाँ?

1859 से 1863 ई. तक कुछ निश्चिन्तता आयी थी किन्तु उसके बाद जो बीमारी शुरू हुई वह जानलेवा बन गयी। सच पूछें तो इनके तीसरे दौर के काव्य में जो शोख़ी, जो शिल्प, जो उच्च कल्पना तथा अनुभूति का संगम है वह फिर दिखाई न दिया। काव्य-सौन्दर्य की दृष्टि से दूसरे तथा तीसरे युग की कविताएँ श्रेष्ठ हैं।

ग़ालिब का काव्य : 2

लोकप्रियता का रहस्य

उर्दू काव्य में एक-से-एक कवि हुए हैं; मीर की गहराई, सौदा की उत्फुल्लता, नासिख़ की संस्कारनिष्ठ भाषा, मीर दर्द की आध्यात्मिक दृष्टि, इंशा की विशिष्ट व्यंजना, मोमिन की आर्द्रता, ज़ौक़ की नीति-प्रधानता का लाभ काव्य-प्रेमियों को मिला है पर यह एक करिश्मा-सा मालूम पड़ता है कि लोक-मानस में जो जगह ग़ालिब को मिल गयी है, वह किसी को नहीं मिली। आप उनकी प्रशंसा करें या विरोध, पर आप उनकी उपेक्षा नहीं कर सकते। ख़ुद ग़ालिब ने कभी न ख़्याल किया होगा कि जीवनभर अपने जिस उर्दू-काव्य को अपने फ़ारसी काव्य के आगे वह तुच्छ समझते रहे, वही आगे इतना लोकप्रिय होगा और उन्हें उर्दू कवियों में शीर्षस्थान पर बिठाने का कारण होगा।

उर्दू का सबसे ज़िन्दः शाइर

ग़ालिब न केवल उर्दू के सबसे लोकप्रिय कवि हैं किन्तु सबसे अधिक ज़िन्दा शाइर भी हैं। उनकी मृत्यु को लगभग नब्बे वर्ष हो गये हैं किन्तु आज भी वह उर्दू कविता के मनस्वी पाठकों के हृदय और मन पर उसी प्रकार छाये हुए हैं। वह एक नये युग, एक नयी परम्परा के जनक हैं। उनकी शायरी में कुछ ऐसी बात है जो पुरानी होकर भी नयी-सी लगती है; एक ऐसी वाणी जिसे हमने किसी-न-किसी रूप में पहले भी और बाद भी, बार-बार सुना है फिर भी ऐसा जान पड़ता है, जैसे वह क्षितिज पर फूटनेवाली पहली किरण की भाँति नयी-नयी-सी है और जिसमें एक आह्वान, एक पुकार है जिसे सुनते ही दिल बेचैन हो उठता है।

विविधता का कवि

ग़ालिब के पाठकों में हर तरह के इनसान मिलेंगे। लफंगे से लेकर परम सुसंस्कृत पाठक तक सबके ओठों पर उसका गान है; सबके दिल में उसकी 'अपील' है।

यह एक रहस्य-सा लगता है पर इसमें कोई रहस्य नहीं। ग़ालिब बहुदिशाओं के कवि हैं, उनमें इतनी विविधता है, इतना विस्तार है कि वह अपनी एक छोटी दुनिया में सैकड़ों दुनियाएँ छिपाये हुए हैं। हर इनसान की एक अपनी दुनिया होती है, उसके दिल की अपनी दुनिया, पर यहाँ एक कवि, एक इनसान है जिसमें असीम संसार उभरते और विलीन होते, विलीन होते और उभरते हैं। यहाँ सबको अपनी दुनिया मिल जाती है; यहाँ उसके दिल की उमंगें, उसकी निराशाएँ, उसकी घुटन, तड़प और उभार, उसके वलवले और उसकी कामनाएँ उसे मिलती हैं। यहाँ उसे अपना चेहरा दिखता है, अपने अन्तर और बाह्य दोनों की छाया मिलती है। ग़ालिब का काव्य एक व्यापक चित्रशाला की भाँति है जिसमें मानवता की हज़ारों आकृतियाँ, चित्रपटों पर व्यक्त दिखाई पड़ती हैं, आकृतियाँ जिनमें रेखाएँ ही नहीं हैं, ख़ून की गर्मी, मांस का चीत्कार, सर्वग्राही प्रेम और सौन्दर्य की मोहक भंगिमाएँ हैं, जो चुप रहकर भी दर्शक से बोलती हैं, उसे गुदगुदाती हैं, उसे छेड़ती हैं, उसे ख़ामख़ा उलझती हैं, कुछ इस तरह कि एक बीती दुनिया की सैकड़ों सोयी स्मृतियाँ जल-जल उठती हैं।

राह में चलते चलते

फिर छेड़कर चुप हो जाती हैं, और अपने मौन में कहती हैं—आगे बढ़ो, अभी तुम्हें ज़िन्दगी जीनी है, दर्शन में ही न खो जाओ, ज़िन्दगी बड़ी है, इनसान बड़ा है, मार्ग में चलते चलो, चलते चलो और देखते चलो, देखते चलो और चलते चलो।

कवि ग़ालिब का व्यक्तित्व बड़ा रंगीन और पहलूदार है। उसमें अनेक रंग हैं; उसके अनेक पहलू हैं। उसकी दुनिया इसी विविधता के कारण, बेहद दिलचस्प है। उसमें अनुभूति की गहराइयाँ हैं तो कल्पना की उड़ान भी है; बल्कि कल्पना का कुछ ऐसा रंग है कि वह ख़ुद अनुभूति की सतह पर उठ जाती है। उसमें चिन्तनशीलता भी है, पर वह व्यंजना के सौन्दर्य में लिपटी हुई है। डॉ. अब्दुर्रहमान बिजनौरी ने भावावेश में ग़ालिब को महामानव का रूप दिया है और न जाने क्या-क्या बना दिया है पर एक बात उन्होंने बिलकुल ठीक लिखी है कि उनके काव्य में प्रत्येक पाठक-वर्ग की दिलबस्तगी का सामान है। वह लिखते हैं :

''लौह[1] से तम्मत[2] तक मुश्किल से सौ सफ़हे हैं। लेकिन क्या है जो यहाँ हाज़िर नहीं, कौन-सा नग़्म[3]: है जो इस ज़िन्दगी के तारों में बेदार[4] या ख्वाबीद:[5] मौजूद नहीं है।''*

---

1. आरम्भ, 2. अन्त, 3. राग, 4. जागरित, 5. स्वप्नाविष्ट

* *मुहासिन कलामे-ग़ालिब* : डॉ. बिजनौरी, पृष्ठ 1

अनेक रूप-रूपाय

काव्य की अनेक परम्पराएँ, अनेक सम्प्रदाय हैं। कोई काव्य में भाव को, कोई व्यंजना को, कोई अलंकरण को, कोई ध्वनि को प्रधान मानता है पर ग़ालिब का काव्य इनमें से किसी एक परम्परा, एक सम्प्रदाय में समाप्त होकर रह नहीं जाता; वह जीवन का चित्रण है और ज़िन्दगी किसी एक दिशा, एक परम्परा, एक ढंग, एक देश में सीमित नहीं। उसमें इतनी विविधता है कि अनेक बार वह स्वयं अपने को ही काट देती है, एक रूप खींचती है और दूसरी जगह उसे ही मिटा देती है। यहाँ 'अनेक रूप-रूपाय' हैं। यह भी उसका है, वह भी उसका है। इसीलिए हर आदमी को उसमें अपनी तस्वीर मिल जाती है, पूरी नहीं तो उसकी स्फुट रेखाएँ, या चेहरा जो खिंच गया है, दिल जो बर्फ़ होकर भी धड़कता है या आँखें जो प्रतीक्षा बनकर रह गयी हैं, या हाथ-पाँव जो सकते में हैं पर जिनमें एक गति की लोच अब भी है। इस साज़ में बेशुमार नग़मे हैं और हर नग़मः दिलावेज़[1] है।''[2]

ग़ालिब ने दुनिया देखी थी, उसके हर पहलू का मज़ा लिया था। रईसों में रईस थे, शराबियों में शराबी थे, जुआरियों में जुआरी; जवानों में जवान, बूढ़ों में बूढ़े, कवियों में कवि, विचारकों में विचारक। उनके काव्य में यह अनेकता है। उसमें उनके लिए पर्याप्त सामग्री है, जो चुलबुलापन, शोख़ी और विनोद चाहते हैं। उनको भी सन्तोष है, जो तसव्वुफ़ और गहराई के प्रेमी हैं; उनकी तृप्ति के लिए बहुत कुछ है जो हुस्नोइश्क़ की नैरंगियों के दिलदादः हैं और उनके लिए भी कम सामग्री नहीं, जो वेदना और करुणा के उपासक हैं। हर प्रकार के पाठकों को उसमें कुछ न कुछ मिल ही जाता है।

अनेक शैलियाँ

शैली की दृष्टि से भी उनमें कई-कई शैलियाँ मिलती हैं। एक ओर फ़ारसी की उच्च संस्कृति से लदी भाषा है तो दूसरी ओर ठेठ बोलचाल की ज़बान है; कहीं बेदिल का रंग है, कहीं उर्फी का, तो कहीं 'मीर' का है। कहीं अर्थों में अजीब लपेट और घुमाव है तो कहीं इतनी सरलता है, मानो ज़बान नहीं, दिल बोल उठा हो। कहीं इतनी सजावट, इतना श्रृंगार है कि आँखें नहीं ठहरतीं; कहीं वह सादगी है कि अल्ला रे अल्ला! कहीं बज़्मे निशात है; मय है, मीना है, साक़ी है, उसकी मख़मूर निगाहें हैं, उसकी सौ-सौ अदाएँ हैं, आँखों की हैरत है, शौक़ का हुजूम है, क़हक़हे हैं; कहीं इतनी तनहाई है कि अपनी आवाज़ भी गुम हो गयी है, शमा जलकर चुप हो चुकी है, विरह की वेदना केवल मौन में बोलती

---

1. चित्ताकर्षक, 2. *ग़ालिबनामः* : मुहम्मद एकराम, पृष्ठ 271

है, सब कुछ खो गया है, पाने का एहसास भी। मजबूरियाँ हैं और मजबूरियाँ। कहीं यह अहं है कि काबे का दरवाज़ा भी स्वागत के लिए खुला न हो तो लौट आते हैं, और कहीं यह गुंडागर्दी है कि माशूक़ का आँचल खींचने के हौसले हैं। कहीं यह गहराई है कि इश्क़ अभिरुचि और आचरण बन जाता है तथा माशूक़ का हुस्न विश्व-सौन्दर्य में परिणत हो जाता है। कहीं यह उथलापन है कि मांस के चीत्कार से शेर का एक-एक अक्षर कम्पित है। कहीं वह सौन्दर्य है कि आँखों को शान्ति और दिल को तस्कीन देता है, उच्च प्रेरणाएँ उत्पन्न करता है। कहीं वह रूपसज्जा है कि दिल में एक आग लग जाती है और आँखों में वासना के शत-शत दीप जल उठते हैं, दीप जिनसे रोशनी नहीं मिलती, आग की लपटें निकलती हैं—लपटें जिनमें पशु का पैशाचिक आनन्द है। कहीं थकावट मंज़िल की हसरत बनकर रह गयी है तो कहीं शाश्वत पद-चाप से राह का चप्पा-चप्पा मुखरित है, ऐसा कि जिसमें चलना ही सत्य है, चलना ही जीवन है, चलना ही सौन्दर्य है।

गहरी मानवीय अपील

दूसरी बात जिसके कारण ग़ालिब को इतनी लोकप्रियता प्राप्त हो रही है, उसकी गहरी मानवीय अपील है। आज का युग देवताओं का युग नहीं है; आज का युग उपासना का युग नहीं है। आज का युग मानव का युग है; आज का युग कर्म का युग है; आज का युग भोग का युग है। इस युग का देवता अभी ढल नहीं पाया और जब तक वह ढलता नहीं, इनसान ही इस युग का देवता है। आदर्श की कड़ियाँ टूट रही हैं; सपने बिखर रहे हैं। मन और प्राण में वह उड़ान, वह ठहराव नहीं है कि मानवी में भी देवी को खोज ले; इनसान क्या, पत्थर में भी देवता की सृष्टि कर दे। आकाश में हम उड़ने ज़रूर लगे हैं पर हमारा मन ज़मीन से बँध गया है, वहाँ हमारा शरीर ही उड़ता है; अन्तरिक्ष की यात्राएँ होने लगी हैं परन्तु वहाँ उड़ते हुए भी हम मिट्टी की ठोस शारीरिकता में बँधे हुए रहते हैं। आज का इनसान धरती पर खड़ा है, वह धरती का रस लेकर पनपा है और धरती का ही समस्त रस लेना चाहता है। इसलिए आज के काव्य के पाठक में इसी धरती के रस की कामना अधिक है।

ग़ालिब हमें यही धरती का रस देता है। वह इसी दुनिया के सौन्दर्य का कवि है। वह जब प्रेम देता है तो उस प्रेम में यौवन की कामनाएँ मुखर होती हैं; कामनाएँ जो केवल प्राणों की अनुभूति नहीं, इन्द्रियों का भी भोजन है। वह जब सौन्दर्य की छवि अंकित करता है तो उसमें वह लोच, वह जादू होता है जो स्पर्श एवं आलिंगन की भुजाओं में बँधने को आतुर है। ग़ालिब अतीन्द्रिय, स्वप्निल, गूढ़ और रहस्यमय प्रेम एवं सौन्दर्य के स्थान पर नयनाभिराम, इन्द्रियगम्य,

सरल और जीवन्त प्रेम एवं सौन्दर्य के चित्र देता है, जिनमें ख़ून की गर्मी और गति तथा जीवन की अँगड़ाइयाँ होती हैं। वह हमारे मन-प्राण को स्वप्न-मुग्ध करके दूर, इस जगत् के पार किसी ऐसे लोक में नहीं ले जाता जहाँ बुद्धि की गति नहीं और जिसे न हम देख सकते, न छू सकते हैं, केवल सूक्ष्म और पकड़ में न आनेवाली अनुभूतियों की झलक मात्र पा सकते हैं। वह इसी वसुधा पर मनोरम और पकड़ में आनेवाले सौन्दर्य की सृष्टि करता है। यों भी कह सकते हैं कि वह धरती को उड़ाकर स्वर्ग में नहीं ले जाता बल्कि स्वर्ग को अपने दृढ़ पंजों से खींचकर धरती पर उतार लाता है।

इसीलिए ग़ालिब के काव्य में मानव की पकड़ है; उस पार के सौ-सौ स्वर्ग इस धरती पर निछावर हैं। उसका गान यहीं का गा़न है; उसकी ख़ुशी यहीं की ख़ुशी है; उसका रोदन यहीं का रोदन है। वह उस शराब की बात नहीं करता जिसका स्वाद ख़ुद उसके प्रचार को भी नहीं मिल पाया[1], वह उस शराब की बात करता है जो इसी जगत् में प्राप्त है।[2] वह उस जामेजम की कामना नहीं करता जिसका मिलना भी संशयास्पद है, वह मिट्टी के पात्र पर ही मोहित है।[3] वह यहीं किसी मुक्तकुन्तला रूपसी को देखना चाहता है, स्वर्ग की परियों को नहीं।[4] वह उसी को पाने की उत्कंठा रखता[5] है। स्वभावत: आज की वस्तुवादी दुनिया में यह दृष्टिकोण अधिक प्रिय है।

फिर उर्दू के पुराने कवियों में ग़ालिब ही पहला कवि है जिसमें आज की दुनिया का मानसिक द्वन्द्व दिखाई पड़ता है, जिसमें पुराने विश्वासों तथा पौराणिक परम्पराओं के प्रति गहरे व्यंग्य का स्वर है। वही है जिसने स्वर्ग की बार-बार हँसी उड़ायी है, उसके अस्तित्व पर शंका की है, और ख़ुदा को भी इनसानी जज़्बे पर खींच लाया है।

इन कारणों से ही उसकी दिल की पकड़ इतनी स्पष्ट है। इन्हीं कारणों से वह इतना लोकप्रिय है।

---

1. *वाइज़ न तुम पियो, न किसी को पिला सको,*
   क्या बात है तुम्हारे शराबे-तहूर की।
2. *जाँफ़िज़ा है बाद: जिसके हाथ में जाम आ गया,*
   सब लकीरें हाथ की गोया रगे-जाँ हो गयीं।
3. *और बाज़ार से ले आये अगर टूट गया,*
   जामेजम से तो मेरा जामे-सिफ़ाल अच्छा है।
4. *माँगे है फिर किसी को लबे बाम पर हविस,*
   ज़ुल्फ़े सियाह रुख़ पै परीशाँ किये हुए।
5. *नींद उसकी है, दिमाग़ उसका है, रातें उसकी हैं,*
   तेरी ज़ुल्फ़ें जिसके बाज़ू पर परीशाँ हो गयीं।

ग़ालिब का काव्य : 3

प्रेम और सौन्दर्य

प्रेम जीवन का उत्स है

प्रेम जीवन का उत्स है। जीवन उसी ज्योतिपुंज की किरण-माला है। इन किरणों में उसी के कारण आकर्षण है। वही है जिस पर अपने को लुटाकर, अपने को निवेदित कर वह सार्थक हो जाता है। जीवन उसी से है, उसी का है और उसी के लिए है। मानव की समस्त अभिव्यक्तियों में वही बोलता है, मौन में भी और वाणी में भी। स्वभावतः विश्व-काव्य पर इस प्रेम की गहरी छाप है। संसार का सर्वोत्तम काव्य प्रेम-काव्य ही है। कवि की वृत्ति, संस्कार, दृष्टिकोण, सामर्थ्य के अनुसार प्रेम के विविध रूप और विविध श्रेणियाँ उसमें व्यक्त हुई हैं। प्रत्येक जाति का हृदय उसके साहित्य में स्पन्दित है। इसलिए प्रत्येक देश वा जाति के प्रेम-काव्य में अपनी एक परम्परा, अपनी एक विशिष्टता दिखाई पड़ती है।

फ़ारसी-काव्य की ज़मीन

फ़ारसी-काव्य की भी अपनी एक विशिष्टता है। उसका एक ख़ास रंग है। वह वैभव एवं विलास की रंगभूमि में पल्लवित हुआ, गुल में ख़ुला, बुलबुल के गान में उभरा, बहार में हँसा, ख़िजाँ में रोया; सेहरा में मारा-मारा फिरा। वह हुस्न की अदाओं में मचला, नयनों में मख़मूर हुआ, जुल्फों की अमा में सोया, मुख की पूर्णिमा में दीवाना हुआ, पावों की ठोकरों से मरा और हाथों या तेवर के स्पर्श से जी उठा। उसका प्रेम उसके सौन्दर्य दीवाना हुआ। उसके प्रेम के सोते इसी हुस्नपरस्ती से फूटते हैं।

प्रेमी की मुसीबतें

प्रेमी सौन्दर्य पर रीझता है; उसका हृदय-पक्षी खुद उड़कर पिंजरों में चला जाता

है। बन्द होकर फड़फड़ाता है—बाहर निकलने के लिए पर बाहर निकलने पर भी नहीं निकलता। यों उसके दिल पर माशूक़ का अधिकार हो जाता है। अब माशूक़ है कि उसे अपने हुस्न पर नाज़ है, वह देखकर भी उधर नहीं देखता। आशिक़ से आँखें चुराता है; उसे ज़रा छेड़ देता है, फिर उपेक्षा करता है, बल्कि उसे व्यथित करने के लिए गैरों से हँसता है, बोलता है, उनकी तरफ़ ज़्यादा ध्यान देता है। उसके बज़्म में अग़ियार का स्वागत और अभिनन्दन है। इधर आशिक़ तड़प-तड़पकर रह जाता है। कलेजा मुँह को आता है, रक़ाबत या ईर्ष्या के बिच्छुओं के हज़ार-हज़ार डंक उसका कलेजा छेद देते हैं। रातें काटे नहीं कटतीं। आँखों से दरिया बह निकलता है। यहाँ तक कि आशिक़ विरह में पागल हो जाता है; बस्ती से सेहरा की ओर भागता है, गिरेबाँ फाड़ता है, बाल नोचता है। घुल-घुलकर मरता है पर मरकर भी चैन नहीं पाता। मज़ार के तले भी, माशूक़ की छेड़नेवाली अदाओं के कारण बेचारा सो नहीं पाता। कोई भूले-भटके चिराग़ जला देता है तो हवा (आह भरकर) उसे सरेशाम ही बुझा देती है। ऐन बहार में बुलबुल का आशियाँ उजड़ता है, तिनके बिखर जाते हैं। पतंगा शमा के हुस्न के जल्वे में जल जाता है पर शमा ख़ुद भी तिल-तिल जलती है। इस जलने के कारण ही उसमें सौन्दर्य ज्योतित है। प्यास से गला सूख रहा है, प्याला है, सुराही है, शराब भी है पर साक़ी नहीं जो दो चुल्लू पिला दे; या है भी तो यह शोख़ी है कि प्याला भरकर भी नहीं देते। आँखों में शराब है पर वे बन्द कर ली जाती हैं; कपोलों पर गुलाब खिलते हैं पर वे हटा लिये जाते हैं, मुख पर चाँदनी फूटी है कि मुख चुरा लिया जाता है। उधर वह यौवन, वे अदाएँ, वे शोख़ियाँ, और इधर यह ग़ुरबत, यह आह, यह कराह, यह बेचैनी!

ईरान का गुल है, भारत का कमल नहीं

यही दुनिया, यही वातावरण फ़ारसी शाइरी में मिलता है। उर्दू पली हिन्दुस्तान की धरती पर किन्तु उसमें दिल की क़लम लगी ईरान की। ज़्यादातर कवि वहीं से आये थे या उनकी सन्तति थे जो वहाँ से आये या जिन पर वहाँ के सपने और नशे हिन्दुस्तान में भी छाये हुए थे। कुछ लोगों ने पुराने वक़्तों में और एक अच्छी तादाद ने आजकल इस फ़िज़ा को बदलने की कोशिश की पर सब मिलाकर आज भी उर्दू शाइरी वह है जिसमें हिन्दुस्तान के दिल का सुकून नहीं, ईरान के दिल की बेक़रारी है, जिसमें ईरान का गुल खिलता है पर भारत का कमल नहीं; जिसमें ईरान का बुलबुल गाता है किन्तु हिन्दुस्तान की कोयल नहीं कूकती; जिसमें कोहकन की कुदाल के शब्द प्रेम को अर्घ्य देते हैं और शीरों का हुस्न अँगड़ाइयाँ लेता है पर कृष्ण की बाँसुरी से प्रेम की रागिनी नहीं फूटती, न राधा की पद-

चाप किसी मल्लिका-कुँज में सुनाई देती है।

ग़ालिब के ज़माने में तो यह बात और भी सत्य थी। ख़ुद वह फ़ारसीयत से ओतप्रोत थे, फ़ारसी के कवि थे। स्वभावतः उनमें भी इश्क़ोहुस्न की वही परम्पराएँ मिलती हैं। उनके प्रारम्भिक काव्य में ये अधिक हैं और परम्परागत एवं काल्पनिक मालूम पड़ती हैं पर बाद के काव्य में उनमें निजी अनुभूतियों के स्पर्श से एक जीवित आकर्षण आ गया है।

आँख और दिल का खेल

आँख और दिल शृंगार-काव्य के प्रेरक अंग हैं। आँख से दर्शन होता है; दिल से अनुभूति आती है। दर्शन (आँख) सौन्दर्य और अनुभूति (दिल) प्रेम का साधन है। जो कुछ है, आँख और दिल का खेल है। आध्यात्मिक प्रेम का सम्बन्ध शाश्वत सम्बन्ध है; वह देखने से पहले आराध्य का हो चुकता है। वह पैदा होने के दिन से ही उसी का है, बल्कि उसी से पैदा हुआ है; आराध्य का सौन्दर्य भी ख़ुद उसकी अपनी आँखों के सुप्त सौन्दर्य की छाया है। वह अपने को ही उसमें देखता है। पर ऐसा सौन्दर्य-दर्शन, ऐसी प्रेमानुभूति, ऐसा सर्वस्व-निवेदन संसार में किसी-किसी को मिलता है।

दृष्टि सौन्दर्य का आधान है

प्राकृत मानव में प्रेम के पूर्व दर्शन और सौन्दर्य है। वह पहले देखता है, तब रीझता है। स्वभावतः शरीर और उसका चरम सौन्दर्य दृष्टि को लुभाता है। दृष्टि ही सौन्दर्य का आधान है, इससे दिल में एक आलोड़न होता है, एक सम्मोहन-सा होता है, एक बेचैनी, एक गर्मी पैदा होती है, एक द्रवण होता है। प्रेम की यह गर्मी, दिल की यह बेचैनी सौन्दर्य को और आकर्षक बना देती है। दिल के इसी द्रवण से कविता की धारा बहती है। इसके लिए दिल की तपिश ज़रूरी है। ग़ालिब ने इसे अनुभव किया था। कहते हैं :

हुस्ने-फ़रोग़ शमअ सुख़न दूर है 'असद',
पहले दिले-गुदाख़्तः[1] पैदा करे कोई।

अर्थात : 'ऐ असद! काव्य की शमा का ज्योतिर्मय सौन्दर्य अभी दूर है; पहले कोई द्रवणशील हृदय तो पैदा करे (तब वह प्राप्त होगा)।'

मैं इसे कह चुका हूँ कि ग़ालिब का प्रेम एक मानव का प्रेम है। यह प्रियतमा

---

1. पिघला हुआ।

के शारीरिक सौन्दर्य पर आसक्त है। इस सौन्दर्य में शरीर की गढ़न, छवि, आकार, शृंगार सब सम्मिलित है। उसकी लचक और संगीत की भाँति लहराती उसकी गति और चांचल्य पर वह मुग्ध हैं।

चंचलता

है साइक:[1] व शोल: वो सीमाब[2] का आलम,
आना ही समझ में मेरी आता नहीं गो आय!

अर्थात : 'तड़पती हुई बिजली, लपट और पारद की-सी अवस्था है, वह आती है तब भी उसका आना समझ में नहीं आता।'

उनके उर्दू-फ़ारसी काव्य में प्रियतमा के क़द-क़ामत का ज़िक्र बार-बार आता है। इस पर उनकी दृष्टि पहले जाती है :

क़द-क़ामत

अगर वह सरो.क़द गर्मे-.खरामेनाज़ आ जावे,
क.फ़े हर .ख़ाके-गुलशन शक्ले-क़मरी नाल:.फ़र्सा हो।

निश्चय ही वह लम्बे, छरहरे बदन की है :

ब यादे-क़ामत अगर हो बुलन्द आतिशे-.ग़म,
हर एक दा.ग़े-जिगर आ.फ़ताबे-महशर हो।

या

असद उठना क़यामत क़ामतों का वक़्ते-आराइश,
लिबासे-नज़्म में बालीदने मज़मूने-आली है।

बाल

क़द-क़ामत के अलावा उसके बालों में बड़ा आकर्षण और सौन्दर्य है। उस पर वह मुग्ध हैं। उनकी ख़ुशबू उन्हें मस्त कर देती है :

अभी आती है बू बालिश की उसकी ज़ुल.फ़े-मुश्कीं से।

× ×

तेरी ज़ुल.फ़ें जिसके बाज़ू पर परीशाँ हो गयीं।

× ×

तू और आराइशे-.ख़मे-काकुल।

× ×

---

1. विद्युत, 2. पारद।

ज़ुल्फ़े-ख़याले-नाज़ुको इज़हार बेक़रार।

× ×

कौन जीता है तेरी ज़ुल्फ़ के सर होने तक।

कभी उनका दिल सौन्दर्य के जादू से आक्रान्त पूछता है :

शिकने-ज़ुल्फ़े-अम्बरीं, क्यों है?
निगहे-चश्मे-सुर्मःसा क्या है?

अर्थात : 'यह 'ज़ुल्फ़े-अम्बरीं' (सुगन्धित अलकें) और 'निगहे-चश्मे-सुर्मः सा' (सुरमई आँखों की दृष्टि) उन्हें कभी नहीं भूलती। सुरमई आँखें उन्हें सदा खींचती रहती हैं; बार-बार याद आती हैं।'

आँखें

ख़मोशियों में तमाशा अदा निकलती है,
निगाह दिल से तेरे सुर्मः सा निकलती है।

× ×

हल्क़े हैं चश्महाय कशादः वसूए दिल,[1]
हर तारे ज़ुल्फ़ को निगहे-सुर्मःसा कहूँ।[2]

× ×

सुर्मए-मुफ़्ते-नज़र हूँ, मेरी क़ीमत यह है—

ये आँखें, यों भी, हर हालत में उनके लिए काम्य हैं—

मुँह न दिखलावे न दिखला पर बअन्दाज़े-इताब[3],
खोलकर पर्दः ज़रा आँखें ही दिखला दे मुझे।

('आँखें ही दिखला दे' में मुहावरे का क्या प्रयोग है!)
अश्रु से आर्द्र नयनों का सौन्दर्य और मोहक हो जाता है:

क़यामत है सरिश्क आलूदः[4] *होना तेरी मिज़गाँ का।*

या

करे है क़त्ल लगावट में तेरा रो देना,
तेरी तरह कोई तेग़े-निगह को आब तो दे।

(इसमें भी तलवार को पानी देने के मुहावरे का कैसा निर्वाह है!)

---

1. तेरी ज़ुल्फ़ों में जितने भी पेंच या घूँघर है। सब मेरे दिल पर आँख (घात) लगाये हुए हैं, 2. तेरी ज़ुल्फ़ के हर तार को सुरमई दृष्टि कहना चाहिए, 3. ज़रा गुस्से में, 4. अश्रुमय।

अधखुली आँखों में और ही असर है :

कोई मेरे दिल से पूछे तेरे तीरे-नीमकश[1] को,
यह ख़लिश[2] कहाँ से होती जो जिगर के पार होता।

कभी-कभी वह जिगर तक चोट करती है :

दिल से तेरी निगाह जिगर तक उतर गयी।

वह देखते-देखते आँखें चुरा लेना, या बनावटी क्रोध ग़ज़ब ढा देता है :

लाखों लगाव एक चुराना निगाह का,
लाखों बनाव एक बिगड़ना इताब[3] में,

(बनाव और बिगड़ना का विरोधाभास तो देखिए!)
वे आँखें ऐसी हैं कि :

आँखों को रखके ताक़ पै देखा करे कोई।

माशूक़ पर्दे में है; त्योरी चढ़ी हुई है और पर्दे में होकर भी वह पर्दे से बाहर है :

है तेवरी चढ़ी हुई अन्दर नक़ाब के,
है इक शिकन पड़ी हुई तर्फ़े-नक़ाब में।

उनकी छवि स्वयं देखे जाने की कामना से भरी हुई है। आईने का जौहर भी पलकें होना चाहता है :

जल्वः अज़ बस कि तक़ाज़ाए-निगह करता है,
जौहरे-आईनः भी चाहे है मिज़गाँ होना।

कभी-कभी घूँघट से सौन्दर्य बढ़ जाता है :

मुँह न खुलने पर है वह आलम कि देखा ही नहीं,
ज़ुल्फ़ से बढ़कर नक़ाब उस शोख के मुँह पर खुला।

कभी मेहँदी-रंजित अँगूठा लुभाता है :

दिल से मिटना तेरी अंगुश्ते हिनाई का ख़याल,
हो गया गोश्त से नाख़ुन का जुदा हो जाना।

---

1. आधे खींचे हुए, 2. करकराहट, साल, 3. गुस्सा।

उसकी चाल, उसके चरण सब मोहक हैं :

दिल हवाए ख़रामे नाज़से फिर,
महशरिस्ताने-बेक़रारी[1] है।
आये बहारे-नाज़ कि तेरे ख़राम[2] से,
दस्तारे-गिर्द शाख़े-गुल नक्शे-पा करूँ।

या

देखो तो दिल फ़रेबिए-अन्दाज़े-नक्शे-पा,
मौजे-ख़रामे-यार भी क्या गुल कतर गयी!

लज्जा से सौन्दर्य और अनावृत हो जाता है :

शर्म इक अदाए-नाज़ है अपने ही से सही
हैं कितने बेहिजाब कि हैं यों हिजाब में।

उनकी हर बात अच्छी लगती है। हर बात प्राणलेवा है :

बलाए-जान है ग़ालिब उनकी हर बात,
इबारत क्या, इशारत क्या, अदा क्या?

इस सौन्दर्य ने दिल में तमन्नाओं की एक दुनिया जगा दी है। ग़ालिब का प्रेम ऐसा नहीं कि वह देखकर तृप्त हो जाए; उसमें उपासना नहीं, कामना है। उसमें इस सौन्दर्य को छूने, गले लगाने, चूमने और उससे तृप्त होने की वासना है। कली-से ओठों को चूमने की इच्छा उसमें है :

गुंचए-नाशिगुफ़्तः[3] को दूर से मत दिखा कि यों,
बोसे को पूछता हूँ मैं मुँह से मुझे बता कि यों।

उसमें वार्तालाप की प्यास है :

बिजली एक कौंद गयी आँखों के आगे तो क्या,
बात करते कि मैं लब तिश्नए-तक़रीर[4] भी था।

उनका प्रेम शीतल नहीं है, उसमें शान्ति नहीं है; उसमें विद्युत् की गर्मी, चपलता और प्रकाश है; उसमें वेदना का, दर्द का आनन्द है और यही दर्द जीवन का स्वाद है :

---

1. बेचैनी का प्रलयस्थल, 2. चरण-प्रक्षेप, 3. बे-खिली कली, 4. बातचीत की प्यास।

रौनक़े-हस्ती[1] है इश्क़े-ख़ानः वीराँ साज़[2] से,
अंजुमन बेशमअ है गर बर्क़[3] ख़िरमन में नहीं।

× ×

इश्क़ से तबीयत ने जीस्त[4] का मज़ा पाया,
दर्द की दवा पायी, दर्दे-लादवा पाया।

लज़्ज़तपरस्ती

पर माशूक़ के सौन्दर्य के वर्णन, उसकी अदाओं के ज़िक्र में, सर्वत्र ग़ालिब के प्रेम में स्वाद लेने और पाने की कामना है। इस कामना की तृप्ति के लिए शारीरिक सीमाओं को स्पर्श करते हैं। वह कहीं उस रूप को छूते हैं, कहीं उसकी वाणी सुनते हैं, कहीं उसे देखते हैं, कहीं उसका आलिंगन करते हैं, कहीं चुम्बन लेते हैं, कहीं चरणामृत लेने की चेष्टा करते हैं, कहीं वक्ष-सौन्दर्य पर मुग्ध हैं। उससे हर तरह की तृप्ति, हर तरह का स्वाद चाहते हैं :

ग़ालिब मुझे है उससे हम-आग़ोशी[5] की आर्ज़ू,
जिसका ख़याल है गुलें जेबे क़बाए-गुल।[6]

× ×

'असद' बन्दे-क़बाए-यार है फ़िरदौस का गुंचः[7],
अगर वाँ[8] हो तो दिखला दूँ कि यक आलम[9] गुलिस्ताँ है।

साक़िया! दे एक ही साग़र[10] में सबको मय[11] कि आज,
आर्ज़ूए-बोसए-लबहाय-मैगूँ[12] है मुझे।

यह सौन्दर्योपासना और प्रेम जीवन-भर चलता है। जब उम्र ढल जाती है, प्रिय-मिलन को युग बीत जाते हैं तब भी वह उनकी कल्पना में जीवित मिलता है। कहते हैं :

मस्तानः तय करूँ हूँ रहे-वादिए-ख़याल[13],
ता बाज़गश्त[14] से न रहे मुद्दआ मुझे।

तब पुरानी स्मृतियों को लौटा लाने की कामना में उन स्मृतियों का स्वाद लेते हैं :

---

1. जीवन की शोभा, 2. घर को वीरान करनेवाला प्रेम, 3. विद्युत्, 4. अस्तित्व, 5. आलिंगन, 6. फूल के परिच्छद, 7. स्वर्ग की कलिका, 8. खुली, 9. स्थिति, अवस्था, 10. पात्र, 11. मदिरा 12. मदिरा-जैसी लालिमावाले (रक्ताभ) ओठों के चुम्बन की कामना है, 13. कल्पना की घाटी का रास्ता; 14. प्रत्यावर्त्तन, लौटना।

मुद्दत हुई है यार को मेहमाँ किये हुए,
जोशे-कदह[1] से बज़्म चराग़ाँ किये हुए।
फिर वज़अ इहतियात से रुकने लगा है दम,
बरसों हुए हैं चाक गिरेबाँ किये हुए।
फिर पुर्सिशे-जराहते-दिल[2] को चला है इश्क़,
सामाने-सद हज़ार नमकदाँ किये हुए[3]।
फिर शौक़ कर रहा है ख़रीदार की तलब,
अर्ज़े-मुताए-अक़्लो-दिलोजाँ किये हुए।
माँगे है फिर किसी को लबे[4] बाम पर हविस,
ज़ुल्फ़े-सियाह रुख़ पै परीशाँ किये हुए[5]।
चाहे है फिर किसी को मुक़ाबिल में आर्ज़ू,
सुर्मे से तेज़ दश्नए-मिज़गाँ[6] किये हुए।
जी ढूँढ़ता है फिर वही फ़ुर्सत कि रातो-दिन,
बैठे रहें तसव्वुरे जानाँ किये हुए।

यदि यह लज़्ज़त-परस्ती, यह स्वादलोलुपता गुनह है तो वह अपने गुनाह को स्वीकार करते हैं, डंके की चोट के साथ स्वीकार करते हैं :

तमाशाए-गुलशन, तमन्नाए-चीदन,[7]
बहार आफरीना! गुनहगार हैं हम।

इस स्वादप्रियता के कारण ही कुछ-न-कुछ छेड़ चली जाने का उपक्रम करते रहते हैं। कृपा न सही, दुश्मनी सही, ज़ुल्म सही पर किसी-न-किसी तरह उनसे सम्बन्ध तो बना रहता है :

हमको सितम अज़ीज़, सितमगर को हम अज़ीज़,
नामेह्रबाँ नहीं है, अगर मेह्रबाँ नहीं।

× ×

क़तअ कीजे न तअल्लुक़ हमसे,
कुछ नहीं है तो अदावत ही सही।

---

1. मधुपात्र की उमंग, उफ़ान, 2. दिल के घाव की पूछताछ करने (सहानुभूति प्रकट करने), 3. लाखों नमकदाँ लिये हुए (घाव पर नमक छिड़कने की अमित सामग्री के साथ), 4. कोठे के किनारे, 5. मुँह पर काली अलकें फैलाये हुए, 6. पलकों की बरछियों को, 7. चुनने की कामनाएँ।

शुरू जवानी में लज़्ज़तपरस्ती की यह स्थिति ज़्यादा स्पष्ट थी। उत्तर जीवन में अक़्ल का बन्धन कामनाओं पर बढ़ता गया। यहाँ तक कि बिना बन्धन में फँसे, बिना आसक्ति के भी एक मज़ा ले लेने, एक चर्का देने की कला उनमें आ जाती है :

आशिक़ हूँ पै मा'शूक़फरेबी है मेरा काम,
मजनूँ को बुरा कहती है लैला मेरे आगे।

× ×

हूँ मैं भी तमाशाइए नैरंगे तमन्ना[1],
मतलब नहीं कुछ इससे कि मतलब ही बर[2] आवे।

उपासनापूर्ण प्रेम पर व्यंग्य

स्पष्ट ही ग़ालिब के प्रेम और सौन्दर्य का सम्पूर्ण दृष्टिकोण मानवी है; उसमें स्वाद लेने की, भोग की कामना है। यह कवि उन्माद तक बढ़े हुए प्रेम को, अतीन्द्रिय प्रेम को, उपासनायुक्त प्रेम को समझ ही नहीं सकता; उसका मानसिक निर्माण ही वैसा नहीं है। वह ऐसे प्रेम को पागलपन, मस्तिष्क की विकृति मात्र समझता है। स्पष्ट कहा है :

बुलबुल के कारोबार पै हैं ख़न्दःहाय[3] गुल,
कहते हैं जिसको इश्क़ ख़लल है दिमाग़ का।

उसके कामनाजनित आकर्षण को जब कुछ लोग, भ्रमवश, प्रेमोपासना समझ लेते हैं तब वह चिढ़कर कहता है :

ख़्वाहिश को अहमक़ों ने परस्तिश[4] दिया क़रार,
क्या पूजता हूँ उस बुते-बेदादगर को मैं?

सच पूछें तो ग़ालिब उस स्थल पर हैं जहाँ ईश्वरीय प्रेम तथा भौतिक प्रेम दोनों के भ्रम से प्रेमी ऊपर उठ जाता है :

ऐ वहमतराज़ाने मजाज़ी व हक़ीक़ी,
उश्शाक़ फरेबे-हक़ो-बातिल से जुदा हैं।

कामना का डंक है, इन्द्रिय लुब्धता नहीं

इसीलिए इस कामनापूर्ण स्वाद-ग्रहण में लफंगई नहीं है; उसमें स्वस्थ मानव

1. कामना के इन्द्रजाल का दर्शक, 2. पूर्ण हो, 3. ख़ुश, हास्यपूर्ण, 4. पूजा।

का शारीरिक आकर्षण है पर पतनशील, प्रवृत्तियों का नर्त्तन नहीं है। उसमें दिल की गर्मी है, शरीर-सौन्दर्य का लोच और संगीत है; कामना का डंक है, पर निम्नस्तर की इन्द्रियलुब्धता नहीं है। उलटे उन्हें शिकायत है कि सौन्दर्योपासना और प्रेम की परम्परा को प्रलुब्धजन, निम्नस्तर पर लाते जा रहे हैं और उसे तिनके की तरह जल उठने और बदनामी का कारण बना दिय है :

हर बुलहवस[1] ने हुस्नपरस्ती शआर की[2],
अब आबरूए-शेवए-अहले-नज़र[3] गयी।
.फरोग़े-शोलए-.खस[4] एक न.फस है[5],
हविस को पासे-नामूसे-व.फा क्या[6] ?
अहले-हविस की .फतह है तर्के-नबर्दे-इश्क[7] ।

अहं जो समर्पण में बाधक है

फिर ग़ालिब एक सामन्ती युग की उपज थे। वह चाल-चलन, शिष्टाचार की एक परम्परा से बँधे हुए थे। उनमें अहं भी था। यह अहं उस पूर्ण आत्मार्पण में बाधक था जिसके बिना प्रेम स्वर्ग की ऊँचाइयों तक नहीं पहुँचता; जिसके बिना उसमें आध्यात्मिक दृष्टि और सौन्दर्य नहीं आता। अहं तो उनमें इतना है कि समर्पण और मिलन में बाधक हो उठता है। वह नहीं बोलते तो हम क्यों बोलें? वह अपना ढंग नहीं छोड़ते तो हम अपना तर्ज़ क्यों छोड़ें ? वह अपनी महफ़िल में बुलाएँगे नहीं और हम रास्ते में उनसे मिलेंगे नहीं (क्योंकि यह शराफ़त नहीं)। इनमें लज़्ज़तपरस्ती ज़रूर है, पर उस पर भी ख़ुदपरस्ती छा गयी है। कहते हैं—

वह अपनी ख़ू[8] न छोड़ेंगे, हम अपनी वज़अ क्यों छोड़ें,
सुबुक-सिर[9] बनके क्यों पूछें कि आख़िर सरगिराँ[10] क्यों हो?

या

वाँ वह ग़ुरूरे-इज़्ज़ो-नाज़[11] याँ यह हिजाबे-पासे-वज़अ[12],
राह में हम मिले कहाँ, बज़्म में वह बुलाये क्यों?

---

1. लोभी, लोलुप, 2. ग्रहण किया, 3. शिष्टों (आँखवालों) की शैली, 4. तिनके या घास के शोले का प्रकाश, 5. क्षणिक है, 6. लोलुपता को निष्ठा निभाने या उसकी बदनामी की क्या परवा? 7. लोलुप की विजय प्रेम-युद्ध त्याग के तुल्य है। 8. आदत, 9. नतशिर, 10. रुष्ट, 11. नाज व सम्मान का गर्व, 12. अपने वज़अ की लाज।

अहंजनित ईर्ष्या भी बाधक है :

हम रश्क को अपने भी गवारा नहीं करते,
मरते हैं वले उनकी तमन्ना नहीं करते।

सबसे पूछते फिरते हैं कि किधर जाएँ पर रश्क का यह आलम है कि ज़बान से उनका नाम नहीं लेते :

छोड़ा न रश्क ने कि तेरे घर का नाम लूँ,
हर यक से पूछता हूँ कि जाऊँ किधर को मैं।

शाश्वत जलनवाली तृष्णा

इस प्रकार उनका दिल अनेक मानवीय भावनाओं का आकार है; वह हुस्न को देखना, छूना, उसका स्वाद लेना चाहते हैं पर अपनी शिष्टता, अपने ढंग, अपनी वजअ को छोड़ना भी उन्हें गवारा नहीं। उनमें तृष्णा है, पर वह क्षणभर भक से जलकर बुझ जानेवाली घास की आग-जैसी नहीं है। यह वह तृष्णा है जिसमें दिल एक शाश्वत अग्निकुंड बनकर रह जाता है; वह उसी प्रेम की जलन, व्यथा-वेदना को चाहते हैं जिससे जीवन सचमुच जीवन है; वह उस उत्स को, उस जीवन-स्रोत को चाहते हैं जिससे समस्त क्रियाएँ, समस्त उत्कंठाएँ उत्पन्न और ऊर्जस्वित होती हैं। उनके मत से जो दिल आग की भट्ठी न हो, वह भी कोई दिल है!

है नंगे[1] सीनः दिल अगर आतिशकदः[2] न हो,
है आरे-दिल[3] नफ़स अगर आज़ुरफिशाँ[4] न हो।

जो दिल और जो सीना अपने अन्दर आग की भट्ठी न छिपाये हो, वह सीना और दिल को लज्जित करनेवाला है; जिस श्वास से स्फुल्लिंग न निकलें, वह क्या श्वास है!

वह प्रेम की उस अग्नि के क़ायल हैं जिसके सूत्र शमअ की तरह ऊपर से नीचे तक फैल जाते हैं :

वह तपे इश्क़ तमन्ना है कि फिर सूरते-शमअ,
शोलअ तानब्ज़[5] जिगररेशः दवानीं[6] माँगे।

---

1. लज्जा योग्य, 2. भट्ठी, अग्निशाला, 3. दिल के लिए ग़ैरत या लज्जा की बात, 4. जिससे चिनगारियाँ निकलें, 5. जिगर की रग, 6. रेशों का दौड़ना।

अर्थात प्रेम की उस जलन और गर्मी की तमन्ना रखता हूँ कि जिसकी लौ मेरे ज़िगर की रगों तक इस तरह फैल जाए जिस तरह शोले की लौ शमअ के ज़िगर तक फैली हुई होती है।

एक जगह फिर कहते हैं :

हमने बहशतकदए-बज़्मे जहाँ में जूँ शमअ,
शोलए-इश्क़ को अपना सरो-सामाँ समझा

यानी संसार के पागलखाने में हमने शमअ की तरह प्रेम की आग को ही अपना सर्वस्व समझ रखा है।

यही आग उनके इन्द्रियलब्ध प्रेम को भी ऊँचा उठा देती है और इस कामना के खेल में भी एक दार्शनिक संलग्नता पैदा कर देती है। यह आग आसानी से न लगाये लगती है, न बुझाये बुझती है[1] पर इसी के कारण जीवन का आनन्द है,[2] इसी ज्वलनशील विद्युत् के कारण जीवन का अन्न भंडार प्रकाशित[3] है, इसी के कारण जीवन की शोभा है, और इसी के कारण ग़ालिब बुलबुल की तरह चहकता फिरता है :

हूँ गर्मिए-निशाते-तसव्वुर से नग्मःसंज[4],
मैं अन्दलीब गुलशने-नाआफरीदः हूँ[5]।

---

1. *इश्क़ पर ज़ोर नहीं है य' वह आतिश ग़ालिब,*
   कि लगाये न लगे और बुझाये न बने।
2. *इश्क़ से तबीयत ने जीस्त का मज़ा पाया।*
3. *रौनक़े-हस्ती है इश्क़े-ख़ानः वीराँसाज़ से,*
   अंजुमन बेशमअ है गर बर्क़ ख़िरमन में नहीं।

4-5 ध्यानानन्द की गर्मी से मैं गाता हूँ। मैं उस उद्यान का बुलबुल हूँ जो अभी उत्पन्न नहीं हुआ।

ग़ालिब का काव्य : 4

काव्य-शिल्प

काव्य शब्द की साधना है। जब शब्द मुँह से जादू उगलते हैं, जब उनके अन्दर से एक प्रच्छन्न दुनिया निकलकर आँखों के आगे सज उठती है, तब काव्य की कला निखरती है। ललित-कलाओं में काव्य का स्थान सबसे ऊपर है क्योंकि इसमें सब कलाओं के तत्त्व हैं। इसमें नृत्य की गतिशीलता, मूर्तिकला का सौन्दर्य, चित्रकला का रेखांकन और रंग तथा संगीत की गूँज अथवा ध्वनि है। वही सौन्दर्य जो फूल में मचलता है, कवि के श्वास से निःसृत होता है। ख़ुद ग़ालिब के शब्दों में :

वही यक बात है जो याँ नफ़स वाँ नकहते-गुल है,
चमन का जल्वा बाइस है मेरी रंगीनवाई का।

काव्यशास्त्र में यथातथ्य चित्रण, भंगिमा का नावीन्य, रंग और पालिश, सूक्ष्मता, अनुभूति एवं कल्पना की घुलावट, अभिव्यंजना का वैलक्षण्य तथा भावोद्रेक की गहराई को महत्त्व दिया गया है। ग़ालिब के काव्य में इनमें से अधिकांश गुण पाये जाते हैं। मौलाना हाली ने उनके काव्य की विशेषताओं में विषय-नावीन्य (जद्दते-मज़ामीन), कल्पना-वैचित्र्य (तुर्फ़गीए-ख़याल), नवीन उपमा-रूपक-विधान, शोख़ी और विनोद को प्रधान स्थान दिया है।

ज़बान

ग़ालिब की ज़बान के बारे में लोगों के परस्सर-विरोधी मत हैं। कुछ ने उसकी अत्यधिक प्रशंसा की है; कुछ इस क्षेत्र में मीर और सौदा को उनसे बहुत ऊपर मानते हैं। सत्य इन दोनों के बीच है। इसमें तो सन्देह नहीं कि मीर की भाषा की घुलावट और सादगी तथा सौदा का शब्द-सौन्दर्य ग़ालिब में नहीं है पर साथ

ही विषय के अनुरूप भाषा का चयन उनकी विशेषता है। जहाँ फ़ारसी वातावरण, सामन्ती श्रेष्ठता और संस्कार की बात है वहाँ वह फ़ारसीयत से लदी है; पर जहाँ दिल की गहराई से निकली भावनाओं का सवाल है वहाँ ठेठ हिन्दुस्तानी ज़बान है। कहीं कहते हैं :

हवाए-सैरे-गुल आईनए-बेमेह्रिए-क़ातिल,
कि अन्दाज़े-बखूँ ग़लतीदने-बिस्मिल पसन्द आया।

तो कहीं अत्यन्त सरल ठेठ शब्दों की ग़ज़ल में भावनाओं की एक ऐसी दुनिया करवट लेती दिखाई देती है कि उसमें सादगी के सौन्दर्य का जादू है :

मौत का एक दिन मोअय्यन[1] है,
नींद क्यों रात भर नहीं आती।
पहले आती थी हाले-दिल पै हँसी,
अब किसी बात पर नहीं आती।

भाषा उनके हाथ में एक अस्त्र है, जब जैसा चाहते हैं, उसको रखते हैं। जहाँ शृंगार और सजावट का वातावरण है, वहाँ शृंगार और सजावट इतनी है कि कुछ न पूछिए, और जहाँ सादगी से असर पैदा किया जा सकता है वहाँ सादगी है। शब्दों का चयन और उपयुक्त स्थान पर उनको बैठाने की कला में ग़ालिब एक ही हैं। मुहम्मद एकराम ने लिखा है :

"अगर हम ज़बान से मुराद लें अल्फ़ाज़ का इन्तख़ाब[2], उनकी हमआहंगी[3] और निशस्त[4] तो मिर्ज़ा का मर्त्तब:[5] तमाम उर्दू शुअरा[6] से बुलन्द है। वह सिर्फ़ मा'नीपरस्त न थे बल्कि हुस्न ज़ाहरी[7] की क़द्र व क़ीमत भी पहचानते थे।...उनके अशयार[8] में अलफ़ाज़[9] फ़क़त इज़हारे-मतलब[10] का ही वसील:[11] नहीं बल्कि शायरान: हुस्न पैदा करने का ज़रिया भी है।"

हमआहंगी ग़ालिब की कोई ख़ास विशेषता नहीं है क्योंकि जहाँ वह है वहाँ खूब है और जहाँ नहीं है वहाँ फिर नहीं ही है। उनके दीवान में काफ़ी बद आहंग शेर भी हैं। अपनी समीक्षा-पुस्तक 'उर्दू शाइरी पर एक नज़र' में श्री कलीमउद्दीन अहमद लिखते हैं : "ग़ालिब ने हुस्ने-अल्फ़ाज़[12] तो सौदा से नहीं सीखा लेकिन ख़यालात की बुलन्दी और तख़य्युल की परवाज़[13] में सौदा का अत्वाअ[14] किया।" उन्होंने सौदा का अनुकरण किया हो या न किया हो पर इतना तय है कि वह

---

1. निश्चित, 2. शब्द-निर्वाचन, 3. सन्तुलन, 4. बैठक, स्थान, 5. दर्जा, 6. शाइर का बहुवचन, 7. बाह्य सौन्दर्य, 8. शेर का बहुवचन, 9. लफ़्ज़ (शब्द) का बहुवचन, 10. अर्थ-प्रकाश, 11. साधन, 12. शब्द-सौन्दर्य, 13. कल्पना की उड़ान, 14. अनुकरण।

शब्दों को पहचानते हैं, उनके भीतर की दुनिया को पहचानते हैं और उनसे यों काम लेते हैं, जैसे वे उनके सेवक हों।

छन्द सीमा का विस्तार

ग़ज़ल की दुनिया बहुत छोटी होती है। उसमें हर शेर एक नया मज़मून लेकर आता है। इस छोटे शेर के नन्हे कलेवर में कोई बड़ा मज़मून नहीं बाँधा जा सकता। आधुनिक उर्दू-काव्य में इसीलिए ग़ज़ल के विरुद्ध एक बग़ावत खड़ी हो गयी है और 'नज़्म' का प्रचार बढ़ रहा है। ग़ालिब स्वयं इसे अनुभव करते थे। लिखा है :

ब.कदरे, शौ.क नहीं, ज.र्फे-तंगहाय .ग़ज़ल,
कुछ और चाहिए वसअत मेरे बयाँ के लिए।

ग़ज़ल की इस मर्यादा के होते हुए भी ग़ालिब ने उसे खींचकर काफ़ी बढ़ा दिया है और उसके क्षितिज को विस्तृत कर दिया है। उसमें महाकाव्यत्व की विशालता तो सम्भव नहीं, पर गीति-काव्य का पूर्ण सौन्दर्य है। ग़ालिब में तुलसी की विराटता या 'प्रसाद' की सूक्ष्म सौन्दर्य-दृष्टि एवं सृष्टि नहीं है फिर भी अनुभूतियों की अँगड़ाई और कल्पना की उड़ान है। शेर में कई सुसम्बद्ध विचार तो संकलित नहीं हो सकते पर ग़ालिब की विशेषता यह है कि उसके एक शेर में भाव या विचार की व्यंजना कुछ ऐसे ढंग पर होती है कि भावों की एक शृंखला आरम्भ हो जाती है। एक भावना अपने में ही समाप्त होकर नहीं रह जाती। "ग़ालिब एक ख़याल को इस पैराये में बयान करते हैं जिससे दूसरे ख़यालात की तरफ़ तवज्जुह मुनअतफ़[1] होती है और शेर पढ़कर ज़ेहन इन दूसरे ख़यालात की जुस्तजू[2] में महो[3] हो जाता है गोया महशरिस्ताने-ख़याल का[4] दरवाज़ा खुल जाता है।"

उदाहरण लीजिए :

देह्र जुज़ जल्वए-यकताइए-माशू.क नहीं,
हम कहाँ होते अगर हुस्न न होता .खुदबीं।

× ×

फूँका है किसने गोशे मुहब्बत में ऐ .खुदा,
अ.फसूने-इन्तज़ारे-तमन्ना[5] कहें जिसे।

---

1. फिरना, फेरना, 2. अन्वेषण, 3. निमग्न, 4. कल्पना का प्रलय-स्थल, 5. कामना की प्रतीक्षा का जादू।

ये शेर अपने ही में ख़त्म होकर नहीं रह जाते। इनमें आबाद दुनिया नयी दुनियाओं के द्वार खोल देती है। इनमें एक संकेत, एक इशारा है। हमारी आँखें दूर क्षितिज पर किसी को खोजती हैं।

व्यंजना का प्रवाह (जोशेबयान)

कहीं-कहीं शेरों में तीव्र प्रवाह और गति है। जो कहते हैं, जोश के साथ कहते हैं; उसमें भावना की हरहराती नदी की आवाज़ है; उबलती और बलखाती बरसाती नदी की जवानी है, देखिए :

ऐ अन्दलीब[1] ! यक क.फे-खस बह्रे आशियाँ[2],
तू.फान आमद आमदे-.फस्ले-बहार है[3]।

× ×

चाक मतकर जेब बेअय्याम गुल,
कुछ उधर का भी इशारा चाहिए।

× ×

लरज़ता है मेरा दिल ज़हमते-मेहरे-दुरख़्शाँ[4] पर,
मैं हूँ वह क़तरए-शबनम कि हो ख़ारे बयाबाँ पर।

× ×

मुनहसिर मरने पै हो जिसकी उमीद,
नाउमीदी उसकी देखा चाहिए।

इन शेरों में आन्तरिक अनुभूतियाँ दिल के पर्दे को उठाकर अभिव्यंजना की खिड़कियों से झाँक-झाँक उठती हैं।

अंगसौष्ठव और चित्रांकन

मूर्तिकला को कलाओं का नमूना-मॉडल कहा जाता है। इसमें अंगों का सौष्ठव, सन्तुलन और सामंजस्य होता है। अंग साँचे में ढले-से होते हैं। काव्य में भी यही सन्तुलन शिल्प का प्राण है। ग़ालिब में कहीं-कहीं यह ख़ूब उभरा है; शेर ऐसे जान पड़ते हैं जैसे मूर्तियाँ किसी दक्ष मूर्तिकार ने पत्थर में काट दी हों, या भाव का चित्र रूपसी छवि-सा बोल-बोल उठता हो। एक मशहूर ग़ज़ल का क़ितअ है :

---

1. बुलबुल, 2. आशियाँ के लिए, 3. वसन्त ऋतु के आगमन में तूफ़ान आया है, 4. प्रकाशमान सूर्य की विपत्ति।

ऐ ताज़: वारिदाने[1]-बिसाते-हवाए-दिल,
ज़िनहार अगर तुम्हें हविसे-नायनोश[2] है।
देखो मुझे जो दीदए-इबरतनिगाह[3] हो,
मेरी सुनो जो गोशे-नसीहत नयोश[4] है।
साक़ी बजल्वः दुश्मने-ईमानो-आगही[5],
मतरिब[6] बनग़मः रहज़ने[7]-तमकीनो-होश है।
या शब को देखते थे कि हर गोशए-बिसात,
दामाने-बाग़बाँ ब कफ़े-गुलफ़रोश है।
लुत्फ़े-ख़रामे-साक़ी[8] व ज़ौक़े-सदाए-चंग,
यह जन्नते-निगाह वह फ़िर्दौसे-गोश है।
या सुबह दम जो देखिए आकर तो बज़्म में,
नै वह सरूरो सोज़ न जोशो-ख़रोश है।
दाग़े-फ़ुराक़े-सोहबते-शब की जली हुई,
इक शमअ रह गयी है सो वह भी ख़मोश है।

कहते हैं, हृदय की आकांक्षाओं की फर्श पर आकर नये बैठनेवालो! (प्रेम की दुनिया के नवागन्तुको!) यदि तुम्हें गान और पान का लोभ है किन्तु शिक्षा लेनेवाली दृष्टि सुरक्षित है तो मुझे देखो; अगर उपदेश सुननेवाले कान रखते हो तो मेरी बात सुनो। यहाँ साक़ी अपना रूप, अपनी छवि (जल्वः) दिखाकर ईमान और अक़्ल को लूट लेता है, गायक अपना गान सुनाकर स्थिरता और चेतना पर डाके डालता है। रात इस विलास कक्ष का यह हाल था कि ख़ुशी की बिसात का हर कोना माली के दामन और फूल बेचनेवाले के हाथ की तरह फूलों से भरा हुआ था (इसमें रूपसियों का जमघट था)। साक़ी के चरण-निक्षेप एवं सारंगी की धुनें आँखों और कानों के लिए स्वर्ग की सृष्टि करती थीं। किन्तु सुबह उसी महफ़िल में आकर देखता हूँ तो यह हाल है कि न वह आनन्द है, न प्रेम का वह उत्ताप (सोज़) है, न वह उमंग-उत्साह है। रात के आमोद-प्रमोद के विरह-दुःख में जली हुई एक शमअ रह गयी है किन्तु वह भी मौन है। (महफ़िल का अन्तिम चिह्न भी मिट गया है)।

कैसा जीवन्मय चित्र है। रात के विलास-कक्ष और प्रातःकालीन उदासी की मूर्त्ति शब्दों के पत्थरों पर उभर आयी है। आँखों में प्रियतमा के हाव-भाव, बेहोशी

---

1. हृदयाकांक्षा की भूमि पर नये आनेवालो, 2. गान-पान, 3. शिक्षा लेने योग्य दृष्टि, 4. उपदेश श्रवण करने योग्य कान, 5. बुद्धि, 6. गायक, 7. डाकू, 8. साक़ी के चरणनिक्षेप का सौन्दर्य या आनन्द।

से भरी और बेहोश करनेवाली आँखें फिर जाती हैं; उसकी कोकिल-तान शब्दों के पर्दे में गूँज रही है, और फिर जब सब मिट गया है, कोई ठोस स्मृति भी शेष नहीं है, तब की उदासी और नीरवता चतुर्दिक् छा गयी है।

कलीम ने लिखा है : ''एक नयी दुनिया जल्वःअफ़रोज है। बेरब्ती[1] और परागन्दगी[2] का यक़क़लम[3] नामोनिशान नहीं। यहाँ तामीरी यकसानी[4] का वजूद[5] है यानी इब्तिदा, वस्त व इन्तिहा[6] में रब्त व मुताबिक़त है।...एक नक्शे क़ामयाब दिमाग़ व तख़य्युल के सामने अपना हुस्न मुरत्तब[7] करता है।...ग़ालिब ने इस मामूली और आम ख़याल को शायरानः हुस्न और शायरानः सदाक़त के साथ बयान किया है।...अल्फाज़ अपनी जगहों पर किस पुख़्तगी से जमअ हैं, गोया उन्हें अपनी क़द्र व क़ीमत का एहसास[8] है।...तस्वीरें मस्नूई[9] व ख़याली नहीं, कैसी दिलकश हैं।''

इनके शिल्प के और नमूने देखिए :

मैं नामुराद दिल की तसल्ली को क्या करूँ,
माना कि तेरे रुख़ से निगह कामयाब है।

चित्रकारी :

रौ में है रख़्शे-उम्र कहाँ देखिए थमे,
नै हाथ बाग पै है न पा है रकाब में।

वेदना और तड़प :

जान दी हुई उसी की थी,
हक़ तो यह है कि हक़ अदा न हुआ।
ज़िन्दगी यूँ भी गुज़र ही जाती,
क्यों तेरा राहेगुज़र याद आया।

ग़ालिब के क़लाम में एक समत्व और एक तेवर है जो उसी का है; उसकी अभिव्यंजना में उसके व्यक्तित्व की गूँज है। उसमें दार्शनिक पकड़ न हो पर जिज्ञासा अवश्य है। वह कभी आश्चर्य-विमुग्ध होकर दुनिया और उसके सौन्दर्य को देखते हैं, उनके ज़ेहन में आता भी है कि ये हस्ती के फरेब हैं, सारी दुनिया कल्पना का चक्रमात्र है पर फिर वह दृश्य सौन्दर्य में डूब जाते हैं, जो सामने है उसे पकड़ने को आतुर हो उठते हैं और जिज्ञासा से यह कहकर पल्ला छुड़ा लेते हैं :

---

1. असन्तुलन, 2. असम्बद्धता, 3. बिलकुल, 4. निर्माण की समानता, 5. अस्तित्व, 6. आरम्भ, मध्य एवं अन्त, 7. सम्पादित, 8. अनुभूति, 9. कृत्रिम।

कह सके कौन कि यह जल्वःगरी किसकी है,
पर्दः छोड़ा है वह उसने कि उठाये न बने।

प्रकृति के चित्र

ग़ालिब क्या, उर्दू के सभी कवियों का काव्य प्रकृति के सुन्दर चित्रणों से ख़ाली है। कहीं-कहीं रेखाएँ भर हैं, फिर भी ग़ालिब में एकाध नमूने मिल ही जाते हैं, और अच्छे नमूने :

फिर इस अन्दाज़ से बहार आई,
कि हुए मेह्रो मह[1] तमाशाई[2]।
देखो ये साकिनाने ख़त्तए-ख़ाक[3],
इसको कहते हैं आलम आराई[4]।
कि ज़मीं हो गयी है सर ता सर[5],
रूकशे[6]-सतहे-च.र्ख़े-मीनाई[7]।

अर्थात : 'बहार इस जोश के साथ आयी है कि सूर्य-चन्द्र भी दर्शक बन गये हैं। हे पृथ्वी के रहनेवालो, देखो, संसार का शृंगार इसे कहते हैं। सारी धरती ऐसी सज उठी है कि रंगीन आकाश की बराबरी करने लगी है।'

चिन्तन एवं अनुभूति का सन्तुलन

चिन्तन एवं अनुभूति का गहरा सन्तुलन तथा सामंजस्य ग़ालिब के काव्य की एक विशेषता है। दो-तीन शेर देखिए :

दीदार बादः हौसलः सा.क़ी निगाहे-मस्त,
बज़्मे-.ख़याल मयकदए-बे.ख़रोश है।

अर्थात : 'ख़याल की महफ़िल में प्रियतमा का दर्शन शराब का काम देता है। आँख पीकर मस्त हो जाती है। यह मधुशाला दूसरों से भिन्न, नीरव है।'

मक़तल को किस निशात से जाता हूँ मैं, कि है,
पुरगुल .ख़याले-ज़.ख़्म से दामन निगाह का।

अर्थात : 'वधस्थल में जो ज़ख़्म लगेंगे उनकी कल्पना मात्र से निगाह का आँचल फूलों से भर गया है और मैं किस उमंग से वहाँ चला जा रहा हूँ।'

---

1. सूर्य-चन्द्र, 2. दर्शक, 3. धरती के निवासी, 4. संसार का शृंगार, 5. एक सिरे से दूसरे सिरे तक, पूरी की पूरी, 6. प्रतिद्वन्द्वी, 7. नील, (रंगीन) नभ।

तबअ है मुश्ताक़े-लज़्ज़त हाय हसरत क्या करूँ,
आरज़ू से है शिकस्ते-आरज़ू मतलब मुझे।

अर्थात : 'तबीयत हसरत—निराशामयी लालसा—की लज़्ज़तों के लिए उत्कण्ठित है; यों मैं कोई अभिलाषा भी करता हूँ तो मेरा अभिप्राय अभिलाषा की असफलता ही होता है ताकि इस असफलता से फिर हसरत का जन्म हो और तबीयत को बराबर उसका स्वाद मिलता रहे।'

भावना एवं अनुभूति की विविधता

भावना और अनुभूति की विविधता ग़ालिब में ख़ूब पायी जाती है। सबसे बड़ी बात तो यह है कि व्यंजना में एक अजब शोख़ी है, जैसे दूसरों को जवाब दे रहे हों :

इन आबलों से पाँव के घबरा गया था मैं,
जी ख़ुश हुआ है राह को पुरख़ार देखकर।

अर्थात : 'निरन्तर के चलने से, सेहरानवर्दी से पाँव में जो छाले पड़ गये हैं उनको देख-देखकर मैं घबरा गया था कि इनमें टीस की लज्ज़त कैसे भर दूँ। अब रास्ते को काँटों से भरा देखता हूँ तो तबीयत ख़ुश हो गयी है; अब काँटों और आबलों में अच्छी पटेगी।'

क्यों गर्दिशे-मुदाम से घबरा न जाय दिल,
इनसान हूँ पियालः वो साग़र नहीं हूँ मैं।

अर्थात : 'इस सदा चक्कर काटने से दिल क्यों न घबरा जाए? मैं भी इनसान हूँ, कोई प्याला नहीं हूँ—प्याला सदा फिरता रहता है।'

नवीन उपमाएँ, रूपक, उत्प्रेक्षाएँ

ग़ालिब की एक बड़ी विशेषता उनकी उपमाएँ और रूपक हैं। वह प्रचलित और पिटी-पिटायी उपमाओं और रूपकों का प्रयोग नहीं करते; सदा नयी उपमाएँ और रूपक ढूँढ़ते हैं। मुहम्मद इकराम ने लिखा है : "मिर्ज़ा तश्बीह और इस्तआरः के बादशाह थे।" उनकी उपमाएँ और रूपक ऐसे हैं कि उपमेय तथा विषय को स्पष्ट और ज़ोरदार बना देते हैं। एक अदृश्य जगत् अनावृत हो जाता है। इस प्रकार की नवीनता प्रारम्भिक काव्य में भी है। जैसे श्वास की उपमा तरंग (लहर) से, बेख़ुदी की दरिया से, आहों की फटे गले के बख़िये से, निष्ठा-मार्ग की तलवार की धार से, पाँव की ज़ंजीर की पाँव के चक्कर से।

बाद में तो काव्य में इसकी और पुष्टि होती गयी है। कुछ उदाहरण लीजिए :

हैं ज़वालआमादः अजज़ा आफरीनश के तमाम,
मेह्र गर्दूं है चिराग़े-रहगुज़ारे-बाद यां।

इसमें सूर्य की उपमा वायु-मार्ग में प्रज्वलित दीपक से दी गयी है। (इस संसार के सभी अंग पतनोन्मुख हैं, क्षयशील हैं। इसमें सूर्य हवा के रास्ते में रखा गया दीपक है।

ग़मे-हस्ती का 'असद' किससे हो जुज़ मर्ग इलाज,
शमअ हर रंग में जलती है सहर होने तक।

इस शेर में मृत्यु को प्रभात बताया गया है क्योंकि प्रभात शमअ के लिए मृत्यु का कारण है। (ऐ असद! जीवन के दुःखों की चिकित्सा मृत्यु के सिवा कौन कर सकता है? शमअ को प्रभात होने तक हर रंग में जलना ही पड़ता है।)

जूए खूँ आँखों से बहने दो कि है शामे-फ़िराक़,
मैं यह समझूँगा कि दो शमएँ फरोज़ाँ हो गयीं।

विरह की सन्ध्या में, रोने से हुई रक्ताभ आँखों की दो जलती ज्योतियों से उपमा दी गयी है।

किनायः* (लुप्तोपमा) के भी अनेक अच्छे उदाहरण ग़ालिब के काव्य में मिलते हैं। देखिए :

बिजली एक कौंद गयी आँखों के आगे तो क्या?
बात करते कि मैं लब तिश्नए-तक़रीर[1] भी था।

प्रियतमा एक झलक दिखाकर चली गयी है। इसी बात को पहले मिस्त्र में कहा है कि आँखों के आगे एक बिजली कौंदकर लुप्त हो गयी।

दम लिया था न क़यामत ने हनोज़,
फिर तेरा वक़्ते-सफ़र याद आया।

---

* शब्दार्थ—छिपी बात, गुप्त संकेत। उर्दू साहित्य की परिभाषा में उपमेय का वर्णन न करके केवल उपमान का वर्णन करना। जैसे नर्गिस से मोती गिर रहे हैं। मतलब तो यह है कि उनकी नर्गिस-सी आँखों से अश्रु-मुक्ता झर रहे हैं पर आँखें और अश्रु पद से लुप्त हैं।

1. वार्तालाप के लिए पिपासित ओठोंवाला।

प्रियतमा की विदाई के समय जो दर्दनाक हालत हुई थी और जो उसके चले जाने के बाद रह-रहकर याद आती है उसमें जो कभी-कभी विराम-काल आ जाता है, उसे क़यामत का दम लेना कहा है (अभी क़यामत ने दम भी न लिया था कि तेरी विदाई का समय याद आ गया!)

पेनहाँ[1] था दामे-सख़्त क़रीब आशियान के,
उड़ने न पाये थे कि गिरफ़्तार हम हुए।

आशियाँ के समीप ही कोई कठोर-जाल छिपा हुआ था। उड़ने भी न पाये थे कि उसमें गिरफ़्तार हो गये। वास्तविक अभिप्राय यह है कि हमारे आस-पास कठिनाइयों और मुसीबतों के जाल बिछे थे और होश सँभालने के पहले ही हम उसमें फँस गये।

शोख़ी

मिर्ज़ा की तबीयत ही चुलबुली और विनोदप्रिय थी। उनके काव्य में उनकी शोख़ी की झलक प्रायः मिलती है :

पकड़े जाते हैं फ़रिश्तों के लिखे पर नाहक़,
आदमी कोई हमारा दमे-तहरीर भी था!

फ़रिश्तों के लिखने पर हम नाहक़ पकड़े जा रहे हैं। उनके रिपोर्ट लिखते वक़्त कोई हमारा भी आदमी उपस्थित था? बेगवाही की तहरीर पर पकड़ना भी कोई न्याय है!

जमअ करते हो क्यों रक़ीबों को,
एक तमाशा हुआ गिला न हुआ।

मैंने शिकायत की थी; तुमने तमाशा बना लिया। यह मेरे प्रतिस्पर्धियों को क्यों एकत्र कर रहे हो? (शिकायत का क्या जवाब मिला है!)

ग़ालिब गर इस सफ़र में मुझे साथ ले चलें,
हज का सवाब[2] नज़र करूँगा हुज़ूर की।

यदि इस यात्रा में मुझे भी साथ ले चलें तो हज का जो पुण्य होगा उसे मैं हुज़ूर की नज़र कर दूँगा।

---

1. प्रच्छन्न, 2. पुण्य।

वाइज़ न तुम पिओ न किसी को पिला सको,
क्या बात है तुम्हारी शराबे तहूर[1] की।

'क्या बात है' शेर की जान है।

हम जो कहते हैं कि हम हश्र में लेंगे तुमको
किस रुऊनत[2] से वह कहते हैं कि 'हम हूर नहीं।''

इस्लाम धर्म का विश्वास है कि प्रलय के समय ख़ुदा लोगों को पुरस्कार देता है; उसमें हूरें (अप्सराएँ) मिलती हैं। उसी पर छेड़ते हैं कि हम प्रलय के समय तुम्हीं को लेंगे और वह किस गर्व से जवाब देती हैं कि मैं कोई हूर तो नहीं हूँ।

व्यंग्य-विनोद

ग़ालिब के काव्य की एक बहुत बड़ी विशेषता वह प्रच्छन्न व्यंग्य और विनोद (तंज़ और ज़राफ़त) है जो उनके लहजे में पायी जाती है। व्यंग्य में उन्होंने किसी को छोड़ा नहीं। यहाँ तक कि ''उर्दू शाइरी में ग़ालिब पहले शख़्स हैं जिन्होंने तंज़ में ख़ुदा को मुख़ातिब किया है।'' उनमें 'सेल्फ़ह्यूमर' (अपने पर हँसने का गुण) भी था और इसी गुण ने उन्हें मुसीबतों की घाटी में चलने का बल दिया।

चन्द शेर देखिए :

की मेरे क़त्ल के बाद उसने जफ़ा से तौबः
हाय उस ज़ूदपशेमाँ[3] का पशेमाँ होना।

जब कोई देर से आता है तो लोग व्यंग्य में कहते हैं—बहुत जल्द आये! यहाँ भी ग़ालिब उसी तर्ज में व्यंग्य करते हैं। ''अपने किये पर शीघ्रता से पछताने वाले की वह लज्जा! उसने मेरा क़त्ल करने के बाद ही जफ़ा से तौबा कर ली।'' (जब क़त्ल कर लिया, गुनाह पूर्णता पर पहुँच गया और इतनी देर हो गयी कि अनुताप से पूर्ति न हो सके तब वह अपने किये पर लज्जित हो उठा!)

हूँ मुनहरिफ़[4] न क्यों रहो-रस्मे-सवाब[5] से,
टेढ़ा लगा है क़त क़लमे-सरनविश्त[6] को।

अर्थात : 'मैं पुण्य की परम्पराओं के प्रति विद्रोही क्यों न होऊँ जब मेरी भाग्यलिपि लिखनेवाली लेखनी में ही क़त टेढ़ा लग गया है?'

---

1. स्वर्गीय मदिरा, 2. गर्व, 3. शीघ्र पछतानेवाला, 4. उलटा चलनेवाला, विद्रोही, 5. धर्म-परम्परा और मार्ग, 6. भाग्यलिपि।

मिटता है फ़ौते-फ़ुर्सते-हस्ती का ग़म कोई,
उम्रे-अज़ीज़ सर्फ़े-इबादत ही क्यों न हो?

चाहे यह प्यारी उम्र उपासना में ही ख़र्च कर दी जाए पर क्या जीवन की इस सूक्ष्म अवधि के नष्ट होने का दुःख मिट सकता है? (तब भी दुःख रहेगा कि और बहुत-से काम न कर सका और उम्र बीत गयी)।

हमको मालूम है जन्नत की हक़ीक़त लेकिन,
दिल के बहलाने को ग़ालिब य' ख़याल अच्छा है।

हमको स्वर्ग की वास्तविकता का पता है, पर हाँ, दिल बहलाने के लिए यह एक अच्छी कल्पना है!

वह दूसरों पर ही नहीं, अपने पर भी हँस लेते हैं, व्यंग्य कर लेते हैं :

ग़ाफिल इन महतलअतों के वास्ते,
चाहनेवाला भी अच्छा चाहिए।
चाहते हैं ख़ूबरूयों को 'असद'
आपकी सूरत तो देखा चाहिए।

आप सुन्दरियों को चाहते हैं, ज़रा अपना मुँह तो देखिए। ऐ ग़ाफ़िल! इन चन्द्रमुखियों के लिए चाहनेवाला भी तो अच्छा—सुन्दर होना चाहिए।

बादशाह की नौकरी की विवशता का अनुभव करते हुए अपने पर फब्ती कसी है :

ग़ालिब वज़ीफ़ःख़ार हो दो शाह को दुआ,
वह दिन गये कि कहते थे—नौकर नहीं हूँ मैं।

अर्थ-वैचित्र्य

बहुत-से शेर ऐसे हैं जिनसे यों देखने पर एक अर्थ निकलता है पर सोचने के बाद दूसरा अर्थ समझ में आता है। शेर पहलूदार हैं, जैसे :

कोई वीरानी-सी वीरानी है,
दश्त को देखकर घर याद आया।

ऊपरी अर्थ यह है कि दश्त की वीरानी और कष्ट को देखकर घर और आराम याद आ गया।

सोचने पर दूसरा अर्थ यह निकलता है कि घर इतना वीरान था कि दश्त

की वीरानी देखकर घर की वीरानी याद आ गयी।

क्योंकर उस बुत से रखूँ जान अज़ीज़,
क्या नहीं है मुझे ईमान अज़ीज़?

एक अर्थ यह है कि अगर उससे प्राण अधिक प्रिय रखूँगा तो वह ईमान ले लेगा इसलिए जान को प्रिय नहीं रखता। दूसरा अर्थ यह है कि "उस बुत पर जान निछावर करना तो ईमान है, फिर उससे जान को क्योंकर अज़ीज़ रख सकता हूँ?"

प्रेम का चित्रण और उसका दर्शन, तसव्वुफ़ का हलका रंग, वेदना और आर्द्रता (सोज़ो-गुदाज़), निराशा के चित्र (क़नूतियत), घटना-चित्रण तथा कथोपकथन (मुहाकात) तथा मुआमलःबंदी[1] ग़ालिब के काव्य के मुख्य विषय हैं। इनके चन्द नमूने यहाँ दिए जाते हैं :

प्रेमदर्शन

परतवे-ख़ुर[2] से है है शबनम को फ़ना[3] की तालीम,
मैं भी हूँ एक इनाअत की नज़र होने तक।
मुहब्बत में नहीं है फ़र्क़ जीने और मरने का,
उसी को देखकर जीते हैं जिस काफ़िर पै दम निकले।
इशरते-क़तरा है दरिया में फ़ना हो जाना,
दर्द का हद से गुज़रना है दवा हो जाना।
जब तक दहाने-ज़ख़्म न पैदा करे कोई,
मुश्किल कि तुझसे राहे-सख़ुन वा[4] करे कोई।

तसव्वुफ़

हम वहाँ हैं जहाँ से हमको भी,
कुछ हमारी ख़बर नहीं आती।
था ख़्वाब में ख़याल को तुझसे मुआमिलः,
जब आँख खुल गयी न ज़ियाँ था न सूद था।
थक-थक के हर मुक़ाम पै दो चार रह गये,
तेरा पता न पाएँ तो नाचार क्या करें?

---

1. काव्य में नायक-नायिका के प्रेम के मुआमिलों को इस प्रकार बाँधना कि उनका प्राकृतिक चित्र आँखों के सामने फिर जाए, 2. सूर्य-प्रकाश, 3. विनाश, 4. अनावृत करे, खोले।

वेदनाविह्वलता और आर्द्रता

आगे आती थी हाले-दिल पै हँसी,
अब किसी बात पर नहीं आती।
रगों में दौड़ने फिरने के हम नहीं क़ायल,
जब आँख ही से न टपका तो फिर लहू क्या है?
इब्न मरियम हुआ करे कोई,
मेरे दुःख की दवा करे कोई।
कहता है कौन नालए-बुलबुल[1] को बेअसर,
पर्दे में गुल के लाख जिगर चाक हो गये।
करने गये थे उनसे तग़ाफुल का हम गिलः,
की एक ही निगाह कि बस ख़ाक हो गये।

निराशा

जब तवक़्क़अ[2] ही उठ गयी ग़ालिब,
क्यों किसी का गिलः करे कोई।
मुनहसिर[3] मरने पै हो जिसकी उमीद,
नाउमेदी उसकी देखा चाहिए।
सँभलने दे मुझे ऐ नाउमेदी, क्या क़यामत है,
कि दामाने ख़याले यार छूटा जाय है मुझसे।
रहिए अब ऐसी जगह चलकर जहाँ कोई न हो,
हमसुख़न कोई न हो और हमज़बाँ कोई न हो।
पड़िए गर बीमार तो कोई न हो तीमारदार,
और अगर मर जाइए तो नौहः ख़्वाँ कोई न हो।

मुहाकात

देके ख़त मुँह देखता है नामःबर,
कुछ तो पैग़ामे-ज़बानी और है।
जाता हूँ थोड़ी दूर हर यक तेज़रौ के साथ,
पहचानता नहीं हूँ अभी राहबर को मैं।
वह आएँ हमारे घर ख़ुदा की क़ुदरत है,
कभी हम उनको कभी अपने घर को देखते हैं।

---

1. बुलबुल के रोदन का चीत्कार, 2. आशा-भरोसा, 3. निर्भर।

मुआमिलःबन्दीः

किस मुँह से शुक्र कीजिए उस लुत्फ़े-ख़ास का,
पुसिश[1] है और पाए सुख़न दरमियाँ नहीं।
हर एक बात पै कहते हो तुम कि तू क्या है?
तुम्हीं कहो कि यह अन्दाज़े-गुफ़्तगू क्या है?
ग़लत है ज़ज़्बे-दिल का शिकवः देखो जुर्म किसका है,
न खींचो गर तुम अपने को कशाकश दरमियाँ क्यों हो?

इनकी कविता में अर्थ-चमत्कार (मा'नी आफ़रानी) भी ख़ूब मिलता है :

हस्ती हमारी अपनी फ़ना पर दलील है,
याँ तक मिटे कि आप हम अपनी क़सम हुए।
मरते हैं आरजू में मरने की,
मौत आती है पर नहीं आती।
नक़्श को उसके मुसव्विर[2] पर भी क्या क्या नाज़ हैं,
खींचता है जिस क़दर उतना ही खिंचता जाय है।

उलटवासियाँ

इनके काव्य में पेंच से, घुमा-फिराकर, विरोधी शब्दों द्वारा भी किसी तथ्य की अभिव्यक्ति की गयी है :

बस कि दुश्वार[3] है हर काम का आसाँ होना,
आदमी को भी मयस्सर नहीं इंसाँ होना।
मिलना तेरा अगर नहीं आसाँ तो सहल है,
दुश्वार तो यही है कि दुश्वार भी नहीं।

दोष

ऐसा नहीं है कि ग़ालिब में काव्य-दोषों का अभाव है। पहला दोष तो यह है कि उनकी भाषा में प्रसाद गुण की बहुत कमी है। उसमें सरलता नहीं है। उसमें कुमारीत्व का सरल सौन्दर्य नहीं, शृंगारभारावनता रूपसी का हुस्न है। डॉ. अब्दुललतीफ़ के इस कथन में पर्याप्त सत्य है कि ''उसकी लफ़्ज़ियात और अस्लूब इस क़दर ग़रीब थे कि आम लोग उसके पुरजोश और बाज़ औक़ात निराले तख़य्युल की रविशों में उसका साथ नहीं दे सकते थे।''

---

1. पूछताछ, स्वागत-सत्कार, 2. चित्रकार, 3. कठिन।

असल दोष स्वयं ग़ालिब में था और वह यह कि उनकी ज़िन्दगी शुरू से अन्त तक अशान्ति से, बेइतमीनानी से परिपूर्ण थी। समाज ने उन्हें सर, आँखों पर जगह दी, दिल्ली में उनका जो सत्कार हुआ वह दूसरे किसी समकालिक कवि को नसीब न हुआ; आर्थिक दृष्टि से भी वह कुछ बुरे न थे पर उनमें असन्तोष, की वृत्ति कुछ इस तरह उभरी थी कि कभी उन्हें अपने से, अपने सम्मान से, अपनी स्थिति से सन्तोष न हुआ। उन्हें ज़िन्दगी-भर दो बातों की शिकायत बनी रही : 1. साहित्यिक क्षमता और कार्य की नाक़दरी तथा 2. आर्थिक कठिनाइयाँ। इसी असन्तोष के कारण उनमें परस्पर विरोधी तत्त्व मिलते हैं। उनके तीव्र अहं के बावजूद उन्हें जन्मभर हम सबके आगे हाथ फैलाते देखते हैं। उनका अहं मीर का आन्तरिक तुष्टिवाला वह अहं नहीं था जो आपत्तियों की ओर से बेपर्वा है। वह लिखते थे—आराम के लिए, यश के लिए, पैसे के लिए। यही भौतिकता का स्तर उनका दोष है, पर यही उनका गुण भी है। उनके काव्य के सम्बन्ध में यही बात है। उनकी दृष्टि यथार्थ जगत् की दृष्टि है। एक पत्र में लिखते हैं :

"मैंने नवाब मुख़्तारुलमुल्क को क़सीदः भेजा, कुछ क़द्रदानी न फ़रमायी...मस्नवी...मुहीउद्दौला को भेजी, रसीद भी न आयी। एक कम सत्तर बरस की उम्र हुई। सिवाय शोहरत के फ़ने-शेर का फल न पाया।"

फिर लिखते हैं? "मेरा मक़सूद तो इतना है कि क़सीदे गुज़रें और कुछ हमारे-तुम्हारे हाथ आये।"

निराशा में भौतिक तृष्णा इतनी यथार्थ हो उठी है कि साफ़-साफ़ लिखते हैं : "बू अली सोना[1] के इल्म और नज़ीरी[2] के शेर को जायः और बेफ़ायदः और मौहूम[3] जानता हूँ। जीस्त[4] बसर करने को कुछ थोड़ी राहत दरकार है और बाक़ी हिक्मत व सल्तनत व शाइरी और साहिरी[5] सब खुराफ़ात है। हिन्दुस्तान में कोई औतार हुआ तो क्या, मुसलमानों में नबी बना तो क्या, दुनिया में नामआवर हुए तो क्या और गुमनाम जिये तो क्या? कुछ वजहे-मआश[6] हो और कुछ सेहत जिस्मानी[7], बाक़ी सब वहम।"

इसीलिए उनकी शाइरी में दिलों की गहराइयाँ उतनी नहीं जितनी मस्तिष्क और कल्पना की उड़ानें हैं। यों कह सकते हैं कि शाइरी से अधिक शिल्प है।

ग़ालिब के काव्य का बहुत-सा भाग ऐसा है जिसमें अनुभूतियों का नर्तन नहीं, दिल की गहरी पकड़ नहीं। वह बौद्धिक या चेतना का स्पर्श मात्र बनकर रह गया है। शेर दिमाग़ को छूते हैं पर दिल को ठंडा छोड़ जाते हैं। जैसे :

---

1. एक तत्त्वज्ञ, 2. फ़ारसी का एक प्रसिद्ध कवि, 3. भ्रमात्मक, 4. जीवन, 5. जादूगरी, 6. जीविका का साधन, 7. शारीरिक स्वास्थ्य।

अह्ले-बीनश ने बहैरतकदए-शोख़िए-नाज़,
जौहरे-आईनः को तूतिए-बिस्मिल बाँधा।
न लेवे गर खसे-जौहर तरावत सब्ज़ए-ख़त से,
लगा दे ख़ानए-आईनः में रूए-निगार-आतिश।
शब खुमारे-शौके़-साक़ी रस्तख़ेज़ अन्दाज़ः था,
ता मुहीते बादःसूरत खानए-ख़मियाज़ः था।

भारी-भरकम शब्दों की काया में डोलती हुई खोखली, बेजान कल्पना दिखाई देती है।

इन सब त्रुटियों के होते हुए भी ग़ालिब की आवाज़ में एक ज़ोर है, एक निष्ठा है, एक कड़क है। उन्होंने ग़ज़ल के तंग दायरे को विस्तृत किया; उसमें एक ऐसी चोट है जो दूसरे ग़ज़लगो शाइरों में नहीं मिलती। ग़ज़ल की शाइरी पर गहरा प्रहार करनेवाले कलीमउद्दीन अहमद को भी इतना तो मानना ही पड़ा है : "मैं ग़ज़ल और ग़ज़ल के अशआर को जराहते-पैकां[1] से ता'बीर[2] करता हूँ और इसीलिए उसनें वह राहत नहीं पाता जो तबीयत ढूँढ़ती है और जो नज़्मों में मिलती है, लेकिन ग़ालिब के अशआर में ज़ख्मे-तेग़ का लुत्फ़ मिलता है।"*

ग़ालिब के काव्य में आत्माभिव्यक्ति, जगत् के सौन्दर्य की विविधता को ग्रहण करने की कामना, कल्पना और यथार्थ का सामंजस्य, फ़ारसी की अत्यधिक शृंगारप्रियता के साथ देशी सरलता का मिश्रण, मिटते हुए मुग़ल वैभव की वेदनाओं का चित्रण, पर उसके साथ आशा की झलक तथा भूत एवं भविष्य को वर्तमान से मिलाने की चेष्टा पायी जाती है।

उसकी सबसे बड़ी विशेषता यह है कि वह यथार्थ की भूमि पर खड़ा है। उसमें निजी कामनाओं की दुर्बलता है पर निर्माण की आकांक्षा भी है। ग़ालिब अपने युग से निराश था। उसे इतना यश मिला पर उसने उसे बहुत कम समझा; उसे इतना संरक्षण प्राप्त हुआ पर वह और पाने के लिए दाँत निपोरता रहा। मीर का झटका देकर वातावरण को दूर फेंक देना उसे कभी न आया। उसने अयोग्य लोगों एवं इस मुल्क को पामाल करनेवाले अँग्रेज़ अफ़सरों की प्रशंसा में क़सीदे कहे, भीख पर ज़िन्दगी बिताता रहा, ख़ून उगलता रहा, पर क़र्ज़ की शराब पीता

---

1. तीर की नोक, 2. समता (स्वप्न-फल बयान करना या बताना)।

* *उर्दू शाइरी पर एक नज़र*, पृष्ठ 139
ग़ालिब का ख़ुद भी यही दावा है :
नहीं ज़रीयए-राहत जराहते-पैकाँ,
वह ज़ख्मे-तेग़ है जिसको कि दिलकुशा कहिए।

रहा। पर इसी अन्तर्द्वन्द्व में उसने उर्दू काव्य को एक यथार्थता का स्वर दिया। उसमें भावना का वेग बुद्धि से नियन्त्रित है। उसकी कल्पना यथार्थ के नीड़ से उड़ती है पर फिर उसी में लौट आती है। सब बुराइयों के बावजूद उसमें हँस-हँसकर चोट खाने का सामर्थ्य है; वह हँसी के आँचल के आँसुओं को पोंछता दीखता है; वह ग़म को मुसकराते ओठों से पी जाता है; वह अपने पर, अपनी क़िस्मत पर, विनाश पर हँसना जानता है—मौत को, कठिनाइयों को चुनौती देता चलता है। तकलीफ़ में, दर्द में, तूफ़ान में भी चलना नहीं छोड़ता। जब पाँव ज़ख़्मी हो जाते हैं तब सीने के बल चलता है।[1] रुकता है और चलता है, पर चलता ज़रूर है।

जीवन के प्रति इस आस्था के साथ उसके काव्य की चित्रणशीलता है जिसके विषय में मैं सरदार जाफ़री के शब्दों को यहाँ दोहरा भर देना चाहता हूँ :

"...इसके साथ ग़ालिब की मुतहरक और रक्साँ 'इमेजरी' है जो तस्वीरगरी की मे'राज है। जब वह अपनी अछूती तश्बीहों और नादिर इश्तआरों का जादू जगाता है तो एक-एक अक्षर नृत्य करने लगता है। ठहरे हुए नक़ूश सय्याल हो जाते हैं, मुजर्रिद ख़याल एक पैकरे-रंगोबू बनकर सामने आ जाता है; दश्त गर्मिए रफ़्तार से जलने लगते हैं; सेहरा के जिस्म में रास्ते नब्ज़ों की तरह धड़कनें लगते हैं; बेजान पत्थरों के सीने में नातराशीदः बुत नाचने लगते हैं; आईनों के जौहरों में पलकें लर्ज़ने लगती हैं; शराब के प्यालों को उठाये हुए हाथों की लकीरों में ख़ून दौड़ने लगता है। मा'शूक़ की गुफ़्तार से दीवारों में जान पड़ जाती है।" अर्थात : "इसके साथ ग़ालिब की गतिशील एवं नर्तित इमेजरी है जो चित्रांकन की पराकाष्ठा है। जब वह अपनी अछूती उपमाओं और अनुपम रूपकों का जादू जगाता है तो एक-एक अक्षर नृत्य करने लगता है। स्थिर चित्र तरल बन जाते हैं। एकाकी विचार रंग एवं सुगन्ध का शरीर धारण कर सामने आता है; अरण्य गति के उत्ताप से जलने लगते हैं; मरुस्थल की काया में मार्ग नाड़ी-तुल्य धड़कने लगते हैं; बेजान पत्थरों के सीनों में अनगढ़ी मूर्तियों नाचने लगती हैं; आईनों के जौहरों में पलकें कम्पित होने लगती हैं; जिन हाथों में मधुपात्र होते हैं उनकी रेखाओं में रक्त दौड़ने लगता है। मा'शूक़ के वचनों से दीवारों में प्राण थिरकने लगते हैं।"[2]

---

1. एक फ़ारसी शेर में ग़ालिब ने कहा है : 'ज़िन्दगी की एक ऐसी दुर्गम घाटी में, जहाँ ख़िज्र की रहनुमाई भी काम नहीं देती और जहाँ मेरे पाँव चलने से बेबस हैं, वहाँ मैं सीने के बल चल रहा हूँ।"

   श्री रसीद अहमद सिद्दीक़ी ने लिखा है : "ग़ालिब ने किसी हाल में अपना साथ न छोड़ा। वह हर मिस्मारी के नीचे से फटे हाल लेकिन मुसकराते हुए निकले थे।"
2. *'दीवाने-ग़ालिब'* की भूमिका : बम्बई संस्करण, पृष्ठ 20-21

ग़ालिब की सबसे बड़ी देन इनसान के लिए उनका अदम्य प्यार और इस दुनिया के लिए उनकी कभी न बुझनेवाली तृष्णा है। वह संसार की तृष्णा के कवि हैं। वह कहीं हों, इस धरती से उनका सम्बन्ध बना रहता है। श्री रशीदअहमद सिद्दीक़ी ने ठीक ही लिखा है : "वह कहीं हों, उनका पाँव ज़मीन पर ही रहता है। किसी हाल में वह हमसे जुदा होना या जुदा रहना गँवारा नहीं करते।"[1] निश्चय ही ग़ालिब ने उर्दू की पुरानी शाइरी को एक नया स्वर, एक नया लहज; एक नयी दृष्टि दी और ग़ज़ल को प्रेम-वर्णन के वाहन से जीवन-वर्णन का विषय बना दिया। विषय पुराना है पर उसे प्रस्तुत करने में कवि का तेवर नया है। उसके काव्य में अतीत का मोह, वर्तमान की संलग्नता और भविष्य की आशा है। उसमें उस रात की वेदना है जिसमें मा'शूक़ की अदाएँ और अठखेलियाँ हैं; उसकी सौ-सौ चितवनों की चुभन है; उस महफ़िल का नग्मः है जो उजड़ चुकी है; उसमें उस शमअ की राख है जो रातभर जलकर मौन हो गयी है, पर उसमें उस प्रभाती का जीवन-स्पर्श भी है जो शत-शत कलियों के निद्रित नयन-पटल उन्मीलित कर देता है; इसके साथ ही उसमें उस भविष्य के चरणों की धमक है जो अभी दूर है पर जिसको आना ही है और जिससे कल जीवन-पन्थ मुखरित हो उठेगा।

1. *'नक़्दे-ग़ालिब'*, पृष्ठ 317 ('कोई बतलाओ कि हम बतलाएँ क्या?')

ग़ालिब तथा अन्य कवि

तुलना

मीर और ग़ालिब :

प्राय: ग़ालिब की तुलना 'मीर' तथा अन्य उर्दू कवियों से की जाती है। किसी कवि के अध्ययन की यह कोई उत्तम प्रणाली नहीं है फिर भी यह युग ही तुलनात्मक समीक्षा का है इसलिए इस विषय पर संक्षिप्त चर्चा कर लेना अच्छा ही है। ग़ालिब के काव्य का रंग सबसे अलग है। वह किसी उर्दू कवि को अपने सामने कुछ समझते न थे। आरम्भ में जब उन पर फ़ारसीयत का रंग चढ़ा हुआ था, वह अपने उर्दू काव्य को भी तुच्छ समझते थे और कहा करते थे कि मेरा महत्त्व आँकना हो तो मेरे फ़ारसी काव्य को देखो। इसलिए उनकी किसी उर्दू कवि से तुलना क्या करें? पर इतना मानना पड़ेगा कि यदि किसी उर्दू कवि से वह विशेष प्रभावित थे तो यह कवि 'मीर' थे। वह दूसरे कवियों की प्रशंसा बहुत कम करते थे किन्तु 'मीर' की प्रशंसा उन्होंने कई स्थानों पर की है। अपने शिष्यों को जो पत्र लिखे हैं उनमें भी 'मीर' के शेर बार-बार उद्धृत करते हैं। उत्तर काल में जब उनकी तूफ़ानी ज़िन्दगी में एक सामंजस्य आया और सामन्ती अहंकार तथा फ़ारसीयत का नशा कुछ धीमा पड़ गया तब वह ज़मीन पर उतरे और 'मीर' की सरल शैली का अनुकरण किया तो छोटी बहरों में जो ग़ज़लें लिखीं, वे उनकी सर्वोत्तम ग़ज़लों में से हैं और सामान्य लोगों की ज़बान पर चढ़ गयी हैं।

जीवन-दृष्टि की भिन्नता

इस प्रभाव के होते हुए भी ग़ालिब की जीवन-दृष्टि मीर की जीवन-दृष्टि से बिलकुल भिन्न है। मीर अन्त:स्थ, अपनी दुनिया में खोये हुए हैं। उनमें आत्म-विस्मरण का तत्त्व बहुत अधिक है। वह यह सोचकर बहुत कम लिखते हैं कि दूसरे लोग भी हमारी कविता पढ़ेंगे। अक्सर शेर कहते समय वह उसी के वातावरण

में डूब जाते हैं और आत्मविस्मृति एवं निमग्नता की यह अवस्था आ जाती है कि लोग आते हैं, सलाम करते हैं, बैठते हैं और उठकर चले भी जाते हैं पर उन्हें कोई ख़बर नहीं होती। बग़ल में बाग़ है पर अपने भावोद्यान के सौन्दर्य में ऐसे डूबे कि उसकी तरफ़ खिड़कियाँ नहीं खुलतीं, न यही ख़याल होता है कि यहाँ कोई बाग़ भी है। यह तत्त्व उनमें अपने सूफ़ी पिता और चचा तथा उस वातावरण से आया है जिसमें उनका बचपन बीता।

इस धरती के पथिक

ग़ालिब प्रधानतः बाह्य-जगत् और उसके वैभव के कवि हैं। उनके मज़े इसी दुनिया तक है। आन्तरिक जगत् में प्रवेश करते भी हैं, तो दरवाज़ा कभी बन्द नहीं करते, खुला रखते हैं, बल्कि होशियार रहते हैं कि निकलने का रास्ता बन्द न हो जाए। और अन्तर्जगत् की एकाध झाँकी लेने के बाद, फिर अपनी दुनिया में और अपनी ज़मीन पर लौट आते हैं। उनमें 'मीर' का आत्मविस्मरण कहीं नहीं दिखाई पड़ता। उन्हें अपना कलाम सुनाने की उत्कंठा, बल्कि लालसा रहती है। जब नज़दीक कोई नहीं रहता तो दूर के शिष्यों एवं मित्रों को, पत्रों के द्वारा अपना कलाम सुनाने से नहीं चूकते।

दिल्ली और शीराज़ का वातावरण

'मीर' अरबी के अच्छे जानकार एवं फ़ारसी के उस्ताद, एक फ़ारसी दीवान के रचयिता तथा कई गद्य-पुस्तकों के लेखक होकर भी, भारतीय वातावरण में साँस लेते हैं, वह दिल्ली में दिल्ली के होकर रहते हैं, उर्दू में फ़ारसी तरकीबों का सही और सुन्दर प्रयोग करके भी वह उर्दू के ही हैं, उर्दू पर उनको गर्व है। ग़ालिब जब उर्दू लिखते हैं तब भी फ़ारसीयत उन पर ग़ालिब रहती है। उर्दू के प्रति उनमें तुच्छता का भाव है। भावना एवं दृष्टिकोण से वह ईरानी अधिक, भारतीय कम हैं। दिल्ली में रहते हुए भी वह शीराज़ के निवासी मालूम पड़ते हैं। जहाँ तक गहराई का सम्बन्ध है, उर्दू का दूसरा कोई कवि मीर तक नहीं पहुँचता। पर जहाँ तक विस्तृति का सम्बन्ध है, ग़ालिब सबसे आगे हैं।

ग़ालिब की जटिलता

मीर सरल, दिल से सीधे ज़बान पर आनेवाली भाषा का प्रयोग करते हैं; ग़ालिब बातों को घुमा-फिराकर उसमें जद्दत पैदा करने की कोशिश करते हैं। दिमाग़ खुरचना पड़ता है तब उनका मतलब समझ में आता है। ग़ालिब के पूर्वार्द्ध जीवन का काव्य तो हिन्दी कवि केशव की भाँति (जिन्हें 'कठिन काव्य का प्रेत' कहा

गया है) जान-बूझकर दुर्बोध बनाया हुआ काव्य है। जनाब 'असर' लखनवी ने ग़ालिब का ही एक शेर उद्धृत करके इस विषय पर प्रकाश डाला है :

लेता न अगर दिल तुम्हें देता कोई दम चैन,
करता जो न मरता कोई दिन आहोफ़ुग़ाँ और।

जब किसी ने इसका मतलब पूछा तो ग़ालिब ने कहा :

"यह बहुत लतीफ़ तक़रीर[1] है। लेता को रब्त[2] चैन से, करता मरबूत[3] है आहोफ़ुग़ाँ से। अरबी में ता'क़ीद लफ़्ज़ी[4] व मान'वी[5] दोनों मा'यूब[6] हैं। फ़ारसी में ता'क़ीदे मान'वी[7] ऐब और ता'क़ीद लफ़्ज़ी जायज़ बल्कि फ़सीह व मलीह[8]। रेख्तः तक़लीद[9] है फ़ारसी की। हासिल मा'नी मिस्र-ऐन[10] यह कि अगर दिल तुम्हें न देता तो कोई दम चैन लेता, न मरता तो कोई दिन आहो फ़ुग़ाँ करता।"

यह कलाबाज़ी ग़ालिब का अन्दाज़ है। वर्ना शेर को निम्नलिखित रूप में लिखा गया होता तो सबकी समझ में बात आ जाती :

देता न अगर दिल तुम्हें लेता कोई दम चैन,
मरता न तो करता कोई दिन आहोफ़ुग़ाँ और।

इसी घुमाव के कारण उनके ज़माने के बहुत-से लोग उनका मज़ाक उड़ाया करते थे।*

प्रेम एवं सौन्दर्य की धारणा में अन्तर

'मीर' और ग़ालिब के प्रेम एवं सौन्दर्य की धारणाएँ भी एक-दूसरे से भिन्न हैं। 'मीर' के लिए प्रेम जीवन और जगत् का तत्त्व, उसका लक्ष्य, साधन और नियामक है। जहाँ सौन्दर्य शरीरी है वहाँ भी उसमें ईश्वर की झलक है।** पर ग़ालिब का प्रेम मुख्यतः शरीरी है, उनकी सौन्दर्य की धारणा रूपगत एवं इन्द्रियलब्ध सौन्दर्य की धारणा है जिसमें शारीरिक भूख और प्रयास प्रधान है।

---

1. सुन्दर वाणी, 2. सम्बन्ध, 3. क्रमबद्ध, प्रसंगयुक्त, 4. किसी वाक्य या शेर में शब्दों का ऐसा उलट-फेर जिससे अर्थ बदल जाए, 5. किसी वाक्य या शेर में किसी शब्द का ऐसा अर्थ लेना जो उसके साधारण अर्थ के विपरीत हो, 6. दूषित, 7. सरल एवं प्रचलित, 8. सुन्दर, लावणयुक्त, 9. अनुकरण, 10. इन मिस्रों का तात्पर्य।

* *अगर अपना कहा तुम आप ही समझे तो क्या समझे,*
मज़ा कहने का जब है एक कहे और दूसरा समझे।
कलामे मीर समझें और ज़बाने मीरज़ा समझें,
मगर इनका कहा यह आप समझें या खुदा समझें।

** *बुर्क़े को उठा चेहरे से वह बुत अगर आवे।*
अल्लाह की क़ुदरत का तमाशा नज़र आवे।

मीर का प्रभाव

दोनों की काव्य-दृष्टि, जीवन-दृष्टि की भिन्नता ने दोनों के काव्य का वातावरण एक-दूसरे से सर्वथा भिन्न कर दिया है। जनाब 'असर' लखनवी ने ठीक ही लिखा है : '' 'मीर' रूमानी (रोमैंटिक) शायर था और ग़ालिब क्लासिस्ट। मीर की शायरी से शख़्सियत (पर्सनैलिटी) झलकती है; ग़ालिब की शायरी करदार (कैरेक्टर) की आईन:दार है।'' मीर में अनुभूति प्रधान है। ग़ालिब में कल्पना प्रधान है। मीर का काव्य भावावेश, भावानुभूति की प्रबलता का चित्र है; ग़ालिब में अभिव्यंजना का नावीन्य एवं अर्थ-गाम्भीर्य है। मीर में तरकीब भी है पर अर्थ (मानी) समन्वित; ग़ालिब में वह अर्थ पर छा गयी है।''[1]

फिर भी, जैसा मैं कह चुका हूँ, ग़ालिब मीर से काफ़ी प्रभावित हैं। अनेक स्थानों पर तो भाव क्या शब्द भी टकरा गये हैं। देखिए—

मीर :

होता है याँ जहाँ मैं हर रोज़ोशब तमाशा,
देखो जो ख़ूब तो है दुनिया अजब तमाशा।

ग़ालिब :

बाज़ीचए इतफ़ाल है दुनिया मेरे आगे,
होता है शबोरोज़ तमाशा मेरे आगे।

मीर :

बेख़ुदी ले गयी कहाँ हमको,
देर से इन्तज़ार है अपना।

ग़ालिब :

हम वहाँ हैं जहाँ से हमको भी,
कुछ हमारी ख़बर नहीं आती।

मीर :

इश्क़ उनको है जो यार को अपने दमे-रफ़्तन[2],
करते नहीं ग़ैरत से ख़ुदा के भी हवाले।

ग़ालिब :

क़यामत है कि होवे मुद्दई का हमसफ़र 'ग़ालिब',
वह क़ाफिर जो ख़ुदा को भी न सौंपा जाय है मुझसे।

---

1. *'असर' मुता'लए ग़ालिब*, पृष्ठ 9
2. विदा या प्रवास के समय; मरने के वक़्त।

मीर :

आदमे ख़ाकी से आलम को जिला[1] है वर्ना,
आइना था तो मगर क़ाबिले-दीदार[2] न था।

ग़ालिब :

लताफ़त बेकसाफ़त जल्वा पैदा कर नहीं सकती,
चमन ज़ंगार है आईनए-बादे-बहारी का।

कहीं ज़मीन मिलती है, कहीं भाव मिलते हैं। जो साम्य है वह भाव का कम, बाह्य अधिक है। एक ही 'तरह' की ग़ज़लों में यह समता अधिक दिखाई पड़ती है :

मीर :

क्या तरह है आशना गाहे गहे नाआशना,
या तो बेगाने ही रहिए हूजिए या आशना।

ग़ालिब :

ख़ुदपरस्ती से रहे बाहम दिगर नाआशना,
बेकसी मेरी शरीक आइना तेरा आशना।

मीर :

दिल इश्क़ का हमेशा हरीफ़े-नबर्द[3] था,

ग़ालिब :

धमकी में मर गया जो नबाबे-नबर्द था।

मीर :

मरते हैं तेरी नर्गिसे बीमार देखकर।
जाते हैं जी से किस क़दर आज़ार देखकर।

ग़ालिब :

क्यों जल गया न ताबे-रुख़े-यार देखकर,
जलता हूँ अपनी ताक़ते-दीदार देखकर।

कहीं-कहीं तो मीर के पद के पद ग़ालिब में मिलते हैं :

मीर :

तेज़ यूँ ही न थी शब अतिशे शौक़[4],
थी ख़बर गर्म उनके आने की।

---

1. आभा, चमक, 2. देखने योग्य, 3. लड़ाई का प्रतिद्वन्द्वी, 4. उत्कण्ठा की अग्नि।

ग़ालिब :

थी ख़बर गर्म उनके आने की,
आज ही घर में बोरिया[1] न हुआ।

मीर :

न हो क्यों ग़ैरते-गुलज़ार वह कूचः ख़ुदा जाने,
लहू इस ख़ाक पर किन-किन अज़ीज़ों का गिरा होगा।

ग़ालिब :

ख़ुदा मालूम किस-किस का लहू पानी हुआ होगा,
क़यामत है सरश्क आलूद[2] होना तेरी मिज़गाँ[3] का

मीर :

आवेगी इक बला तेरे सिर सुन ले ऐ सबा[4],
ज़ुल्फ़े-सियह का उसके अगर तार जायगा।

ग़ालिब :

हम निकालेंगे सुन ऐ मौजे सबा बल तेरा,
उसकी ज़ुल्फ़ों के अगर बाल परीशाँ होंगे।

एक ज़मीन पर लिखते हैं पर दोनों के दृष्टिकोण की भिन्नता स्पष्ट हो जाती है। 'मीर' कभी प्रियतमा से शिकायत करते हैं, यहाँ तक कि उलझते भी हैं तो भी शराफ़त को नहीं छोड़ते; शिकायत बातचीत तक रह जाती है, कर्म में नहीं रूपान्तरित होती :

शिकवः करूँ हूँ बख़्त का, इतने ग़ज़ब न हो बुताँ,
मुझको ख़ुदा न ख़्वास्ता तुमसे तो कुछ गिला[5] नहीं।

× ×

नाले किया न कर सुना, नौहे[6] पै मेरे अन्दलीब[7],
बात में बात ऐब है, मैंने तुझे कहा नहीं।

बल्कि उनकी उच्च नैतिकता अपने से ही शिकायत, आत्म-प्रतारणा करती है :

इतनी भी बद-मिज़ाजी हर लहज़ः मीर तुमको,
उलझाव है ज़मीं से झगड़ा है आसमाँ से।

---

1. (ख़जूर की) चटाई, 2. अश्रुपूरित, 3. पलकें, 4. पुरवैया, मृदु समीर, 5. शिकायत, 6. रोदन, 7 बुलबुल।

ग़ालिब तो दया-प्रार्थना के असफल होने पर गुंडई तक पर तुल जाते हैं, वही सामन्ती ढंग :

इज्ज़ो-नियाज़ से तो वह आया न राह पर,
दामन को आज उसके हरीफ़ाना[1] खींचिए।

'मीर' में सादगी है। उनके कलाम लम्बे, सुलझे हुए हैं। उनमें लोकवाणी की छाया है। लोकजीवन बोलता है। ग़ालिब में बनावट, घुमाव, शृंगार-सजावट है। वह बात को संक्षेप में और जटिल रूप में कहते हैं। उनकी वाणी उच्चवर्ग की वाणी है।

ग़ालिब की ज़बान में वह सफ़ाई नहीं जो मीर में है। न वह घुलावट, वह तड़प, वह बेचैनी और वह दर्द है जो 'मीर' में प्रायः मिलता है पर 'मीर' के काव्य में वह समतलता (हमवारी) नहीं जो ग़ालिब में है। जहाँ मीर के शेर अच्छे हैं वहाँ बहुत अच्छे हैं। पर उनका बहुत-सा काव्य सामान्य कोटि का है। कदाचित् इसका कारण यह हो कि ग़ालिब ने 'मीर' के मुक़ाबले बहुत कम लिखा; उनका काव्य-विस्तार बहुत कम है या उनकी चुनी हुई ग़ज़लें ही उपलब्ध हैं।

ग़ालिब और मोमिन

ग़ालिब (1797 ई.—1869 ई.) और मोमिन (1798-1851 ई.) दोनों एक ही काल के कवि हैं। मोमिन की मृत्यु ग़ालिब के जीवनकाल में ही हो गयी थी। मोमिन की भाषा बहुत साफ़ है; उनमें कल्पना की तरलता एवं सूक्ष्मता है; शब्दों का चुनाव प्रशंसनीय है। उनकी तबीयत ग़ज़लख़ानी के लिए बहुत उपयुक्त थी, अपनी अनुभूतियों की अभिव्यक्ति में उन्हें कमाल हासिल था पर वह ग़ालिब की भाँति शब्दों के दाँव-पेंच और व्यंजना की गुत्थियों से उलझ गये और उर्दू काव्य उनकी प्रतिभा का लाभ उस सीमा तक नहीं उठा सका जिस सीमा तक उठा सकता था।

समता

श्री मुहम्मद एकराम ने ठीक ही लिखा है : "दोनों को ख़ुदा ने शानदार दिल व दिमाग़ दिये थे; दोनों में ख़ुदपसन्दी बहुत थी। दोनों नासिख़ के मद्दाह[2] और मुक़ल्लिद[3] थे और दोनों की ज़बान में फ़ारसीयत और तसन्नो[4] का अंसर[5] नुमायाँ[6]

---

1. प्रतिस्पर्द्धी की भाँति, 2. प्रशंसक, 3. अनुकरणकर्ता, 4. बनावट, 5. तत्त्व, 6. प्रकट।

है। दोनों मा'नी आफ़रानी[1] और ख़याल बंदी[2] पर शैदा[3] थे। दोनों जबान और मज़मून में ऊँचे तबके[4] के तर्जुमान[5] थे।...नाजुक ख़्याली और दिक्क़तपसन्दी के ग़ालिब और मोमिन दोनों दिलदादः थे और पुराने मज़ामीन के लिए नये अस्लूबे-बयान[6] इख़्तराअ[7] करने में दोनों बड़ा ज़ोर व दिमाग़ सर्फ़[8] करते थे। इस मक़सद[9] के हुसूल[10] के लिए दोनों एक ही तरह का तकियए-फ़न[11] (Mannerism) इस्तेमाल करते हैं। मस्लन् महज़ूफ़ात के[12] दोनों आदी हैं। और दोनों के कई अशआर में किसी वाक़यः या हालत का बयान करते हुए कई ऐसे अजज़ा[13] छोड़ दिए गये हैं जिन्हें पूरा करने के लिए दिमाग़ पर ज़ोर देना पड़ता है। ग़ालिब का मशहूर शेर है :

क़फ़स में मुझसे रूदादे-चमन कहते न डर हमदम,
गिरी थी जिसपे कल बिजली वह मेरा आशियाँ क्यों हो?

इस क़बील के अशआर कुल्लियाते मोमिन में कई हैं :

'ऐ काश उदू[14] को ग़ैरत आये,
मैं मुन्तज़िर अपनी मौत का हूँ।
मेरे तग़य्युरे रंग[15] को मत देख,
तुझको अपनी नज़र न हो जाये।'

ग़ालिब की विशेषता

पर ग़ालिब में एक विशेषता थी; वह ज़माने से सीखते थे। अपनी काव्य-कला में सदैव नूतन प्रयोग करते रहते थे; बड़ा श्रम करते थे। इसलिए उत्तरकाल के उनके काव्य में वह नाज़ुक-ख़याली और दिक्क़तपसन्दी, जो उनकी विशेषता थी, कम होती गयी। ग़ालिब और मोमिन दोनों में अहं था। और दोनों शेर कहने की कला में अपने बराबर किसी को न मानते थे परन्तु जहाँ ग़ालिब ने इस अहं के होते हुए भी अपने काव्य में निरन्तर संशोधन और सुधार का प्रयत्न किया, मोमिन ने नहीं किया। फिर भी तग़ज़्ज़ुल और मुआमिलाबन्दी में मोमिन ग़ालिब के आगे हैं।

मोमिन में ग़ज़ब की 'जद्दते-अदा' (अभिव्यंजना) मिलती है। उनके निम्नलिखित शेर को सुनकर अहं में डूबे हुए ग़ालिब भी झूम पड़े थे और कहते थे : "काश, मोमिन ख़ाँ मेरा सारा दीवान ले ले और यह शेर मुझे दे दे।"

---

1. अर्थ-वैचित्र्य, 2. कल्पना की उड़ान, 3. आसक्त, 4. कोटि, 5. रूपान्तरकार, अनुवादक, 6. कहने का ढंग, 7. उत्पन्न करने, निकालने, 8. व्यय, 9. उद्देश्य, 10. प्राप्ति, 11. शिल्प-शैली, 12. शब्द-लोप, 13. अंश, 14. दुश्मन, 15. रंग-परिवर्तन।

तुम मेरे पास होते हो गोया,
जब कोई दूसरा नहीं होता।

इन दोनों कवियों के भाव भी अक्सर टकरा गये हैं। ढंग अपना-अपना पर ज़मीन एक है। कुछ शेर देखिए :

मोमिनः

शब तुम जो बज़्मे-ग़ैर में आँखें चुरा गये,
खोये गये हम ऐसे कि अग़यार[1] पा गये।

ग़ालिब :

गर्जे: है तर्ज़ेतग़ाफुल[2] पर्द:दारे-राज़े-इश्क़,[3]
पर हम ऐसे खोये जाते हैं कि वह पा जाय है।

मोमिन :

घुटकर कहाँ असीरे-मुहब्बत[4] की ज़िन्दगी,
नासेह! यह बंन्देग़म नहीं क़ैदे हयात[5] है।

ग़ालिब :

क़ैदे-हयात वो बन्देग़म अस्ल में दोनों एक हैं,
मौत से पहिले आदमी ग़म से नजात पाये क्यों?

ग़ालिब :

दिले-नातवाँ तुझे हुआ क्या है?
आख़िर इस दर्द की दवा क्या है?

मोमिन :

मरीज़े-इश्क़ पर रहमत ख़ुदा की,
मरज़ बढ़ता गया ज्यों-ज्यों दवा की।

ग़ालिब :

काबा किस मुँह से जाओगे 'ग़ालिब'
शर्म तुमको मगर नहीं आती।

मोमिन :

उम्र सारी तो कटी इश्क़े-बुताँ में 'मोमिन'
आख़री वक़्त में क्या ख़ाक मुसलमाँ होंगे?

---

1. प्रतिस्पर्धी, 2. उपेक्षा का ढंग, 3. प्रेम रहस्य को छिपानेवाला, 4. प्रेम-बन्दी, 5. जीवन-बन्धन।

ग़ालिब और दाग़ :

'दाग़' शब्द-चित्र के उस्ताद हैं; ग़ालिब अर्थ-वैचित्र्य के, पर एक ही ज़मीन में कहे हुए दोनों के कई शेर मिलते हैं :

ग़ालिब :

दरियाए-मआसी[1] तुनुक आबी[2] से हुआ ख़श्क
मेरा सिरे दामन भी अभी तर न हुआ था।

दाग़ :

यह मैं हज़ार जगह हश्र[3] में पुकार आया,
कि और भी कोई मुझ-सा गुनहगार आया?

जुदाई का मज़मून पुराना है। विरह-वेदना का पार कौन पा सका है? पातियाँ लिखी जाती हैं। लिखने में मिलन का स्वाद है इसलिए पत्र लम्बे होते जाते हैं। सन्देशवाहक (दूत, नाम:बर) को जाने में देर हो रही है, डर भी है कि लम्बा पत्र देखकर और न चिढ़ जाए। इसी ज़मीन पर दोनों कहते हैं :

ग़ालिब :

न दे नामे को इतना तूल 'ग़ालिब' मुख़्तसर लिख दे,
कि 'हसरत संज हूँ अर्ज़े-सितमहाए जुदाई का[4]!'

दाग़ :

लिक्खें जो और कुछ तो हमारी मजाल क्या,
इतना ही लिखके भेज दिया है—'तरस गये।'

दाग़ का संक्षेप देखिए, जैसे तार के शब्द हों। ग़ालिब में न उत्कंठा का जोश है, न बेचैनी है, जैसे अपना नहीं किसी दूसरे का अनुभव बयान कर रहे हों।

ग़ालिब :

क़यामत है कि होवे मुद्दई का हमसफ़र 'ग़ालिब'
वह काफ़िर जो ख़ुदा को भी न सौंपा जाय है मुझसे।

दाग़ :

दावरे-हश्र[5] से अब तक है उमीदे-इंसाफ़,
क्या करेंगे जो पसन्द उसकी अदाएँ आयीं।

---

1. पाप-नद, जलाभाव, 3. प्रलय, 4. विरह के उत्पीड़नों की लालसाओं को व्यक्त कर रहा हूँ। 5. प्रलय के दिन न्याय करनेवाला ईश्वर।

ग़ालिब कहते हैं कि जो मेरे लिए इतना प्रिय है कि जुदाई के समय 'ख़ुदा हाफ़िज' कहने या उसे ख़ुदा को सौंपने में भी मैं असमर्थ हूँ (किसी भी दूसरे को, फिर चाहे वह ख़ुदा ही हो, उसे सौंपने को तैयार नहीं), कैसा ग़ज़ब है कि वही मेरे प्रतिद्वन्द्वी का सहयात्री हो (उसके साथ चला जाए)।

ग़ालिब की प्रियतमा ऐसी है कि उसके बारे में वह ख़ुदा पर भी भरोसा करने को तैयार नहीं; वही विरोधी के साथ चली गयी, तब परिणाम क्या होगा!

दाग़ की प्रियतमा ऐसी है कि उसकी ज़्यादतियों का इन्साफ़ प्रलय के समय ख़ुदा से करने का आसरा तो लगाये बैठे हैं पर कहते हैं, कहीं उसकी अदाएँ ख़ुदा को भी पसन्द आ गयीं तब मैं क्या करूँगा?

ग़ालिब :

हवा मु.ख़ालि.फ़ो शबतारो बह्र तू.फ़ाँ.ख़ेज,
*गसस्त: लंगरे-कश्ती व नाख़ुदा ख़ु.फ़्त: अस्त।**

दाग़ :

पा विरहन: दश्त वीराँ, दूर मंज़िल राह सख़्त,
तू बता ऐ शामे-गुर्बत, मैं करूँ तो क्या करूँ।

ग़ालिब कहते हैं कि हवा प्रतिकूल है, रात अँधेरी है, समुद्र में तूफ़ान उठ रहे हैं, नौका का लंगर टूटा हुआ है, और कर्णधार सुप्त है। पर यह परिस्थिति का आंशिक चित्र मात्र है। इस परिस्थिति में ख़ुद उनकी, नौका के आरोही की, क्या हालत है, यह कुछ नहीं बताते।

दाग़ की तड़प

'दाग़' का चित्र अधिक स्पष्ट है; स्थिति भी अधिक दर्दनाक है। 'ग़ालिब' के साथ कश्ती का कर्णधार है। क्या हुआ जो सो गया है। उसे जगाया जा सकता है। कश्ती उलट जाए तो भी दरिया में तैरा जा सकता है, हाथ-पाँव तो मार ही सकते हैं। पर 'दाग़' तो अकेले हैं; कहीं कोई नहीं। नंगे पाँव, निर्जन वन प्रान्त या मरुभूमि, मंज़िल दूर है, रास्ता कठिन, शाम हो गयी है। ऐसे समय का क्या उपाय है? दाग़ की भाषा में प्रवाह और तड़प है।

---

* हाफ़िज का शेर है :

शबे-तारीको बीमे मौजो -गर्दाबे चुनीं हायल।
कुजा दानिन्द हाले मा सुबुकसाराने साहिल हा॥

ग़ालिब :

यह मसायले-तसव्वुफ़[1] य' तेरा बयान 'ग़ालिब',
तुझे हम वली[2] समझते जो न बादः:ख़ार[3] होता।

दाग़ :

वाक़िफ़[4] रमूज़े-इश्क़ो-मुहब्बत[5] से 'दाग़' है,
मिलता अगर तो पूछते कुछ इस वली से हम।

ग़ालिब में अन्तर्विरोध है; दाग़ में सामंजस्य है।

ग़ालिब :

इशरते-क़तरा है दरिया में .फ़ना हो जाना,
दर्द का हद से गुज़रना है दवा हो जाना।

दाग़ :

कमाले-इश्.क है ऐ दा.ग महो हो जाना,
मुझे ख़बर ही नहीं नफअ क्या ज़रर[6] क्या है।

ग़ालिब समुद्र में बूँद के विलीन हो जाने को बूँद का ऐश्वर्य मानते हैं। ऐसा करने से बिन्दु को अपने लक्ष्य का लाभ मिल जाता है। दर्द का सीमा से बढ़ जाना, असीम हो जाना ही उसकी दवा है। (गोया फ़ना ही दवा है।)

दाग़ प्रेम की अधिक ऊँची स्थिति में हैं। वह कहते हैं कि निमग्न हो जाना ही प्रेम की सीमा है, आदर्श है। मैं नहीं जानता कि हानि-लाभ क्या है? (दाग़ का प्रेम हानि-लाभ के विचार से परे है, जबकि ग़ालिब में एक बचाव, एक 'रिज़र्व' है।)

ग़ालिब :

सब कहाँ कुछ लालः-वो-गुल में नुमायाँ हो गयीं,
.ख़ाक में क्या सूरतें होंगी कि पेनहाँ हो गयीं।

दाग़ :

.क़ातिल ने देखे उसमें हज़ारों परीजमाल,
दिल चाक क्या हुआ कि परीख़ाना खुल गया।

ग़ालिब के कहने में वैलक्षण्य है, शोख़ी है। ज़मीन के नीचे न जाने कितना रूप, कितनी सूरतें प्रच्छन्न हैं। इनमें से कुछ ही लालः-वो-गुल के रूप में फूट निकली हैं। दाग़ मिट्टी को नहीं, दिल को हसीनों की जगह मानते हैं। कहते हैं, "क़ातिल ने मेरा दिल चीर दिया तो देखा कि उसमें हज़ारों रूपसी परियाँ उपस्थित हैं। मेरा दिल क्या चाक हुआ कि परीख़ाने के द्वार खुल गये।"

1. ईश्वरानुभूति (तसव्वुफ़) की समस्याएँ, 2. पहुँचा हुआ, साधु, सिद्ध, 3. शराबी, 4. जानकार, 5. प्रेम-प्रीतिका रहस्य, 6. हानि।

ग़ालिब :

पिला दे ओक से साक़ी जो हमसे नफ़रत है,
पियालः गर नहीं देता न दे, शराब तो दे।

दाग़ :

कब गदाए-दरे-मयख़ाना[1] को आर[2] आती है,
ओक से पी जो मयस्सर क़द्हे-मुल[3] न हुआ।

भिखारी का तर्ज़

ग़ालिब के यहाँ साक़ी से नोक-झोंक चल रही है। कहते हैं कि भई अगर हमसे घृणा है, अपना प्याला नहीं देना चाहता तो न दे, मुझे उससे क्या? मुझे तो शराब चाहिए। मेरी नज़र तुम्हारे प्याले पर नहीं, शराब पर है (क्योंकि वही असल चीज़ है), मुझे ओक से पिला दे।

पर जहाँ नफ़रत है, घृणा है, वहाँ शराब पीने-पिलाने में क्या मज़ा है?

दाग़ मद्यशाला के दरवाज़े के भिखारी हैं। साक़ी दयार्द्र होकर उन पर नज़र डालता है और कहता है "ला अपना प्याला या पात्र, उसमें शराब उँडेल दूँ। पर भिखारी के पास पात्र भी नहीं है। वह कहता है—फ़कीर को क्या शर्म! लाइए, ओक से पिला दीजिए, पात्र की ज़रूरत ही क्या है?

ग़ालिब :

सँभलने दे मुझे ऐ नाउमीदी क्या क़यामत है,
कि दामाने-ख़याले-यार छूटा जाय है मुझसे।

दाग़ :

बरसों से लग रही थी लबे-बाम टकटकी,
थक-थक के गिर पड़ी निगहे-इन्तज़ार आज।

ग़ालिब में जो शोख़ी है, जो अपील है, वह दाग़ में नहीं है। ग़ालिब कहते हैं, "अरी निराशा, कैसी ज़्यादती है तेरी, ज़रा मुझे सँभल तो जाने दे। प्रियतम के ध्यान का आँचल मेरे हाथ से छूटा जा रहा है।" दाग़ में निराशा की सीमा है। वह बरसों तक छत की ओर टकटकी लगाये रहे हैं, आज प्रतीक्षा की वह दृष्टि थककर गिर पड़ी है, अब उठनेवाली नहीं है।

---

1. मद्यशाला के द्वार का भिखारी, 2. लाज, घिन, 3. मधुपात्र।

ज़ौक़ और ग़ालिब

ज़ौक़ ने केवल पद्य लिखा है, जबकि ग़ालिब ने पद्य-गद्य दोनों में सफलता प्राप्त की है। ज़ौक़ क़सीदः के बादशाह हैं; इस क्षेत्र में वह उर्दू के खाक़ानी हैं। अच्छे ग़ज़लगो उर्दू में अनेक हुए हैं पर उर्दू क़सीदःगोई सौदा, इंशा और ज़ौक़ पर ख़त्म हो गयी है। यदि क़सीदः को लें तो ग़ालिब और ज़ौक़ की कोई तुलना नहीं। जहाँ तक ग़ज़ल की बात है, दोनों में अपनी-अपनी विशेषताएँ हैं। भाव-चित्रण (जज़्बातनिगारी) में ग़ालिब का पल्ला ज़ौक़ से कुछ भारी पड़ता है। दूसरी ओर ज़बान की सफ़ाई; प्रसादगुण में ज़ौक ग़ालिब के ऊपर हैं। कोई भी बात हो, उसे घुमा-फिराकर, कुछ वैचित्र्य उत्पन्न कर, कहने का रोग ग़ालिब को था, जबकि जौक़ सीधे ढंग से बात पसन्द करते थे।

तरही ग़ज़ल के कुछ शेर देखिए :

ग़ालिब :

मिसाल यह मेरी कोशिश की है कि मुर्गे-असीर[1]*,*
करे क़फस[2] *में फ़राहम*[3] *ख़श आशियाँ*[4] *के लिए।*

ज़ौक़ :

सबा[5] *जो आयी ख़सो-ख़ार गुलिश्ताँ*[6] *के लिए,*
क़फ़स में क्योंकि न फड़के दिल आशियाँ के लिए।

ज़मीन एक होते हुए भी ग़ालिब का शेर ऊँचा है। ज़ौक़ ने जो कुछ कहा है, वह सदा से कहा जाता रहा है। उसमें कुछ नवीनता नहीं। कहते हैं—पुरवैया पुष्पोद्यान के तिनके और काँटे लिये आयी है, तब पिंजड़े में हमारा दिल घोंसले के लिए क्यों न फड़के, क्यों न बेचैन हो (इस ख़सोख़ार को देखते ही आशियाँ का स्मरण आना स्वाभाविक है। ऐसा भी तो हो सकता है कि गुलिस्ताँ में एक डाल पर बने मेरे आशियाँ के ही ख़सोख़ार यह उड़ा लायी हो; मतलब वह भी उजड़ गया हो तब अपने उजड़े आवास के लिए मजबूरियों में बँधा हुआ, क़फ़स में पड़ा हुआ मैं और मेरा दिल क्यों न तड़पे?)

ग़ालिब किसी भी स्थिति में निराश होकर बैठनेवाले जीव नहीं हैं। वह प्रयत्नशीलता में विश्वास रखते हैं। कहते हैं कि मेरी प्रयत्नशीलता का उदाहरण यह है कि बन्दी पक्षी क़फ़स में भी आशियाँ के लिए तिनके चुनता है।

---

1. बन्दी पक्षी, 2. पिंजड़ा, बन्दीगृह, 3. एकत्र, 4. घोंसला, आवास, 5. पुरवैया, 6. पुष्पोद्यान।

ग़ालिब :

नवेदे-अम्न है बेदादे-दोस्तजाँ[1] के लिए,
रहे न तर्ज़े-सितम[2] कोई आस्माँ के लिए।

ज़ौक़ :

नहीं सबात[3] बुलन्दीए-इज़्ज़ोशाँ के लिए,
कि साथ औज[4] के पस्ती[5] है आसमाँ के लिए!

ग़ालिब कहते हैं कि प्रिय का अत्याचार मेरे प्राण के लिए शान्ति का निमन्त्रण है क्योंकि उसने सितम का हर एक ढंग मुझी पर ख़त्म कर दिया है और आसमाँ के लिए कुछ नहीं छोड़ा है। (आसमान मुझे क्योंकर सताएगा? उनके ज़ुल्म सह-सहकर मैं ऐसा हो गया कि आसमान के ज़ुल्म-ज़ुल्म न रहे।)

ज़ौक़ नीति की बात कह रहे हैं कि शान-शौक़त व ऐश्वर्य की उच्चता सदा नहीं रहती; उसमें स्थिरता नहीं है। आसमान में ऊँचाई है (जैसी हमें दिखाई देती है) पर पस्ती, गिरावट, निचाई (क्षितिज में दिखाई देती है) भी लगी हुई है। 'जोश' मल्सियानी के शब्दों में 'मिर्ज़ा के मतलअ में मानीआफ़रीनी तो बहुत है मगर मज़मून नेचुरल नहीं यानी हक़ीक़त से बईद है।' ज़ौक़ में स्वाभाविकता अधिक है, ग़ालिब में वैचित्र्य है।

ग़ालिब :

फ़लक न दूर रख उससे कि एक मैं ही नहीं,
दराज़ दस्तिए[6]-क़ातिल के इम्तहाँ के लिए।

ज़ौक़ :

वह मोल लेते हैं जिस दम कोई नयी तलवार,
लगाते पहिले मुझी पर हैं इम्तिहाँ के लिए!

दराज़दस्ती का तात्पर्य ज़ुल्म से है पर 'दराज़' शब्द से ध्वनि यह निकलती है कि 'ज़ुल्म दूर से हो रहे हैं इसलिए ऐ आसमाँ! तू मुझे उनसे दूर न रख, उनके नज़दीक कर दे क्योंकि दूर के ज़ुल्मोसितम सहने के लिए तो और भी लोग मौजूद हैं। (उनकी निकटता में आने के लिए क्या तर्क है!) अर्थ-वैचित्र्य तो इसमें ख़ूब है। पर कृत्रिमता आ गयी है। ज़ौक़ ने अपनी बात बड़ी सरल रीति से कही है। कल्पना की सूक्ष्मता में ग़ालिब बाज़ी ले गये हैं; स्वाभाविकता और बेतकल्लुफ़ी में ज़ौक़ आगे हैं!

---

1. प्रिय के अत्याचार, 2. अत्याचार का ढंग, 3. स्थिरता, 4. उत्थान, 5. पतन, शैथिल्य, 6. सितम, अत्याचार।

ग़ालिब :

यह लाश बेकफ़न 'असद' ख़िस्तःजाँ की है,
हक़ मग़फ़रत[1] करे, अजब आज़ाद मर्द था।

ज़ौक़ :

कहते हैं आज 'ज़ौक़' जहाँ से गुज़र गया,
हक़ मग़फ़रत करे अजब आज़ाद मर्द था।

कहते हैं, 'ज़ौक़' ने मरने के चन्द मिनट पहले यह शेर कहा था।

मिर्ज़ा यद्यपि जीवन की तृष्णा के कवि हैं और उनके ग़म में भी एक प्रकार का आह्लाद एवं उल्लास है पर जब ग़म आता है तो घबड़ा जाते हैं :

हैराँ हूँ दिल को रोऊँ कि पीटूँ जिगर को मैं,
मक़दूर[2] हो तो साथ रखूँ नौहःगर[3] को मैं।

यह सामन्ती अभिलाषा तो देखिए कि ख़ुद रोना भी नहीं सँभलता, एक रोदक रखने की तमन्ना दिल में रखते हैं।

उधर ज़ौक़ नैतिकता और सदाचार के बन्दे हैं, दुःख-सुख दोनों में ख़ुश हैं। उनकी केवल इतनी-सी माँग है कि ईश्वर ऐसा दिल दे जो रंज की घड़ियों को हँसी-ख़ुशी के साथ झेल ले जाए :

दिल दे तो इस मिज़ाज का परवरदिगार दे,
जो रंज की घड़ी भी ख़ुशी से गुज़ार दे।

किसी का एहसान और अवलम्ब न लेने की भावना दोनों में प्रधान है :

ग़ालिब :

दीवार बार[4] मन्नते मज़दूर से है ख़म[5],
ऐ खानमाँ ख़राब न एहसाँ उठाइए।

ज़ौक़ :

न पकड़ें दामने इलियार्स[6] गिर्दाबे बला[7] में हम
कि बदतर डूबकर मरने से है जीना सहारे का।

---

1. ईश्वर क्षमा करे, 2. सामर्थ्य, 3. रोनेवाला, 4. बोझ, 5. टेढ़ी, 6. एक पैग़म्बर जो (हमारे लोमश की भाँति) सदा जीवित रहते हैं, समुद्रों के संरक्षक हैं और डूबतों को बचाने का काम करते रहते हैं, 7. विपत्तियों की भँवर में।

तसव्वुफ़ का रंग, प्रेमप्रणय-दर्शन एवं रिन्दाना शोख़ी में ग़ालिब ज़ौक़ से बढ़े हुए हैं और इसीलिए उनके काव्य में अर्थ-वैचित्र्य, कल्पना की उड़ान और कथन की नवीनता (जद्दतराज़ी) है। नैतिकता का रंग, ज़बान की सफ़ाई, बयान की सादग़ी और मुहावरे के शिल्प में ज़ौक़ ग़ालिब से आगे हैं।

सौदा और ग़ालिब

यद्यपि दोनों के काव्य में बहुत ज़्यादा समता नहीं पायी जाती पर दोनों की रुझान और तबीयत एक-सी थी। दोनों में उत्फुल्लता और उमंग के तत्त्व अधिक हैं। दोनों में शोख़ी है। हाँ, ग़ालिब की भाषा में निखार आ गया है।

अन्य कवि

कहीं-कहीं अन्य कवियों के भावों के साथ भी ग़ालिब टकरा गये हैं :

ग़ालिब :

सताइशगर[1] है ज़ाहिद[2] इस क़दर जिस बाग़े रिज़्वाँ का[3],
वह इक गुलदस्त: है हम बेख़ुदों के ताक़े निसियाँ का[4]।

अमीर मीनाई :

बहारे-ताज़ए-दिल देख अगर शौक़े-तमाशा है,
बिहिश्त[5] एक फूल मुरझाया हुआ है इस गुलिस्ताँ का।

ग़ालिब कहते हैं, ''ज़ाहिद जिस स्वर्गोद्यान की इतनी प्रशंसा कर रहा है वह हमारे लिए केवल ऐसा पुष्प-गुच्छ है जिसे हम ताक़ पर रखकर भूल गये हैं।''

अमीर मीनाई की बात साफ़ है और उसमें चुनौती का स्वर है। कहते हैं, अगर देखने का, तमाशे का शौक़ है तो दिल के नवीन—नित्य—वसन्त को देख। स्वर्ग तो इस (दिल के वसन्त के) पुष्पोद्यान का एक मुरझाया हुआ फूल मात्र है।

ग़ालिब और फ़ारसी कवि

ग़ालिब फ़ारसी के उस्ताद थे। उसके ज्ञान का उन्हें गर्व था। उन्होंने फ़ारसी के कवियों का गहरा अध्ययन किया था और ख़ुदपसन्दी का यह आलम था कि सिवा ख़ुसरो के किसी को कुछ न समझते थे; फ़ैज़ी की तारीफ़ भी खुलकर नहीं की

---

1. प्रशंसक, 2. तपस्वी, विरक्त, 3. स्वर्गोद्यान, 4. वह ताक़ जिसमें किसी चीज़ को भूलने के लिए रख दिया जाता है, 5. स्वर्ग।

है। आश्चर्य तो यह है कि फ़ारसी में खुसरो और उर्दू में मीर की तारीफ़ तो करते हैं पर अपनी काव्य-शैली में उनका अनुकरण बहुत ही कम करते हैं। खुसरो और मीर सादा एवं भावपूर्ण काव्य के प्रेमी थे; ग़ालिब के कलाम पर मुश्किलगोई का धुँधलका छाया हुआ है। ग़ालिब में कल्पना की उड़ान एवं अलंकरण भी दोनों से अधिक है; उनकी उपमाएँ एवं रूपक भी दोनों से अच्छे हैं। तबीयत और विचारस्वातन्त्र्य की दृष्टि से ग़ालिब फ़ैज़ी के अधिक नज़दीक हैं। उदारता के कारण ही फ़ैज़ी पर पुरानी परम्परा के मुस्लिम धर्माचार्यों ने वे ज़ुल्म किये कि इस्लाम से उसका विश्वास ही डिग गया था। स्पष्ट कहता है :

अगर हक़ीक़ते इस्लाम दर जहाँ ईं अस्त,
हज़ार खन्दए कुफ़्र अस्त वर मुसलमानी।

अगर दुनिया में इस्लाम की हक़ीक़त यही है तो मुसलमानी से कुफ़्र सहस्र गुण प्रकाशमान है।

उसने बार-बार प्रेम की राह को का'बे की राह पर तरजीह दी है। कहता है, काबा और शिष्टाचार-शिक्षण पर क्या ध्यान दूँ; तीव्र गति से चलनेवालों को इन बूढ़ों की भाँति फ़ुर्सत कहाँ है? फिर कहता है :

कारवाने का'बः शुद मंज़िलनशीं,
रहरवाने इश्क़ रा आराम नेस्त।

काबे का कारवाँ तो मंज़िल पर बैठा हुआ है। किन्तु प्रेम के पथिकों को विश्राम कहाँ?

ग़ालिब ने भी धार्मिक कट्टरता को बार-बार चुनौती दी है; स्वर्ग का मज़ाक़ उड़ाया है, ख़ुदा की ओर तक सन्देह-भरा इशारा किया है पर आश्चर्य है कि फ़ैज़ी की प्रशंसा खुलकर नहीं करते। बात यह है कि फ़ैज़ी में जो खोज है, जो गहराई है, वह ग़ालिब में नहीं। फ़ैज़ी और इक़बाल दार्शनिक थे और अपने सत्यान्वेषण में बार-बार बुद्धि की पंगुता अनुभव करते हैं। फ़ैज़ी तो बेचैन होकर कह उठता है, "बुद्धि के अन्धकार में बड़ा संघर्ष, खिंचाव हो रहा है। तू अपनी कृपा व इच्छा की शमा जला दे।" पर ग़ालिब इसी दुनिया के जीव होने के कारण अपनी बुद्धि पर गर्वित हैं। फ़ैजी और ग़ालिब दोनों मुगल संस्कृति की अभिव्यक्तियाँ हैं पर फ़ैज़ी में मुग़ल शासन के उत्थान की झलक है—वही उच्चता, जब ग़ालिब में मिटती हुई मुग़ल हुकूमत की टिमटिमाहट है। फ़ारसी कवियों में ग़ालिब 'उर्फ़ी' के सबसे निकट मालूम पड़ते हैं। दोनों के कलाम में वही ज़ोर, वही कल्पना

की उड़ान, वही नयी बात पैदा करने की उत्कंठा, वही पेंचदार, अभिव्यक्ति है। पर उर्फ़ी तरुणावस्था में ही परलोकगामी हुआ और ग़ालिब की भाँति उसे अपने शिल्प में निखार लाने का अवसर नहीं मिला।

इसी प्रकार ग़ालिब और इक़बाल में भी बड़ा फ़र्क़ है। दोनों दो भिन्न जगत् के निवासी हैं। ग़ालिब कवि हैं, इक़बाल दर्शनवेत्ता हैं। ग़ालिब चित्रकार हैं, उनके निकट ज़िन्दगी का हर पहलू सुन्दर है; इक़बाल सन्देश देनेवाले हैं; उन पर एक नयी दुनिया बनाने, नयी दुनिया का सन्देश देने का नशा छाया हुआ है। ग़ालिब में सामान्य मानव की उमंगें, उसकी वासनाएँ, उसकी निराशाएँ हैं, इक़बाल सतह के नीचे प्रवेश करनेवाले दार्शनिक हैं। दोनों का दृष्टिकोण भिन्न है; वातावरण भिन्न है, जीवन-दर्शन भिन्न है।

व्याख्या-भाग

कुछ शेर

[1]

कहते हो 'न देंगे हम दिल अगर पड़ा पाया'
दिल कहाँ कि गुम कीजे, हमने मुद्दआ पाया।

अगर किसी की खोई चीज़ किसी और को मिल जाती है तो वह छेड़ने के लिए कहता है कि अगर हमें मिल गयी तो हम नहीं देंगे। कभी दूसरे की चीज़ लेने की मन में आती है, उसे छिपाकर कहते हैं कि तुम्हारी चीज़ हमें मिल गयी तो हम न देंगे। यही स्थिति इस शेर में है।

"तुम कह रहे हो कि अगर तुम्हारा दिल हमें कहीं पड़ा मिल गया तो हम न देंगे। पर वह है कहाँ? हमारे पास तो है नहीं कि खोने का डर हो। हाँ, तुम्हारी बात से मैं तुम्हारा मतलब समझ गया कि तुम्हें मेरे दिल की कामना है या तुम उसे पहले ही पा चुके हो; वह तो तुम्हारे ही पास है। तब मुझे क्यों नाहक़ छेड़ रहे हो?"

[2]

इश्क़ से तबीयत ने ज़ीस्त का मज़ा पाया
दर्द की दवा पायी, दर्द बेदवा पाया।

अर्थ स्पष्ट है। प्रेम के कारण ही, तबीयत को, जीवन का स्वाद मिला। इसके रूप में हमें अपने दर्द की दवा मिल गयी पर इसके साथ ही एक ऐसी वेदना भी मिली जिसकी कोई दवा नहीं।

जीवन का आनन्द प्रेम से ही है। प्रेम-शून्य जीवन स्वादहीन, नीरस है। 'ग़ालिब' ने स्वयं अन्यत्र कहा है :

रौनक़े-हस्ती है इश्क़े-.ख़ान: वीराँसाज़ से,
अंजुमन बेशमअ है गर बर्क़ ख़िरमन में नहीं।

यह एक दर्द है जो दर्द भी है, दवा भी है। इसमें एक ऐसा दर्द मिलता है कि जिसकी दवा अब तक नहीं बन पायी, पर मज़ा यह है कि इसी दर्द को पाने के लिए आदमी तड़पता है क्योंकि उस तड़प में, उस जलन में भी एक स्वाद है।

ग़ालिब की ज़मीन पर ही मौलाना रूमी और फ़ारसी के प्रसिद्ध कवि ज़हूरी ने भी शेर कहे हैं। मौलाना रूम कहते हैं :

मर्हबा ऐ इश्क़ खुश सौदाए मा,
ऐ तबीबे जुम्ल: इल्लतहाए मा।

"वाह! ऐ प्रेम! तुम मेरे प्रिय उन्माद और सम्पूर्ण व्यथाओं के वैद्य हो।" कुछ लोगों ने मर्हबा से 'तुम्हारा स्वागत है' अर्थ भी किया है पर यहाँ 'मर्हबा' शब्द आनन्दातिरेक का एक उद्‌गार है। अनुभूति की आर्द्रता शब्दों में उतर आयी है। प्रेमी अनुभव करता है कि यह प्रेम मेरे सम्पूर्ण रोगों का वैद्य है। यह आ गया है तो सब व्यथाएँ मिट जाएँगी, सम्पूर्ण रोग-कष्ट चले जाएँगे। मौलाना रूमी बहुत ऊँची मानस-भूमि पर खड़े हैं जहाँ प्रेम ही सम्पूर्ण प्रश्नों एवं शंकाओं का समाधान है।

'ज़हूरी' कहता है :

शुद तबीबे मा मुहब्बत मन्नतश बरजाने मा,
मेहनते मा, राहते मा, दर्द मा, दरमाने मा।

इसमें काव्य का स्वाद ज़्यादा उभरा है। वह भी कहता है कि 'मुहब्बत मेरा तबीब है और मैं प्राण से उसके प्रति कृतज्ञ हूँ। वही मेरा श्रम है, वही विश्राम है, वही मेरा दर्द है और वही दवा है।' इसमें मेहनत, राहत, दर्द और दरमान शब्द जिस क्रम से आये हैं उसमें कवि का चमत्कार है। इनसे स्पष्टत: यह ध्वनि भी निकलती है कि तेरे आते ही मेरा श्रम विश्राम और दर्द दवा बन गया है.

इसमें सन्देह नहीं कि ग़ालिब में शोख़ी ज़्यादा है पर रूम में गहराई और ज़हूरी में काव्य-चमत्कार कहीं अधिक है। ग़ालिब पहले ज़िन्दगी को एक दर्द क़रार देते हैं, फिर कहते हैं कि प्रेम के बिना जीवन स्वादहीन है। दूसरे मिस्रे में और आगे बढ़ते हैं—इस स्वादहीनता की, इस दर्द की दवा, प्रेम के रूप में, मिल गयी। पर दवा भी कैसी है? स्वयं एक बेदवा दर्द है। रूम की अनुभूति में प्रेम जीवन के सम्पूर्ण प्रश्नों का हल, सम्पूर्ण कष्टों की दवा है। शब्द ऐसे हैं, जैसे वह उसकी लज़्ज़त

पा रहे हों। यह शब्द के स्तर से ऊँचा अनुभूति का स्तर है। जहूरी सम्पूर्ण प्राण से प्रेम के प्रति निवेदित हैं। वही उनका श्रम और विश्राम दोनों है बल्कि उसने श्रम को विश्राम और दर्द को दवा बनाकर द्वन्द्व को मिटा दिया है।

[3]

है कहाँ तमन्ना का दूसरा क़दम यारब!
हमने दश्ते-इम्काँ को एक नक़्शेपा पाया।

ग़ालिब शाश्वत तृष्णा और कामना के कवि हैं। उनकी कामना की सीमा नहीं है। इसी की ध्वनि इस शेर में है। कहते हैं—हे ईश्वर! सम्भावनाओं का जंगल तो उसका (कामना का) एक चरण-चिह्न है, तब तमन्ना (कामना) का दूसरा चरण कहाँ है? एक ही चरण में सम्भावनाओं की समस्त भूमि, वामन भगवान की भाँति उसने नाप ली है। कामना गतिमान है। वह सम्भावनाओं के जंगल से गुज़र चुकी है। उसका एक पद-चिह्न दिखाई देता है, दूसरा पता नहीं कहाँ है!

[4]

बूए गुल, नालए दिल, दूदे-चिराग़े-महफ़िल,
जो तेरी बज़्म से निकला सो परीशाँ निकला।

इस शेर की सजावट देखने योग्य है। फिर पहले मिस्रे के शब्दों और पदों में ध्वनि और संगीत तथा अनुप्रास का ऐसा संयोग है, मानो तबले पर कोई ठेका दे रहा हो। 'बूए-गुल' से 'नालए-दिल' के उच्चारण में कुछ अधिक समय लगता है, फिर 'दूदे-चिराग़े-महफ़िल' में कुछ और ज़्यादा, पर इनमें ताल है और सब एक समपर समाप्त होते हैं।

ग़ालिब कहते हैं कि तेरी सभा में जितनी भी चीज़ें हैं—गुल है (तेरे और तेरे कक्ष के शृंगार के लिए), दिल हैं (तेरे प्रेमियों के जो तेरी बज़्म से आबद्ध हैं), दीपक या शमअ है। पर सबमें एक हलचल है, एक परीशानी है। फूल के प्राण गन्ध बनकर बिखर रहे हैं, दिल की आह उड़ी जा रही है, दीपक का धुवाँ ऊपर लहराते हुए बिखर रहा है। तुम्हारी बज़्म से जो भी निकलता है, परीशान निकलता है। क्या इसका कारण तुम्हारी निर्दयता है? या यह इसलिए भी तो हो सकता है कि सबमें तुम्हारे लिए तड़प है, कोई तुमसे जुदा होना नहीं चाहता, पर जुदा होना पड़ता है इसलिए तुमसे जुदा होकर भी जो निकलता है, परीशान नज़र आता है।

[5]

कुछ खटकता था मेरे सीने में लेकिन आख़िर,
जिसको दिल कहते थे सो तीर का पैकाँ निकला।

मेरे सीने में कुछ खटकता तो था। मैं उसे अपना दिल समझ रहा था पर आख़िर देखा गया तो वह तीर का पैकाँ (नोक) निकला। आँखों के बाण से दिल तो बिंधता ही है, वह तो एक सामान्य-सी बात है पर यहाँ बाण ही दिल बन गया है।

उर्दू ग़ज़ल के अप्रतिम कवि जिगर मुरादाबादी ने लिखा है :

कुछ खटकता तो है पहलू में मेरे रह-रहकर
अब ख़ुदा जाने तेरी याद है या दिल मेरा।

मेरे पहलू में कुछ खटकता तो जान पड़ता है, पर यह ख़ुदा ही जानता है कि वह तेरी याद है या मेरा दिल है।

याद करना दिल का काम है। यहाँ दिल को ही याद बना दिया है।

[6]

सताइशगर है ज़ाहिद इस क़दर जिस बाग़े-रिज्वाँ का,
वह इक गुलदस्तः है हम बेख़ुदों के ताक़े-निसियाँ का।

ग़ालिब ने बार-बार स्वर्ग एवं स्वर्ग में प्राप्त चीज़ों की हँसी उड़ायी है। यहाँ भी कहते हैं कि ज़ाहिद (परहेज़गार, संयमी) जिस स्वर्गोद्यान की इतनी प्रशंसा करता है वह मेरे जैसे बेख़ुदों (आत्मलीनों) के ताक़े-निसियाँ (वह ताक़ जिस पर कुछ रखकर भूल जाएँ) का एक गुलदस्तः मात्र है। चूँकि नन्दन कानन की बात है इसलिए (विस्मृति के) गुलदस्ते से उसकी उपमा दी है। फिर गुलदस्ता प्रायः ताक़ में ही सजाया जाता है।

मतलब जिस स्वर्गोद्यान की वह इतनी प्रशंसा करता है और हमें प्रलोभन देकर उधर आकर्षित करना चाहता है, हमारे-जैसे बेख़ुद लोग उसकी पर्वाह भी नहीं करते, उसे रखकर भूल जाते हैं। स्वर्ग की तुच्छता प्रकट की गयी है।

[7]

ख़मोशी में निहाँ खूँगश्तः लाखों आरज़ूएँ हैं,
चिराग़े-मुर्दः हूँ मैं बेज़बाँ गोरे गरीबाँ का।

चिराग़े-मुर्दः=बुझा हुआ या मौन दीपक। जिस प्रकार परदेसियों और पथिकों की क़ब्रों के बुझे हुए दीपक उनकी लाखों कामनाओं को अपने कलेजे में छिपाये होते हैं वैसे ही मेरे मौन में भी रक्तरंजित लाखों कामनाएँ निहित हैं। दीपक की ज्योति की प्रायः ज़बान से उपमा दी जाती है इसलिए 'चिराग़े-मुर्दः' (मृत या बुझा दीपक) को बेज़बान कहना बहुत सार्थक है।

[8]

ब.क़द्रे-ज़.र्फ है सा.क़ी! .ख़ुमारे-तश्नःकामी भी
जो तू दरियाए-मय है, तो मैं ख़मियाजः हूँ साहिल का।

.ख़ुमार=नशे का उतार। तश्नःकामी=प्यास की कामना, प्यास। ख़मियाज़ः=अंगड़ाई। साहिल=तट जो ऊँचा-नीचा (अँगड़ाई-जैसा) होता है।

ऐ साक़ी! प्यास की कामना भी अपने-अपने हौसले के अनुसार होती है। कुछ लोग एक चुक्कड़ की, थोड़ी-सी पीने की, तमन्ना रखते हैं किन्तु मेरा हाल दूसरा है। अगर तू मय का सागर है तो मैं उसके तट की अंगड़ाई हूँ। समस्त दरिया को भी अपने आलिंगन (आग़ोश) में लेकर तट की प्यास नहीं बुझती, वह नशे के उतार (ख़ुमार) की अँगड़ाई लेता रहता है। मेरा भी वही हाल है। यहाँ भी ग़ालिब की कामना और तृष्णा का अन्त नहीं है।

[9]

मुँह न खुलने पर है वह आलम कि देखा ही नहीं,
ज़ुल्फ़ से बढ़कर नक़ाब उस शोख़ के मुँह पर खुला।

गोरे-गोरे मुख पर काली-काली छिटकी हुई अलकें गोराई और सौन्दर्य में चार चाँद लगा देती हैं। ग़ालिब कहते हैं कि उस शोख़ के मुँह पर जो घूँघट है, वह अलकों से भी अधिक उसके सौन्दर्य को बढ़ा रहा है। मुँह न खुलने पर यह आलम है कि मैंने (अन्यत्र) नहीं देखा। शेर का सौन्दर्य 'देखा ही नहीं' और 'मुँह न खुलने में' है। मुँह नहीं खुला है तब कोई देखेगा क्या। पर इस न देखने में ही प्रलय है। न देखकर भी ऐसा देखा है कि वैसा कहीं नहीं देखा।

[10]

जल्वः अज़ बस कि तक़ाजाए-निगह करता है,
जौहरे-आईनः भी चाहे है मिज़गाँ होना।

उनकी छवि देखने का आग्रह करती है। कहती है—मुझे देखो। दर्पण स्वयं नयन बन गया है और उसका जौहर पलकों के रूप में बदल जाने को बेचैन है। रूप का कमाल है कि जिस दर्पण में वह अपने को देखते हैं, वह स्वयं उनको एकटक देख रहा है।

[11]

तेरे वादे पर जिये हम, तो यह जान, झूठ जाना,
कि ख़ुशी से मर न जाते, अगर ऐतबार होता।

उर्दू काव्य में माशूक़ के वादे पर न जाने कितने शेर लिखे गये होंगे पर मिर्ज़ा ने अपने कहने के ढंग से उसमें एक जद्दत पैदा कर दी है। और लोग उसके वादे (आश्वासन) के विश्वास पर जीते हैं परन्तु ग़ालिब इसलिए जीते हैं कि उसके वादे को झूठा समझते हैं।

कहते हैं, ''तेरे वादे पर जो हम जीते रहे तो समझ कि मैंने उसे झूठा ही समझा था। अगर तेरे वादे पर विश्वास होता तो मारे ख़ुशी के मर न जाते।'' माशूक़ के वादों पर कैसा तीखा व्यंग्य है!

[12]

कोई मेरे दिल से पूछे तेरे तीरे-नीमकश को,
यह ख़लिश कहाँ से होती जो जिगर के पार होता।

अधखुली अधमुँदी आँखों, सैन और कटाक्ष के आनन्द को प्रेमी ही जानता है। यदि नयनवाण ज़ोर से खींचकर चलाये गये होते तो दिल के बाहर चले जाते और यह जो स्थायी वेदना रह-रहकर जो करकराहट, टीस होती है, उसका मज़ा क्योंकर मिलता?

कहते हैं, ''तेरे आधे खिंचे तीर का स्वाद कोई मेरे दिल से पूछे (अर्थात उसे मेरा दिल ही जानता है)। अगर वह जिगर के पार हो गया होता तो यह टीस कैसे होती!''

[13]

दिले हर क़तर: है साजे-अनलबह्र,
हम उसके हैं हमारा पूछना क्या?

अनलबह्र—मैं समुद्र हूँ।

हर बूँद का दिल एकसाज़ (वाद्य) है जिससे निरन्तर ध्वनि उठ रही है कि मैं समुद्र हूँ। हम तो उसके हैं ही, हमारा क्या पूछना!

क़तरः और दरिया के द्वारा प्रकृति और ब्रह्म या उपासक उपास्य की एकता न जाने कब से काव्य में प्रतिपादित होती चली आ रही है। उसी बात को नये ढंग से कहा है। फ़ारसी कवि 'ग़नीमत' ने भी कहा है :

ज़ मुहरश सीनःहा जौलाँ गहे बर्क़,
दिले हर ज़र्रः दर जोशे अनलशर्क।

उसकी मुहब्बत ने सीने को बिजली की दौड़ का मैदान बना दिया है। बिजली की तड़प सिद्ध है। उसका सीने पर गिरना ही क्या कम है? यहाँ तो सीना ही बिजली का 'रेसिंग ग्राउंड' है। 'असर' लखनवी ने ठीक ही लिखा है कि ग़नीमत का शेर बहुत ऊँचा है। बिजली की दौड़; सीने का मैदान है जिसे (प्रेम की) बिजली रौंद रही है। उधर प्रत्येक कण का हृदय नृत्य करता हुआ कहता है—मैं सूर्य हूँ।

[14]

बन्दगी में भी वह आज़ादो, ख़ुदबीं है कि हम,
उलटे फिर आये, दरे-काबः अगर वा न हुआ।

हम बन्दगी में, उपासना में भी इतने स्वतन्त्र और अभिमानी हैं कि अगर क़ाबा का द्वार भी खुला नहीं मिलता तो प्रतीक्षा नहीं करते, लौट आते हैं। दरवाज़ा खटखटाना शान के ख़िलाफ़ समझते हैं।

ग़ालिब को अपने सम्मान का बड़ा ख़याल रहता था। वह अपने को रीति-परम्परा से ऊपर समझते थे। इसलिए भाव उनके अनुकूल ही है। फ़ारसी में भी उन्होंने एक जगह कहा है :

तश्नःलब बर साहिले दरिया ज़ग़ैरत जाँ दहम,
गर ब मौज उफ़्तद गुमाने चीने पेशानी मरा।

[15]

कोई वीरानी-सी वीरानी है,
दश्त को देख के घर याद आया।

वैसे सरल है पर इसमें दो प्रकार के अर्थ छिपे हैं। यह वीरानी अप्रतिम है। जंगल को देखकर, उसकी वीरानी को देखकर घर की याद आ गयी। दूसरा अर्थ यह है कि जंगल को देखा तो वीरान घर याद आ गया।

[16]

बिजली एक कौंद गयी आँखों के आगे, तो क्या,
बात करते कि मैं लब-तश्नए-तक़रीर भी था।

रूप और कामना के चित्रांकन में ग़ालिब निपुण हैं। कहते हैं, ''वह आकर और एक झलक-सी दिखाकर ग़ायब हो गये। आँखों के आगे एक बिजली-सी कौंद गयी। पर मैं तो उनसे बातचीत का प्यासा था; दो-एक बातें भी कर लेते तो कितना अच्छा होता।''

[17]

मशहदे-आशिक़ से कोसों तक जो उगती है हिना,
किस क़दर यारब! हलाके-हसरते-पाबोस था।

मशहदे-आशिक़=प्रेमी की बलिवेदी। हलाके-हसरते-पाबोस=पाँव चूमने की कामना का मारा हुआ।

जिस जगह प्रेमी का रक्त बहा है वहाँ कोसों तक मेहँदी उगती है। क्यों? इसलिए कि ज़िन्दगी में तो उनका चरण चूमने की कामना पूरी न हुई और दिल की दिल में ही रह गयी। अब ख़ून मिट्टी में मिलकर उनका पाँव चूमने के लिए मेहँदी की शक्ल में उगा है। (उसमें भी वही ख़ून का रंग छिपा है) जब वह मेहँदी उनके चरणों में लगेगी तो (चरण चूमने की) उसकी कामना पूरी हो जाएगी।

[18]

लबे ख़ुश्क दर तश्नगी मुर्दगाँ का
ज़ियारतकदः हूँ दिल आज़र्दगाँ का
हमः नाउमीदी, हमः बदगुमानी
मैं दिल हूँ, फ़रेबे वफ़ा ख़ुर्दगाँ का।

ज़ियारतकदः=तीर्थ स्थल, आज़र्दः=खिन्न, दुःखी, हमः=समग्र, साकार।

कैसी करुणा है! कहते हैं, ''मैं उन लोगों का शुष्क अधर हूँ जो (प्रेम की कामना की) पिपासा में मर गये हैं। मैं सताये हुए दुखित लोगों का तीर्थस्थल

हूँ। मैं निराशा एवं शंका की साकार प्रतिमा, वफ़ा (निष्ठा) का फरेब खाये हुए लोगों का हृदय हूँ।

[19]

आईनः देख, अपना-सा मुँह लेके रह गये,
साहब को, दिल न देने प, कितना ग़ुरूर था।

शेर में क्या शोख़ी पैदा की है! कहते हैं, ''उन्हें दावा था कि मैं किसी को चाहता नहीं, किसी को दिल नहीं देता, किसी पर आशिक़ नहीं हो सकता। पर दर्पण में अपने को देखा तो अपना-सा मुँह लेके रह गये—लज्जित हो गये। अपनी छाया का सौन्दर्य देख यह भी भूल गये कि यह मेरा प्रतिबिम्ब मात्र है। उसे दूसरा व्यक्ति समझ लिया और उसे दिल दे बैठे।''

ध्वनि यह है कि तुम्हारा सौन्दर्य ही ऐसा है कि जो देखता है, तुम्हें दिल दे देता है। तुम्हारी समझ में यह बात नहीं आती थी पर जब तुम अपने अक्स पर मुग्ध हो गये तब तुम्हारा ग़रूर टूटा। (जब तुम अपनो छाया पर इतने मुग्ध हो और उसे दिल दे दिया तब मैं तुम्हें दिल दे बैठा, तो क्या अपराध किया?)

[20]

शायद कि मर गया, तेरे रुख़सार देखकर,
पैमानः रात माह का लबरेज़े-नूर था।

पैमानः लब्रेज होना या प्याला भरवाना एक मुहावरा है जिसका अर्थ होता है—अब विनाश का समय आ गया है। प्रियतमा के कपोलों का वर्णन करते हुए कहते हैं कि रात चाँद का पैमाना प्रकाश से भर गया था (पूर्ण चन्द्र की ओर संकेत है) पर कदाचित् उसने तुम्हारे कपोलों को देख लिया और ग्लानि से मर गया (क्योंकि तुम्हारे कपोलों की छवि और ज्योति के सामने उसकी ज्योति निष्प्रभ थी।)

[21]

जाते हुए कहते हो, 'क़यामत को मिलेंगे',
क्या ख़ूब! क़यामत का है गोया कोई दिन और।

प्रियतम का वियोग ही प्रलय है। बिछुड़ने का दुःख प्रेम करनेवाला ही जानता है। वह जा रहे हैं और कहते हैं कि अब क़यामत (प्रलय) के दिन भेंट होगी। क्या ख़ूब, अब क़यामत का दिन और क्या होगा? (तुम्हारी जुदाई ही तो

क़यामत का दिन है!)

[22]

रुख़े-निगार से, है सोज़े-ज़ाविदानिए-शमअ,
हुई है आतशे-गुल आबे-ज़िन्दगानिए-शमअ।

निगार=प्रियतमा। जाविदानी=अमरत्व। आबे-ज़िन्दगानी=आबे-हया, अमृत। कहते हैं:—प्रियतमा के मुख (के सौन्दर्य) से ही शमअ को यह जलन की अमरता प्राप्त हुई है (उनके मुख को देखकर शमअ ईर्ष्या से जल रही है।) उस फूल (सौन्दर्य) की आग शमअ के लिए अमृत बनी हुई है।)

[23–34]

आश.की सब्रतलब और तमन्ना बेताब
दिल का क्या रंग करूँ ख़ूने-जिगर होने तक।
हमने माना, कि तग़ाफ़ुल न करोगे, लेकिन
ख़ाक हो जाएँगे हम, तुमको ख़बर होने तक।

प्रेम में हृदय की क्या दशा होती है। उसमें धैर्य की आवश्यकता होती है, वह लम्बी साधना है, जिसमें भावनाओं पर नियन्त्रण रखना पड़ता है। तूफ़ान उठता है पर उसे बाँधकर रखना पड़ता है। इधर प्रेम में धीरज और संयम की ज़रूरत है, उधर कामना की बेचैनी गज़ब ढाती है। प्रेमी इन दो चक्कियों के बीच पिसता है। उसे नहीं सूझता कि वह क्या करे। उधर उसकी बेचैनी की, उसकी वेदना की उन्हें ख़बर भी नहीं। ख़बर लगेगी तब सम्भव है वह ध्यान दें, कृपा करें परन्तु जब तक उन्हें ख़बर होगी, बेचारा प्रेमी मिट जाएगा।

कहते हैं—प्रेम धीरज चाहता है और इधर कामना बेचैन है। जिगर का ख़ून हो जाने तक, सफल हो जाने तक, दिल को किस तरह सँभालकर रखूँ? मैं मानता हूँ, तुम ग़फ़लत न करोगे, जल्द लौट आओगे पर तुम्हारे विरह में हमारी क्या दशा होगी? जब तक तुम मेरी दुरवस्था का समाचार पहुँच पाएगा, हम मिट चुके होंगे।

[25]

परतवे-ख़ुर से, है शबनम को, फ़ना की ता'लीम
मैं भी हूँ, एक इनाअत की नज़र होने तक।

परतवे-ख़ुर=सूर्य-प्रकाश। जिस तरह सूर्य की रोशनी शबनम को विनाश की शिक्षा देती है—उसे पी जाती है, उसी तरह तुम्हारी कृपा-दृष्टि होने तक ही मेरा अस्तित्व है। तुम्हारी कृपा हुई और मेरा निजत्व, विशिष्ट व्यक्तित्व गया। कृपा-दृष्टि को सूर्य की रोशनी और अपने अस्तित्व को शबनम कहकर कवि ने एक दार्शनिक तथ्य को प्रकट किया है। जब तक प्रियतम से मिलन नहीं हुआ, जब तक यह विरह है, विभेद है तभी तक जीवन है, उसका अस्तित्व है। उनकी कृपा होने पर, मिलन होने पर मैं कहाँ रह जाऊँगा!

[26]

तेरे ही जल्वः का है यह धोका कि आज तक
बे इख़्तियार दौड़े हैं गुल दर.क़फ़ाए गुल।

फूल खिलता है तो कलियाँ समझती हैं कि तू ही फूल के पर्दे में शोभायमान हो रहा है इसलिए तेरा सौन्दर्य, तेरी शोभा देखने के लिए वे भी फूल बन-बनकर दौड़ी आ रही हैं।

[27]

आज हम अपनी परीशानिए .ख़ातिर उनसे
कहने जाते तो हैं, पर देखिए क्या कहते हैं।

प्रेम की दुनिया ही दूसरी है। आदमी छटपटाता है; पागल होता है। उधर वह हैं कि जैसे कुछ हुआ नहीं। यह उदासीनता ग़ज़ब ढाती है। कभी दिल में आता है कि उनसे मिलूँ और कुछ अपनी व्यथा, अपना दर्द उनसे कहूँ, शायद वह पसीजें। पर जब सामने होते हैं, बात नहीं निकलती। इसी भाव को इस शेर में व्यक्त किया गया है। कहते हैं—आज हम अपने दिल की परीशानी उनसे कहने जा रहे हैं, पर देखिए, कुछ कह पाते हैं या नहीं?

कुछ लोग यह अर्थ भी लगाते हैं कि आज हम अपनी हृदय-व्यथा उनसे कहने जा रहे हैं, देखिए (वह), क्या कहते हैं। पर यह अर्थ नहीं, अनर्थ है और ज़बर्दस्ती है।

इसी से मिलती-जुलती ज़मीन पर हसरत मोहानी ने कहा है :

कुछ समझ में नहीं आता कि यह क्या है 'हसरत'
उनसे मिलकर भी न इज़हारे-तमन्ना करना।

[28]

हो गये हैं जमअ, अज्ज़ाए-निगाहे-आफ़ताब,
ज़र्रे उसके घर की दीवारों के रौज़न में नहीं।

दीवारों में जो छिद्र या रोशनदान होते हैं उन पर जब सूर्य की किरणें पड़ती हैं तो अगणित कण आते या उड़ते हुए दिखाई देते हैं। इसी तथ्य को लेकर क्या शेर कहा है। दीवारों के छिद्रों में जो बेशुमार ज़र्रे चमकते दिखाई दे रहे हैं, वे ज़र्रे नहीं हैं बल्कि सूर्य की मुग्ध दृष्टि के कण हैं जो उसे देखने और झाँकने के लिए एकत्र हो गये हैं। (सूर्य भी तेरी छवि देखने के लिए बेचैन है और किरणरूपी आँखों से तुम्हारी ओर ताक-झाँक कर रहा है।)

[29]

तमाशा कि ऐ महवे-आईन:दारी
तुझे किस तमन्ना से हम देखते हैं।

सरल शेर है पर दूसरा मिस्रा ज़ोरदार है। ओ दर्पण में अपने को देखने में तल्लीन! ज़रा इधर भी तो देख कि हम किस तमन्ना के साथ तुझे देख रहे हैं!

[30]

ता फिर न इन्तज़ार में, नींद आये उम्र भर,
आने का अहद् कर गये, आये जो ख़्वाब में।

प्रियतम की छेड़ और शोख़ी देखिए। प्रेमी प्रतीक्षा करते-करते सो गया है। यह सोना भी उनको गवारा नहीं। वह ख़्वाब (स्वप्न) में आये भी तो फिर आने का वादा करके चले गये कि फिर मुझे उनकी प्रतीक्षा में उम्रभर नींद न आये। (क्योंकि वह तो आएँगे नहीं पर वादा कर गये हैं इसलिए उम्रभर प्रतीक्षा करनी पड़ेगी।)

प्रतीक्षा की लम्बी घड़ियाँ, नींद न आना, उनका वादा सब यहाँ एक शेर में एकत्र हो गये हैं।

[31]

है तेवरी चढ़ी हुई, अन्दर निकाब के,
है इक शिकन पड़ी हुई, तर्फ़े निकाब में।

जब उनके सामने ऐसा ज़िक्र आ जाता है कि कोई भेद खुल रहा हो, या कोई अनचाही बात निकल पड़ी हो तो बोलती नहीं हैं पर घूँघट भी उनके तेवरी चढ़ाने और कटाक्ष को छिपा नहीं पाता। कहते हैं, घूँघट में एक ओर शिकन पड़ी हुई है। जान पड़ता है घूँघट के अन्दर उनकी तेवरी चढ़ गयी है।

उनके बिगड़ने का क्या चित्र है। आगे और कहते हैं :

[32]

लाखों लगाव, एक चुराना निगाह का,
लाखों बनाव, एक बिगड़ना इताव में।

लगाव=लगावट, मुहब्बत। इताव=क्रोध।

बात मामूली है, उनकी लाखों लगावटें, प्रेम के हाव-भाव एक ओर और निगाह का चुराना एक ओर। लाखों बनाव-शृंगार एक तरफ़ और गुस्से में बिगड़ना एक तरफ़। मा'शूक़ की लगावट प्रेमी के लिए बड़ी चीज़ है पर उसका आँख चुराना उन लगावटों से कहीं मोहक होता है। इसी प्रकार बनाव-शृंगार से उसका सौन्दर्य अवश्य बढ़ जाता है पर गुस्से में बिगड़ने पर उसकी शोभा का क्या पूछना ?*

जिसने प्रेम किया है और प्रेम की आँखों से प्रियतमा का आँख चुराना और चिढ़ना देखा है वही इस शेर के सौन्दर्य को पूर्णतः हृदयंगम कर सकता है। मौलाना हाली ने लिखा है : "यह शेर सहल है। अगर अल्फ़ाज़ की तरफ़ देखिए तो ताज्जुब होता है कि क्योंकर ऐसे दो हमपल्लः मिस्रे बहम पहुँच गये जिसमें हुस्ने-तर्सीअ का पूरा-पूरा हक़ अदा किया गया है और अगर मा'नी पर नज़र कीजिए तो हर मिस्रअ में एक ऐसा मुआमिलः बाँधा गया है जो फिलवाक़अ आशिक़ व मा'शूक़ के दरमियान हमेशः गुजरता रहता है। मा'शूक़ की लगावट आशिक़ के लिए बहुत बड़ी चीज़ है मगर उसका आँख चुराना जो लगावट की ज़िद है वह आशिक़ की नज़र में लगावट से बहुत ज्यादः दिलफ़रेब दिलावेज़ होता है। इसी तरह बनाव-शृंगार से मा'शूक़ का हुस्न बेशक दोबाला हो जाता

---

* किसी का शेर है :

उनको आता है प्यार पर गुस्सः,
हमको गुस्सः प प्यार आता है।

है मगर उसका ग़ुस्से में बिगड़ना उसके बनाव से बहुत ज़्याद: ख़ुशनुमा और दिलरुबा मालूम होता है। इस शेर के मुत'ल्लिक़ यह सब ज़ाहिर और ऊपरी बातें हैं, जो हम लिख रहे हैं। इसकी असल ख़ूबी वज्दानी है जिसको साहिबे ज़ौक़ के सिवा कोई नहीं समझ सकता।''

मौलाना हाली ने यह भी लिखा है कि मौलाना आज़ुर्द: ने, जो ग़ालिब के दुरूह शेरों से बहुत चिढ़ते थे, एक दिन किसी के मुँह से यह शेर सुना तो झूमने और तड़पने लगे थे।

[33]

शर्म इक अदाए-नाज़ है अपने ही से सही,
हैं कितने बेहिजाब कि हैं यों हिजाब में।

लज्जा सौन्दर्य का दीपक है। वह सौन्दर्य को मोहक बनाती है और उसे छिपाने की चेष्टा में और व्यक्त कर देती है, और बेपर्दा कर डालती है। लज्जा जब दूसरों से होती है तब तो लुभावनी होती ही है पर जब अपने से होती है तब उसका क्या कहना।

कवि कहता है—लज्जा चाहे अपने से ही हो, एक गर्व से भरी अदा है। इस प्रकार उनका पर्दे में, घूँघट में रहना उन्हें और बेपर्द कर रहा है।

[34]

आराइशे-जमाल से फ़ारिग़ नहीं हनोज़,
पेशे-नज़र है आईन: दाइम निक़ाब में।

अभी तक वह सौन्दर्य के श्रृंगार से निवृत्त नहीं हुई हैं। पर्दे की ओट में दर्पण निरन्तर उनकी आँखों के सामने है। यह श्रृंगार शाश्वत है, पर्दे के पीछे निरन्तर उसकी तैयारी चलती रहती है। प्रकृति को देखिए। वह अदृश्य में, ओट में निरन्तर अपना श्रृंगार करती रहती है। अपने को देखती है और रचती है, रचती है और अपने को देखती है।

[35]

है ग़ैब ग़ैब जिसको समझते हैं हम शुहूद,
हैं ख़्वाब में हनोज़, जो जागे हैं ख़्वाब में।

शुहूद वह अवस्था होती है जब साधक को सब वस्तुओं में ईश्वर-ही-

ईश्वर दिखाई पड़ता है। ग़ैब ग़ैब का मतलब ग़ैबुलग़ैब या परोक्ष का परोक्ष है। कहते हैं, जिसे हम सर्वत्र उपस्थित देखते हैं वह भी अत्यन्त परोक्ष ही है। जैसे स्वप्न में जो जागरण होता है, वह जागरण का अनुभव होते हुए भी स्वप्न ही है। हम सपने में ही जगते हैं, कुछ देखते हैं परन्तु, सारी कार्रवाई सपने में ही होती है।

[36]

वह आये घर में हमारे, ख़ुदा की क़ुदरत है,
कभी हम उनको, कभी अपने घर को देखते हैं.

मशहूर शेर है और प्रायः किसी दुर्लभ आगमन पर पढ़ा जाता है। कभी उम्मीद नहीं थी कि वह हमारे घर आएँगे। निराशा चरम सीमा पर पहुँच गयी है। हम चुप हो बैठे हैं। एकाएक वह आये। कैसे यह सम्भव हुआ? निश्चय ही यह प्रभु का चमत्कार है। आश्चर्य से कभी हम उनको, कभी अपने घर को देखते हैं (जैसे अब भी यह अविश्वसनीय घटना समझ में नहीं आ रही है) आश्चर्य का अनुपम चित्र है।

[37]

रंज से ख़ूगर हुआ इंसाँ, तो मिट जाता है रंज,
मुश्किलें इतनी पड़ीं मुझ पर, कि आसाँ हो गयीं।

जब आदमी दुःख-शोक का अभ्यस्त हो जाता है तो दुःख स्वयं मिट जाता है। मुझ पर इतनी कठिनाइयाँ आयी हैं कि सहन करते-करते वे कठिनाइयाँ कठिनाइयाँ नहीं रह गयी हैं—सरल हो गयी हैं।

[38]

दिल ही तो है, न संगोख़िश्त दर्द से भर न आये क्यों?
रोएँगे हम हज़ार बार, कोई हमें सताये क्यों?

वह ज़ुल्म भी करते हैं और रोने भी नहीं देना चाहते। प्रेमी सहन करता है पर जब सहनशक्ति का अन्त हो जाता है तब कहता है—आख़िर दिल ही तो है, कोई ईंट-पत्थर नहीं है, फिर दर्द से क्यों भर न आये? हम हज़ार बार रोएँगे। कोई हमें क्यों सताता है?

यहाँ 'कोई' शब्द काव्य की जान है।

[39]

जब वह जमाले-दिल फ़रोज़, सूरते मेह्र नीमरोज़,
आप ही हो नज़्ज़ारः सोज़, पर्दे में मुँह छिपाये क्यों?

मेह्र नीमरोज़=मध्याह्न का सूर्य जिसे तीव्र प्रकाश के कारण नहीं देखा जा सकता। चमक इतनी होती है कि आँख नहीं ठहरती। कहते हैं—जब वह दिल को मुग्ध और प्रकाशित न करनेवाला सौन्दर्य मध्याह्न के सूर्य की तरह दृष्टि को जला देता है तो फिर उसे पर्दे में मुँह छिपाने की क्या ज़रूरत है? क्योंकि उसके मुख की ओर तो कोई देख पाता नहीं है।

[40]

है आदमी बजाए ख़ुद, एक महशरे-ख़याल,
हम अंजुमन समझते हैं, ख़िल्वत ही क्यों न हो?

दर्शन में कहा गया है कि मन ही संसार का कारण है। गीता में कहा गया है कि 'मन एव मनुष्याणां कारणं बन्ध-मोक्षयोः'—मन ही मनुष्य के बन्ध एवं मोक्ष का कारण है। हम संसार के शोरगुल से बचने के लिए जंगल में चले जाते हैं परन्तु वहाँ भी मन हमारा पीछा नहीं छोड़ता। मन में हम अपनी दुनिया लिये फिरते हैं।

ग़ालिब कहते हैं कि आदमी स्वयं अपने में कल्पना एवं विचार का प्रलय लिये हुए है (जैसे महशर में मुर्दे जी उठते हैं, वैसे ही मन में नाना प्रकार के विचार उठते रहते हैं) इसलिए एकान्त में रहते हुए भी मानो हम अंजुमन में, भीड़ में, सभा में रहते हैं।

[41]

शब को किसी के ख़्वाब में आया न हो कहीं,
दुखते हैं आज उस बुते-नाजुकबदन के पाँव।

सदा से प्रेयसी का तन्वंगी—नाज़ुक—होना काव्य का एक विषय रहा है। सदा से कवि इस विषय पर उक्तियाँ कहते आये हैं। हिन्दी कवि बिहारी ने कहा है :

भूषन-भार सँभारि है, क्यों यह तन सुकुमार।
सूधो पाँव न धरि परत, शोभा ही के भार॥

यह सुकुमार तन आभूषणों का बोझ कैसे सँभाल सकेगा, जब शोभा के बोझ से ही तुम्हारे पाँव सीधे नहीं पड़ते, डगमाते हैं!

ग़ालिब की नायिका इस सीमा तक नहीं पहुँच पायी है पर उसकी नाज़ुकी भी ग़ज़ब की है। कहते हैं, आज उस तन्वंगी, उस नाज़ुकवदन के पाँव दुख रहे हैं. कहीं वह किसी के स्वप्न में न आयी हो। स्वप्न में आने से भी पाँव दुखने की कल्पना बिलकुल नयी है।

[42]

यह कह सकते हो 'हम दिल में नहीं हैं?' पर यह बतलाओ,
कि जब दिल में तुम्हीं तुम हो तो आँखों से निहाँ क्यों हो?

तुम यह तो कह नहीं सकते कि मेरे दिल में तुम नहीं हो। वह तो तुम जानते हो, पर यह बताओ कि जब दिल में तुम्हीं तुम भरे हुए हो तो आँखों से क्यों छिपे रहते हो, दर्शन क्यों नहीं देते? यह क्या ढब है कि दिल में तो घर कर लेना और आँखों से दूर रहना!

[43]

चश्मे-.ख़ूबाँ .ख़ामुशी में नवापर्दाज़ है,
सुर्मः तू कहवे कि दूदे-शोलए-आवाज़ है।

चश्मे-ख़ूबाँ=रूपसियों के नयन। ख़ामुशी=मौन। नवापर्दाज़=स्वर-साधक, गानेवाला। दूदे-शोलए-आवाज़=ध्वनि-ज्वाला का धूम्र।

आँखों को नयन नहीं होते ('नयन बिनु बानी'—तुलसीदास)', पर अपने मौन में भी उनका बोलना ग़ज़ब का होता है। उनकी वाणी दिल में सीधे उतर जाती है। फ़ारसी में तो, इसीलिए, 'चश्मे-सुख़नगो' (बात करनेवाली आँखें) 'कहते हैं' जिसका उर्दू में भी प्रयोग होता रहा है, जैसे :

क्या चश्मे-सु.ख़नगो ने कहा तूने सुना भी,
नज़रों का निशानः कहीं होता है .ख़ता भी।

ग़ालिब कहते हैं, रूपसियों के नयन अपने मौन में भी बोल-गा रहे हैं। उनकी आँखों में सुर्मा नहीं है बल्कि उसी ध्वनि की ज्वाला का धुआँ है।

कहा जाता है कि यदि कोई व्यक्ति सुर्मा खा ले तो उसकी आवाज़ सदा के लिए बैठ जाती है और वह बात नहीं कर सकता। पर मिर्ज़ा कहते हैं कि मा'शूकों का सुर्मा वह सुर्मा नहीं, यह ध्वनि की ज्वाला के धुएँ पर बनाया गया है इसलिए

इससे नयनों की ज्योति ही नहीं बढ़ती, उनकी वाग्शक्ति भी बढ़ जाती है। यहाँ मा'शूक़ को शमअ, उसकी वाणी को ज्वाला और ज्वाला के धुएँ को ऐसा सुर्मा कहा गया है जो और सुर्मों से भिन्न दृष्टि को वचन-चातुरी प्रदान करता है।

[44]

आँख की तस्वीर सरनामे प खींची है, कि ता,
तुझ प खुल जावे, कि इसको हसरते-दीदार है।

क्या बात पैदा की है, क्या तरकीब सोची है! पता नहीं वह अपनी निष्ठुरता में मेरा पत्र पढ़ते भी हैं या नहीं। तब उन्हें मेरी कामना का पता कैसे लगेगा? इसलिए लिफ़ाफ़े के ऊपर ही आँख का चित्र बना दिया है ताकि बिना पढ़े भी उन्हें मालूम हो जाए कि इसको मेरे दर्शन की लालसा है। यहाँ 'खुल जावे' क्रिया बहुत उपयुक्त है जिसमें 'पता लग जाए' का अर्थ भी छिपा है और चित्र की आँख खुली होने की ध्वनि भी है।

'ज़ौक' ने भी कहा है :

यह चाहता है शौक़ कि क़ासिद बजाय मुह्र,
आँख अपनी हो लिफ़ाफ़ए-ख़त पर लगी हुई।

[45]

नज्ज़ारः ने भी काम किया वाँ निक़ाब का,
मस्ती से हर निगह तेरे रुख़ पै बिखर गयी।

मेरी निगाह तेरे मुख तक पहुँचकर ऐसी बदमस्त हुई कि वह बिखर गयी और बिखर जाने के कारण तुझे देख भी न सकी। मतलब दृष्टि ही तुम्हारे सौन्दर्य-दर्शन में पर्दे का काम कर रही है।

दृष्टि दर्शन में बाधक है, इस बात को ग़ालिब ने अनेक प्रकार से कहा है। देखिए :

नज्ज़ारः क्या हरीफ़ हो उस बर्क़े-हुस्न का,
जोशे-बहार जल्वे को जिसके निकाब है।

(दृष्टि में यह शक्ति नहीं कि उसकी सौन्दर्य-रूपी उस बिजली का सामना कर सके जिसकी छवि के लिए स्वयं वसन्त की उत्कंठा-उत्सुकता घूँघट बन गयी है। बहार की रंगीनी का जोश निक़ाब का काम कर रहा है या उसके जल्वे में

बहार का वह जोश है कि उसने स्वयं छवि को छिपा लिया है।)

यह अर्थ भी निकलता है कि दृष्टि सदैव निक़ाब पर, उस अन्त:सौन्दर्य के आवरण पर पड़ती है—यानी दृष्टि केवल शरीर तक पहुँचेगी, जगत् के सौन्दर्य में फँसकर रह जाएगी। इस सौन्दर्य के पीछे जो परम प्रियतम की विद्युज्ज्योति है, वह छिप गयी है।

एक दूसरी जगह कहते हैं :

देखना क़िस्मत कि आप अपने प रश्क आ जाये है,
मैं उसे देखूँ भला कब मुझसे देखा जाये है।

दर्शन का अवसर आया है, पर इस सौभाग्य पर अपने से ही ऐसी ईर्ष्या होती है कि उन्हें देख नहीं पाता हूँ। क्या क़िस्मत है!

अन्यत्र कहा है :

तकल्लुफ़ बर तरफ़ नज़्ज़ारगी में भी सही लेकिन,
वह देखा जाये, कब यह ज़ुल्म देखा जाये है मुझसे।

बहुत-से लोग उन्हें देख रहे हैं, इसका रश्क इतना है कि यह (दूसरे भी उन्हें देखें) ज़ुल्म मुझसे नहीं देखा जाता, इस रश्क में उन्हें भी नहीं देख पाता।

[46]

हम वहाँ हैं जहाँ से हमको भी,
कुछ हमारी ख़बर नहीं आती।

बेख़ुदी में ऐसे स्थान पर पहुँच गये हैं कि अपनी भी कोई ख़बर नहीं रह गयी है।

[47]

ज़ुल्मतकद: में मेरे शबे-ग़म का जोश है,
इक शमअ है दलीले-सेहर, सो ख़मोश है।

हमारे तिमिर-कक्ष में ग़म की निशा अपने यौवन पर है। घर का अँधेरा इतना अधिक है कि प्रकाश की कोई झलक नहीं। पता नहीं, कब प्रभात होगा? शमअ बुझने-बुझने को होती तो उससे प्रभात के आगमन का संकेत प्राप्त होता किन्तु यहाँ की शमअ तो मौन है, बहुत पहले बुझ चुकी है।

[48]

काँटों की ज़ुबाँ सूख गयी प्यास से, यारब!
इक आबलः पा वादिए-पुर.ख़ार में आवे।

प्रेम की घाटी में काँटों की जिह्वा प्यास से सूख रही है। ऐ ख़ुदा! (इस काँटों की घाटी में) कोई ऐसा निकल आवे जिसके पाँव में चलते-चलते छाले पड़ गये हैं (जिससे छालों के पानी से काँटों की प्यास बुझ जाए)।

[49]

उनके देखे से जो आ जाती है मुँह पर रौनक़,
वह समझते हैं कि बीमार का हाल अच्छा है।

जब तक मा'शूक़ प्रेमी की दुर्दशा और विरह-विदग्धता को न देखे, उसे कैसे ज्ञान हो सकता है कि वह मुझे कितना चाहता है और इस चाह में उस पर क्या गुज़र रही है! पर कठिनाई यह है कि जब माशूक़ नहीं होता, जब विरह-काल आता है तब तो वेदना से प्राण निकलते होते हैं किन्तु जब उसका दर्शन होता है तो उसके कारण प्रसन्नता से मुँह पर एक रौनक़, एक शोभा खिल उठती है। वह आये तो बीमार को देखने पर देखते यह हैं कि इसका हाल तो अच्छा है, ख़ामख़ा बीमारी का बहाना किये पड़ा है।

ऐसी हालत में वह क्या करुणा मुझ पर करेंगे?

[50]

हमको मालूम है जन्नत की ह.क़ी.क़त लेकिन,
दिल के ख़ुश रखने को ग़ालिब य' ख़याल अच्छा है।

हम स्वर्ग की वास्तविकता जानते हैं कि किस प्रकार सब्ज़बाग़ दिखाया गया है। हाँ, इतना लाभ है कि इसकी कल्पना से दिल बहला रहता है, उसे एक प्रकार की प्रसन्नता होती है।

[51]

रगों में दौड़ने-फिरने के हम नहीं .क़ायल,
जब आँख ही से न टपका तो फिर लहू क्या है?

क्या उम्दा शेर है—दर्द और सोज़ से भरा हुआ। अर्थ स्पष्ट है।

[52]

इश्क़ पर ज़ोर नहीं, है यह आतश ग़ालिब
कि लगाये न लगे और बुझाये न बने।

इश्क़ पर ज़ोर नहीं चलता। यह वह आग है जो न लगाने से लगती है, न लग जाने पर बुझाये बुझती है। मतलब प्रेम न अपने चाहने से पैदा होता है, न अपनी इच्छा से छोड़ा ही जा सकता है।

[53]

करे है क़त्ल लगावट में तेरा रो देना,
तेरी तरह कोई तेग़े निगह को आब तो दे।

लगावट में, मुहब्बत में तुम्हारा रो देना, क़त्ल कर देता है। इस तरह आँसू से निगाह की कटारी पर पानी देना उसे आबदार बनाना कोई तुमसे सीखे।

[54]

वाय! वाँ भी शोरे-महशर ने न दम लेने दिया,
ले गया था गोर में ज़ौक़े-तन आसानी मुझे।

आरामतलबी के स्वाद और उत्कंठा मुझे क़ब्र में ले गयी थी। सोचा था, यहाँ तो आराम से सोएँगे, दुनिया की विपत्तियों और झंझटों से मुक्ति मिल जाएगी मगर अफ़सोस कि क़यामत के शोर ने वहाँ भी मुझे दम न मारने दिया, विश्राम न लेने दिया।

इस ज़मीन पर 'ज़ौक' का मशहूर शेर याद आता है :

अब तो घबरा के यह कहते हैं कि मर जाएँगे,
मरके भी चैन न पाया तो किधर जाएँगे?

[55]

ख़ुदा या! जज़्बए-दिल की मगर तासीर उलटी है
कि जितना खींचता हूँ और खिंचता जाये है मुझसे।

कहते हैं, ऐ ख़ुदा! मेरे हृदय के भावोद्वेग का शायद उलटा प्रभाव होता है क्योंकि मैं उसे जितना ही अपनी ओर खींचता हूँ, उतना ही वह मुझसे खिंचता जाता है, ख़फ़ा होता जाता है।

मुहावरे का प्रयोग देखने योग्य है। ख़ूबी यह है कि इसमें आश्चर्य और निवेदन दोनों हैं।

[56]

उधर वह बदगुमानी है, इधर यह नातवानी है,
न पूछा जाये है उससे, न बोला जाये है मुझसे।

वह तो मेरे बारे में बदगुमाँ हैं, समझते हैं कि मेरा प्रेम झूठा है इसलिए मेरा हाल भी नहीं पूछते। इधर मैं इतना नातवाँ, इतना क्षीण और दुर्बल हो चुका हूँ कि मुझसे बोला नहीं जाता, अपना हाल कहा नहीं जाता। अजब मुश्किल है।

[57]

सँभलने दे, मुझे ए नाउमीदी, क्या क़यामत है,
कि दामाने-ख़याले-यार छूटा जाये है मुझसे।

ऐ निराशा, तू क्या क़यामत ढा रही है, वह स्वयं तो दूर हैं ही, मैं उनके ध्यान का अंचल पकड़कर चल रहा था, तेरे कारण वह भी मुझसे छुटा जा रहा है। अरे, ज़रा मुझे सँभल तो लेने दे। यह ज़रा-सा सहारा तो न छुड़ा।

निराशा की तस्वीर-सी खींच दी है। इसकी चित्रात्मकता देखने योग्य है। कोई चित्रकार इसपर सुन्दर चित्र बना सकता है।

[58]

लाग़र इतना हूँ कि गर तू बज़्म में जा दे मुझे,
मेरा ज़िम्म: देखकर गर कोई बतला दे मुझे।

अतिशयोक्ति है। कहते हैं, मैं इतना क्षीण हो गया हूँ कि अगर तू मुझे अपनी महफ़िल में जाने दे तो इसका जिम्मा लेता हूँ कि वहाँ मुझे कोई देख ही न पाएगा। (अपना काम बनाने और प्रियतमा को निन्दा से बचाने का हल एक साथ निकाला है।)

क्षीणता के सम्बन्ध में उर्दू कवियों ने सैकड़ों शेर कहे हैं परन्तु बहादुरशाह ज़फ़र की अतिशयोक्ति इन सबके ऊपर है। वह कहते हैं :

नातवानी ने बचायी जान मेरी हिज्र में,
कोने-कोने ढूँढ़ती फिरती कज़ा थी, मैं न था।

[59]

मुँह न दिखलावे, न दिखला, पर ब अन्दाज़े-इताब,
खोलकर पर्द:, ज़रा आँखें ही दिखला दे मुझे।

मुहावरों के प्रयोग में एक सौन्दर्य और शोख़ी पैदा कर देने में ग़ालिब बेजोड़ हैं। आँख दिखाना एक मुहावरा है (न कि आँखें दिखाना जैसा कि शेर में है पर काव्य में इतना परिवर्तन क्षम्य है।) जिसका अर्थ होता है रोष करना, रुष्ट होना। इसी मुहावरे को लेकर ग़ालिब ने बात में बात पैदा की है।

कहते हैं, तू मुझसे रुष्ट है, इससे दर्शन नहीं देता, अपना मुँह मुझे नहीं दिखाता। अच्छा, मुँह नहीं दिखलाता तो न दिखा पर अपने गुस्से के अन्दाज़ में घूँघट को हटाकर ज़रा आँख ही दिखा दे, अपना गुस्सा ही प्रकट कर दे। (क्या तरकीब निकाल है कि वह आँख़ दिखाकर अपना गुस्सा भी प्रकट कर दे तो हज़रत को दीदार भी नसीब हो जाए)। यहाँ बारीकी यह है कि आँखें दिखाएँगी तो मुँह अपने आप दिख जाएगा।

[60]

मत पूछ, कि क्या हाल है मेरा तेरे पीछे,
तू देख, कि क्या रंग है तेरा मेरे आगे।

शब्द वैषम्य से ग़ालिब ने क्या रंग पैदा किया है! यहाँ रंग और आगे-पीछे पदों ने शेर में जान डाल दी है।

कहते हैं, यह न पूछ कि तेरे पीछे, तेरे विरह में मेरा क्या हाल होता है। यह देख कि मेरे आगे तेरा क्या रंग हो जाता है, तू मेरे सामने आकर कितना बेचैन हो जाता है। इसी से अनुमान कर ले कि तेरे विरह में मेरा क्या हाल होता होगा।

[61]

ईमाँ मुझे रोके है तो खींचे है मुझे कुफ़्र,
का'ब: मेरे पीछे है कलीसा मेरे आगे।

'आसी' साहब इस शेर की प्रशंसा में लिखते हैं : "बेमिस्ल शेर कहा है, खुसूसन मिस्त्रए सानी। अगर दीवान के दीवान इस पर सिद्‌के कर दिये जाएँ तो बजा है।"

काबा को ईमान और कलीस (गिर्जाघर) को कुफ्र कहा गया है। काबा (ईमान) पीछे से खींच रहा है, रोक रहा है कि आगे मत बढ़ो। कलीसा (कुफ़्र) आगे से अपनी तरफ़ खींच रहा है कि इधर आओ।

ईमान में साधक या सूफ़ी की चरमावस्था, जिसमें वह 'अनलहक' (अहं ब्रह्मास्मि) कहता है, कुफ्र है। कुफ़्र आगे की तरफ़ है जिधर मैं जा रहा हूँ, उसमें आकर्षण इतना है कि काबे को पीछे छोड़ चुका हूँ। बीच रास्ते में हूँ, दोनों के बीच विमूढ़ हो रहा हूँ कि किधर जाऊँ। ईमान या परम्परागत मज़हब मुझे रोकता है और कहता है—पीछे लौट आओ। कुफ़्र या उन परम्परागत रूढ़ियों का त्याग मुझे आगे की ओर खींच रहा है और कहता है—पीछे लौटे तो माशूक़ के दर्शन से वंचित रह जाओगे।

[62]

ख़ुश होते हैं, पर वस्ल में यों मर नहीं जाते,
आयी शबे-हिजराँ की तमन्ना, मेरे आगे।

ऊँचे पाये का शेर है। जोश मल्सियानी ने इसकी प्रशंसा करते हुए लिखा है : "यह शेर हर साहिबे ज़ौक़ को दीवानः कर देने के लिए काफ़ी है।...मिर्ज़ा अगर और कुछ न कहते, सिर्फ़ यही एक शेर कहते तो यह उनकी अज़मत और ए'तराफ़े-कमाल के लिए काफ़ी था।"

तबातबाई लिखते हैं : "वस्ल की ख़ुशी में मर जाना और लोग भी बाँधा करते हैं मगर यह बात ही और है। सारी करामात मुहाविरः और ज़बान की है जिसने मरने के मज़मून को जिन्दः कर दिया है।"

कहते हैं, मिलन में सभी खुश होते हैं पर मेरी तरह कोई मर नहीं जाता। जुदाई (विरह) की रातों में जो बार-बार तमन्ना किया करता था कि मरूँ तो तुम्हारे मिलन-क्षण में मरूँ, वह मेरे आगे आयी—पूर्ण हुई।

[63]

गो हाथ को जुम्बिश नहीं, आँखों में तो दम है,
रहने दो अभी साग़रो-मीना मेरे आगे।

अन्तिम क्षण आ गया है। कमज़ोरी का यह हाल है कि हाथों में हिलने की भी ताक़त नहीं रही पर कहते हैं कि हाथों में शक्ति नहीं तो क्या हुआ? आँखों में तो अभी दम मौजूद है। प्याले और सुराही को मेरे सामने से क्यों हटाते

हो, मेरे सामने ही पड़ा रहने दो ताकि मैं अपने दिल को तस्कीन दूँ।

जो वस्तु सबसे प्रिय होती है, मरते समय उसी को देखने की कामना हुआ करती है। पहले मिस्रे में नज़अ (मरण काल) का चित्र है: अंग शिथिल और निष्प्राण हैं; हाथ-पाँव में गति नहीं है। केवल आँखों में जीवन का चिह्न शेष है।

कहते हैं, यद्यपि हाथों में गति नहीं है, उनमें शक्ति नहीं है कि सुराही से मदिरा निकालकर प्याले में भर सकें और प्याले को उठाकर मुँह तक ला सकें किन्तु जान अभी आँखों में है इसलिए प्याले और सुराही को मेरे सामने पड़ा रहने दो कि मैं उन्हें देखता तो रह सकूँ।

लालसा का कैसा चित्र है!

[64]

करने गये थे उससे तग़ाफ़ुल का हम गिला
कि एक ही निगाह, कि बस ख़ाक हो गये।

सामान्य अर्थ तो यह है कि उनसे हम उपेक्षा की शिकायत करने गये थे। उन्होंने एक बार ही आँख उठाकर देखा कि हम मिट्टी हो गये।

इस शेर में तसव्वुफ़ का रंग है। जब परम प्रियतम से आँखें मिलती हैं तब दर्शक का अस्तित्व उसी में विलीन हो जाता है। 'सहाबी' ने, फ़ारसी में, कहा है :

ऐ ज़ाहिदो आशिक़ ज़तू दर नालः व आह
दूर तू व नज़दीक तेरा हाले तबाह
कस नेस्त कि जाँ तू अज़ सलामत बबुर्द
आँरा बतग़ाफुल कुशी ईंरा बनिगाह।

(जाहिद और आशिक़ दोनों नालः और आह द्वारा तुझसे फर्याद कर रहे हैं। जो तुझसे दूर है वह भी तबाहहाल है और जो तुझसे नज़दीक है वह भी बर्बाद है। ऐसा कोई नहीं जो तुझसे जान बचा ले जाए। उसको (ज़ाहिद को) तग़ाफुल से, उपेक्षा से क़त्ल करते हैं और इसे (आशिक़ को) निगाह से।

[65]

जब तक दहाने-ज़ख़्म न पैदा करे कोई,
मुश्किल, कि तुझसे राहे-सुख़न वा करे कोई।

जब तक चोट या घाव का मुँह न पैदा हो, किसी के लिए तुझसे बात करने

का रास्ता निकालना सम्भव नहीं।

अर्थात प्रेम का घाव लगे बिना प्रियतम से बात नहीं की जा सकती।

[66]

मुहब्बत में नहीं है .फ़.र्क़, जीने और मरने का,
उसी को देखकर जीते हैं, जिस काफ़िर प दम निकले।

प्रेम में जीवन और मरण में कोई अन्तर नहीं है क्योंकि जिस काफ़िर पर मरते हैं, जिस पर दम निकलता है, उसी को देखकर जीते हैं।

[67]

बेगानए-रसूमे-जहाँ है मज़ाके-इश्क़,
तर्ज़े-जदीद ज़ुल्म कुछ ईजाद कीजिए।

प्रेम संसार की रीतियों एवं परम्पराओं की पर्वा नहीं करता। इसलिए वही पुराने ज़ुल्म के ढंग छोड़िए, ज़ुल्म का कोई नया तरीक़ा पैदा कीजिए।

किसी ने कहा है :

वस्ल से इनकार है यह तो पुरानी बात है,
अब नये अन्दाज़ सीखो जी जलाने के लिए।

[68]

वह शोख़ अपने हुस्न प मग़रूर है 'असद',
दिखलाके उसको आईनः तोड़ा करे कोई।

वह शोख़ (चंचल माशूक) अपने सौन्दर्य पर गर्व कर रहा है। क्या अच्छा हो कि कोई उसे दिखाकर दर्पण को तोड़ा करता।

दर्पण दिखाना इसलिए कहा कि वह उसमें अपना जवाब-प्रतिद्वन्द्वी देख ले। आईनः तोड़ना इसलिए कहा कि उसके हजारों टुकड़ों में वह प्रतिबिम्ब दिखाई दे।

बिहारी ने, दूसरी ज़मीन पर कहा है :

हौं समुझ्यो निरधारि, यह जग काँचो काँच सम,
एकै रू अपार, प्रतिबिम्बित लखियत जहाँ।

किसी उर्दू कवि ने कहा है :

नज़र आते कभी काहे को इतने ख़ूबरू यकजा,
यह हुस्ने-इत्तिफ़ाक़ आईन: उसके रूबरू टूटा।

दर्पण को लेकर एक दूसरा शेर है :

आईन: उठा लाये और अक्स से यूँ बोले,
क्यों बात नहीं करता जो तू है वही मैं हूँ।

[69]

बाग़ तुझ बिन गुले-नर्गिस से डराता है मुझे,
चाहूँ गर सैरे-चमन आँख दिखाता है मुझे।

नर्गिस एक फूल है जिसकी आँख से उपमा दी जाती है। 'आँख दिखाना' मुहावरा है जिसका अर्थ है—नाराज़ होना। इसी मुहावरे पर यह शेर खड़ा है।

मैं विरह-काल में तेरे बिना यदि पुष्पोद्यान की सैर को जाता हूँ तो उद्यान मुझे डराता है। किस प्रकार कि मुझे नर्गिस के फूल यानी आँख दिखाता है।

किसी उर्दू कवि का शेर है :

मुझे नर्गिस का दस्त: ग़ैर के हाथों से क्यों भेजा,
अगर आँखें दिखानी थीं, दिखाते अपनी आँखों से।

[70]

भूचाल में गिरा था यह आईन: ताक़ से,
हैरत शहीद जुम्बिशे-अबरूए-यार है।

हैरत एक दर्पण थी और माशूक़ की दृष्टि का दोलन एक भूचाल। जब से ताक़-जैसी उनकी भौंहों में दोलन हुआ, हैरत शहीद होकर रह गयी। जैसे ज़लज़ला आया हो और उसमें ताक़ से गिरकर दर्पण टूट जाए।

[71]

साक़िया! दे एक ही साग़र में सबको मय, कि आज,
आर्ज़ूए-बोसए-लबहाय मैगूँ है मुझे।

आर्ज़ुए-बोसए-लबहाय मैगूँ=शराब से लाल ओठों को चूमने की कामना।

कहते हैं, ऐ साक़ी! मेरी कामना यह कि आज तू एक ही प्याले में सब पीनेवालों को शराब पिला दे ताकि इस बहाने से मैं उन रक्तिम ओठों का चुम्बन ले सकूँ। उनके ओठ प्याले को लगेंगे, वही प्याला मेरे ओठों तक पहुँचेगा। इस प्रकार मैं उनके ओठों का चुम्बन ले सकूँगा।

इस प्रकार के मज़मून बहुत लोगों ने कहे हैं। किसी का एक प्रसिद्ध शेर है :

पसे-मुर्दन बनाये जाएँगे साग़र मेरी गिल के,
लबेजाँ बख़्श के बोसे मिलेंगे ख़ाक में मिल के।

मरने के बाद मेरी मिट्टी के प्याले बनाये जाएँगे। इस प्रकार मिट्टी में मिलकर मैं उस प्राणदाता के ओठों के चुम्बन पा जाऊँगा।

[72]

शफ़क़ बदावए-आशिक़ गवाहे-रंगीं है,
कि माह दुज़्द हिनाए-कफ़े-निगारीं है।

शफ़क़ = उष। दुज़्द = तस्कर, चोर।

उषालालिमारंजित चाँद को देखकर प्रेमी दावा करता है कि चाँद ने मेरी प्रियतमा की मंजुल हथेलियों से मेहँदी चुरा ली है। इसका गवाह रक्तिम उषा है।

दूसरा अर्थ यह है कि चाँद दुज़्दे-हिना (हिना का चोर) है और यह वह चोर है जो मेरी प्रियतमा की मंजुल हथेलियों में रह गया है। दुज़्दे-हिना उस सफ़ेदी को भी कहते हैं जो मेहँदी लगाते समय चित्रांकन का सौन्दर्य बढ़ाने के लिए छोड़ दी जाती है। उसी रिक्त स्थान को चन्द्र बताया गया है। उषा को इस दावे की गवाही में पेश किया है।

[73]

चमनज़ारे तमन्ना हो गयी सर्फ़े-ख़िज़ाँ लेकिन,
बहारे-नीमरंगे-आह हसरतनाक बाक़ी है।

मेरी पुष्पित कामना के बहार को ख़िज़ाँ ने लूट लिया किन्तु हसरतनाक आह की अर्द्ध रँगीली बहार अब भी बाक़ी रह गयी है।

'सिराज' औरंगाबादी का एक शेर है :

चली सिम्ते-ग़ैब से इक हवा कि चमन सुरूर का जल गया,
मगर एक शाख़े-निहाले-ग़म जिसे दिल कहें सो हरी रही।

परोक्ष से, अदृष्ट से एक ऐसी हवा चली कि सुरूर (आनन्द, उत्फुल्लता) का चमन (उद्यान) जल गया। किन्तु ग़म (दुःख) के पौधे की एक शाख़, जिसे दिल कहेंगे, हरी रह गयी।

[74]

हज़ार .क़ा.फलए-आर्ज़ू बयाबाँ मर्ग,
हनोज़ महमिले-हसरत बदोशे-ख़ुदराई।

यद्यपि मेरी सहस्त्रों कामनाओं के क़ाफ़िले निराशा की मरुभूमि में तड़प-तड़पकर मर गये हैं परन्तु मेरी लालसा की पालकी (महफिल) अब भी स्वयंसज्जा—आत्मश्रृंगार के कन्धे पर बैठी चली जा रही है।

[75]

देखना तक़री की लज़्ज़त कि जो उसने कहा,
मैंने यह जाना कि गोया यह भी मेरे दिल में है।

उसकी वाणी का स्वाद यह है कि जो कुछ उसने कहा, उसे सुनकर मैंने अनुभव किया कि यह तो मेरे ही दिल की बात है। वाणी का प्रभाव तभी पड़ता है जब श्रोता वक्ता की बात को अपने दिल से निकलता हुआ अनुभव करे।

[76]

मरते हैं आर्ज़ू में मरने की।
मौत आती है पर नहीं आती।

स्पष्ट है।

काव्य-भाग

दीवाने-ग़ालिब

रदीफ़ अलिफ़ :

[1]

नक़्श[1] .फ़रियादी है किसकी शोख़िए-तहरीर का[2],
काग्ज़ी है पैरहन[3], हर पैकरे-तस्वीर का[4]।

[2]

था .ख़्वाब में, .ख़याल को तुझसे मु'आमिल:[5],
जब आँख खुल गयी न ज़ियाँ[6] था न सूद[7] था।
तेशे[8] बग़ैर मर न सका कोहकन[9] 'असद',
सरगश्त ए .ख़ुमारे-रुसूमो-.क़यूद[10] था।

[3]

इश्क़ से तबीअत ने ज़ीस्त का[11] मज़ा पाया,
दर्द की दवा पायी, दर्द बेदवा पाया।
हाले-दिल नहीं मालूम लेकिन इस क़दर यानी,
हमने बारहा ढूँढ़ा तुमने बारहा पाया।

---

1. निशान, चिह्न, चित्र (नामरूपात्मक जगत्), 2. लिखावट का, चित्रांकन का बाँकपन, 3. वस्त्र, टिप्पणी—प्राचीन ईरान की प्रथा थी कि फ़रियाद करनेवाला काग़ज़ के कपड़े पहनकर आता था, 4. चित्र का आकार, चित्र-यष्टि, 5. सम्बन्ध, 6. हानि, 7. लाभ, 8. कुदाल, 9. .फ़रहाद, शीरीं का प्रेमी, 10. परम्पराओं के बन्धन के नशे में भ्रान्त, 11. जीवन।

शोरे-पन्दे-नासेह[1] ने ज़ख़्म पर नमक छिड़का,
आपसे कोई पूछे, तुमने क्या मज़ा पाया।

[4]

दिल मेरा सोज़े-निहाँ[2] से बेमहाबा[3] जल गया,
आतिशे-ख़ामोश की[4] मानिन्द गोया जल गया।
दिल में ज़ौक़े-वस्लो-यादे-यार तक बाक़ी नहीं,
आग इस घर में लगी ऐसी कि जो था जल गया।
अर्ज़ कीजे जौहरे-अन्देशः की गर्मी कहाँ!
कुछ ख़याल आया था वहशत का कि सेहरा जल गया।

[5]

बूए-गुल[5], नालए दिल[6], दूदे चिराग़े महफ़िल[7]
जो तेरी बज़्म[8] से निकला सो परीशाँ निकला।
चन्द तस्वीरे-बुताँ चन्द हसीनों के ख़ुतूत,
बाद मरने के मेरे घर से यह सामाँ निकला।

[6]

दह्र[9] में नक़्शे-वफ़ा[10] वज्हे-तसल्ली न हुआ,
है यह वह लफ़्ज़, कि शर्मिन्दए-मा'नी[11] न हुआ।
मैंने चाहा था कि अन्दोहे-वफ़ासे[12] छूटूँ,
वह सितमगर मेरे मरने पै भी राज़ी न हुआ।
किससे महरूमिए-क़िस्मत[13] की शिकायत कीजे,
हमने चाहा था कि मर जाएँ, सो वह भी न हुआ!

[7]

सताइशगर[14] है ज़ाहिद[15] इस क़दर, जिस बाग़े-रिज़्वाँ का[16]
वह इक गुलदस्तः है हम बेख़ुदों के ताक़े-निसियाँ का[17]

---

1. उपदेशक के उपदेश के शोर (नमक अर्थ भी होता है), 2. अन्तर की अग्नि, 3. बिना किसी लिहाज़ के, 4. मौन अग्नि, 5. पुष्प-गन्ध, 6. दिल की फ़रियाद, 7. सभा के दीपक का धुआँ, 8. महफ़िल, 9. काल, जगत्, 10. निष्ठा का चित्र, 11. सार्थक, 12. (प्रेम की) निष्ठा का दुःख, 13. भाग्यहीनता, 14. प्रशंसक, 15. संयमी (उर्दू-फ़ारसी शाइरी में पाखंडी समझकर ज़ाहिद का मज़ाक उड़ाने की परम्परा है), 16. स्वर्गोद्यान, नन्दन-कानन, 17. ताक़ जिसमें कोई चीज़ रखकर उसे भूल जाते हैं।

ख़मोशी में निहाँ ख़ूँगश्तः लाखों आरज़ूएँ हैं[1],
चिराग़े-मुर्दः हूँ मैं बेज़बाँ गोरे ग़रीबाँ[2] का।
नहीं मालूम किस-किसका लहू पानी हुआ होगा,
क़यामत है सरश्क आलूदः[3] होना तेरी मिज़गाँ[4] का।
नज़र में है हमारी जादए-राहे-फ़ना[5] 'ग़ालिब',
कि यह शीराज़ः[6] है आलम के अज्जाए-परीशाँ का[7]।

[8]

सरापा[8] रहने-इश्क़ो[9]-नागुज़ीरे[10]-उल्फ़ते-हस्ती[11],
इबादत[12] बर्क़[13] की करता हूँ और अफ़सोस हासिल[14] का।
ब क़द्रे-ज़र्फ़ है साक़ी खुमारे-तश्नःकामी[15] भी,
जो तू दरियाए-मय है तो मैं ख़ामियाज़ः[16] हूँ साहिल का[17]।

[9]

महरम[18] नहीं है तू ही नवाहाए-राज़ का[19],
याँ वर्नः जो हिजाब[20] है पर्दः है साज़ का।
तू और सूए-ग़ैर नज़रहाए तेज़-तेज़,
मैं और दुख तेरी मिज़ः हाए दराज़[21] का।

[10]

है ख़याले-हुस्न में[22] हुस्ने-अमल[23] का सा ख़याल,
खुल्द[24] का इक दर है मेरी गोर[25] के अन्दर खुला।
मुँह न खुलने पर है वह आलम[26] कि देखा ही नहीं,
जुल्फ़ से बढ़कर नक़ाब उस शोख़ के मुँह पर खुला।

[11]

बस कि दुश्वार है हर काम का आसाँ होना,
आदमी को भी मयस्सर नहीं इंसाँ होना।

---

1. ख़ून हुई लाखों कामनाएँ मौन में छिपी हुई हैं, 2. क़ब्रिस्तान, 3. अश्रुपूर्ण, 4. दृगांचल, 5. मृत्यु-मार्ग, 6. शृंखला, 7. विशृंखल अंगों, 8. आपादमस्तक, 9. प्रेम के हाथ गिरवी, 10. अनिवार्य, 11. जीवन का प्रेम, 12. उपासना, 13. विद्युत, 14. आय, खलिहान, 15. प्यास का ख़ूमार, 16. अँगड़ाई, परिणाम, 17. तट, 18. मर्मज्ञ, 19. मर्म के स्वर, 20. पर्दा, लज्जा, घूँघट, 21. लम्बी पलकें, 22. सौन्दर्य की कल्पना 23. कार्य का सौन्दर्य, 24. स्वर्ग, 25. क़ब्र, 26. अवस्था।

जल्वः अज़ बस कि तक़ाज़ाए-निगह करता है[1],
जौहरे-आईनः[2] भी चाहे है मिज़गाँ होना।
इशरते-पारए-दिल[3] ज़.ख्मे-तमन्ना[4] खाना,
लज़्ज़ते-रीशे-जिगर[5] .ग़र्क़े-नमकदाँ[6] होना।
हैफ़[7] उस चार गिरह कपड़े की क़िस्मत 'ग़ालिब',
जिसकी क़िस्मत में हो आशिक़ का गिरेबाँ होना।

[12]

यह न थी हमारी क़िस्मत कि विसाले-यार[8] होता,
अगर और जीते रहते यही इन्तज़ार होता।
तेरे वा'दे पर जिये हम, तो यह जान झूठ जाना,
कि .ख़ुशी से मर न जाते, अगर ऐतबार होता।
कोई मेरे दिल से पूछे तेरे तीरे-नीमकश को[9],
यह .ख़लिश[10] कहाँ से होती जो जिगर के पार होता।
यह कहाँ की दोस्ती है कि बने हैं दोस्त नासेह[11],
कोई चारः साज़[12] होता, कोई .ग़मगुसार[13] होता।
रगे-संग[14] से टपकता वह लहू कि फिर न थमता,
जिसे .ग़म समझ रहे हो, यह अगर शरार[15] होता।
.ग़म अगर्चे जाँगुसिल[16] है, प कहाँ बचें कि दिल है,
.ग़मे-इश्.क गर न होता .ग़मे-रोज़गार[17] होता।
कहूँ किससे मैं कि क्या है, शबे-.ग़म बुरी बला है,
मुझे क्या बुरा था मरना अगर एक बार होता।
यह मसायले-तसव्वु.फ[18] यह तेरा बयान '.ग़ालिब',
तुझे हम वली[19] समझते जो न बादः.ख़्वार[20] होता।

[13]

हवस[21] को है निशाते-कार[22] क्या-क्या,
न हो मरना तो जीने का मज़ा क्या?

---

1. छवि में भी देखे जाने की उत्कंठा है, 2. आईने का जौहर, 3. दिल के टुकड़ों का आनन्द, 4. कामना के घाव, 5. जिगर के ज़ख़्म का स्वाद, 6. नमकदाँ में डूबना, 7. अफ़सोस, 8. प्रिय-मिलन, 9. आधा खिंचा बाण, 10. चुभन, वेदना, 11. उपदेशक, 12. परिचारक, 13. दु:ख बाँटनेवाला, 14. पत्थर की नस, 15. (शरर) चिनगारी, 16. जानलेवा, 17. संसार का दु:ख, 18. तसव्वु.फ (ईश्वर-सन्निधान) की समस्याएँ, 19. ऋषि, 20. मद्यप, 21. लालसा, तृष्णा, 22. काम करने की उमंग।

दिले-हर .क़तर:[1] है साज़े-अनल बह्र[2],
हम उसके हैं हमारा पूछना क्या?
बलाए-जाँ है '.ग़ालिब' उसकी हर बात,
इबारत[3] क्या, इशारत[4] क्या, अदा[5] क्या?

[14]

बन्दगी में भी वह आज़ाद वो खुदबीं[6] हैं कि हम,
उलटे फिर आये दरे-का'ब: अगर वा[7] न हुआ।

[15]

वही इक बात है जो याँ नफ़स[8] वाँ नहकते-गुल[9] है,
चमन का जल्व: बाइस[10] है मेरी रंगींनवाई[11] का।
न दे नामे को इतना तूल 'ग़ालिब' मुख़्तसर लिख दे,
कि हसरतसंज[12] हूँ, अर्ज़े-सितमहाए-जुदाई[13] का।

[16]

ले तो लूँ सोते में उसके पाँव का बोस: मगर;
ऐसी बातों से वह काफ़िर[14] बदगुमाँ[15] हो जाएगा।
दिल को हम सर्फ़े-वफ़ा[16] समझे थे क्या मालूम
था, यानी यह पहिले ही नज़्रे-इम्तिहाँ हो जाएगा।

[17]

दर्द मिन्नतकशे-दवा[17] न हुआ,
मैं न अच्छा हुआ, बुरा न हुआ।
जमअ करते हो क्यों रकीबों को,
इक तमाशा हुआ, गिला[18] न हुआ।
कितने शीरीं[19] हैं तेरे लब कि रक़ीब,
गालियाँ खाके बेमज: न हुआ।

---

1. प्रत्येक बिन्दु का हृदय, 2. 'मैं सागर हूँ' का स्वर, 3. लेखन-शैली, 4. संकेत, 5. हाव-भाव, 6. अभिमानी, 7. उन्मुक्त, 8. श्वास, 9. कुसुम-सौरभ, 10. कारण, 11. स्वरमोहकता, 12. अभिलाषी, 13. विरह की विपत्तियों का कथन, 14. माशूक़, 15. सन्देहशील, 16. निष्ठा का लाभ, निष्ठा का निर्वाह करनेवाला, 17. दवा का आभारी, 18. शिकायत, 19. मीठे।

[18]

घर हमारा जो न रोते भी तो वीराँ होता,
बह्र[1] अगर बह्र न होता तो बयाबाँ[2] होता।

[19]

न था कुछ तो ख़ुदा था, कुछ न होता तो ख़ुदा होता,
डुबोया मुझको होने ने न मैं होता तो क्या होता!
हुई मुद्दत कि 'ग़ालिब' मर गया पर याद आता है,
वह हर इक बात पर कहना कि यों होता तो क्या होता!

[20]

दम लिया था न क़यामत[3] ने हनोज़[4],
फिर तेरा वक़्ते-सफ़र याद आया।
ज़िन्दगी यूँ भी गुज़र ही जाती,
क्यों तेरा राहे-गुज़र[5] याद आया।
कोई वीरानी-सी वीरानी है,
दश्त[6] को देखके घर याद आया।

[21]

बिजली इक कौंद गयी आँखों के आगे तो क्या,
बात करते कि मैं लब तश्नए-तक़रीर[7] भी था।
पकड़े जाते हैं फरिश्तों के लिखे पर नाहक़,
आदमी कोई हमारा, दमे-तहरीर भी था?

[22]

जब तक कि न देखा था क़दे-यार का आलम,
मैं मा'तक़दे-फ़ितनए-महशर[8] न हुआ था।
दरिया'ए-म'आसी[9] तुनुकआबी[10] से हुआ ख़ुश्क,
मेरा सरे दामन भी अभी तर न हुआ था।

---

1. समुद्र, 2. मरुस्थल, 3. प्रलय, 4. अभी, 5. मार्ग, 6. जंगल, 7. बातों का प्यासा, 8. प्रलय की मुसीबतों का विश्वासी, 9. पाप-सागर, 10. पानी की दरिद्रता।

[23]

अर्ज़े-नियाज़े-इश्क़[1] के क़ाबिल नहीं रहा,
जिस दिल पै नाज़ था मुझे वह दिल नहीं रहा।
वा कर दिये हैं शौक मे बन्देनिक़ाबे हुस्न[2],
ग़ैर अज़ निगाह अब कोई हायल[3] नहीं रहा।
गो मैं रहा रहीने-सितमहाए रोज़गार[4],
लेकिन तेरे ख़याल से ग़ाफ़िल नहीं रहा।

[24]

मंज़र[5] इक बुलन्दी पर और हम बना सकते,
अर्श[6] से इधर होता काश के मकाँ अपना।
घिसते-घिसते मिट जाता, आपने अबस[7] बदला,
नंगे सिज्द:[8] से मेरे संगे[9]-आस्ताँ अपना।

[25]

बज़्मे-क़दह[10] से ऐसे तमन्ना[11] न रख कि रंग,
सैदे-ज़िदाम जस्त:[12] है, इस दामगाह[13] का।
रहमत[14] अगर कुबूल करे क्या बईद[15] है,
शर्मिंदगी से उज्र न करना गुनाह का।
मक़्तल[16] को किस निशात से जाता हूँ मैं, कि है,
पुरगुल ख़यालेज़ख़्म से दामन निगाह का।[17]

[26]

जौर[18] से बाज़ आये पर बाज़ आएँ क्या,
कहते हैं 'हम तुझको मुँह दिखलाएँ क्या?'
रात-दिन गर्दिश[19] में हैं सात आसमाँ,
हो रहेगा कुछ-न-कुछ घबराएँ क्या?

---

1. प्रेमाकांक्षा-निवेदन, 2. उत्कंठा ने माशूक़ के सौन्दर्य की निकाब के बन्धन खोल दिये हैं, 3. बाधक, 4. संसार के उत्पीड़नों का शिकार, 5. दृश्य, 6. गगन, 7. व्यर्थ, 8. सिज्दे के कलंक (चिह्न), 9. देहरी का पत्थर, 10. प्यालों की महफ़िल, 11. कामना-नर्त्तन, कामना का विलास, 12. जाल से छूटकर भागा शिकार, 13. जाल से पूर्ण स्थान, 14. प्रभुकृपा, 15. दूर, 16. वधस्थल, 17. दृष्टि का आँचल घाव की कल्पनाओं के पुष्पों से भरा हुआ है, 18. ज़ुल्म, 19. चक्कर।

लाग हो तो उसको हम समझें लगाव,
जब न हो कुछ भी तो धोका खाएँ क्या?
पूछते हैं वह कि 'ग़ालिब कौन है?'
कोई बतलाओ कि हम बतलाएँ क्या?

[27]

इशरते-क़तर:[1] है, दरिया में फ़ना[2] हो जाना,
दर्द का हद से गुज़रना है दवा हो जाना।
दिल से मिटना तेरी अंगुश्ते-हिनाई[3] का ख़याल,
हो गया गोश्त से नाखुन का जुदा हो जाना।
है मुझे अब्रे-बहारी का बरस कर खुलना,
रोते-रोते ग़मे-फ़ुर्क़त में फ़ना हो जाना।
बख़्शे है जल्वए-गुल ज़ौके-तमाशा[4] 'ग़ालिब',
चश्म को चाहिए हर रंग में वा हो जाना।

रदीफ़ 'बे':

[28]

है यह बरसात वह मौसिम कि अजब क्या है अगर,
मौजे-हस्ती[5] को करे फ़ैज़े-हवा[6] मौजे-शराब।
चार मौज उठती है तूफ़ाने-तरब[7] से हरसू[8],
मौजे-गुल[9] मौजे-शफ़क़[10], मौजे-सबा[11], मौजे-शराब।
बस कि दौड़े है रगेताक[12] में खूँ हो-होकर,
शहपरे-रंग[13] से है बालकुशा[14] मौजे-शराब।

रदीफ़ 'जीम' :

[29]

आता है एक पारए-दिल[15] हर फ़ुग़ाँ[16] के साथ,
तारे नफ़स, कमन्दे शिकारे असर है आज[17]।

---

1. बूँद का ऐश्वर्य, 2. विलीन, 3. मेहँदी लगी उँगली, 4. दर्शन की उत्सुकता ही फूल में छवि उत्पन्न करती है, 5. जीवन-तरंग, 6. वायु की उदारता, 7. हर्ष का तूफ़ान, 8. चतुर्दिक, 9. पुष्प-तरंग, 10. उषा-तरंग, 11. प्रभाती की तरंग, 12. द्राक्षा (अंगूर) की नसों में, 13. रंग के पंख, 14. पर खोले हुए, 15. हृदय-खंड, 16. रोदन, आर्त्तनाद, 17. आज साँस की डोरी प्रभाव का शिकार करनेवाली कमन्द बन गयी है।

ऐ आफ़ियत[1] किनारः कर, ऐ इन्तिज़ाम चल,
सैलाबे-गिरियः दरपैए दीवारो दर है आज[2]।
लो हम मरीज़े-इश्क़ के तीमारदार हैं,
अच्छा अगर न हो तो मसीहा का क्या इलाज।

रदीफ़ 'चे' :

[30]

नफ़स न अंजुमने-आरज़ू[3] से बाहर खींच,
अगर शराब नहीं, इन्तिज़ारे-साग़र खींच।
कमाल गर्मिए-सइए-तलाशे-दीद[4] न पूछ,
बरंगे-ख़ार[5] मेरे आइने से जौहर खींच।
तेरी तरफ़ है बहसरत नज़ारए-नर्गिस,[6]
बकोरिए-दिलो-चश्मे-रक़ीब[7] साग़र खींच।

रदीफ़ 'दाल':

[31]

शमअ बुझती है तो उसमें से धुवाँ उठता है,
शोलए-इश्क़ सियहपोश[8] हुआ मेरे बा'द।
ख़ूँ है दिल ख़ाक में अहवाले-बुताँ[9] पर या'नी,
इनके नाखुन हुए मुहताजे-हिना[10] मेरे बा'द।
कौन कहता है हरीफ़े-मये-मर्द अफ़गने-इश्क़[11],
है मुकर्रर[12] लबे-साक़ी[13] पै सला[14] मेरे बा'द।
आये है बेकसीए-इश्क़ प रोना 'ग़ालिब',
किसके घर जाएगा सैलाबे बला मेरे बा'द।

---

1. कुशलता, 2. आज रोदन का तूफ़ान घर-बार ढा देने पर तुला हुआ है, 3. अरमानों की महफ़िल कामनाओं की भीड़, 4. प्रियदर्शन की खोज में प्रयत्न की सीमा, 5. कंटक-तुल्य, 6. नर्गिस की दृष्टि तेरी ओर लालसापूर्वक देख रही है, 7. रक़ीब (प्रतिद्वन्द्वी) के अन्धे दिल और अन्धी आँख के नाम पर, 8. काला, 9. मा'शूक़ों की दशा, 10. मेहँदी के मुखापेक्षी, 11. प्रेम की विजयिनी मदिरा को सहन करने में मेरी बराबरी करनेवाला, 12. बारम्बार, 13. साक़ी के अधर, 14. आमन्त्रण।

रदीफ़ 'रे' :

[32]

मक़सद है नाज़ो-ग़मज़ः[1], वले गुफ़्तगू में काम,
चलता नहीं है, दश्नः-ओ-ख़ंजर[2] कहे बग़ैर।
हरचन्द हो मुशाहदः-ए-हक़[3] की गुफ़्तगू,
बनती नहीं है, बादः-ओ-साग़र[4] कहे बग़ैर।

[33]

साबित हुआ है गर्दने-मीना[5] पै ख़ूने-ख़ल्क़[6],
लरजे है मौजे-मय तेरी रफ़्तार देखकर।
इन आबलों से पाँव के घबरा गया था मैं,
जी ख़ुश हुआ है राह को पुरख़ार[7] देखकर।
गिरनी थी हम प बर्क़े-तजल्ली[8] न तूर[9] पर,
देते हैं बादः, ज़र्फ़े-क़दह ख़्वार[10] देखकर।

[34]

लरज़ता है मेरा दिल ज़हमते-मेह्रे-दरख़्शाँ[11] पर,
मैं हूँ वह क़तरए-शबनम[12] जो हो ख़ारे-बयाबाँ[13] पर।
न छोड़ी हज़रते यूसुफ़ ने याँ भी खानः आराई,
सफ़ेदी दीदए-या'क़ूब की, फिरती है ज़िन्दाँ पर[14]।
मुझे अब देखकर अब्रे-शफ़क़ आलूदः[15] याद आया,
कि फ़ुर्क़त में तेरी आतिश बरसती थी गुलिस्ताँ पर।
बजुज़ परवाज़े-शौक़े-नाज़[16] क्या बाक़ी रहा होगा,
क़यामत इक हवाए-तुन्द[17] है ख़ाके-शहीदाँ पर।

---

1. रूपगर्व और हाव-भाव, 2. कटार और छुरी, 3. ब्रह्म-दर्शन, 4. मधु एवं मधुपात्र, 5. सुराही की गर्दन, 6. संसार का ख़ून, 7. कंटकित, 8. ब्रह्मज्योति की बिजली, 9. एक पर्वत, 10. शराब का प्याला पीनेवाले का साहस देखकर, 11. चमकते सूर्य का कष्ट, 12. ओस की बूँद, 13. वन-कंटक, 14. या'कूब यूसुफ के पिता थे, जब यूसुफ मिस्र में क़ैद कर लिये गये तो बाप रो-रोकर अन्धे हो गये, इसी पर यह उक्ति है, 15. उषालालिमारंजित बादल, 16. प्रेम की उमंग में उड़ते-फिरते, 17. प्रभंजन।

[35]

यारब न वह समझे हैं, न समझेंगे मेरी बात,
दे और दिल उनको, जो न दे मुझको ज़बाँ और।
लेता, न अगर दिल तुम्हें देता, कोई दम चैन,
करता, जो न मरता कोई दिन, आहो-फ़ुग़ाँ और।
हैं और भी दुनिया में सुख़नवर बहुत अच्छे,
कहते हैं, कि ग़ालिब है अन्दाज़े-बयाँ और।

[36]

लाज़िम था कि देखो मेरा रस्तः कोई दिन और,
तनहा[1] गये क्यों अब रहो तनहा कोई दिन और।
आये हो कल और आज ही कहते हो, कि जाऊँ,
माना कि हमेशः नहीं अच्छा, कोई दिन और।
जाते हुए कहते हो, क़यामत को मिलेंगे,
क्या ख़ूब, क़यामत है गोया कोई दिन और।
नादाँ हो, जो कहते हो, कि क्यों जीते हो 'ग़ालिब',
क़िस्मत है मरने की तमन्ना कोई दिन और।

रदीफ़ 'ज़े' :

[37]

क्योंकर उस बुत से रखूँ जान अज़ीज़,
क्या नहीं है मुझे ईमान अज़ीज़?
दिल से निकला प न निकला दिल से,
है तेरे तीर का पैंकान[2] अज़ीज़।

[38]

नै गुले-नग्मः[3] हूँ, न पर्दए-साज़[4],
मैं हूँ अपनी शिकस्त की आवाज़[5]।
तू, और आराइशे-ख़मे-काकुल[6]
मैं, और अन्देशहाय दूरो-दराज़[7]।

---

1. अकेले, 2. नोक, 3. संगीत-पुष्प, 4. बाजे का पर्दा जिससे सुर निकलते हैं, 5. पराजय की वाणी, 6. कुंचित अलकों का श्रृंगार; 7. दूर-दूर की शंकाएँ।

ऐ तेरा ग़मज़ः[1], यक क़लम अंगेज़[2],
ऐ तेरा ज़ुल्म सर बसर अन्दाज़[3]।
मुझको पूछा तो कुछ ग़ज़ब न हुआ,
मैं ग़रीब और तू ग़रीबनवाज़।

रदीफ़ 'शीन' :

[39]

न लेवे गर ख़से-जौहर[4], तरावत[5] सब्ज़ाए-ख़त[6] से,
लगावे ख़ानः-ए-आईनः[7] में रूप निगार[8] आतिश।
फ़रोग़े हुस्न[9] से होती है हल्ले मुश्किले आशिक़[10],
न निकले शमअ के पा-से निकाले गर न ख़ार आतश।

रदीफ़ 'ऐन' :

[40]

जादए-रह[11] ख़ुर[12] को वक़्ते-शाम है तारे-शुआअ[13],
चर्ख़ वा करता है माहे-नौ[14] से आग़ोशे-विदाअ[15]।

[41]

रुख़े-निगार से, है सोज़े-जाविदानिए-शमअ[16],
हुई है आतशे-गुल[17], आबे-ज़िन्दगानिए-शमअ।
ज़बाने-अह्ले ज़बाँ[18] में, है मर्ग ख़ामोशी,
यह बात बज़्म में, रौशन हुई ज़बानिए-शमअ।
ग़म उसको हसरते-परवानः का है, ऐ शोलः,
तेरे लरजने से ज़ाहिर है नातवानिए-शमअ।

---

1. कटाक्ष, 2. पूर्णतः मनोभावों का उभारनेवाला, 3. नख से शिख तक तेरा हाव-भाव, 4. जौहर के तृण, 5. शीतलता, तरी, 6. मुखलोम, 7. हृदय, 8. रूपसी का मुख, 9. सौन्दर्य की कान्ति, 10. प्रेमी की कठिनाइयों का समाधान, 11. पथ-चिह्न, 12. सूर्य, 13. किरण का तार, 14. नवचन्द्र, 15. विदाई की गोद, 16. शमअ (दीपक) की अमर जलन, 17. पुष्प (माशूक़) की कान्ति, 18. भाषाविदों की भाषा।

रदीफ़ 'काफ़':

[42]

ग़ैर की मिन्नत न खींचूँगा, पै ए तौकीरे-दर्द[1],
ज़ख्म मिस्ले-खन्द:ए क़ातिल[2] है, सरतापा नमक।
याद हैं, ग़ालिब, तुझे वह दिन, कि वज्दे-ज़ौक़[3] में,
ज़ख़्म से गिरता, तो मैं पलकों से चुनता था नमक।

[43]

आह को चाहिए इक उम्र, असर होने तक
कौन जीता है तेरी जुल्फ़ के सर होने तक।
दामे हर मौज[4] में है, हल्क:ए-सद कामे-निहंग[5],
देखें क्या गुज़रे है क़तरे प, गुहर होने तक।
आशिक़ी सब्रतलब और तमन्ना बेताब,
दिल का क्या रंग करूँ, ख़ूने-जिगर होने तक।
हमने माना, कि तग़ाफ़ुल[6] न करोगे, लेकिन,
ख़ाक हो जाएँगे हम, तुमको ख़बर होने तक।
परतवे-ख़ुर[7] से है शबनम को फ़ना की तालीम,
मैं भी हूँ एक इनायत की नज़र होने तक।
ग़मे-हस्ती का, 'असद' किससे हो जुज़ मर्ग[8] इलाज,
शमअ हर रंग में जलती है सहर होने तक।

रदीफ़ 'गाफ़' :

[44]

गर तुझको है यक़ीने-इजाबत[9] दु'आ न माँग,
या'नी बग़ैर यक दिले-बे-मुद्द'आ[10] न माँग।
आता है दाग़े-हसरते-दिल का शुमार[11] याद,
मुझसे मेरे गुनह का हिसाब, ऐ ख़ुदा न माँग।

---

1. वेदना के सम्मान के लिए, 2. क़ातिल की हँसी के समान, 3. आनन्द एवं उमंग की मत्तता, 4. लहरों का जाल, 5. सैकड़ों मगरों के खुले जबड़े, 6. उपेक्षा, 7. सूर्य-प्रकाश, 8. मृत्यु के सिवा, 9. स्वीकृति का विश्वास, 10. निष्काम हृदय के बिना, 11. हृदय की अपूर्ण कामनाओं के दाग़ की गिनती।

रदीफ़ 'लाम' :

है किस क़दर हलाके-फ़रेबे-वफ़ाए-गुल[1],
बुलबुल के कारोबार प हैं ख़न्द:हाए गुल।
शर्मिन्द: रखते हैं मुझे बादे-बहार से,
मीनाए-बेशराबो-दिले-बेहवाए गुल[2]।
तेरे ही जल्व:का है यह धोका, कि आज तक,
बेइख़्तियार दौड़े हैं गुल दरक़फाए-गुल[3]।

रदीफ़ 'मीम' :

[46]

महफ़िलें वरहम[4] करे है, गंजफ: बाज़े-ख़याल[5],
हैं वरक़ गर्दानिए-नैरंगे यक बुतख़ान: हम[6]।
दाइमुल हब्स[7] इसमें हैं लाखों तमन्नाएँ 'असद',
जानते हैं सीन:ए-पुरखूँ को ज़िन्दाँख़ान: हम[8]।

[47]

मुझको दयारे-ग़ैर[9] में मारा, वतन से दूर,
रख ली मेरे ख़ुदा ने, मेरी बेकसी की शर्म।
वह हल्क़हाए-ज़ुल्फ़[10], कमीं[11] में हैं, ऐ ख़ुदा,
रख लीजो मेरे दाव:ए-वारस्तगी की शर्म।

रदीफ़ 'नून':

[48]

वह फ़िराक़ और वह विशाल कहाँ,
वह शबोरोज़ो-माहोसाल कहाँ?

---

1. गुल की वफ़ा के भ्रम का शिकार, 2. मदिरा-रिक्त मधुपात्र (दीनता) एवं कुसुम-कामना-रहित (बुझा हृदय) 3. फूल के पीछे फूल, 4. बिखेरना, बिगाड़ना, 5. कल्पना का गंजीफ़बाज़ या खिलाड़ी, 6. किसी बुतख़ाने की तिलिस्मी सूरतों के उलटते हुए पन्ने, 7. सदा के लिए बन्दी, 8. हम रक्तरंजित सीने को बन्दीगृह समझते हैं, 9. परदेश, 10. अलकजाल, 11. घात।

दिल तो दिल, बस दिमाग़ भी न रहा,
शौरे-सौदाए-ख़त्तो-ख़ाल कहाँ[1] ?
थी वह इक शख़्स के तसव्वुर से
अब वह रा'नाइए ख़याल[2] कहाँ ?

[49]

की वफ़ा हमसे, तो ग़ैर उसको जफ़ा कहते हैं
होती आयी है, कि अच्छों को बुरा कहते हैं।
आज हम अपनी परीशानिए-ख़ातिर[3] उनसे,
कहने जाते तो हैं, पर देखिए क्या कहते हैं।
है परे सरहदे इदराक[4] से, अपना मस्जूद[5],
क़िबले को अह्लेनज़र[6] क़िबलःनुमाँ[7] कहते हैं।

[50]

हो गये हैं जमअ, अज्ज़ाए-निगाहे-आफ़ताब[8],
ज़र्रे, उसके घर की दीवारों के रौज़न[9] में नहीं।
रौनक़े-हस्ती है इश्क़े-खानः वीराँसाज़ से[10]
अंजुमन बेशमअ[11] है, गर बर्क़ ख़िर्मन में नहीं।
थी वतन में शान क्या ग़ालिब, कि हो ग़ुर्बत में क़द्र,
बेतकल्लुफ़, हूँ वह मुश्तेख़स[12] कि गुलख़न[13] में नहीं।

[51]

मेहरबाँ होके बुला लो मुझे, चाहो जिस वक़्त,
मैं गया वक़्त नहीं हूँ, कि फिर आ भी न सकूँ।
ज़ह्र मिलता ही नहीं मुझको, सितमगर वर्नः,
क्या क़सम है तेरे मिलने की कि खा भी न सकूँ।

---

1. वह रूप के प्रति उन्माद की धूप अब कहाँ है ? 2. कल्पना का श्रृंगार, 3. हृदय-व्यथा, 4. ज्ञान-सीमा; 5. उपास्य, 6. ज्ञानो, दृष्टि रखनेवाले, 7. दिशादर्शक, 8. सूर्य के दृष्टि-खण्ड (किरणें), 9. रोशनदान, 10 घर को वीरान कर देनेवाले प्रेम से अस्तित्व की शोभा है, 11. दीपरहित, 12. मुट्ठीभर घास, 13. भट्ठी।

[52]

क़र्ज़ की पीते थे मय, लेकिन समझते थे, कि हाँ,
रंग लाएगी हमारी .फा.क :मस्ती एक दिन।
नग़्महाए ग़म को भी, ऐ दिल ग़नीमत जानिए,
बेसदा हो जाएगा यह साज़े-हस्ती एक दिन।

[53]

किस मुँह से शुक्र कीजिए, इस लुत्फ़े-ख़ास[1] का,
पुरसिश[2] है और पाये-सुख़न[3] दरमियाँ नहीं।
बोस: नहीं, न दीजिए, दुश्नाम[4] ही सही,
आख़िर ज़बाँ तो रखते हो तुम, गर दहाँ[5] नहीं।
है नंगे-सीन:[6], दिल अगर आतशकद:[7] न हो,
है आ'रे दिल[8], नफ़स अगर आज़रफ़िशाँ[9] नहीं।

[54]

कहते हैं, जीते हैं उम्मीद प लोग,
हमको जीने की भी उम्मीद नहीं।

[55]

जहाँ तेरा न.क्शे-.कदम[10] देखते हैं,
ख़ियाबाँ-ख़ियाबाँ[11] इरम[12] देखते हैं।
तमाशा कि ऐ महे-आईन:दारी[13],
तुझे किस तमन्ना से हम देखते हैं।

[56]

ता फिर न इन्तिज़ार में नींद आये उम्र भर,
आने का उहद कर गये, आये जो ख़्वाब में।
क़ासिद[14] के आते-आते, ख़त इक और लिख रखूँ,
मैं जानता हूँ, जो वह लिखेंगे जवाब में।

---

1. विशेष कृपा, 2. पूछ-ताछ, 3. वाणी के चरण, 4. गाली, 5. छोटा (सुन्दर) मुँह, 6. वक्ष के लिए लज्जा की बात, 7. अग्निशाला, 8. दिल के लिए लज्जा, 9. अग्निवर्षक, ज्वालामुखी, 10. चरण-चिह्न, 11. क्यारी-क्यारी, 12. नन्दन-कानन, 13. अपने शृंगार में लीन, 14. पत्रवाहक।

है तेवरी चढ़ी हुई, अन्दर नि.क़ाब के,
है इक शिकन पड़ी हुई, त.र्फ़े-नि.क़ाब[1] में।
लाखों लगाव, एक चुराना निगाह का,
लाखों बनाव, एक बिगड़ना इताब[2] में।

[57]

जाँ क्यों निकलने लगती है तन से दमे-समाअ[3],
गर वह सदा[4] समायी है चंगो[5]-रबाब[6] में।
रौ[7] में है र.ख़्शे-उम्र[8], कहाँ देखिए, थमे,
नै हाथ बा.ग पर है न पा है रिकाब में।
अस्ले[9]-शुहूदो[10]-शाहिदो[11]-मशहूद[12] एक है,
हैराँ हूँ, फिर मुशाहिद:[13] है किस हिसाब में।
है मुश्तमिल नुमूदे-सुवर[14] पर वजूदे-बह्र[15]
याँ क्या धरा है .क़तर: ओ मौजो-हुबाब[16] में।
शर्म इक अदाए-नाज़ है, अपने ही से सही,
हैं कितने बेहिजाब, कि हैं यों हिजाब में।
आराइशे-जमाल[17] से .फ़ारि.ग नहीं हनोज़,
पेशे-नज़र है आइन: दाइम नि.क़ाब में।
है .ग़ैबे-.ग़ैब[18], जिसको समझते हैं हम शुहूद,
हैं .ख़्वाब में हनोज़, जो जागे हैं .ख़्वाब में।

[58]

हैराँ हूँ, दिल को रोऊँ, कि पिटूँ जिगर को मैं,
मक़दूर[19] हो, तो साथ रखूँ नौह:गर[20] को मैं।
छोड़ा न रश्क ने, कि तेरे घर का नाम लूँ,
हर इक से पूछता हूँ, कि जाऊँ किधर को मैं।

---

1. नि.क़ाब के कोने में, 2. क्रोध, 3. गान-श्रवण के समय, 4. ध्वनि, 5. एक वाद्य, 6. सितार, 7. गति, 8. जीवन-अश्व, 9. मूल, 10. उपस्थित, 11. प्रत्यक्षदर्शी, 12. दर्शनीय, साधक और साध्य की अवस्थाएँ हैं), 13. दृश्य, देखना, अवलोकना, 14. रूपाभिव्यक्ति में सम्मिलित है, 15. सागर का अस्तित्व, 16. बिन्दु, तरंग और बुदबुद, 17. सौन्दर्य-शृंगार, 18. परोक्ष का परोक्ष, 19. सामर्थ्य, 20. शोक मनानेवाला।

चलता हूँ थोड़ी दूर, हर-इक तेज़रौ के साथ,
पहचानता नहीं हूँ अभी राहबर को मैं।
ख़्वाहिश को अहमक़ों ने, परस्तिश[1] दिया क़रार,
क्या पूछता हूँ उस बुते-बेदादगर[2] को मैं
फिर बेख़ुदी में भूल गया, राहे-कूए-यार[3],
जाता वगर्नः एक दिन अपनी ख़बर को मैं।

[59]

मैं जो कहता हूँ, कि हम लेंगे क़यामत में तुम्हें,
किस रऊनत[4] से वह कहते हैं कि हम हूर नहीं।

[60]

दोनों जहान देके, वह समझे, यह ख़ुश रहा,
याँ आ पड़ी यह शर्म, कि तकरार क्या करें।
थक-थक के, हर मक़ाम प दो-चार रह गये,
तेरा पता न पाएँ, तो नाचार क्या करें।
क्या शमअ के नहीं हैं हवाख़्वाह[5] अह्लेबज़्म,
हो ग़म ही जाँगुदाज़[6], तो ग़मख़्वार क्या करें।

[61]

यह हम जो हिज्र में, दीवारो-दर को देखते हैं,
कभी सबा को, कभी नामःबर को देखते हैं।
वह आएँ घर में हमारे, ख़ुदा की क़ुदरत है,
कभी हम उनको, कभी अपने घर को देखते हैं।

[62]

आह का किसने असर देखा है,
हम भी इक अपनी हवा बाँधते हैं।[7]
तेरी फ़ुर्सत के मुक़ाबिल, ऐ उम्र,
बर्क़ को पा-ब-हिना[8] बाँधते हैं।

---

1. पूजा, 2. ज़ालिम मा'शूक़, 3. प्रिय की गली का मार्ग, 4. गर्व, 5. शुभचिन्तक, 6. प्राण-लेवा, 7. उर्दू में वर्णन को मज़मून बाँधना कहते हैं। 'हवा बाँधना' का अर्थ धाक बाँधना, दूनकी लेना है, 8. मेहँदीरंजित चरण (गतिहीन)।

[63]

क्यों गर्दिशे-मुदाम[1] से घबरा न जाए दिल,
इनसान हूँ, पियालः-वो-साग़र नहीं हूँ मैं।[2]
यारब' ज़मानः मुझको मिटाता है किसलिए,
लौहे-जहाँ[3] प ह.र्फ़े-मु.कर्रर[4] नहीं हूँ मैं।
ग़ालिब, वज़ी.फ़ःख़्वार हो, दो शाह को दुआ,
वह दिन गये कि कहते थे, नौकर नहीं हूँ मैं।

[64]

सब कहाँ, कुछ लालः-ओ-गुल में नुमायाँ हो गयीं,
.ख़ाक में क्या सूरतें होंगी, कि पिन्हाँ[5] हो गयीं।
थीं बनातुन्ना' शे गर्दू[6], दिन को पर्दे में निहाँ,
शब को उनके जी में क्या आयी, कि उरियाँ हो गयीं।
जूए .ख़ूँ आँखों से बहने दो, कि है शामे-फिरा.क,
मैं यह समझूँगा, कि शमएँ दो .फ़रो ज़ाँ[7] हो गयीं।
नींद उसकी है, दिमाग़ उसका है, रातें उसकी हैं,
तेरी ज़ुल.फ़ें जिसके बाज़ू पर, परीशाँ हो गयीं।
वह निगाहें क्यों हुई जाती हैं, यारब, दिल के पार,
जो मेरी कोताहिए-क़िस्मत से मिज़्गाँ हो गयीं।
जाँफिज़ा है बादः, जिसके हाथ में जाम आ गया,
सब लकीरें हाथ की, गोया रगेज़ाँ हो गयीं।
हम मुव्वहिद[8] हैं, हमारा केश[9] है, तर्केरुसूम[10],
मिल्लतें जब मिट गयीं, अज्ज़ाए-ईमाँ[11] हो गयीं।
रंज से .ख़ूगर[12] हुआ इंसाँ, तो मिट जाता है रंज,
मुश्किलें मुझपर पड़ीं इतनी, कि आसाँ हो गयीं।

---

1. सदा के चक्कर (परेशानी), 2. प्राचीन काल में सारी महफ़िल के लोग एक ही मधु-पात्र से पीते थे इसलिए वह निरन्तर घूमता रहता था, 3. संसार-पृष्ठ, 4. दुबारा लिखा (फ़ालतू) अक्षर, 5. विलीन, 6. सप्तर्षि-मंडल, 7. दीप्त, 8. सृष्टि की एकता में विश्वास रखनेवाला, 9. ढंग, धर्म, 10. परम्परा-त्याग, 11. आस्था के अंग, 12. अभ्यस्त।

[65]

मिलना तेरा अगर नहीं आसाँ, तो सहल है,
दुश्वार तो यही है, कि दुश्वार भी नहीं।
इस सादगी प कौन न मर जाए, ऐ ख़ुदा,
लड़ते हैं और हाथ में तलवार भी नहीं।

[66]

दिल ही तो है, न संगो-ख़िश्त[1], दर्द से भर न आये क्यों,
रोएँगे हम हज़ार बार, कोई हमें सताये क्यों?
दैर[2] नहीं, हरम[3] नहीं, दर[4] नहीं, आस्ताँ[5] नहीं,
बैठे हैं रहगुज़र[6] प हम, कोई हमें उठाये क्यों?
जब वह जमाले-दिलफ़रोज़[7], सूरते-मेहरे-नीमरोज़[8],
आप ही हो नज़ार: सोज़[9] पर्दे में मुँह छुपाये क्यों?
दश्न:ए-ग़मज़:[10] जाँसिताँ,[11] नावके नाज़ बेपनाह[12],
तेरा ही अक्से-रुख़ सही, सामने तेरे आये क्यों?
वाँ वह ग़ुरूरे-इज़्ज़ोनाज़[13], याँ यह हिजाबे-पासे-वज़अ[14],
राह में हम मिलें कहाँ, बज़्म में वह बुलाये क्यों?

[67]

मैंने कहा कि, वज़्मे-नाज़[15] चाहिए ग़ैर से, तिही[16],
सुन के सितम ज़रीफ़[17] ने मुझको उठा दिया, कि यों।
मुझसे कहा जो यार ने, जाते हैं होश किस तरह,
देख के मेरी बेख़ुदी, चलने लगी हवा, कि यों।
गर तेरे दिल में हो ख़याल, वस्ल में शौक़ का ज़वाल[18],
मौज मुहीते-आब[19] में, मारे है दस्तो-पा, कि यों।

---

1. पत्थर-ईंट, 2. मन्दिर, 3. मस्जिद, का'बः, 4. द्वार, 5. चौखट, 6. मार्ग, 7. दिल को प्रकाशित करनेवाला रूप, 8. मध्याह्न के सूर्य-समान, 9. दृष्टि को जलानेवाला, 10. कटाक्ष-कटारी, 11. प्राणलेवा, 12. गर्वपूर्ण सौन्दर्य का बाण जिससे रक्षा सम्भव नहीं, 13. अपनी शान का अभिमान, 14. अपनी परम्परा रखने की लज्जा, 15. मा'शूक़ की महफ़िल, 16. रिक्त, 17. अत्याचार में भी परिहास करनेवाला, 18. पतन, ह्रास, 19. जलपरिधि।

रदीफ़ 'वाव' :

[68]

हसद से दिल अगर अफ़सुर्दः[1] है गर्मे-तमाशा हो,
कि चश्मे-तंग[2], शायद कसरते-नज़्ज़ारः[3] से वा हो।
अगर वह सरोक़द, गमे-ख़िरामे-नाज़[4] आ जावे,
कफ़े-हर ख़ाके-गुलशन[5] शक्ले-कुमरी नालः फ़र्सा हों[6]।

[69]

ता'अत[7] में ता रहे न मय ओ वाँगबीं[8] की लाग,
दोज़ख में डाल दो कोई लेकर बिहिश्त को।
हूँ मुनहरिफ़[9] न क्यों, रहो-रस्मे-सवाब से,
टेढ़ा लगा है क़त, क़लमे-सर-नविश्त[10] को।

[70]

है आदमी बजाए ख़ुद इक महशरे-ख़याल[11],
हम अंजुमन समझते हैं, ख़ल्वत[12] ही क्यों न हो।

[71]

वफ़ादारी, बशर्ते-उस्तुवारी[13], अस्ले-ईमाँ[14] है,
मरे बुतख़ानः में, तो का'बे में गाड़ो बरहमन को।
शहादत थी मेरी क़िस्मत में, जो दी थी यह ख़ू मुझको,
जहाँ तलवार को देखा, झुका देता था गर्दन को।
न लुटता दिन को, तो कब रात को यों बेख़बर सोता,
रहा खटका न चोरी का, दुआ देता हूँ रहज़न[15] को।

---

1. खिन्न, 2. संकीर्ण नयन, 3. दृश्य के आधिक्य, 4. मन्द मन्थर गतिवाला, 5. बाग़ को प्रत्येक मुट्ठीभर मिट्टी, 6. फाख़्ते की तरह अन्तर्नाद कर उठे अर्थात हज़ार जान से आशिक़ हो जाए, 7. पूजा, 8. मदिरा और मधु, 9. विद्रोही, 10. भाग्यलेखनी, 11. कल्पना का प्रलय, 12. एकान्त, 13. स्थायित्व की शर्त के साथ वफ़ादारी, 14. धर्म का मूल, 15. लुटेरा।

[72]

धोता हूँ जब मैं पीने को, उस सीमतन[1] के पाँव,
रखता है ज़िद से, खेंचके बाहर लगन के पाँव।
अल्लह रे ज़ौक़े-दश्तनवर्दी, कि बा'दे-मर्ग,
हिलते हैं ख़ुद-बख़ुद मेरे, अन्दर कफ़न के पाँव।
शब को किसी के ख़्वाब में आया न हो कहीं,
दुखते हैं आज उस बुते-नाज़ुक-बदन के पाँव।

[73]

वाँ पहुँचकर जो ग़श आता पैएहम[2] है हमको,
सदरह[3] आहंगे-ज़मीं बोसे-क़दम[4] है हमको।
दिल को मैं, और मुझे दिल, मह्वे-वफ़ा रखता है,
किस क़दर ज़ौक़े-गिरफ़्तारिए-हम है हमको।
तुम वह नाज़ुक, कि ख़मोशी को फ़ुग़ाँ कहते हो,
हम वह आजिज़, कि तग़ाफ़ुल भी सितम है हमको।

[74]

तुम जानो, तुमको ग़ैर से जो रस्मो-राह हो,
मुझको भी पूछते रहो, तो क्या गुनाह हो।
उभरा हुआ निक़ाब में है उनके, एक तार,
मरता हूँ मैं, कि यह न किसी की निगाह हो।
सुनते हैं जो बिहिश्त की ता'रीफ़, सब दुरुस्त,
लेकिन ख़ुदा करे, वह तेरी जल्वःगाह हो।

[75]

किसी को देके दिल कोई नवासंजे फ़ुग़ाँ[5] क्यों हो,
न हो जब दिल ही सीने में, तो फिर मुँह में ज़बाँ क्यों हो।
वफ़ा कैसी, कहाँ का इश्क़, जब सर फोड़ना ठहरा,
तो फिर, ऐ संगे-दिल, तेरा ही संगे-आस्ताँ क्यों हो।

---

1. चन्द्रमुख़ी, रजत कान्तिवाली, 2. निरन्तर (पैहम), 3. सौ बार, 4. चरण चूमने के लिए ज़मीन पर झुकने की आकांक्षा, 5. रोदन का स्वर उत्पन्न करनेवाला।

यह कह सकते हो, हम दिल में नहीं हैं, पर यह बतलाओ,
कि जब दिल में तुम्हीं हो, तो आँखों से निहाँ क्यों हो।

[76]

रहिए अब ऐसी जगह चलकर जहाँ कोई न हो,
हमसुख़न[1] कोई न हो और हमज़ुबाँ[2] कोई न हो।
बेदरो-दीवार-सा इक घर बनाया चाहिए,
कोई हमसाय: न हो और पास्बाँ[3] कोई न हो।
पड़िए गर बीमार, तो कोई न हो तीमारदार,
और अगर मर जाइए, तो नौ:[4]ख़्वाँ कोई न हो।

रदीफ़ 'हे' :

[77]

है सब्ज़:ज़ार[5] हर दरो-दीवारे-ग़मकद:[6],
जिसकी बहार यह हो, फिर उसकी ख़िज़ाँ न पूछ।
नाचार बेकसी की भी हसरत उठाइए,
दुश्वारिए-रह-ओ-सितमे-हमरहाँ[7] न पूछ।

रदीफ़ 'इये':

[78]

सीखे हैं महरुख़ों[8] के लिए हम मुसव्विरी[9],
त.क़रीब कुछ तो बहे मुलाकात चाहिए।
मय से ग़रज़ निशात है किस रूसियाह[10] को,
इक गून:[11] बे.ख़ुदी मुझे दिन-रात चाहिए।

[79]

घर में था क्या, कि तेरा ग़म उसे ग़ारत करता,
वह जो रखते थे हम इक हसरते-ता'मीर[12], सो है।

---

6. बात करनेवाला, 7. अपनी भाषा बोलनेवाला, 8. पहरेदार, 9. रोनेवाला, 10. हरीतिमा, 11. शोकगृह के द्वार-दीवार, 12. सहपथिकों के अत्याचार, 8. चन्द्रवदनियों, 9. चित्रकारी, 10. कृष्णमुख, पापी, 11. किंचित्, 12. निर्माण की कामना।

[80]

ग़मे-दुनिया से, गर पायी थी फ़ुर्सत सर उठाने की,
फ़लक का देखना, तक़रीब[1] तेरे याद आने की।
उन्हें मंज़ूर अपने ज़ख़्मियों का देख आना था,
उठे थे सैरे-गुल को, देखना शोख़ी बहाने की।
हमारी सादगी थी, इल्तिफ़ाते-नाज़[2] पर मरना,
तेरा आना न था, ज़ालिम, मगर तमहीद[3] जाने की।

[81]

दर्द से मेरे है तुझको बेक़रारी हाय-हाय,
क्या हुई ज़ालिम तेरी[4] ग़फ़लतशि'आरी हाय-हाय।
तेरे दिल में गर, न थ आशोबे-ग़म का हौसलः[5],
तूने फिर क्यों की थी मेरी ग़मगुसारी हाय-हाय।
क्यों मेरी ग़मख़्वारगी का तुझको आया था ख़याल,
दुश्मनी अपनी थी मेरी दोस्तदारी हाय-हाय।
उम्र भर का तूने पैमाने-वफ़ा बाँधा तो क्या,
उसको भी तो नहीं है पायदारी हाय-हाय।
शर्मे-रुसवाई से, जा छुपना निक़ाबे-ख़ाक में,
ख़त्म है उल्फ़त की तुझ पर पर्दःदारी हाय-हाय।
हाथ ही तेग़आज़्मा का काम से जाता रहा,
दिल प इक लगने न पाया ज़ख़्मेकारी हाय-हाय।
किस तरह काटे कोई, शबहाए-तारे-बर्शकाल[6]
है नज़र खूकर्दए-अख़्तरशुमारी[7] हाय-हाय।
गोश महजूरे-पयाम[8] ओ चश्म महरूमे-जमाल[9],
एक दिल, तिसपर यह नाउम्मीदवारी हाय-हाय।
इश्क ने पकड़ा न था, 'ग़ालिब', अभी वहशत[10] का रंग,
रह गया, था दिल में जो कुछ ज़ौक़ेख़्वारी[11] हाय-हाय।

---

1. कारण, 2. माशूक़ की कृपा; 3. भूमिका, 4. असावधान आचरण, 5. ग़म की परेशानी उठाने का साहस, 6. बरसात की अँधेरी रातें, 7. तारे गिनने की अभ्यस्त, 8. सन्देश से वंचित कान, 9. रूप से वंचित नयन, 10. पागलपन, 11. असम्मान की अभिरुचि।

[82]

हस्ती के मत .फ़रेब में आ जाइयो, असद,
आलम तमाम हल्क:ए-दामे-.ख़याल[1] है।

[83]

जी जले ज़ौके-.फ़ना[2] की नातमामी पर न क्यों,
हम नहीं जलते, न.फ़स हरचन्द आतशबार[3] है।
आग से, पानी में बुझते वक्त, उठती है सदा,
हर कोई दरमाँदगी[4] में नाले से नाचार है।
आँख की तस्वीर सरनामे पर खेंची है, कि ता,
तुझ प खुल जावे, कि इसको हसरते-दीदार[5] है।

[84]

इश्.क मुझको नहीं, वहशत ही सही,
मेरी वहशत, तेरी शोहरत ही सही।
.कतअ कीजे न तअल्लु.क हमसे,
कुछ नहीं है, तो अदावत ही सही।
हम कोई तर्के-व.फा करते हैं!
न सही इश्.क मुसीबत ही सही।
यार से छेड़ चली जाए, असद,
गर नहीं वस्ल, तो हसरत ही सही।

[85]

ढूँढ़े है उस मुग़न्निए आतश न.फ़स[6] को जी,
जिसकी सदा हो जल्व:ए-बर्के.फ़ना[7] मुझे।
मस्तान: तय करूँ हूँ रहे वादिए-.ख़याल[8],
ता[9] बाज़गश्त[10] से न रहे मुद्द'आ मुझे।
खुलता किसी प क्यों, मेरे दिल का मु'आमल:,
शेरों के इन्ति.ख़ाब ने रुस्वा किया मुझे।

---

1. कल्पना-जाल का घेरा, 2. मृत्यु की उत्कण्ठा, 3. अग्निवर्षक, 4. क्लेश, 5. दर्शनेच्छा, 6. आग लगाने के स्वर में गानेवाला गायक, 7. मृत्यु को बिजली की छवि, 8. कल्पना की घाटियों के मार्ग, 9. जिससे, 10. प्रत्यावर्त्तन में, लौटते समय।

[86]

ज़िन्दगी अपनी जब इस शक्ल से गुज़री, 'ग़ालिब',
हम भी क्या याद करेंगे कि .ख़ुदा रखते थे।

[87]

नज़्ज़ार: क्या हरीफ़ हो, उस बर्क़े-हुस्न[1] का
जोशे-बहार, जल्वे को जिसके निक़ाब है।
मैं नामुराद दिल की तसल्ली को क्या करूँ,
माना, कि तेरे रुख़ से निगह कामयाब है।
गुज़रा असद, मसर्रते-पैग़ामे-यार[2] से,
क़ासिद प मुझको रश्के-सवालो-जवाब है।

[88]

देखना क़िस्मत, कि आप अपने प रश्क आ जाये है,
मैं उसे देखूँ, भला कब मुझसे देखा जाये है।
हाथ धो दिल से, यही गर्मी गर अन्देशे[3] में है,
आबगीन:[4], तुन्दिए-सहबा[5] से पिघला जाये है।
ग़ैर को, यारब, वह क्योंकर मनए-गुस्ताख़ी[6] करे,
गर हया भी उसको आती है तो शर्मा जाये है।
शौक़ को यह लत, कि हर दम नाल: खेंचे जाइए,
दिल की वह हालत, कि दम लेने से घबरा जाये है।
गरच: है तर्ज़े-तग़ाफ़ुल[7], पर्द:दारे-राज़े-इश्क़[8],
पर हम ऐसे खोये जाते हैं, कि वह पा जाये है।
होके आशिक़, वह परीरुख़, और नाज़ुक बन गया,
रंग खुलता जाये है, जितना कि उड़ता जाये है।
नक़्श को उसके मुसव्विर पर भी क्या-क्या नाज़ हैं,
खेंचता है जिस क़दर, उतना ही खिंचता जाये है।

---

1. सौन्दर्य-विद्युत्, 2. प्रिय के सन्देश के आह्लाद से, 3. चिन्ता, 4. शीशे का पात्र (दिल), 5. मदिरा की तीक्ष्णता, 6. धृष्टता से मना करना, 7. यह उपेक्षा का ढंग, 8. प्रेम-रहस्य को छिपानेवाला।

[89]

देखना तक़रीर की लज़्ज़त, कि जो उसने कहा,
मैंने यह जाना, कि गोया यह भी मेरे दिल में है।
बस, हुजूमे-नाउमीदी, ख़ाक में मिल जाएगी,
यह जो इक लज़्ज़त हमारी सइए बेहासिल[1] में है।
जल्वज़ारे-आतशे-दोज़ख[2], हमारा दिल सही,
फ़ितनए-शोरे-क़यामत[3], किसकी आबोगिल[4] में है।

[90]

दिल से तेरी निगाह जिगर तक उतर गयी,
दोनों को इक अदा में रज़ामन्द कर गयी।
देखो तो, दिलफ़रेबिए-अन्दाज़े-नक्शे-पा[5],
मौजे-ख़िरामे-यार[6] भी, क्या गुल कतर गयी[7]।
हर बुल्हवस[8] ने हुस्नपरस्ती[9] श'आर[10] की,
अब आबरूए-शेवःए-अहले-नज़र[11] गयी।
नज़्ज़ारे[12] ने भी, काम किया वाँ निक़ाब का,
मस्ती से हर निगह तेरे रुख़ पर बिखर गयी।

[91]

कोई दिन, गर ज़िन्दगानी और है,
अपने जी में हमने ठानी और है।
देके ख़त, मुँह देखता है नामःबर,
कुछ तो पैग़ामे-ज़बानी और है।

[92]

कोई उम्मीद बर नहीं आती,
कोई सूरत नज़र नहीं आती।
मौत का एक दिन मुअय्यन[13] है,
नींद क्यों रातभर नहीं आती।

---

1. निष्फल प्रयत्न, 2. नरक की अग्नि से प्रकाशित, 3. प्रलय के शोर का फ़ितना, 4. पानी-मिट्टी (शरीर), 5. चरण-चिह्न की मनमोहकता, 6. प्रिय की मन्थरगति की तरंग, 7. फूल बिखेर गयी, 8. लोभी, 9. सौन्दर्योपासना, 10. ग्रहण की, 11. दृष्टि रखनेवालों के आचरण का सम्मान, 12. दर्शन, दृश्य, 13. निश्चित।

आगे आती थी हाले-दिल प हँसी,
अब किसी बात पर नहीं आती।
जानता हूँ सवाबे-ताअतो-ज़ुह्द,
पर तबीअत इधर नहीं आती।
है कुछ ऐसी ही बात, जो चुप हूँ,
वर्नः क्या बात कर नहीं आती।
हम वहाँ हैं, जहाँ से हमको भी,
कुछ हमारी .खबर नहीं आती।
मरते हैं आरज़ू में मरने की,
मौत आती है, पर नहीं आती।
का'बः किस मुँह से जाओगे 'ग़ालिब',
शर्म तुमको मगर नहीं आती।

[93]

दिले-नादाँ, तुझे हुआ क्या है,
आख़िर इस दर्द की दवा क्या है।
हम हैं मुश्ताक़[1] और वह बेज़ार[2],
या इलाही, यह माजरा क्या है।
मैं भी मुँह में ज़बान रखता हूँ,
काश, पूछो, कि मुद्द'आ क्या है।

क़तअ

जब कि तुझ बिन नहीं कोई मौजूद,
फिर यह हंगामः ऐ .खुदा क्या है।
यह परीचेहरः लोग कैसे हैं,
गमजः-ओ-इश्वः-ओ-अदा[3] क्या है।
शिकने-ज़ुल्फ़े-अम्बरी[4] क्यों है,
निगहे-चश्मे-सुर्मःसा[5] क्या है।
सब्ज़ः-ओ-गुल कहाँ से आये हैं,
अब्र क्या चीज़ है, हवा क्या है।

1. उत्सुक, 2. रुष्ट, 3. कटाक्ष और हाव-भाव, 4. अम्बर-गन्धमयी अलकों के घूँघट, 5. सुरमा (अंजन)-रंजित नयनों की चितवन।

हमको उनसे व.फा की है उम्मीद,
जो नहीं जानते, व.फा क्या है।
जान तुम पर निसार करता हूँ,
मैं नहीं जानता, दुआ क्या है।

[94]

है साइक़ः[1]-ओ-शोलः[2]-ओ-सीमाब[3] का आलम,
आना ही समझ में मेरी आता नहीं, गो आये।
जल्लाद से डरते हैं, न वाइज़ से झगड़ते,
हम समझे हुए हैं उसे, जिस भेस में जो आये।
हाँ अहले तलब, कौन सुने ता'नए नाया.फ्त[4],
देखा, कि वह मिलता नहीं, अपने ही को खो आये।

[95]

हस्ती हमारी, अपनी .फ़ना पर दलील[5] है,
याँ तक मिटे, कि आप हम अपनी क़सम हुए।
अहले-हवस की .फ़तह है तर्के-नबर्दे-इश्क़[6]
जो पाँव उठ गये वही उनके अलम[7] हुए।
छोड़ी, असद न हमने गदाई में दिल्लगी,
सायल हुए, तो आशिक़े-अहले-करम हुए।

[96]

ज़ुल्मतकदः[8] में मेरे शबे-ग़म का जोश[9] है,
इक शमअ है दलीले-सेहर, सो .ख़मोश है।
ने मुज़्दए-विसाल[10], न नज़्ज़ार ए जमाल[11],
मुद्दत हुई, कि आश्तिए-चश्मोगोश[12] है।
दीदार बादः, हौसलः साक़ी, निगाह मस्त,
बज़्मे-.ख़याल[13], मयकदए-बे.ख़रोश[14] है।

---

1. बिजली, 2. ज्वाला; 3. पारद, 4. वांछित वस्तु न मिलने का ताना, 5. प्रमाण, 6. लोलुपों की विजय प्रेम के संघर्ष का परित्याग है, 7. झंडा, 8. तिमिराच्छन्न गृह, 9. ग़म की रात का तूफ़ान यानी अँधेरा ही अँधेरा, 10. मिलन का सन्देश, 11. रूप-दर्शन, 12. नयन एवं कानों की मैत्री, 13. कल्पना की महफ़िल, 14. नीरव मद्यशाला।

क़तअ

ए ताज़: वारिदाने-बिसाते-हवाए-दिल[1],
ज़िन्हार, अगर तुम्हें हवसे-नायोनोश[2] है।
देखो मुझे, जो दीदए-इब्रतनिगाह[3] हो,
मेरी सुनो, जो गोशे-नसीहतनियोश[4] है।
साक़ी, बजल्व: दुश्मने-ईमानो-आगही[5]
मुतरिब[6], बनग़म:[7], रहज़ने-तमकीनो-होश[8] है।
या शब को देखते थे, कि हर गोशए-बिसात[9],
दामाने-बाग़बानो-कफ़े गुलफ़रोश[10] है।
लुत्फ़े-ख़िरामे-साक़िओ-ज़ौक़े-सदाए-चंग[11]
यह जन्नते-निगाह[12], वह फ़िर्दौसे-गोश[13] है।
या सुब्हदम जो देखिए आकर, तो बज़्म में,
ने वह सुरूरो-सोज़[14], न जोशो-ख़रोश है।
दाग़े-फ़िराक़े-सोहबते-शब की जली हुई[15],
इक शमअ रह गयी है, सो वह भी ख़मोश है।

[97]

देते हैं जन्नत, हयाते दह्र[16] के बदले,
नश्श: बअन्दाज़े-खुमार[17] नहीं है।
गिरिय: निकाले है तेरी बज़्म से मुझको,
हाय, कि रोने प इख़्तियार नहीं है।

[98]

जिस बज़्म में, तू नाज़ से, गुफ़्तार में आवे[18]
जाँ[19], काल्बुदे[20]-सूरते-दीवार में आवे।

---

1. हृदय की कामनाओं की महफ़िल में नये आनेवालो, 2. सुनने और पीने की लिप्सा, 3. शिक्षा लेनेवाली आँख, 4. सदुपदेश पर ध्यान देनेवाले कान, 5. अपनी छवि के कारण साक़ी ईमान व ज्ञान ले लेता है, 6. गायक, 7. संगीत द्वारा, 8. मन की शान्ति और बुद्धि को लूट लेता है, 9. फर्श का हर एक कोना, 10. माली का अंचल और फूल बेचनेवाले की हथेली, 11. माशूक़ (साक़ी) की मन्थर गति और वाद्य-ध्वनि, 12. स्वर्ग-नयन, 13. स्वर्ग-श्रवण, 14. ख़ुशी और गर्मी, 15. रात की महफ़िल के विरह के दाग़ से जली हुई, 16. इस जगत् के जीवन, 17. मदिरालस के बराबर नशा, 18. बात करे (ग़ालिब के समय में यह रूप प्रचलित था; अब नहीं है।), 19. प्राण, 20. शरीर, ढाँचा।

साये की तरह साथ फिरें सरो सनोबर,
तू इस क़दे-दिलकश से, जो गुलज़ार में आवे।
उस चश्मे-फुसूँगर[1] का, अगर पाये इशारा,
तूती[2] की तरह आइनः गु.फ्तार में आवे।
काँटों की ज़बाँ सूख गयी प्यास से, यारब[3]!
इक आबलःपा[4] वादिए-पुर.खार[5] में आवे।
तब चाके गिरेबाँ का मज़ा है, दिले-नादाँ,
जब इक न.फ़स उलझा हुआ हर तार में आवे।

[99]

और बाज़ार से ले आये, अगर टूट गया,
सा.गरे-जम[6] से मेरा जामे-सि.फाल[7] अच्छा है।
उनके देखे से, जो आ जाती है मुँह पर रौन.क़,
वह समझते हैं कि बीमार का हाल अच्छा है।
हमको मालूम है, जन्नत की ह.क़ी.क़त, लेकिन,
दिल के ख़ुश रखने को, ग़ालिब, यह ख़याल अच्छा है।

[100]

एक हंगामे प मौ.क़ू.फ, है घर की रौन.क़,
नौहः-ए-ग़म ही सही, नग़मए-शादी न सही।
न सताइश[8] की तमन्ना, न सिले[9] की परवा,
गर नहीं हैं मेरे अशआर में मा'नी न सही।

[101]

.ख़ुदा के वास्ते, दाद इस जुनूने-शौ.क़ की देना,
कि उसके दर प पहुँचते हैं नामःबर से हम आगे।

[102]

हर एक बात प कहते हो तुम, कि तू क्या है,
तुम्हीं कहो कि यह अन्दाज़े-गु.फ्तगू[10] क्या है।

---

1. जादू-भरे नयन, 2. तूती को आइने-के सामने बैठकर बोलना सिखाते हैं, 3. हे ईश्वर, 4. छाले पड़े चरणवाला, 5. कंटकमय घाटी, 6. ईरान के प्राचीन सम्राट् जमशेद का मधुपात्र, 7. मिट्टी का प्याला, 8. प्रशंसा, 9. पुरस्कार, 10. बातचीत की रीति।

न शो'ले में यह करिश्मः[1], न बर्क़ में यह अदा,
कोई बताओ, कि वह शोख़े तुन्द ख़ू[2] क्या है।
जला है जिस्म जहाँ, दिल भी जल गया होगा,
कुरेदते हो जो अब राख, जुस्तजू क्या है।
रगों में दौड़ते फिरने के, हम नहीं क़ायल,
जब आँख ही से न टपका, तो फिर लहू क्या है।
वह चीज़, जिसके लिए हमको हो, बिहिश्त[3] अजीज़,
सिवाय बादःए-गुलफ़ामे-मुश्कबू[4] क्या है।

[103]

क़हृ हो, या बला हो, जो कुछ हो,
काश के, तुम मेरे लिए होते।
मेरी क़िस्मत में ग़म गर इतना था,
दिल भी, यारब, कई दिए होते।

[104]

ग़ैर लें महफ़िल में, बोसे जाम के
हम रहें यों तश्नःलब[5], पैग़ाम के[6]।
ख़त लिखेंगे, गर्चे मतलब कुछ न हो,
हम तो आशिक़ हैं, तुम्हारे नाम के।
रात पी ज़मज़म[7] प मय, और सुब्ह दम,
धोये धब्बे जामए-अहराम[8] के।
इश्क़ ने, ग़ालिब निकम्मा कर दिया,
वर्नः हम भी आदमी थे काम के।

[105]

फिर इस अन्दाज़ से बहार आई,
कि हुए मेह्रो-मह[9] तमाशाई।

---

1. चमत्कार, 2. तीव्र स्वभाववाला चपल (मा'शूक़), 3. स्वर्ग, 4. कस्तूरी गन्धमयी फूलों-सी रंगीन मदिरा 5. पिपासित अधर (प्यासे) 6. सन्देश के, 7. का'बे के निकट एक कुआँ है, 8. का'बे को परिक्रमा करते समय हाजियों द्वारा शरीर पर लपेटा जानेवाला कपड़ा, 9. सूर्य-चन्द्र।

देखो, ऐ साकिनाने-ख़ित्त:ए ख़ाक[1],
इसको कहते हैं आलम आराई[2]।
कि ज़मीं हो गयी है सर ता सर[3]
रूकशे-सतहे-चर्ख़े-मीनाई[4]।
सब्ज़े[5] को जब कहीं जगह न मिली,
बन गया रूए-आब[6] पर काई।
सब्ज़:-ओ-गुल के देखने के लिए,
चश्मे-नर्गिस को दी है बीनाई[7]।
है हवा में शराब की तासीर,
बाद:नोशी[8] है बाद पैमाई[9]।

[106]

कब वह सुनता है कहानी मेरी,
और फिर वह भी ज़बानी मेरी।
कर दिया ज़ो'फ़[10] ने आजिज़ ग़ालिब,
नंगे-पीरी[11] है, जवानी मेरी।

[107]

अच्छा है सर अंगुश्ते-हिनाई[12] का तसव्वुर[13],
दिल में नज़र आती तो है, इक बूँद लहू की।

[108]

है वस्ल हिज्र, आलमे-तमकीनोज़ब्त[14] में,
मा'शूक़े-शोख़ो-आशिक़े-दीवान: चाहिए।

[109]

चाक मतकर जैब[15] बेअय्यामे-गुल[16],
कुछ उधर का भी इशारा चाहिए।

---

1. धरती के अधिवासियो, 2. विश्व का शृंगार, 3. सम्पूर्ण, एक सिरे से दूसरे सिरे तक, 4. नील गगन की बराबरी करनेवाली, 5. हरीतिमा, 6. पानी के मुख; पानी की सतह, 7. दृष्टि-ज्योति, 8. मद्यपान, 9. हवा-खाना (बेकार), 10. दुर्बलता, क्षीणता, 11. बुढ़ापे को शरमानेवाली, 12. मेहँदी-रंजित उँगली का सिरा, 13. ध्यान, कल्पना, 14. सन्तोष और आत्मनियन्त्रण की दशा में, 15. गला, 16. फूलों की ऋतु (वसन्त) के बिना।

दोस्ती का पर्द:, है बेगानगी,
मुँह छुपाना हमसे छोड़ा चाहिए।
मुनहसिर मरने प हो, जिसकी उमीद,
नाउमीदी उसकी, देखा चाहिए।
ग़ाफ़िल, इन महतलअतों[1] के वास्ते,
चाहनेवाला भी अच्छा चाहिए।
चाहते हैं .ख़ूबरूओं को असद,
आपकी सूरत तो देखा चाहिए।

[110]

नुक्त:चीं[2] है, ग़मे-दिल उसको सुनाये न बने,
क्या बने बात, जहाँ बात बनाये न बने[3]।
मैं बुलाता तो हूँ उसको, मगर ऐ जज़्बए-दिल[4],
उस प बन जाये कुछ ऐसी, कि बिन आये न बने।
इस नज़ाकत का बुरा हो, वह भले हैं, तो क्या,
हाथ आवें, तो उन्हें हाथ लगाये न बने।
कह सके कौन, कि यह जल्व:गरी किसकी है,
पर्द: छोड़ा है वह उसने, कि उठाये न बने।
मौत की राह न देखूँ, कि बिन आये न रहे,
तुमको चाहूँ, कि न आओ, तो बुलाये न बने।
बोझ वह सर से गिरा है, कि उठाये न उठे,
काम वह आन पड़ा है, कि बनाये न बने।
इश्क़ पर ज़ोर नहीं, है यह वह आतश 'ग़ालिब',
कि लगाये न लगे और बुझाये न बने।

[111]

वह आके .ख़्वाब में, तस्कीने-इज़्तिराब[5] तो दे,
वले[6] मुझे तपिशे-दिल[7] मजाले-.ख़्वाब[8] तो दे।
करे है .क़त्ल, लगावट में तेरा रो देना,
तेरी तरह कोई तेग़े-निगह[9] को आब[10] तो दे।

---

1. चन्द्रमुखियों, 2. छिद्रान्वेषी (मा'शूक़), 3. मनोकामना की पूर्ति, 4. मनोभाव, 5. बेचैनी में सान्त्वना, 6. किन्तु, 7. दिल की तपन, 8. सोने एवं स्वप्न की ताक़त, 9. दृष्टि की तलवार, 10. पानी देना, चमकाना।

पिला दे ओक से, साकी, जो हमसे नफ़रत है,
पियाल: गर नहीं देता, न दे, शराब तो दे।
'असद' ख़ुशी से मेरे हाथ-पाँव फूल गये,
कहा जो उसने, ज़रा मेरे पाँव दाब तो दे।

[112]

ब तूफ़ाँ गाहे-जोशे-इज़्तिराबे-शामे-तनहाई[1],
शुआए-आफ़ताबे-सुब्हे-महशर तारे-बिस्तर है[2]।
कहूँ क्या दिल की क्या हालत है, हिज्रे-यार में, ग़ालिब,
कि बेताबी से, हर इक तारे-बिस्तर ख़ारे-बिस्तर है।

[113]

ख़ुदा या, जज़्बए-दिल की मगर तासीर उल्टी है,
कि जितना खेंचता हूँ और खिंचता जाये है मुझसे।
उधर वह बदगुमानी है, इधर यह नातवानी है,
न पूछा जाये है उससे, न बोला जाये है मुझसे।
सँभलने दे मुझे, ऐ नाउमीदी, क्या क़यामत है,
कि दामाने-ख़याले-यार[3], छूटा जाये है मुझसे,
क़यामत है, कि होवे मुद्दई का हमसफ़र,[4] ग़ालिब,
वह काफ़िर, जो ख़ुदा को भी न सौंपा जाये है मुझसे।

[114]

लाग़र[5] इतना हूँ, कि गर तू बज़्म में जा दे मुझे,
मेरा ज़िस्म:, देखकर गर कोई बतला दे मुझे।
मुँह न दिखलावे, न दिखला, पर बअन्दाज़े-इताब[6],
खोलकर पर्द: ज़रा आँखें ही दिखला दे मुझे।

[115]

बाज़ीच:-ए-अत्फ़ाल[7] है दुनिया मेरे आगे,
होता है शबो-रोज़[8] तमाशा, मेरे आगे।

---

1. बेचैनी के तूफ़ान से भरी एकाकीपन की विरह-सन्ध्या, 2. विस्तर का प्रत्येक तार प्रलय--प्रभात के सूर्य की किरण के समान लगता है। 3. प्रिय के ध्यान का आँचल, 4. सहयात्री, 5. क्षीण, दुबला, 6. ग़ुस्से की अदा में, 7. बच्चों का खेल, 8. रात-दिन।

मत पूछ कि क्या हाल है मेरा, तेरे पीछे,
तू देख, कि क्या रंग है तेरा मेरे आगे।
ईमाँ मुझे रोके है, तो खेंचे है मुझे कुफ़्र[1],
का'बः मेरे पीछे है, कलीसा[2] मेरे आगे।
गो हाथ को जुंबिश[3] नहीं, आँखों में तो दम है,
रहने दो अभी साग़रो मीना[4] मेरे आगे।

[116]

नहीं ज़रीयए-राहत, जराहते-पैकाँ[5],
वह ज़ख़्मे-तेग़ है, जिसको कि दिलकुशा कहिए[6]।
नहीं निगार[7] को उल्फ़त[8], न हो, निगार तो है,
रवानिए-रविशो-मस्तिए-अदा[9] कहिए।
नहीं बहार को फ़ुर्सत, न हो, बहार तो है,
तरावते-चमनो-ख़ूबिए-हवा[10] कहिए।

[117]

करने गये थे उससे तग़ाफ़ुल[11] का हम गिला,
की एक ही निगाह कि बस ख़ाक हो गये।

[118]

जब तक दहाने-ज़ख़्म[12] न पैदा करे कोई,
मुश्किल, कि तुझसे राहे-सुख़न वा करे कोई[13]।
सरबर[14] हुई न वादए-सब्रआज़मा[15] से उम्र,
फ़ुर्सत कहाँ कि तेरी तमन्ना करे कोई।
हुस्ने-फ़रोग़े-शमए-सुख़न[16] दूर है, असद,
पहले दिले-गुदाख़्तः[17] पैदा करे कोई।

---

1. अधर्म, 2. गिर्जाघर, 3. कम्पन, 4. मधुपात्र और मधुकलश, 5. बाण का घाव चैन का, साधन नहीं है, 6. दिल को विकसित करनेवाला तो कृपाण का ही घाव है, 7. रूपसी, (प्रियतमा), 8. प्रेम, 9. मस्ती से भरी चाल का ढंग, 10. पुष्पोद्यान की शीतलता और हवा की खूबी, 11. उपेक्षा, उदासीनता, 12. घाव का मुँह, 13. तुझसे बातचीत की राह निकालना मुश्किल है, 14. कर्तव्यमुक्त होना, 15. सन्तोष की परीक्षा लेनेवाला आश्वासन, 16. काव्य-प्रदीप के प्रकाश का सौन्दर्य, 17. द्रवित हृदय।

[119]

इब्ने-मरियम[1] हुआ करे कोई,
मेरे दुख की दवा करे कोई।
बक रहा हूँ जुनूँ में क्या-क्या कुछ,
कुछ न समझे, ख़ुदा करे कोई।
न सुनो, गर बुरा कहे कोई,
न कहो, गर बुरा करे कोई।
रोक लो, गर ग़लत चले कोई,
बख़्श[2] दो, गर ख़ता करे कोई।
कौन है, जो नहीं है हाजतमन्द,
किसकी हाजत रवा करे कोई।
क्या किया ख़िज्र ने सिकन्दर से[3],
अब किसे रहनुमा करे कोई।
जब तवक़्क़ो[4] ही उठ गयी, ग़ालिब,
क्यों किसी का गिला[5] करे कोई।

[120]

हज़ारों ख़्वाहिशें ऐसी, कि हर ख़्वाहिश प दम निकले,
बहुत निकले मेरे अरमान, लेकिन फिर भी कम निकले।
निकलना ख़ुल्द[6] से आदम[7] का सुनते आये थे, लेकिन,
बहुत बे-आबरू होकर तेरे कूचे से हम निकले।
मुहब्बत में नहीं है .फ़र्क़, जीने और मरने का,
उसी को देखकर जीते हैं, जिस काफ़िर प दम निकले।
कहाँ मयख़ाने का दरवाज़ः, ग़ालिब और कहाँ वाइज़,
पर इतना जानते हैं, कल वह जाता था, कि हम निकले।

---

1. मरियम-पुत्र (ईसामसीह, जो लोगों को नीरोग करते फिरते थे), 2. क्षमा, 3. ख़िज्र—एक पैग़म्बर हैं जो भूले-भटकों को रास्ता बताते हैं। कहा जाता है कि वह सिकन्दर को अमृत के झरने पर ले गये और स्वयं अमृत पी लिया। सिकन्दर को वे आदमी दिखाये जो अमृत पीकर अमर हो गये थे। सिकन्दर ने उनकी हालत देखी तो अमृत पीने से इनकार कर दिया, 4. आसरा-भरोसा, 5. शिकायत, 6. स्वर्ग, 7. आदि पुरुष, जैसे हिन्दुओं में आदि मनु थे वैसे ही बाइबल और क़ुरान में आदि पुरुष आदम थे। यह शैतान के बहकावे में आ गये इसलिए (नारी हव्वा या ईव के साथ) स्वर्ग से निकाल दिये गये। इन्हीं की सन्तान आदमी हैं।

[121]

हूँ मैं भी तमाशाइए-नैरंगे-तमन्ना[1],
मतलब नहीं कुछ इससे, कि मतलब ही बर आवे।

[122]

सियाही जैसे गिर जावे दमे-तहरीर काग़ज़ पर,
मेरी क़िस्मत में यों तस्वीर हैं शबहाए-हिज्राँ[2] की।

[123]

.खमोशियों में तमाशा अदा निकलती है,
निगाह, दिल से तेरे, सुर्मःसा[3] निकलती है।
फ़िशारे-तंगिए-ख़िल्वत[4] से बनती है शबनम,
सबा जो गुंचे[5] के पर्दे में जा निकलती है।

[124]

फूँका है किसने गोशे-मुहब्बत[6] में, ऐ .ख़ुदा,
अ.फ्सूने-इन्तिज़ार[7], तमन्ना कहें जिसे,

[125]

ऐ परतवे-.खुशीदे-जहाँताब[8], इधर भी,
साये की तरह हम प अजब वक़्त पड़ा है।
नाकर्दः गुनाहों[9] की भी हस्रत की मिले दाद,
यारब, अगर इन कर्दः गुनाहों की सज़ा है।

[126]

वाइज़ न तुम पियो, न किसी को पिला सको,
क्या बात है, तुम्हारी शराबे×तहूर[10] की।

---

1. कामना के जादू का दर्शक, 2. वियोग की रातें, 3. सुरमा-रंजित, 4. एकान्त की संकीर्णता का दबाव, 5. कली, 6. प्रेम के कान, 7. प्रतीक्षा का जादू, 8. विश्व को प्रकाशित करनेवाले सूर्य की ज्योति, 9. अकृत पाप, जिन पापों को करने की लालसा रह गयी, 10. स्वर्ग की मदिरा।

गो वाँ नहीं, प वाँ के निकाले हुए तो हैं,
का'बे से इन बुतों को भी निस्बत है दूर की।
क्या फ़र्ज़ है, कि सबको मिले एक-सा जवाब,
आओ न, हम भी सैर करें कोहेतू[1] रकी।
ग़ालिब, गर इस सफ़र में मुझे साथ ले चलें,
हज का सवाब[2] नज़्र करूँगा हुज़ूर की।

[127]

कहते हुए साक़ी से हया आती है, वर्न:,
है यों, कि मुझे दुर्दे-तहे-जाम[3] बहुत है।
ख़ूँ होके जिगर आँख से टपका नहीं, ऐ मर्ग,
रहने दे मुझे याँ, कि अभी काम बहुत है।
होगा कोई ऐसा भी, कि ग़ालिब को न जाने,
शाइर तो वह अच्छा है, प बदनाम बहुत है।

[128]

मुद्दत हुई है यार को मेह्माँ किये हुए,
जोशे-क़दह[4] से, बज़्म चरागाँ[5] किये हुए।
करता हूँ जमअ फिर, जिगरे-लख़्त-लख़्त[6] को,
अर्स: हुआ है दा'वते-मिज़गाँ[7] किये हुए।
फिर वज़ए-एहतियात[8] से रुकने लगा है दम,
बरसों हुए हैं चाक गरेबाँ किये हुए।
फिर पुर्सिशे-ज़राहते-दिल[9] को चला है इश्क़,
सामाने-सद हज़ार नमकदाँ[10] किये हुए।
फिर शौक़ कर रहा है ख़रीदार की तलब,
अर्ज़े-मताए-अक़्लो-दिलो-जाँ[11] किये हुए।
माँगे है फिर, किसी को लबे-बाम[12] पर, हवस,
ज़ुल्फ़े-सियाह रुख़ प परीशाँ किये हुए।

---

1. एक पर्वत जिस पर हज़रत मूसा ईश्वरीय ज्योति देखने गये थे, 2. पुण्य, 3. प्याले की तली में बैठी तलछट, 4. सुरोत्सव, 5. दीपालोकित, 6. जिगर के टुकड़े-टुकड़े, 7. उनकी पलकों (बर्छी) की दावत, 8. सावधानी का ढंग, 9. हृदय के घावों की पूछताछ, 10. लाखों नमकदानों के साथ, 11. बुद्धि, हृदय और प्राण-धन का समर्पण, 12. छज्जे पर।

चाहे है फिर किसी को मुक़ाबिल[1] में आरज़ू[2],
सुरमे से तेज़ दश्नः एक मिज़गाँ[3] किये हुए।
इक नौबहारे-नाज़[4] को ताके है फिर निगाह,
चेहरः फरोग़े-मय[5] से गुलिस्ताँ किये हुए।
जी ढूँढ़ता है फिर वही फ़ुर्सत, कि रात-दिन,
बैठे रहें तसव्वुरे-जानाँ[6] किये हुए।

[129]

वह ज़िन्दः हम हैं, कि हैं रूशनासे-खल्क[7], ऐ ख़िज्र,
न तुम, कि चोर बने उम्रे-जाविदाँ[8] के लिए।
ब.क़द्रे-शौ.क[9] नहीं, ज़.र्फे-तंगनाए-.ग़ज़ल[10],
कुछ और चाहिए वसअत[11] मेरे बयाँ के लिए।

क़सीदे

[1]

साज़ यक ज़र्रः नहीं .फैज़े-चमन से बेकार,
सायःए-लालए-बेदा.ग सुवेदाए-बहार[12]।
मस्तिए बादे-सबा[13] से है ब अरज सब्ज़ः,
रेजए-शीशए-मय जौहरे-ते.गे-कुहसार[14]।
मस्तिए-अब्र से गुलचीने-तरब है हस्रत[15],
कि इस आग़ोश में मुमकिन है दो आलम का फिशार[16]।
कोहो-सहरा हमः मा'मूरिए-शौ.के-बुलबुल[17],
राहे-ख़्वाबीदः[18] हुई खन्दए-गुल[19] से बेदार।

1. सामने, 2. कामना, अभिलाषा, 3. पलकों की कटारी, 4. रूपगर्व के नव-वसन्त, 5. मदिराभा, 6. मा'शूक़ का ध्यान, 7. दुनिया से परिचित, 8. अमर जीवन, 9. उत्सुकता की मात्रा के अनुरूप, 10. ग़ज़ल का सँकरा क्षेत्र, 11. विस्तार, 12. बहार के हृदय का काला तिल, 13. प्रभात-समीरण की मस्ती, 14. पहाड़ की तलवार अर्थात पहाड़ की चोटी की हरीतिमा मदिरा की सुराही का कण बन गयी है, 15. बादलों की मस्ती से दिल की अपूर्ण अभिलाषाएँ भी खुशी के फूल चुन रही हैं, 16. इसके आलिंगन में दोनों जगत् सिमट गये हैं, 17. पर्वत एवं वन बुलबुल के शौक़ से पूर्ण हैं, 18. निद्रित पथ, 19. फूलों की हँसी।

दूसरा मतलअ

फ़ैज़ से तेरे है ऐ शमए-शबिस्ताने-बहार[1],
दिले-पर्वानः चराग़ाँ परे बुलबुल गुलनार[2]।
शक्ले-ताऊस करे आईनः खानः पर्वाज़,
ज़ौक़ में जल्वः के तेरे बहवाए-दीदार[3]।
दीदः ता दिल असद आईनः यक परतवे-शौक़,
फ़ैज़े-मानी से ख़ते-साग़रे-राक़िम सरशार[4]।

[2]

दह्र जुज़ जलवए-यकताइए-मा'शूक़ नहीं[5],
हम कहाँ होते, अगर हुस्न न होता ख़ुदबीं[6]
बे-दिली हाय तमाशा, कि न इब्रत है न ज़ौक़,
बेकसी हाय तमन्ना, कि न दुनिया है, न दीं।
मिस्ले-मज़मूने-वफ़ा, बाद बदस्ते-तस्लीम[7],
सूरते-नक़्शे-क़दम, ख़ाक बफ़र्के-तमकीं[8]।
इश्क़ बेरब्तिए-शीराज़ए-अजज़ाय हवास,
वस्ल ज़िंगारे-रुख़े-आइनए-हुस्ने-यकीं[9]।
किसने देखा नफ़से-अहले-वफ़ा आतशख़ेज़[10],
किसने पाया असरे-नालए-दिलहाय हज़ीं[11] ?

---

1. ऐ बहार (वसन्त) के गृह की शमअ (दीप), 2, परवानों के दिल दीपक बन गये हैं और बुल-बुल के पर गुलनार की तरह रंगीन हो गये हैं, 3. तेरी छवि देखने के लिए आइनः खानः (दिल) मोर की तरह उड़ रहा है, 4. ऐ असद! आँख से लेकर दिल तक उत्कण्ठा के प्रकाश का आइनः बन जाता है कि अन्तर के औदार्य से प्रशंसा लिखनेवाले के मधुपात्र की रेखाएँ मस्त हो जाएँ, 5. संसार मा'शूक़ की अप्रतिम छवि के सिवा और कुछ नहीं है, 6. गर्वित, 7. स्वीकृति (समर्पण) को भी हम वफ़ा (निष्ठा) की भाँति ही परेशान देखते हैं, 8. मर्यादा को चरण-चिह्न की भाँति धूल में मिला पाते हैं, 9. जिस प्रकार बदहवासी में चेतना विशृंखल हो जाती है, उसी प्रकार प्रेम भी यहाँ परेशान है। मिलन का विश्वास दर्पण-पटकी भाँति धूमिल है, 10. भक्तों के आग लगानेवाले श्वास को किसने देखा है ? 11. दुखिया दिलों।

[3]

हाँ, महे नौ[1]! सुनें हम उसका नाम,
जिसको तू झुकके कर रहा है सलाम।
दो दिन आया है तू नज़र दमे-सुब्ह,
यही अन्दाज़ और यही अन्दाम।
बारे दो दिन कहाँ रहा .ग़ायब?
'बन्दः आजिज़ है, गर्दिशे-अय्याम।
उड़के जाता कहाँ, कि तारों का,
आसमाँ ने बिछा रखा था दाम[2]।'
जानता हूँ, कि उसके .फ़ैज़ से तू,
फिर बना चाहता है माह तमाम[3]।
माह बन, माहताब बन, मैं कौन,
मुझको क्या बाँट देगा तू ईनाम?
मेरा अपना जुदा मुआमिलः है,
और के लेन-देन से क्या काम?

[4]

सुब्ह दम दरवाज़ए-.ख़ावर[4] खुला,
मेह्रे आलमताब[5] का मंज़र[6] खुला।
.ख़ुसरुवे-अंजुम[7] के आया स.र्फ़[8] में,
शब को था गंजीनए-जौहर[9] खुला।
तख़्ते-गर्दूं[10] पर पड़ा था रात को,
मोतियों का हर तर.फ़ ज़ेवर खुला।
सुब्ह आया जानिबे-मशरि.क़[11] नज़र,
इक निगारे-आतशींरु.ख़, सरखुला[12]।
थी नजरबन्दी, किया जब रद्दे-सेह्र[13],
बादए-गुलरंग का सा.ग़र[14] खुला।

---

1. नवचन्द्र, 2. जाल, 3. पूर्णचन्द्र, 4. प्राची, पूर्व, 5. विश्व को प्रकाशित करनेवाला सूर्य, 6. खिड़की, 7. तारिकाधिपति (सूर्य), 8. व्यय, 9. मोतियों का ख़जाना, 10. गगन, 11. पूर्व की ओर, 12. ज्वाला के चेहरेवाली प्रियतमा सर खोले हुए आ गयी है, 13. जादू की काट, 14. फूलों-जैसी रंगीन मदिरा का पात्र।

लाके सा.की ने सुबूही के लिए,
रख दिया है एक जामे-ज़र खुला[1]।
देखियो 'ग़ालिब' से गर उलझा कोई, है
वली पोशीद: और का.फ़िर खुला[2]।

मस्नवी

[1]

आम की प्रशंसा में

आम का कौन मर्दे-मैदाँ[3] है,
समरो शा.ख गूए-चौगाँ है[4]।
न चला जब किसी तरह म.क़दूर,
बादए-नाब[5] बन गया अंगूर।
यह भी नाचार जी का खोना है,
शर्म से पानी-पानी होना है।
मुझसे पूछो तुम्हें .खबर क्या है,
आम के आगे नैशकर[6] क्या है।
न गुल उसमें, न शा.खोबर्ग न बार,
जब ख़िज़ाँ आये तब हो इसकी बहार।
न.जर आता है यूँ मुझे यह समर,
कि दवा.खानए-अजल में मगर[7]।
आतशे-गुल प.क़न्द का है .क़वाम,
शीर: के तार का है रेश: नाम[8]।
या यह होगा कि .फ़र्ते-रा.फ़त से,
बा.ग़बानों ने बा.ग़े-जन्नत से।

1. या गगनरूपी साक़ी ने प्रभातकाल में पी जानेवाली मदिरा के लिए एक सुनहला प्याला लाकर रख दिया है, 2. अन्दर से साधु और ऊपर से खुला काफ़िर है, 3. प्रतिद्वन्द्वी, 4. फल गेंद और शाखाएँ चौगान हैं, 5. मदिरा, 6. गन्ना, 7-8. ऐसा जान पड़ता है कि यह आदि सृष्टि के दवाख़ाने में बना है। फूल की आग, गर्मी, पर मिश्री की चाशनी देकर इसे बनाया गया है और इस चाशनी के तार का नाम रेशा रख दिया गया है।

अंग्बीं के बहुक्म रब्बुन्नास,
भरके भेजे हैं सर्व:मुहर गिलास[1]।
या लगाकर ख़िज्र ने शा.खे-नबात,
मुद्दतों तक दिया है आबे-हयात।
तब हुआ है समरफ़िशाँ यह नख़्ल[2],
हम कहाँ वर्न: और कहाँ यह नख़्ल।
साहबे-शा.खो-बर्गोबार[3] है आम,
नाज़ पर्वर्दए-बहार[4] है आम।

[2]

चिकनी डली (सुपारी) की प्रशंसा में

[1871 ई. की बात है जब नवाब ज़ियाउद्दीन अहमद और ग़ालिब दोनों कलकत्ता में थे। एक दिन बात-चीत चल रही थी कि एक सज्जन ने फ़ारसी-कवि फ़ैज़ी की बड़ी प्रशंसा की। ग़ालिब तो सिवा खुसरो के किसी भारतीय फ़ारसी-कवि को मानते ही न थे, इसलिए बोले—ठीक है पर जितनी तारीफ़ फ़ैज़ी की होती है उतने का अधिकारी वह न था। उस सज्जन ने फ़ैज़ी की काव्य-शक्ति की प्रशंसा करते हुए कहा कि जब फ़ैज़ी पहली बार अकबर के दरबार में गया, अवसर आते ही ढाई सौ शेरों का क़सीद: वहीं बनाकर पढ़ा। ग़ालिब बोले—अब भी ऐसे लोग हैं जो दो-चार सौ नहीं, दो-चार शेर तो तुरन्त बनाकर कह ही सकते हैं। उन सज्जन ने जेब से एक चिकनी डली (सुपारी) निकाली और कहा—इस पर कुछ कहिए। ग़ालिब ने तुरन्त ये पंक्तियाँ सुनायीं]

है जो साहब के क़फेदस्त[5] प यह चिकनी डली,
जेब देता है इसे जिस क़दर अच्छा कहिए।
ख़ाम: अंगुश्त बदन्दाँ[6] कि इसे क्या लिखिए,
नातक़:[7] सर बगिरेबाँ[8] कि इसे क्या कहिए।

---

1. या ऐसा जान पड़ता है कि नन्दन-कानन के मालियों ने मनुष्यों पर खुश होकर, कृपापूर्वक और ईश्वराज्ञा से, पुरस्कारस्वरूप शहद से भरे हुए गिलास मुँह पर मुहर लगाकर भेज दिये हैं, 2. या ख़िज्र ने मिश्री का एक पौधा लगाकर उसे मुद्दतों तक अमृत से सींचा है तब उस पौधे में यह फल लगा है, 3. शाखाओं और पत्तों से युक्त, 4. बहार द्वारा दुलार से पाला हुआ, 5. हथेली, 6. हैरान, 7. वाणी, 8. चिन्तित।

मुह्रे मक्तूबे-अज़ीज़ा ने गरामी लिखिए[1],
हर्ज़े-बाज़ूए[2]-शिगर्फ़ाने-.खुदआरा[3] कहिए।
मिस्सीआलूदः सरअंगुश्ते हसीनाँ लिखिए[4],
दा.गे-त.र्फ़े-जिगरे-आशिके-शैदा[5] कहिए।
अ.ख्तरे-सो.ख्तए-.कैस[6] से, निस्बत दीजे,
.खाले-मुश्कीने-रु.खे दिलकशे-लैला[7] कहिए।
क्यों इसे .कु.फ़्ले-दरे-गंजे-मुहब्बत[8] लिखिए,
क्यों इसे नु.क्तए-परकारे-तमन्ना[9] कहिए?
बन्दः परवर के क.फ़ेदस्त को दिल कीजिए फर्ज़,
और इस चिकनी सुपारी को सुवेदा कहिए।

क़तआत

गये वह दिन, कि नादानिस्तः[10] .गैरों की व.फ़ादारी,
किया करते थे तुम तक़्रीर हम .खामोश रहते थे।
बस, अब बिगड़े प क्या शर्मिन्दगी, जाने दो, मिल जाओ,
क़सम लो हमसे, गर यह भी कहें 'क्यों हम न कहते थे।'

× ×

कलकत्तः का जो ज़िक्र किया तूने हमनशीं!
इक तीर मेरे सीनः में मारा कि हाय-हाय!
वह सब्जःज़ार हाय मुतर्रा[11] कि है .गज़ब!
वह नाज़नीं बुताने-.खुदआरा[12], कि हाय-हाय!
सब्रआज़मा[13] वह उनकी निगाहें, कि हि.फ़ नज़र,
ताक़तरुबा[14] वह उनका इशारा, कि हाय-हाय!
वह मेवहाय ताज़ए-शीरीं कि वाह-वाह!
वह बादहाय नाबे-गवारा[15], कि हाय-हाय!

× ×

---

1. सम्मानित प्रियजनों के पत्रों की मुहर है, 2. भुजा की तावीज़, 3. स्वयं शृंगार किये हुए हसीन, 4. चाहे इसे रूपसी का मिस्सी से पूर्ण अँगुली का सिरा लिख सकते हैं, 5. मोहित प्रेमी के जिगर का दा.ग, 6. मजनू का जला हुआ नक्षत्र (भाग्य), 7. लैला के चित्ताकर्षक मुख (कपोल) का सुगन्धपूर्ण तिल, 8. प्रेम-कोष के द्वार का ताला, 9. कामना की परिधि का बिन्दु। 10. अनुभवहीन, 11. शीतल (तरावटवाला), 12. स्वयंसज्जिता रूपसियाँ, 13. धैर्य की परीक्षा लेनेवाली, 14. शक्ति देनेवाला, 15. बढ़िया, स्वादिष्ट मदिराएँ।

न पूछ इसकी ह.की.क़त, हुजरेवाला ने,
मुझे जो भेजी है, बेसन की रोग़नी रोटी।
न खाते गेहूँ, निकलते न खुल्द से बाहर,
जो खाते हज़रते आदम यह बेसनी रोटी।

× ×

इ.फ्तारे-सूम[1] की कुछ, अगर दस्तगाह[2] हो,
उस श.ख़्स को ज़रूर है रोज: रखा करे।
जिस पास रोज़: खोल के खाने को कुछ न हो,
रोज़: अगर न खाये, तो नाचार क्या करे।

× ×

क्या इन दिनों बसर हो हमारी, फ़ुरा.ग़[3] में,
कुछ तफ़्र.क़:[4] रहा न दिलो दर्दो दा.ग़ में।
चाहा बचश्मे-शौ.क, जो मूसाने तूर पर,
याँ देखते हैं रोज़ वही, हर चरा.ग़ में।
यह म.क़नतो-वकार अलाई! यह वहशतें,
शोरिश है कुछ .ज़रूर, तुम्हारे दिमा.ग़ में।

रुबाइयाँ

शब ज़ुल्फो-रु.ख़े-अर्क़ेफ़िशाँ[5] का गम था,
क्या शरह करूँ, कि तु.र्फ़: तर आलम था।
रोया मैं हज़ार आँख से सुबह तलक,
हर कतरए-अश्क, दीद: पुरनम था।

× ×

दिल स.ख़्त नज़न्द[6] हो गया है गोया,
उससे गिल:मन्द[7] हो गया है गोया।
पर यार के आगे बोल सकते ही नहीं,
'.ग़ालिब' मुँह बन्द हो गया है गोया।

× ×

दुख जीके पसन्द हो गया है, .ग़ालिब,
दिल रुककर बन्द हो गया है, .ग़ालिब।

---

1. रोज़ा खोलना, 2. साधन, 3. विरह, 4. अन्तर, 5. द्रवणशील, 6. आज़िज, परेशान, 7. शिकायत करनेवाला।

वल्लाह, कि शब को नींद आती ही नहीं,
सोना सौगन्द हो गया है ग़ालिब।

× ×

सामने ख़ूरो-ख़्वाब[1] कहाँ से लाऊँ,
आराम के अस्बाब कहाँ से लाऊँ।
रोज़: मेरा ईमान है, ग़ालिब लेकिन,
ख़सख़ान:[2] व बर्फ़आब[3] से कहाँ से लाऊँ।

सेहरा

[फूलों या सुनहरे-रुपहले तारों की झालर जो विवाह के समय वर के सिर पर बाँधी जाती है। उसकी प्रशंसा में जो काव्य-रचना की जाती है, उसे भी सेहरा कहते हैं। शहजाद: जवान बख़्त का निकाह (विवाह) 1 अप्रिल, 1853 को हुआ था। उस समय 'ग़ालिब' ने यह सेहरा कहा था :]

[1]

ख़ुश हो ऐ बख़्त! कि है आज तेरे सर सेहरा,
बाँध शहज़ाद: जवाँबख़्त के सर पर सेहरा।
क्या ही इस चाँद से मुखड़े प भला लगता है,
है तेरे हुस्न दिल अफ़रोज़[4] का ज़ेवर सेहरा।
सर पर चढ़ना तुझे फबता है, पर ऐ तर्फ़ेकुलाह[5],
मुझको डर है, कि न छीने तेरा लम्बर चेहरा।
नाव भरकर ही पिरोये गये होंगे मोती,
वर्न: क्यों लाये हैं कश्ती में लगाकर सेहरा।
सात दरिया के फ़राहम[6] किये होंगे मोती,
तब बना होगा इस अन्दाज़ का गज़भर चेहरा।
रुख़ प दूल्हा के जो ग़र्मी से पसीन: टपका,
है रगे-अब्रे-गुहरबार[7] सरासर सेहरा।
यह भी एक बेअदबी थी कि क़बा[8] से बढ़ जाए,
रह गया आन के दामन के बराबर सेहरा।

---

1. खाने-पीने-सोने, 2. शीतल कक्ष, 3. बर्फ़ का पानी, 4. हृदय खिलानेवाली, 5. टोपी की ओर, 6. संचित, 7. मोती बरसानेवाला बादल, 8. चोंगा (परिच्छद)।

जी में इतराएँ न मोती, कि हमीं हैं इक चीज़,
चाहिए फूलों का भी एक मुकर्रर[1] सेहरा।
जब कि अपने में समावें न ख़ुशी के मारे,
गूँधे फूलों का भला फिर कोई क्योंकर सेहरा।
रुख़े-रौशन की दमक, गौहरे-ग़लताँ की चमक,
क्यों न दिखलाये फरोग़े महो-अख़्तर सेहरा।
हम सुख़नफ़हम हैं, ग़ालिब के तरफ़दार नहीं,
देखें, इस सेहरे से कह दे कोई बेहतर सेहरा।

[2]

हम नशीं तारे हैं और चाँद शहाबउद्दीनखाँ,
बज़्मे-शादी है फ़लक, काहकशाँ[2] है सेहरा।
इनको लड़ियाँ न कहो, बह्रकी मौजें[3] समझो,
है तो कश्ती में, वले बह्रे[4] रवाँ है सेहरा।

[3]

चर्ख़ तक धूम है, किस धूम से आया सेहरा,
चाँद का दायरः ले, ज़ुहरः[5] ने गाया सेहरा।
रश्क से लड़ती हैं आपस में उलझकर लड़ियाँ,
बाँधने के लिए जब उसने उठाया सेहरा।

मर्सियः

[शोक-गीत]

हाँ, ऐ नफ़से-बादे-सेहर[6]! शो'लःफ़िशाँ[7] हो,
ऐ दजलए ख़ूँ! चश्मे-मलाइक[8] से रवाँ हो।
ऐ ज़मज़मए-क़ुम[9]! लबे ईसा प फ़ुग़ाँ[10] हो।
ऐ मातमयाने-शहे-मा'सूम कहाँ हो?

---

1. दोहरा, 2. आकाशगंगा, 3. समुद्र-तरंग, 4. तरंगित वा गतिमान समुद्र, 5. शुक्र, 6. प्रातः-समीर के श्वास, 7. ज्वालामुखी, ज्वालावर्षी, 8. फ़रिश्तों की आँखें, 9. 'उठजा' का राग, 10. ईसा के अधरों पर आर्त्तनाद बन जा, (हज़रत ईसा 'उठ जा' कहते थे और मुर्दे उठ खड़े होते थे।)

बिगड़ी है बहुत, बात बनाये नहीं बनती।
अब घर को बग़ैर आग लगाये नहीं बनती॥
ताबे-सुख़न व ताक़ते-ग़ोग़ा नहीं हमको।
मातम में शहे-दीं के हैं, सौदा[1] नहीं हमको॥
घर फूँकने में अपने मुहाबा[2] नहीं हमको।
ग़र चर्ख़ भी जल जाय, तो पर्वा नहीं हमको॥
यह खर्गहे नुः पायः[3] जो मुद्दत से बजा है।
क्या ख़ेमए-शब्बीर[4] से रुत्बः में सिवा है॥
कुछ और ही आलम नज़र आता है जहाँ का।
कुछ और ही नक़्शः, है दिलो-चश्मो-जुबाँ का॥
कैसा फ़लक और मेह्र जहाँ ताब कहाँ का।
होगा दिले-बेताब किसी सोख़्तःजाँ का॥
अब मेह्र में और बर्क़ में कुछ बर्क़ नहीं है।
गिरता नहीं इस रू से कहो बर्क़ नहीं है॥

स्फुट

मयकशी को न समझ बेहासिल,
बादए-ग़ालिब अर्क़े-बेद नहीं।

× ×

दिल आपका, कि दिल में है जो कुछ सो आपका,
दिल लीजिए, मगर मेरे अरमाँ निकाल के।

× ×

चन्द तस्वीरें बुताँ, चन्द हसीनों के ख़ुतूत,
बाद मरने के, मेरे घर से यह सामाँ निकला।

× ×

देखता हूँ उसे, थी जिसकी तमन्ना मुझको,
आज बेदारी में है, ख़्वाबे-ज़ुलेखा मुझको।

× ×

नियाज़े-इश्क़[5], ख़िर्मनसोज़े-अस्बाबे-हवस बेहतर,
जो हो जावे निसारे बर्क़[6], मुश्ते ख़ारोख़स बेहतर।

× ×

1. उन्माद, 2. संकोच, 3. नवपदी रावटी, 4. हज़रत इमाम हसन, 5. प्रेम की विनय, 6. बिजली पर निछावर।

ज़ख़्मे-दिल तुमने दुखाया है, कि जी जाने है,
ऐसे हँसते को रुलाया है, कि जी जाने है।

× ×

हम क्या कहें किसी से, क्या है तरीक़ अपना,
मज़हब नहीं है कोई, मिल्लत नहीं है कोई।

× ×

पीरी[1] में भी कमी न हुई झाँक-ताक की,
रोज़न की[2] तरह दीद का आज़ार रह गया।
वह मुर्ग़ है ख़िज़ाँ की सुऊबत[3] से बेख़बर,
आइन्दः साल तक जो गिरफ़्तार रह गया।

चयन

[नुस्खःहमीदियः से]

[1]

है कहाँ, तमन्ना का दूसरा क़दम यारब!
हमने दश्ते-इम्काँ[4] को, एक नक़्शे-पा[5] पाया।
बेदिमाग़े-ख़िजलत[6] हूँ, रश्के-इम्तिहाँ ताके,
एक बेकसी, तुझको आलम आशना[7] पाया।

[2]

कारख़ाने से जुनूँ के भी मैं उरियाँ[8] निकला,
मेरी क़िस्मत का न यक-आध गिरेबाँ निकला।
साग़रे-जल्वए-सरशार, है हर ज़र्रए-ख़ाक[9],
शौक़े-दीदार, बिला आईनः सामाँ निकला।
*कुछ खटकता था मेरे सीनः में, लेकिन आख़िर, **
जिसको दिल कहते थे, सो तीर का पैकाँ निकला।

---

1. वृद्धावस्था, 2. छिद्र, 3. कष्ट, व्यथा, 4. सम्भावना-वन, 5. चरण-चिह्न, 6. शर्म, 7. संसार का प्रेमी, संसार को समझनेवाला, 8. नंगा, 9. मिट्टी का प्रत्येक कण छवि के मधुपात्र में डूबा हुआ है।

* शायद 'जिगर' मुरादाबादी का शेर है :

कुछ खटकता तो है पहलू में मेरे रह-रहकर,
अब ख़ुदा जाने तेरी याद है या दिल मेरा।

[3]

वाँ हुजूमे-नग्म:हाए-साज़े-इशरत[1] था 'असद'
नाख़ुने-ग़म, याँ सरे-तारे-नफ़स मिज़राब[2] था।

[4]

'असद' यह इज्ज़ो[3] बेसामानिए-फिरऔन[4] तौअम[5] है,
जिसे तू बन्दगी कहता है, दावा है .ख़ुदाई का।

[5]

हमने वहशतकदए-बज़्मे-जहाँ[6] में ज्यूँ शमअ,
शोलए-इश्क़ को अपना सरो-सामाँ समझा।

[6]

बसूरत तकल्लु.फ[7] ब'मानी तअस्सु.फ[8],
'असद' मैं तबस्सुम हूँ पज़मुर्दगाँका[9]।

[7]

निगाहे-चश्मे-हासिद वामले, ऐ ज़ौक़े-.ख़ुदबीनी[10]!
तमाशाई हूँ वहदत.खानए-आईनए-दिल का।
मुझे राहे-सुख़न में .ख़ौ.फ़े-गुमराही[11] नहीं 'ग़ालिब',
असाए-ख़िज्रे-सेहराए-सुख़न है ख़ाम: 'बेदिल' का।

[8]

ऐ वाय! ग़.फ़लते-निगहे-शौ.क़, वर्न: याँ,
हर पार: संग, लख़्ते-दिले-कोहे-तूर[12] था।

---

1. ऐश्वर्य के वाद्य से निर्गत स्वरों की भीड़ थी, 2. श्वास के तार का सिरा मिज़राब बन गया था, 3. नम्रता, दीनता, 4. फ़िरऔन की दरिद्रता, 5. यम्ज जुड़वाँ, फ़रोआ या फ़िरऔन प्राचीन मिस्र के बादशाहों की उपाधि थी। इनमें से एक ने ख़ुदाई का दावा किया और मूसा द्वारा पराजित हुआ। उर्दू-फ़ारसी काव्य में अत्याचार और अभिमान का प्रतीक, 6. संसार की महफ़िल के उन्माद कक्ष में, 7. रूप में बनावट, 8. अर्थ में पश्चात्ताप, 9. मैं मलिन वदनों की मुसकान हूँ, 10. ऐ मेरे गर्व (ख़ुदबीनी) की उत्कंठा, तू किसी द्वेषी की दृष्टि उधार ले ले (क्योंकि विद्वेषी अपने सिवा किसी और को देख ही नहीं सकता, 11. पथभ्रष्ट होने का भय, 12. पत्थर का हर टुकड़ा तूर पर्वत के हृदय का ही खंड था।

जन्नत है तेरी तेग़ के कुश्तों की मुन्तज़िर,
जौहर सवादे-जल्वए-मिज़गाने-हूर था।

[9]

रगे-गुल[1] जादए-तारे-निगह से हद[2] मुआफ़िक है,
मिलेंगे मंज़िले-उल्फ़त में हम और अन्दलीब[3] आख़िर।
गुरूरे-ज़ब्त[4] वक्ते-निज़अ टूटा, बे.क़रारान:,
नियाज़े-बालअफ़शानी[5] हुआ सब्रो-शकेब आख़िर।

[10]

तमाशाए-गुलशन, तमन्नाए-चीदन[6],
बहार आफ़रीना[7], गुनहगार हैं हम।
न ज़ौके-गिरेबाँ, न पर्वाए-दामाँ,
निगह आश्नाए-गुलोखार[8] हैं हम।
'असद' शिकव: कुफ्रो-दुआ नासिपासी[9]
हुजूमे-तमन्ना से नाचार हैं हम।

[11]

पाँव में जब वह हिना बाँधते हैं,
मेरे हाथों को जुदा बाँधते हैं।
शेख़जी, का'ब: का जाना मालूम,
आप मस्जिद में गधा बाँधते हैं।

[12]

फिर हलक़ए-काकुल में पड़ीं दीद की राहें,
जूँ दूद[10] फ़राहम[11] हुईं रौज़न[12] में निगाहें।
दैरो-हरम, आईनए-तकरारे-तमन्ना[13],
वामाँदगिए-शौक़[14] तराशे है पनाहें[15]।

---

1. फूल की नसें 2. दृष्टि के तार मार्ग के अनुकूल हैं, 3. बुलबुल, 4. आत्म-नियन्त्रण का अभिमान, 5. तड़प, 6. (फूल) चुनने की कामना, 7. बहार के बनानेवाले, 8. फूलों और काँटों की आँखें पहचाननेवाले, 9. अकृतज्ञता, 10. धुवाँ, 11. एकत्र, 12. छिद्र, 13. कामना की पुनरावृत्ति का प्रमाण, 14. रुचि की थकान, 15. शरण ढूँढ़ती है।

[13]

दौराने-सर से गर्दिशे-साग़र है मुन्तसिल,
ख़ुमख़ानए-जुनूँ में दिमाग़े-रसीदः[1] हूँ।
की मुत्तसिल[2] सितारः शुमारी[3] में उम्र सर्फ़[4],
तस्बीहे-अश्कहाय ज़मिज़्गाँ चकीदः हूँ[5]।
हूँ गर्मिए-निशाते-तसव्वुर से नग़्मःसंज[6],
मैं अन्दलीबे-गुलशने-नाआफ़रीदः हूँ[7]।
देता हूँ कुश्तगाँ को, सुख़न से सरे-तपिश,
मिज़राब तारहाय गुलूए-बुरीदः हूँ[8]।

[14]

है तिलिस्मे-देह्र[9] में, सद हश्रे-पादाशे-अमल[10],
आगही ग़ाफ़िल, कि यक इमरोज़ बेफ़र्दा नहीं[11]।

[15]

कब तलक फेरे 'असद' लबहाय तुफ़्तः[12] पर जुबाँ,
ताक़ते-लब तश्नगी, ऐ साक़िए-कौसर[13] नहीं।

[16]

'असद' उठना क़यामत क़ामतों का[14], वक़्ते-आराइश[15],
लिबासे-नज़्म[16] में, बालीद ने मज़्मू ने आली[17] है।

---

1. सिर के चक्कर के कारण निरन्तर यह मालूम हो रहा है कि मैं मधुपात्र के चक्र में सम्मिलित हूँ (और प्याले पर प्याला चढ़ाता जा रहा हूँ), मानो मैं उन्माद के मदिरालय में एक ऐसा दिमाग हूँ जो नशे से आप्लावित है, 2. लगातार, 3. तारे गिनना; 4. व्यय, 5. पलकों से टपके हुए आँसुओं की तस्वीह (माला) हूँ, 6. उनके ध्यान के आनन्द के उत्ताप से स्वरालाप कर रहा हूँ, 7. मैं अनजाई पुष्पवाटिका का बुलबुल हूँ, 8. मैं मरनेवालों को अपने काव्य से उत्तप्त करता अर्थात तड़पाता हूँ, मानो कटे हुए गले के तारों पर मिज़राब के तुल्य झंकार पैदा करनेवाला हूँ, 9. संसार के इन्द्रजाल, 10. दुनिया के तिलिस्म में कर्म के प्रतिकार के सैकड़ों प्रलय उठते रहते हैं, 11. ऐ ग़ाफ़िल, सावधान हो कि आज का कोई भी दिन अपने जोड़ के बिना (अकेला) नहीं है, 12. सूखे ओठों, 13. स्वर्गकुंड के जल को पिलानेवाले, 14. जिनकी यष्टि प्रलय ढाती है, 15. शृंगार के समय, 16. काव्य का परिच्छद, 17. उच्च विषय का विकास।

[17]

ज़िबस[1] दोशे-रमे-आहू[2] प है महमिल तमन्ना[3] का,
जुनूने-.कैस से भी शोखिए-लैला नुमायाँ है।
'असद' बन्दे-.क़बाए-यार है फिर्दौस का .गुंच:[4],
अगर वा[5] हो, तो दिखला दूँ कि यक आलम गुलिस्ताँ है।

[18]

चश्मे-ख़ूबाँ, मयफ़रोशे-नश: ए सूज़ारे-नाज़ है,
सुर्म: गोया मौजे-दूदे-शोलए-आवाज़[6] है।

[19]

जो कुछ है महे-शोख़िए-अब्रूए-यार है,
आँखों को रखके ता.क प देखा करे कोई।

[20]

रु.खसारे-यार[7] की खुली जो जल्व:गुस्तरी[8],
ज़ुल्फ़े-सियाह[9] भी शबे-महताब[10] हो गयी।
'ग़ालिब' ज़िबस कि सूख गये चश्म में सरश्क[11],
आँसू की बूँद गौहरे-नायाब[12] हो गयी।

[21]

.खबर निगह को निगह चश्म को उदू[13] जाने,
वह जल्व: कर, कि न मैं जानूँ और न तू जाने।

[22]

आर्ज़ूए-.खान:आबादी ने वीराँतर किया,
क्या करूँ गर सायए-दीवार सैलाबी करे[14]।

---

1. अत्यधिक, स्पष्ट, 2. दौड़ते हिरनों के कन्धों पर, 3. कामना का महमिल (पालकी जिसमें लैला चलती थी।), 4. स्वर्ग की कली, 5. खुला, 6. सुरमा मानो वाणी की ज्वाला की धूम्र-तरंग है, 7. प्रिय के कपोल, 8. छवि फैलना, 9. काली अलकें, 10. चाँदनी रात, 11. आँसू, 12. दुर्लभ मोती, 13. शत्रु, 14. यदि अपनी दीवार की छाया ही बाढ़ ला दे।

सुब्हदम वह जल्व:रेज़ो-बे-न.क़ाबी हो अगर,
रंगे-रु.खसारे-गुले-.ख़ुर्शीद महताबी[1] करे।
बादशाही का जहाँ यह हाल हो, 'ग़ालिब', तो फिर,
क्यों न दिल्ली में हर इक नाचीज़ नव्वाबी करे।

[23]

सुब्ह से मा'लूम, आसारे-ज़हूरे-शाम[2] है,
ग़ाफ़िलाँ! आग़ोज़ेकार, आईनए-अंजाम है।
बस कि तेरे जल्वए-दीदार का है इश्तियाक़[3],
हर बुते-ख़ुर्शीद तलअर्त[4], आफ़ताबे-बाम है।

[24]

तोड़ बैठे जबकि हम जामो-सुबू[5], फिर हमको क्या?
आस्माँ से बादए-गुलफ़ाम[6] गर बरसा करे।

[25]

रेहने-ज़ब्त है आईन:बन्दिए गौहर[7]
वर्न: बह्र में हर क़तर: चश्मे-पुरनम[8] है।

[26]

ख़ुद नाम: बनके जाइए, उस आशना के पास,
क्या .फ़ायद: कि मन्नते-बेगान: खींचिए।

[27]

चमन-चमन गुले-आईन:[9] दर किनारे-हवस,[10]
उमीद महवे[9]तमाशाय गुलिस्ताँ[11] तुझसे।

---

1. यदि वह मुँह खोलकर सुबह के वक़्त अपनी छवि दिखावे तो उसके कपोलों के गुलाबी रंग के आगे सूर्य चाँद बन जाए, (दूसरा अर्थ—सूर्य उसके कपोलों के गुलाबी रंग को चन्द्रिका तुल्य कर दे), 2. सन्ध्या प्रगट होने के लक्षण, 3. उत्कण्ठा, 4. सूर्यमुखी, 5. मधुपात्र एवं मधुघट, 6. गुलाबी शराब, 7. मोती की सजावट के संयम एवं नियन्त्रण को अश्रु अपेक्षा है, 8. अन्यथा सागर में तो प्रत्येक बूँद अश्रुपूर्ण आँख है, 9. दर्पणों के फूल, 10. लालसा की गोद में (लालसा की गोद में दर्पणों के फूल से तूने चमन भर दिये हैं), 11. आशा को तूने पुष्पोद्यान का दृश्य देखने में लीन कर दिया है।

नियाज़[1], पर्दए-इज़हारे-.ख़ुदपरस्ती[2] है,
जबीने-सिज्द:फ़िशाँ[3] तुझसे, आस्ताँ[4] तुझसे।
'असद'! बमौसिमे-गुल[5] दर तिलिस्मे-कुंजे[6] .क़फ़स
.ख़राम[7] तुझसे, सबा[8] तुझसे, गुलिस्ताँ[9] तुझसे।

[28]

वह तश्नए-सरशारे-तमन्ना हूँ कि जिसको,
हर ज़र्र: बकैफ़ीयते-साग़र नज़र आवे[10]।

अप्रकाशित काव्य

[जो पांडुलिपियों में या फुटकर मिलता है पर संग्रहों में अप्रकाशित है।]

बदतर अज़ वीरान:[11] है फ़स्ले-खिज़ाँ में सह्ने-बाग़,
.ख़ानए-बुलबुल बग़ैर अज़ .ख़न्दए-गुल बेचिराग़[12]।

× ×

करम ही कुछ सबबेलुत्फ़ो-इल्तिफ़ात नहीं[13]
उन्हें हँसाके रुलाना भी कोई बात नहीं।

× ×

जूँ शमअ हम इक सो.ख़्त:[14] सामाने-वफ़ा हैं,
और इसके सिवा कुछ नहीं मालूम कि क्या हैं?

× ×

---

1. श्रद्धा, 2. आत्मपूजा की अभिव्यक्ति का पर्दा है (आड़) है, 3. सिज्द: (नमन) करनेवाला माथा, 4. चौखट, (श्रद्धा भी वस्तुत: अपनी ही पूजा या अहंकार पर एक पर्दा है अर्थात् जिसे श्रद्धा कहते हैं, उसकी आड़ में भी अहंकार है, नहीं तो श्रद्धानत यह ललाट और यह चौखट सब तो तेरे ही कारण हैं।), 5. इन फूलों की ऋतु—वसन्त-में, 6. क़फ़स—कारागृह—के तिलिस्म में फँसा हुआ हूँ, 7. गति, चाल, 8. मन्द समीर, पुरवैया, 9. पुष्पोद्यान; (जब यह चाल, यह ठंडी हवा, यह पुष्प-वाटिका तेरे ही कारण है तब बेचारा असद कारागृह के मायाजाल में क्यों फँसा पड़ा है?) 10. मैं कामनाओं की बाढ़ का वह प्यासा हूँ कि जिस प्रत्येक कण मधुपात्र-सा दिखता है, 11. उजड़े से भी बुरा, 12. बुलबुल का कक्ष फूल की मुस्कान विना दीपहीन-सा है। 13. कुछ कृपा ही आनन्द एवं प्रणय-कटाक्ष का कारण नहीं है, 14. दग्ध।

हुस्न बेपर्वा गिरफ्तारे-.ख़ुद आराई[1] न हो,
गर कमींगाहे[2] नज़र में दिल तमाशाई न हो।

× ×

व.फा ज.फा की तलबगार होती आयी है,
अज़ल के दिन से यह ऐ यार होती आयी है।

× ×

किसकी बर्के-शोख़िए-र.फ्तार[3] का दिलदाद:[4] है,
ज़र्र:-ज़र्र: इस जहाँ का इज़्तराब आमाद:[5] है।

× ×

दश्ते-वहशर्त[6] में न पाया किसी सूरत से सुराग़[7],
गर्दे-जौलाने-जुनूँ[8] तक ने पुकारा हमको।

× ×

नमूदे-आलमे अस्बाब क्या है ल.फ्ज़े-बे-मानी,
कि हस्ती की तरह मुझको अदम[9] में भी तअम्मुल[10] है।

× ×

दर्द हो दिल में तो दवा कीजे,
दिल ही जब दर्द हो तो क्या कीजे।
हमको .फरियाद करनी आती है,
आप सुनते नहीं तो क्या कीजे।
दुश्मनी हो चुकी ब.कदर व.फा,
अब ह.के-दोस्ती अदा कीजे।

× ×

मौत फिर ज़ीस्त न हो जाय, यह डर है 'ग़ालिब'
वह मेरी .कब्र प अंगुश्त बदन्दाँ होंगे।[11]

---

1. स्वयं श्रृंगार करना, 2. जहाँ छिपकर किसी की घात में बैठा जाए (यदि दिल दृष्टि के गोप्य स्थान में देखनेवाला न हो तो बेपर्वा हुस्न अपना श्रृंगार भी न करे।), 3. गति की चंचलता की बिजली, 4. मुग्ध, 5. बेचैनी की ओर उन्मुख, 6. उन्माद-वन, 7. पता, 8. उन्माद अश्व की धूल, 9. अनस्तित्व, परलोक, 10. शंका, 11. मेरी मृत्यु पर उन्हें अफ़सोस होगा, वह मेरी क़ब्र पर आएँगे, मुझे डर है कि उनके आने से मेरी मृत्यु जीवन न बन जाए और उन्हें मुँह में उँगली देनी पड़े।

परिशिष्ट-भाग

परिशिष्ट 1

ग़ालिब के कुछ शागिर्द

ग़ालिब के शिष्यों की संख्या बहुत अधिक थी और उसमें सब धर्मों और सम्प्रदायों के लोग थे। यही नहीं, उनकी विचार तथा काव्य-शैली में भी भिन्नता पायी जाती है। इससे ग़ालिब के व्यक्तित्व की विशालता तथा उनकी उदारता पर प्रकाश पड़ता है। उनके शिष्यों में बहुत ही कम ऐसे हैं जिन्होंने उनका रंग अपनाया। बात यह है कि ग़ालिब ने कभी किसी शिष्य की शैली बदलने की कोशिश नहीं की। उनकी विशेषता यही थी कि वह हर एक को उसी के तर्ज़ पर बनाने-सँवारने की कोशिश करते थे जिससे उसके व्यक्तित्व की छाप उसके काव्य पर बनी रहे। वह कभी अपनी प्रवृत्तियों को उनपर लादने की कोशिश नहीं करते थे। इसीलिए ग़ालिब के शागिर्दों में तुफ़्तः, हाली, साक़िब, ज़की, सालिक, शेफ़्तः जैसे विभिन्न शैलियोंवाले शाइर मिलते हैं।

यह ग़ालिब की लोकप्रियता और उदारता का प्रमाण है कि उनके शिष्यों की संख्या सैकड़ों तक पहुँच गयी थी। जनाब आफ़ाक़ हुसेन 'आफ़ाक़' ने अपनी पुस्तक 'नादिराते-ग़ालिब' में ग़ालिब के 93 शिष्यों पर संक्षिप्त टिप्पणियाँ दी हैं। मालकरामजी ने 'तलामज़ः-ए-ग़ालिब' में खोज करके अनेक नये शिष्यों के नाम-धाम दिये हैं; इनकी कुल संख्या 146 तक पहुँच गयी है। इनके अतिरिक्त विभिन्न संकलनों एवं तज़किरों में कुछ नाम और भी मिलते हैं जो विवादास्पद हैं। मालकरामजी के अनुसार ग़ालिब के शिष्यों की नामावली निम्नलिखित है :

1. 'आराम' : मुंशी शिवनरायन अकबराबादी
2. 'आज़र' : नवाब ज़ुल्फ़िक़ारअलीख़ाँ देहलवी
3. 'आगाह' : सय्यद मुहम्मदरज़ा देहलवी उर्फ़ अहमद मिर्जा
4. 'एहसान' : हाजी एहसान अलीख़ाँ देहरादूनी
5. 'अहसन' : मुफ़्ती मुहम्मद सुलतान हसनख़ाँ

6. 'अहसन : हक़ीम मज़हर अहसनख़ाँ रामपुरी
7. 'अख़गर' : हक़ीम फ़तयाबख़ाँ रामपुरी
8. 'अख़गर' : मौलवी फ़र्ज़न्दअली अज़ीमाबादी
9. 'अदीब' : मौलवी मुहम्मद सैफ़ुलहक़ देहलवी
10. 'इस्माइल' : मौलाना मुहम्मद इस्माइल मेरठी
11. 'अनवर' : सय्यद शुजाउद्दीन उर्फ़ उमराव मिर्ज़ा देहलवी
12. 'बाक़र' : शाह बाक़रअली बिहारी
13. 'बिस्मिल' : मुंशी शाकिरअली मेरठी
14. 'बेताब' : साहिबज़ादः अब्बास अलीख़ाँ रामपुरी
15. 'बेदिल' : मौलवी अब्दुल समीअ रामपुरी
16. 'बेदिल' : मौलवी मुहम्मद हबीबुलरहमान अंसारी सहारनपुरी
17. 'बेसब्र' : मुंशी बालमुकुन्द सिकन्दराबादी
18. 'बेसब्र' : श्री ऐनुलहक़ काठवी
19. 'बीमार' : हक़ीम मुहम्मद मुरादअली
20. 'पीरजी' : श्री क़मरुद्दीन देहलवी
21. 'तपिश' : मौलवी ग़ुलाम मुहम्मदख़ाँ देहलवी
22. 'तपिश' : सय्यद मददअली अकबराबादी
23. 'तहसीन' : क़ाज़ी अब्दुलरहमान पानीपती
24. 'तुफ़्त' : मुंशी हरगोपाल सिकन्दराबादी
25. 'तमन्ना' : मौलवी अहमद हुसेन मिर्ज़ापुरी
26. 'तमन्ना' : मौलवी मुहम्मद हुसेन मुरादाबादी
27. 'तौफ़ीक़' : शहज़ादः बशीरउद्दीन मैसूरी
28. 'साक़िब' : मीरज़ा शहाबउद्दीन अहमदखाँ देहलवी
29. 'जम' : सय्यद मुहम्मद जमशेदअलीख़ाँ मुरादाबादी
30. 'जुनूँ' : क़ाज़ी अब्दुल जमील बरेलवी
31. 'जौहर' : मुंशी जवाहरसिंह देहलवी
32. 'जौहर' : हक़ीम मुहम्मद मा'शूक़अली ख़ाँ शाहजहाँपुरी
33. 'हाली' : मौलाना अल्ताफ़ हुसेन अंसारी पानीपती
34. 'हुबाब' : पंडित उमरावसिंह लाहौरी
35. 'हज़ीं' : मीर बहादुरअली बरेलवी
36. 'हिसाम' : ख़लीफ़ः हिसामउद्दीन अहमद
37. 'हसीन' : ख़ुर्शीद साहब देहलवी
38. 'हक़ीर' : मुंशी नबी बख़्श अकबराबादी

39. 'हैदर' : आग़ा हैदरअली बेग देहलवी
40. 'ख़ावर' : मीरज़ा मुहम्मद अकबरख़ाँ क़िज़िलवाश
41. 'ख़लील' व 'फ़ौक़': श्री मुहम्मद इब्राहीम आर्वी
42. 'ख़िज्र' : मीरज़ा ख़िज्र सुलतान देहलवी
43. 'ख़ुर्शीद' : श्री खुर्शीद अहमद देहलवी
44. 'दर्द' : मुंशी हीरासिंह देहलवी
45. 'ज़का' : मौलवी मुहम्मद हबीबुल्ला मद्रासी
46. 'ज़की' : हकीम अशफ़ाक़ हुसेन मारहर्वी
47. 'राबित' : मीरज़ा हसन रज़ाख़ाँ देहलवी
48. 'राज़ी' : दीवान जानी बिहारीलाल अकबराबादी
49. 'राक़िम' : मीरज़ा क़मरउद्दीनख़ाँ देहलवी
50. 'रुस्वा' : शेख़ मुहम्मद अब्दुल हमीद ग़ाज़ीपुरी
51. 'रश्की' : नवाब मुहम्मद अलीख़ाँ जहाँगीराबादी
52. 'रश्की' : क़ाज़ी मुहम्मद इनायत हुसेन बदायूँनी
53. 'रिज़्वाँ' : मीरज़ा शमशाद अलीबेग देहलवी
54. 'रिज़्वाँ' : नवाब मुहम्मद रिज़्वाँ अलीख़ाँ मुरादाबादी
55. 'रफ़अत' व 'सुरूर': मौलाना मुहम्मद अब्बास शर्वानी
56. 'रम्ज़' : मीरज़ा ग़ुलाम फ़ख़्रउद्दीन उर्फ़ मिर्ज़ा फ़ख्रू देहलवी
57. 'रंज' व 'तबीब' : हकीम मुहम्मद फ़सीहउद्दीन मेरठी
58. 'रिन्द' : जानी बाँकेलालजी
59. 'ज़की' : सय्यद मुहम्मद ज़िक्रियाख़ाँ देहलवी
60. 'सालिक' : मीरज़ा कुरबान अलीबेग देहलवी
61. 'सालम' : मीर अहमद हुसेन
62. 'सज्जाद' : सय्यद सज्जाद मिर्ज़ा देहलवी
63. 'सुख़न' : ख्वाज़: फ़ख़्रउद्दीन हुसेनख़ाँ देहलवी
64. 'सुरूर' : श्री देवीपरशाद देहलवी
65. 'सुरूर' : चौधरी अब्दुल ग़फ़ूर मारहर्वी
66. 'सुरूर' : मुहम्मद अमीर अल्ला अकबराबादी
67. 'सरोश' : साहिबज़ाद: अब्दुलवहाब ख़ाँ रामपुरी
68. 'सोज़ाँ' : हसीबउद्दीन अहमद अंसारी सहारनपुरी
69. 'सोज़ाँ' व 'मद्दाह' : मुहम्मद सादिक़अली गढ़मुक्तेसरी
70. 'सय्याह' : मियाँ दादख़ाँ औरंगाबादी
71. 'शादाँ' : मीरज़ाहुसेन अलीख़ाँ देहलवी

72. 'शाकिर' : मौलवी मुहम्मद अब्दुलरज़्ज़ाक़ मछली शहरी
73. 'शाह' : अनवरअली अज़ीमाबादी
74. 'शायक़' : सय्यद शाह आलम मारहर्वी
75. 'शायक़' : ख़्वाजा फ़ैज़उद्दीन उर्फ़ हैदरजान जहाँगीरनगरी
76. 'शफ़क़' : नवाब मुहम्मद सैदुद्दीनख़ाँ बहादुर
77. 'शोख़ी' : नादिरशाह रामपुरी
78. 'शौकत' : नवाब यार मुहम्मदख़ाँ भूपाली
79. 'शहाब' : शहाबउद्दीनख़ाँ रामपुरी
80. 'शहीर' : हाफ़िज़ ख़ानमुहम्मदख़ाँ रामपुरी
81. 'शेर' : सय्यद मुहम्मद शेरख़ाँ विहारी
82. 'शेफ़्त' व 'हस्रती' : नवाब मुहम्मद मुस्तफ़ाख़ाँ देहलवी
83. 'साहिब' : नवाब शेरज़माँख़ाँ देहलवी
84. 'साहिब' : मुहम्मद हुसेन बरेलवी
85. 'सादिक़' : मुहम्मद अज़ीज़उद्दीन बदायूनी
86. 'सफ़ीर' : सय्यद फ़र्ज़न्द अहमद बिलग्रामी
87. 'सूफ़ी' : शाह फ़र्ज़न्द अली मनेरी
88. 'सूफ़ी' : मुहम्मद अली नजीबावादी
89. 'तालिब' : सरदार मुहम्मदख़ाँ
90. 'तालिब' : मीरज़ा सईदउद्दीन अहमदख़ाँ देहलवी
91. 'तालिब' : सय्यद शेर मुहम्मदख़ाँ देहलवी
92. 'तालिब' : डॉक्टर मुहम्मद हफ़ीजउल्ला अकबराबादी
93. 'तालिब' : मुहम्मद रियाज़उद्दीन
94. 'तर्रार' : सरफ़राज़ हुसेन देहलवी
95. 'तर्ज़ी' : कुतुबउद्दीन दिलावर अली जाफ़री
96. 'ज़फ़र' : अबूज़फ़र सिराजउद्दीन मुहम्मद बहादुरशाह
97. 'ज़हीर' : मुंशी प्यारेलाल देहलवी
98. 'आरिफ़' : मीरज़ा ज़ैनुलआब्दीनख़ाँ देहलवी
99. 'आशिक़' : शंकरदयाल अकबराबादी
100. 'आशिक़' : मुहम्मद इक़बाल हुसेन देहलवी
101. 'आशिक़' : मुहम्मद आशिक़ हुसेनख़ाँ अकबराबादी
102. 'आक़िल' : सय्यद मुहम्मद सुलतान देहलवी
103. 'अर्शी' : सय्यद अहमद हुसेन क़न्नौजी
104. 'अज़ीज़' : मुहम्मद विलायतअलीख़ाँ सफ़ीपुरी

105. 'अज़ीज' : मिर्ज़ा यूसुफ़अलीख़ाँ बनारसी
106. 'अता' : अता हुसेन मारहवीं
107. 'अलाई' : नवाब अलाउद्दीन अहमदख़ाँ देहलवी
108. 'फ़िदा' : मुहम्मद फ़िदाअलीख़ाँ रामपुरी
109. 'फ़िगार' : मीर हुसेन देहलवी
110. 'फ़न' व 'जमाली' : सय्यद अहमद हुसेन सहवानी
111. 'फ़ौक' : डॉक्टर मुहम्मद जान अकबराबादी
112. 'क़द्र' : गुलाम हुसेन बिलग्रामी
113. 'काशिफ़' : बद्रुद्दीन अहमद उर्फ़ फ़क़ीर देहलवी
114. 'कोकब' : मुंशी तफ़ज़्ज़ुल हुसेनख़ाँ देहलवी
115. 'लतीफ़' : लतीफ़ अहमद उस्मानी
116. 'माइल' : मीर आलम अलीख़ाँ सहवानी
117. 'मजरूह' : मीर मेहँदी हुसेन देहलवी
118. 'महशर' : अब्दुल्लाख़ाँ रामपुरी
119. 'महमूद' : मुहम्मद हुसेन देहलवी
120. 'महमूद' : मुहम्मद महमूदुलहक़ देहलवी
121. 'महो' : नवाब ग़ुलाम हसनख़ाँ देहलवी
122. 'मदहोश' : सख़ावत हुसेन बदायूनी
123. 'मुश्ताक़' : बिहारीलाल देहलवी
124. 'मग़लूब' : इफ़्तिख़ारउद्दीन रामपुरी
125. 'मफ़्तूँ' : लक्ष्मीनारायण फर्रुख़ाबादी
126. 'मक़सूद' : मक़सूद आलम रिज़्वी पहानवी
127. 'मंसूर' : मुसल्लह उद्दीन अकबराबादी
128. 'यूनिस' : पंडित शिवराम देहलवी
129. 'मैकश' : अहमद हुसेन देहलवी
130. 'मैकश' व 'महवी' : इर्शाद अहमद देहलवी
131. 'मीना' : अहमद हुसेन मिर्ज़ापुरी
132. 'नादिम' : फ़ख़्रउद्दीन रामपुरी
133. 'नासिर' : नासिर उद्दीन हैदरख़ाँ उर्फ़ यूसुफ़ मिर्ज़ा लखनवी
134. 'नाज़िम' : नवाब मुहम्मद यूसुफ़ अलीख़ाँ
135. 'नामी' : मुहम्मद अलीख़ाँ मुँगेरी
136. 'निशात' : बाबू हरगोविन्द सहाय अकबराबादी
137. 'निज़ाम' : नवाब मुहम्मद मर्दान अलीख़ाँ मुरादाबादी

138. 'नय्यर' व 'रख़्शाँ' : नवाब ज़ियाउद्दीन अहमदख़ाँ बहादुर देहलवी
139. 'नय्यर' : हक़ीम मुहिब अली काकोरवी
140. 'वहीद' : वहीउद्दीन अहमदख़ाँ देहलवी
141. 'वफ़ा' व 'तालिब' : मीर इब्राहीम अलीख़ाँ सहसवानी
142. 'वफ़ा' व 'अख़्तर' : ख़्वाजा अब्दुलगफ़्फ़ार जहाँगीरनगरी
143. 'वकील' : मुंशी शकूरअहमद पानीपती
144. 'वली' : मौलवी अम्मू-जान देहलवी
145. 'होशियार' : केवल राम देहलवी
146. 'यकता' : ख़्वाजा मुईनुद्दीनख़ाँ देहलवी

इनके अतिरिक्त 'नादिराते-ग़ालिब' की नामावली में निम्नलिखित नाम और है :

1. 'आशोब' : रायबहादुर प्यारेलाल टंडन देहलवी
2. 'राना' : नवाब मुरादअली अकबराबादी
3. 'रंजूर' : नवाब अलीबख़्शखाँ देहलवी
4. 'करामत' : सय्यद शाह करामत गयावी

यह तो सम्भव नहीं कि इस ग्रन्थ में उनके सब शिष्यों का परिचय दिया जा सके, परन्तु उनमें जो प्रसिद्ध हुए, ग़ालिब के विशेष प्रिय थे। उनका संक्षिप्त परिचय दे देना भी उचित होगा।

'आराम':

रायबहादुर मुन्शी शिवनरायन अकबराबादी माथुर कायस्थ थे। इनके परदादा राय उजागरचन्द निर्वासन काल में राजा चेतसिंह के वज़ीर थे। दादा और पिता भी उच्च पदों पर थे। मुंशी शिवनरायन का जन्म 10 सितम्बर, 1833 को आगरे में हुआ। इन्होंने उच्च शिक्षा प्राप्त की थी। प्रसिद्ध कोशकार डॉ. फेलन आगरा कॉलेज में इनके अँग्रेज़ी के अध्यापक थे। पढ़ाई समाप्त करने के अनन्तर अनेक नौकरियाँ कीं, परन्तु नाम आगरा म्युनिसिपैलिटी के सेक्रेटरी की हैसियत से कमाया। जनसेवा में लगे रहते थे। इतने लोकप्रिय हो गये थे कि कुम्हार इनकी मिट्टी की मूर्तियाँ बनाकर बेचते थे। उन्होंने प्रकाशन-कार्य के लिए 'मतबअ मुफ़ीदुल ख़लायक़' कायम किया जिससे ग़ालिब की दो पुस्तकें 'दस्तम्बो' (1858) तथा 'दीवाने-उर्दू' (1863 ई.) प्रकाशित हुई। एक मासिक (मफ़ीदुल ख़लायक़) और दूसरा पाक्षिक (गुलदस्तः मय्यारुश्शुअरा) पत्र भी सम्पादित एवं प्रकाशित करते थे।

1858 ई. में 'रिसाला बग़ावते-हिन्द' नामक मासिक भी निकाला जिसके सम्पादक उनके मित्र डॉ. मुकुन्दलाल थे। मुंशी शिवनरायन की मृत्यु 4 सितम्बर, 1898 को हुई।

इनका काव्य बहुत कम पाया जाता है। उसपर तसव्वुफ़ का रंग है। नमूना यह है :

यह दुनिया इक सरा है, इसको आख़िर छोड़ जाना है,
अगर दो-चार दिन आकर यहाँ ठैरे तो क्या ठैरे।
क़याम[1] अपना हो इस मेहनत सराए देह[2] में क्योंकर,
जहाँ आफ़त ही आफ़त हो वहाँ 'आराम' क्या ठैरे।

'आगाह':

नवाब सय्यद मुहम्मद रज़ा देहलवी। जन्म : 1839 ई.; मृत्यु : 1917 ई.। काव्य के उदाहरण लीजिए :

यह भी इक रंग है मुहब्बत का
रोएँ हम और हँसा करे कोई।

× ×

जो निगाहें उठ न सकती थीं ख़ुदाया शर्म से,
बेहिजाबान[3] : वह क्योंकर दिल में पैकाँ हो गयीं।
शुक्र हो किससे अदा, क़ातिल की तेग़े-तेज़ का,
मौत की दुश्वारियाँ[4] दम-भर में आसाँ हो गयीं।

'अदीब' :

मौलवी मुहम्मद सैफुलहक़ देहलवी। जन्म : 1846 ई.; मृत्यु : 1891 ई.।

उच्च वंश के थे। दादा ख़ाँबहादुर इकरामउद्दीन देहली के सदर अमीन थे। सैफ़ुलहक़ की शिक्षा अच्छी हुई। कई नौकरियाँ कीं। 'कोहेनूर', 'शफ़ीक़े-हिन्द' इत्यादि कई पत्रों का सम्पादन किया। फिर हैदराबाद में साढ़े चार सौ रुपये मासिक पर रिपोर्टर हो गये थे। भाषा-विज्ञान की ओर रुचि थी, उदार हास्यप्रिय व्यक्ति थे; बोलते भी अच्छे थे। इनके क़लाम में देहली के मुहावरों का अच्छा प्रयोग मिलता है :

---

1. निवास, 2. संसार की श्रमशाला, 3. बिना लज्जा के, 4. कठिनाइयाँ।

ख़ाली ख़याले-यार से दिल, एक दम नहीं,
रहते हैं अपने घर में भी, इक मेहमाँ से हम।
सबकुछ अदीब! इश्क़ ने जी से भुला दिया,
जाना कहाँ है और थे आये कहाँ से हम।

× ×

ग़ैर तक पूछते हैं—'हो गयी हालत कैसी?'
डाल दी आपने, हमपर यह मुसीबत कैसी।

कह दिया उसने कि 'अब यह भी न देखोगे कभी'
जब कहा मैंने कि 'मुँह देखने की उल्फ़त कैसी?'

'इस्माइल'

मौलाना मुहम्मद इस्माइल मेरठी। जन्म : 12 नवम्बर, 1844ई.; मृत्यु : 1 नवम्बर, 1917 ई.। इन्होंने उर्दू एवं फ़ारसी गद्य-पद्य में बहुत कुछ लिखा है। बच्चों के लिए लिखी इनकी कविताएँ हम लोगों के बचपन में बड़ी लोकप्रिय थीं। इनके काव्य में नीति और दर्शन का गहरा पुट है। इस्माइल साहब उन लोगों में थे जिन्होंने उर्दू काव्य को नये विषय दिये, नयी भूमिकाएँ प्रदान कीं। काव्य के कुछ उदाहरण दिए जाते हैं :

मैं बेक़रार, मंज़िले-मक़सूद[1] बेनिशाँ[2]
रस्ते की इन्तिहा[3], न ठिकाना मुक़ाम का[4]।

× ×

हिजाबे-शाहिदे-मुतलक़[5] न उट्ठा है न उट्ठेगा,
जिसे हम लामकाँ समझे थे, वह भी इक मकाँ निकला।

× ×

कैसी तलब! कहाँ की तलब, किसलिए तलब!
हम हैं, तो वह नहीं है, वह है, तो हम नहीं।

× ×

बज्मे-ईजाद[6] में बेपर्द : कोई साज़ नहीं,
है यह तेरी ही सदा, ग़ैर की आवाज़ नहीं।

---

1. उद्दिष्टस्थल, लक्ष्य स्थान, 2. चिह्नरहित, 3. अन्त, 4. ठहरने का स्थान, 5. एकमात्र द्रष्टा (ईश्वर) का घूँघट या पर्दा, 6. आविष्कारों की महफ़िल।

'अनवर'

सय्यद शुज़ाअउद्दीन उर्फ़ उमराव मिर्ज़ा। जन्म : 1847 ई.; मृत्यु : 1885 ई.।

इनका एक दीवान मिलता है जो रिफ़ाहे-आम प्रेस लाहौर से छपा था। इनके कलाम में रोज़मर्र: तथा व्यंग्य की बहार है:

वह आँखें नहीं हाय क्या हो गया,
वह काफ़िर तो अब कुछ नया हो गया।
तुम्हें याँ तक आना .क़यामत सही,
हमें जी से जाने में क्या हो गया?

× ×

यह मस्तियों का रंग है-जोशे शबाब[1] में,
गोया कि वह नहाये हुए हैं शराब में।
कुछ तो मिल जाये लबे-शीरीं[2] से,
ज़ह्र खाने की इजाज़त ही सही।

× ×

कह्र हैं मस्ती में, वह अँगड़ाइयाँ,
.खाली हाथों लड़ते हैं तलवार से।

'बेसब्र' :

मुंशी बालमुन्द सिकन्दराबादी। जन्म : 1820 ई.; मृत्यु : 1890 ई.।

भटनागर कायस्थ थे। फ़ारसी, अरबी और संस्कृत के ज्ञाता थे। ज्योतिष में अच्छी गति थी। उर्दू-फ़ारसी दोनों में शेर कहते थे। एक मस्नवी 'लख़्ते-जिगर' और एक दीवान प्रकाशित मिलता है। चन्द शेर नीचे दिये जाते हैं :

ग़ैर को देखना-बचश्मे इताब,[3]
देखने का बहाना तो देखो।

सोजे-जिगर[4] यह अपना नहीं ख़ुद-बख़ुद, ज़रूर,
यह आग तो किसी की लगायी हुई-सी है।

---

1. जवानी का जोश, यौवन-प्राबल्य, 2. मधुराधर, 3. क्रोधान्वित आँखों से, 4. दिल की जलन।

बूटा-सा क़द, छरेरा-सा तन, चम्पई-सा रंग,
भोली-सी सूरत, आँख लजायी हुई-सी है।

× ×

रुख़सत वह हुआ अश्क[1] हमारे निकल आये,
ख़ुर्शीद[2] के छुपते ही सितारे निकल आये।

'तुफ़्तः'

मुंशी हरगोपाल। जन्म : 1800 ई.; मृत्यु : 2 सितम्बर, 1879 ई.।

भटनागर कायस्थ। ग़ालिब के परमप्रिय शिष्यों में थे। एक पत्र में ग़ालिब लिखते हैं :

"मैं तुमको अपने फ़र्ज़न्द की जगह समझता हूँ।" ज़िन्दगी-भर ग़ालिब इन्हें मानते रहे; उनके सबसे ज़्यादा पत्र भी इन्हीं के नाम हैं। इन्होंने ग़ालिब की रचनाओं के सम्पादन में सदा सहायता की। फ़ारसी में ही लिखते थे। फ़ारसी के चार दीवान हैं और किसी में भी बारह-तेरह हजार शेर से कम नहीं :

ईं अगर गोयम, करा आयद य.कीं,
.क़स्दे जानम, यारे जानी मी कुनद।
दिल कि बायर्ग आशनाई दाश्तः सत,
ज़िन्दगानी, जाविदानी मी कुनद।

× ×

आशिक़ाँ गर्मेतमाशा, चूँ शुदन्द अज़ .फ़र्ते शौक़,
बर रुख़े माशूक़ दीदन्द आँचः हायल, सोख़्तन्द।

'साक़िब'

मीरज़ा शहाबउद्दीन अहमदख़ाँ। जन्म : 1840 ई.; मृत्यु : 19 एप्रिल, 1869 ई.।

नवाब जियाउद्दीन अहमदख़ाँ 'नय्यर' व 'रख़्शाँ' के बड़े पुत्र और ससुराल के सम्बन्ध से ग़ालिब के भतीजे थे। कलाम में दर्द है। ज़बान साफ़ है। काव्य में प्रेमोद्वेग के साथ तसव्वुफ की चाशनी भी है :

---

1. आँसू, 2. सूर्य।

घर बयाबाँ में बनाया नहीं हमने लेकिन,
जिसको घर समझे हुए थे, वह बयावाँ निकला।

× ×

रंजिश से गर कहा हो, तो ईमाँ न हो नसीब,
काफ़िर बुतों को कहते हैं उश्शाक़ प्यार से।

× ×

कल मैंने कहा कि बन्दः पर्वर,
चेहरे से निक़ाब आप उठाएँ।
कहते हैं[1] अदाशनास[2] बाहम[3],
'अच्छा हो जो रुख़, तो क्यों छुपाएँ।
बोले रुदादे[4] मूसा व तूर,
सुन ली हो, तो देखने को आएँ।
बिस्मिल्ला! हम उठाएँ पर्दः,
पर उनसे कहो कि ताब[5] लाएँ।'

'हाली'

शम्सुलउल्मा मौलाना अल्ताफ़ हुसेन अंसारी। जन्म : 1836 ई.; मृत्यु : 31 दिसम्बर, 1914 ई.।

शेफ़्तः के संसर्ग से साहित्य एवं काव्य की सेवा का शौक़ पैदा हुआ।

इन्होंने सबसे पहले 'ग़ालिब' पर किताब (यादगारे-ग़ालिब) लिखी। ग़ालिब के शिष्य होकर यह 'मीर' के अनुयायी थे, जैसा स्वयं ही कहा है :

'हाली' सुख़न में शेफ़्तः से मुस्तफ़ीज़[6] हूँ,
शागिर्द मीरज़ा का मुक़ल्लिद[7] हूँ मीर का।

हाली ने उर्दू में नेचुरल शाइरी की बुनियाद डाली और सामाजिक समस्याओं की ओर उसे मोड़ा तथा नयी डगर पर डाल दिया। मुसद्दस हाली, मनाजात बेवा में उर्दू ने एक नये तर्ज़ की अँगड़ाई ली है। गद्य में हयाते-सादी, यादगारे-ग़ालिब और हयाते-जावेद अमर ग्रन्थ हैं। 'मुक़दमः शेरो-शाइरी' तथा 'यादगारे ग़ालिब' में इनकी समीक्षाशक्ति के भी दर्शन होते हैं। उर्दू के अलावा अरबी-फ़ारसी में भी कविता करते थे। इनकी गणना उर्दू की प्रथम पंक्ति के शाइरों में होती है:

1. प्रेमीगण (आशिक़ का बहुवचन), 2. अदा (हाव-भाव) को पहचाननेवाले, 3. परस्पर, 4. वृत्तान्त, 5. देखने का साहस, 6. लाभ उठानेवाला, 7. अनुकरणकारी।

इश्क़ सुनते थे जिसे हम, वह यही है शायद,
ख़ुद-ब-ख़ुद दिल में है इक शख़्स समाया जाता।
तुमको हज़ार शर्म सही, मुझको लाख ज़ब्त,
उल्फ़त[1] वह राज़[2] है, कि छुपाया न जाएगा।
दिखाना पड़ेगा मुझे ज़ख़्मे-दिल,

अगर तीर उसका ख़ता[3] हो गया।[4]
नहीं भूलता उसकी रुख़्सत का वक़्त,
वह रो-रोके मिलना बला हो गया।

गो मय है तुन्दो-तल्ख़[5], प साकी है दिलरुबा,
ऐ शेख़! बन पड़ेगी न कुछ, हाँ कहे बग़ैर।
हम जिस प मर रहे हैं वह है बात ही कुछ और,
आलम में तुमसे लाख सही, तुम मगर कहाँ?

'हक़ीर'

मुंशी नबी बख़्श अक़बराबादी। मृत्यु : 1860 ई.।

ग़ालिब इनकी समीक्षाशक्ति में बड़ा विश्वास रखते थे और उनसे बराबर सलाह-मशविरा लेते रहते थे। उनके नाम ग़ालिब के अनेक पत्र 'नादिराते-ग़ालिब' में संग्रहीत हैं।

ज़ख़्म के मुँह में भर आया पानी,
जब कि पैकाँ[6] का मज़ा याद आया।
ख़त जो ग़ैरों के लिए उसने रक़म,
हमको क़िस्मत का लिखा याद आया।
बस कि मसनूअ[7] है सानअ[8] की सिफ़त,
बुत को देखा तो ख़ुदा याद आया।

---

1. प्रेम, 2. रहस्य, 3. लक्ष्यभ्रष्ट
4. 'जिगर' मुरादाबादी का प्रारम्भिक शेर है :
गिने जा रहे हैं मेरे ज़ख़्मे-दिल,
कोई तीर शायद ख़ता हो गया।
5. तीक्ष्ण और कटु, 6. बाण की नोक, 7. निर्मित, 8. निर्माता।

'रम्ज़' :

मीरज़ा फ़तहुल्मुल्क बहादुर गुलाम फ़ख्रउद्दीन उर्फ़ मिर्ज़ा फ़ख़रू। जन्म : 1812 ई.; मृत्यु : 10 जुलाई, 1856 ई.।

बहादुरशाह ज़फ़र के चौथे बैटे थे। कविता के अतिरिक्त संगीत और नृत्य का शौक़ था।

आँखें तो उसको देख के होती हैं बेक़रार,
बिन देखे दिल तड़पने लगा इसको क्या हुआ।

× ×

दर्द क्या, जिसमें कुछ न हो तासीर,
बात क्या, जिसमें कुछ मज़ा न हुआ।

वह तो मिलता, पर ऐ दिले-कमज़र्फ़[1]!
तुझको मिलने का हौसला न हुआ।
तुम रहो और मजमए-अग़ियार,
मेरा क्या है, हुआ, हुआ, न हुआ।

'रंज' व 'तबीब'

हकीम मुहम्मद फसीहउद्दीन। जन्म : 1836 ई.; मृत्यु : 31 मार्च, 1885 ई.।

मेरठ के प्रसिद्ध चिकित्सकों में थे।

देखता था मैं निगाहों से हर इक जा तुझको,
और उन्हीं में तू निहाँ था, मुझे मालूम न था।

× ×

लाखों बनाव, एक तग़ाफ़ुल[2] में आपकी,
लाखों बिगाड़, एक मेरे इज़्तिराब में।[3]

---

1. क्षुद्र, 2. उदासीनता।
3. ग़ालिब का शेर है :

लाखों लगाव एक चुराना निगाह का,
लाखों बनाव एक बिगड़ना इताब में।

'ज़की'

नवाब सय्यद मुहम्मद ज़िक्रिया ख़ाँ। जन्म : 1839 ई.; मृत्यु : 1903 ई.।

अच्छे कवि थे।

तेरी राह किसने बतायी, न पूछ,
दिले मुज़्तरब[1], राहबर[2] हो गया।

× ×

यह शर्मगीं निगह[3], यह तबस्सुम[4] निक़ाब में,
क्या बे हिजाबियाँ हैं तुम्हारे हिजाब मे[5]

'सालिक'

मीरज़ा क़ुर्बान अली बेग हैदराबादी। जन्म : 1824 ई.; मृत्यु : 1881 ई.।

इनमें बचपन से ही काव्य की ओर रुचि थी। पन्द्रह वर्ष के तभी से शेर कहने लगे थे। उर्दू-फ़ारसी दोनों में कहते थे। पहले मोमिन, बाद में ग़ालिब के शिष्य हुए इसलिए इनके कलाम में दोनों का रंग—पहले की शोख़ी और दूसरे की गहराई है :

तुम आ गये तो होश कहाँ, मेज़बाँ हो कौन,
आज आप अपने घर में हैं कुछ मेहमाँ से हम।

× ×

रग-रग में नेशे-इश्क़[6] है, ऐ चारःगर[7] मेरे,
यह दर्द वह नहीं, कि कहीं हो, कहीं न हो।

× ×

ज़वाँ कट जाये, गर लब[8] से तुम्हारा कुछ गिला[9] निकले,
मगर यह तो कहूँगा, तुमको क्या समझा था, क्या निकले?

'शादाँ' व 'ख़्याली'

मीरज़ा हुसेन अलीखाँ। जन्म : 1850 ई.; मृत्यु : 7 सितम्बर, 1880 ई.।

'आरिफ़' के छोटे लड़के थे और माँ की मृत्यु के बाद ग़ालिब की बीवी उमराव बेगम के पास पले।

---

1. आकुल हृदय, 2. पथदर्शक, 3. लज्जा से झुकी आँख, 4. मुस्कान, 5. तुम्हारी लज्जा में भी कैसी लज्जाहीनता है। 6. प्रेम का डंक, 7. उपचारक, 8. अधर, 9. शिकायत।

तेरी हर अदा प मरता, तेरे हर सुख़न प जीता,
मुझे मौत ज़िन्दगी पर, अगर इख़्तियार होता।

× ×

आलम न मुझसे पूछिए मेरे .ख़याल का,
आईनः बन गया हूँ, किसी के जमाल का।

× ×

बेख़ुदी काम आ गयी आख़िर, कि उन्हें मुझसे कुछ हिजाब नहीं,
ख़ैर हो आज बज़्म की शादाँ! कि वह आते हैं और निकाब नहीं।

× ×

शर्माते हो, कि नींद का आँखों में है ख़ुमार,
कल की-सी बात ही नहीं, तर्ज़े निगाह में।

शेफ़्त

नवाब मुहम्मद मुस्तफ़ा ख़ाँ। जन्म : 1806 ई.; मृत्यु : 1869 ई.।

नवाब मुर्त्तज़ाख़ाँ के पुत्र थे। पिता ने इनके लिए जहाँगीराबाद (मेरठ) का इलाक़ा ख़रीद लिया था। बचपन और जवानी में रंगरलियाँ कीं पर बाद में परहेज़गार हो गये। अरबी-फ़ारसी के आलिम थे। 1857 के विद्रोह में यह भी घसीट लिये गये और इनकी जायदाद ज़ब्त कर ली गयी तथा कारावास दंड भी मिला। बाद में नवाब भूपाल तथा अन्य प्रभावशाली मित्रों की सिफ़ारिश पर छोड़ दिए गये और आधी जायदाद भी मिल गयी। ग़ालिब से इनकी खूब पटती थी। उर्दू-फ़ारसी दोनों में शेर कहते थे। समीक्षक भी अच्छे थे। उर्दू शाईरों का मशहूर फ़ारसी तज़किरा 'गुलशन बेख़ार' इन्हीं की रचना है। इनका काव्य सच्चे रस से परिपूर्ण है :

एक दिन शाम हमारी भी सेहर[1] कर देगा,
वही जो शाम को हर रोज़ सेहर[2] करता है।

× ×

शायद इसी का नाम मुहब्बत है शे.फ़्तः!
है आग-सी जो सीने के अन्दर लगी हुई।

× ×

हाय वह शे.फ़्तः की बेताबी,
थाम लेना वह तेरे महमिल को।

× ×

1. प्रभात, 2. जादू।

'तालिब'

मीरज़ा सईदउद्दीन अहमदख़ाँ। जन्म : 1852 ई.; मृत्यु : 1 सितम्बर, 1925 ई.।

साक़िब के छोटे भाई थे। कविता की ओर बचपन से रुचि थी। इनकी भाषा साफ़-सुथरी तथा मुहावरेदार है।

उठाया जो रुख़ से वज़्म में, उसने निक़ाब को,
शोख़ी ने कुछ बढ़ा दिया लुत्फ़े-हिजाब[1] को।

× ×

यहाँ तो वही की वही सूझती है,
ज़माने को क्योंकर नयी सूझती है।
क़यामत के वादों प तुम जी रहे हो,
तुम्हें ज़ाहिदो! दूर की सूझती है।

× ×

'ज़फ़र'

अबूज़फ़रसिराजउद्दीन मुहम्मद बहादुरशाह। जन्म : 24 अक्टूबर, 1775; मृत्यु : 7 नवम्बर, 1862 ई.।

मुग़ल वंश के अन्तिम सम्राट्। ग़दर के अभिनेता। ग़दर के बाद इन पर अँग्रेज़ों ने मुकदमा चलाया और इन्हें रंगून में निर्वासित कर दिया। वहीं बड़ी दुरवस्था में मृत्यु हुई। दर्दमन्द तबीयत पायी थी। उर्दू और हिन्दी (ब्रजभाषा) दोनों में कविता करते थे। ज़माने की रविश और बेवफ़ायी ने दिल के दर्द को और गहरा कर दिया था और यह तसव्वुफ़ की ओर झुक गये थे। मिज़ाज में दरवेशी आ गयी थी। इनके काव्य में करुणा का गहरा रंग है :

पसे-मर्ग[2] मेरी मज़ार पर जो दिया किसी ने जला दिया,
उसे आह दामने-बाद[3] ने सरेशाम ही से बुझा दिया।
शबेवस्ल[4] यूँ ही गुज़र गयी जो अकेला पाया था यार को,
कभी पा दबा के सुला दिया कभी बोस: लेके जगा दिया।
पये-मग़फ़िरत[5] मेरे क्या 'ज़फ़र' पढ़े .फ़ातिहा कोई आनकर,
वह जो टूटी क़ब्र का था निशाँ उसे ठोकरों से मिटा दिया।

---

1. लज्जा का सौन्दर्य, 2. मृत्यु के बाद, 3. वायु के आँचल की आह, 4. मिलनरात्रि, 5. मुक्ति के लिए।

'आरिफ़'

मीरज़ा ज़ैनुल आबदीन ख़ाँ। जन्म : 1817 ई.; मृत्यु : 1852 ई.।

ग़ालिब के साढ़ू भाई नवाब गुलाम हुसेन के बेटे थे। ग़ालिब इन्हें पुत्रवत् स्नेह करते थे और इन्हीं की मृत्यु पर उन्होंने वह मृत्युगीत लिखा जो उर्दू काव्य में अमर हो गया है। इनके बेटों को अपने यहाँ लाकर रखा और पाला। आरिफ़ में बड़ी प्रतिभा थी और ग़ालिब कहा करते थे कि यह मेरा सच्चा उत्तराधिकारी होगा पर भरी जवानी में मर गये।

जो का'ब: में है, है वही बुतख़ान: में जल्व[1]:,
इक पर्द: है सो शेख़े-हरम उठ नहीं सकता।
इक देखना है, कहिए तो उसको भी छोड़ दें,
रखते नहीं हैं आपसे, इसके सिवा ग़रज़।
उठता क़दम जो आगे को, ऐ नाम:बर नहीं,
पीछे तो छोड़ आए कहीं उसका घर नहीं।

'आशिक़'

मुंशी मुहम्मद एक़बाल हुसेन। उस्तादों की ग़ज़ल पर ग़ज़ल लिखते थे। गद्य-पद्य में समान गति थी। उर्दू के तीन दीवान प्रकाशित हैं। कलाम के चन्द नमूने यहाँ दिए जाते हैं :

हाय किस नाज़ से कहते हैं वह मुझसे हरदम,
'अपनी सूरत को तो देखो, तुम्हें चाहें क्योंकर?'

× ×

उन्हें ग़ुस्स:, कि मेरी बज़्म में यह किसलिए आया,
मुझे यह ग़म, कि वह पहलू में क्यों दुश्मन के बैठे हैं।

× ×

वह दिल है ख़ाक, जिसमें तेरी आर्ज़ू न हो,
वह गुल है ख़ार, जिसमें मुहब्बत की बू न हो।

× ×

तौब: तो कर चुका हूँ, मगर कुछ-कुछ इन दिनों,
देती है दम बहार की आबोहवा मुझे।

---

1. छवि।

'अज़ीज़'

मौलाना मुहम्मद विलायतअलीख़ाँ। जन्म : 8 मार्च 1843 ई.; मृत्यु : 2 जुलाई, 1928 ई.।

फ़ारसी और उर्दू में कहते थे। फ़ारसी में चार और उर्दू में तीन दीवान हैं। उर्दू क़लाम का रंग देखिए :

[1]

हमने इक आलम[1] को छोड़ा इश्क़ में,
लेकिन उनका और ही आलम[2] रहा।
जान दी मैंने तो पायी मरके जान,
दम में जब तक दम रहा बेदम रहा।
का'ब: कैसा! सिज्द:[3] क्या! कैसी नमाज़!
उम्र-भर सर उनके दर पर ख़म रहा[4]।
उल्फ़ते-ज़िन्दगी नहीं जाती,
जान बेइश्क़ दी नहीं जाती।
जान जाये तो आर्ज़ू जाये,
यह बला जीते जी नहीं जाती।
होश जाते हैं, जब वह आते हैं,*
दिल की हालत कही नहीं जाती।

क्या कहूँ, तुर्फ़:[5] माजरा है, अज़ीज़!
दिल गया, बेखुदी नहीं जाती।

'अज़ीज़'

मीरज़ा यूसुफ़ अली ख़ाँ। मर्सियःगोई का बड़ा शौक़ था। अच्छा शेर कहते थे।

नासह[6] की, नातवानी[7] में हम सुनके क्या करें,
सर उनके आस्ताँ[8] से उठाया न जाएगा।

× ×

---

1. दुनिया, 2. हाल, 3. उपासना, 4. झुका।
* मीर कहते हैं :

होश जाता नहीं रहा लेकिन,
जब वह आता है, तब नहीं आता।

5. अजीब, 6. उपदेशक, 7. दुर्बलता, क्षीणता, 8. चौखट स्थान,

हम यह, कि अपनी मर्ग को, तुम बिन तलब करें,
तुम वह, कि हमको तुमसे बुलाया न जाएगा।

× ×

क्या कहूँ, कूचए-क़ातिल में क्या किया जाकर,
हमनशीं! ख़ाक में मिलना था मुझे, मिल आया।

'अलाई' :

नवाब अलाउद्दीन अहमदख़ाँ। जन्म : 25 अप्रिल 1833; मृत्यु : 31 अक्तूबर, 1884 ई.।

नवाब अमीन उद्दीनख़ाँ के पुत्र थे। इनकी शिक्षा शुरू से ग़ालिब की देख-रेख में हुई और ग़ालिब ने उन्हें एक समय में अपने बाद फ़ारसी और उर्दू दोनों में अपना ख़लीफ़ः और उत्तराधिकारी नियुक्त किया था। उर्दू-फ़ारसी दोनों में शेर कहते थे।

मुश्ते-ख़ाकस्तर है वह बुलबुल, कि गुलशन में नहीं,
दाग़ है वह दिल, कि ख़ूँ के साथ दामन में नहीं।

× ×

अल्ला री बेसबातिए-उम्रे-.फनापसन्द[1],
बुझता है यह चिराग़ पलक को हवा के साथ।

× ×

रखियो सँभल के पाँव जो बीना[2] हो चश्मे दिल[3],
कीजो समझके काम जो रोशन दिमाग़ है।

'फ़ौक़'

डॉक्टर मीरज़ा मुहम्मद जान अकबराबादी। कलाम का नमूना देखिए :

सर पटकता हूँ एक मुद्दत से,
दारुए-दर्दे सर नहीं मिलती।
सुब्ह से शाम तक है ग़श इतना,
नब्ज़ दो-दो पहर नहीं मिलती।

---

1. विनाशप्रिय आयु की अस्थिरता, 2. दृष्टिशक्ति युक्त, 3. हृदय की आँख।

देखते वह हैं, किन आँखियों से,
क्यों नज़र से नज़र नहीं मिलती।

'क़द्र'

मीर ग़ुलाम हुसेन बिलग्रामी। जन्म : 1833 ई.; मृत्यु : 14 सितम्बर 1884 ई.।

क़लाम का नमूना :

वह मुझे देखके हँस देते हैं,
आँख छुपती नहीं है यारी की।

× ×

अभी था वस्ल का क़रार, और अभी इनकार,
चलो हटो, इन्हीं बातों से 'क़द्र' जलते हैं।

× ×

तू मेरे बोसः लेने प इतना .ख.फा हुआ!
बोसः भी कोई चीज़ है, तू सौ बार ले।

'मज़रूह' :

मीर मेहँदी हुसेन। जन्म : 1833; मृत्यु : 15 मई, 1903 ई.।

ग़ालिब के अत्यन्त प्रिय शिष्यों में थे। इनके नाम लिखे ग़ालिब के अनेक महत्त्वपूर्ण पत्र मिलते हैं। कलाम दिल्ली की निखरी ज़बान में है :

यह जो चुपके से आये बैठे हैं,
लाख .फ़ितने[1] उठाये बैठे हैं।
यह भी कुछ जी में आ गयी होगी,
क्या वह मेरे बिठाये बैठे हैं।

× ×

दिल में .क़ूवत, जिगर में ताब कहाँ,
अब वह पहला-सा इ.ज़्तिराब[2] कहाँ?
वह समाये हुए हैं नज़रों में,
अपनी आँखों में जाये .ख़्वाब[3] कहाँ?
दरे-मय.खानः यह रहा, मज़रूह!

1. उपद्रव, माशूक का नटखटपन, 2.व्याकुलता, 3. स्वप्न की जगह,

आप जाते हैं, ऐ जनाब, कहाँ?

× ×

मेरी टूटी हुई तोबः के टुकड़े,
कोई ला दे दरे-पीरे-मुग़ाँ[1] से।
कि उनको जोड़कर मैं तोड़ डालूँ,
फिर इक जामे-शराबे-अर्ग़वाँ[2] से।

'नाज़िम'

नवाब मुहम्मद यूसुफ़ अलीख़ाँ, नवाब रामपुर। जन्म 5 मार्च, 1816 ई.; मृत्यु 21 एप्रिल, 1865 ई.।

है यह साक़ी की करामत, कि नहीं जाम के पाँव,
और फिर बज़्म में सबने उसे चलते देखा।

× ×

इससे क्या बहस, कि होगी शबे-फुरक़त कैसी,
मौत इसमें नहीं आती, यह मुसीबत कैसी।

× ×

होते ही दर्दे-दिल का बयाँ उठ खड़े हुए,
यानी यह ऐसे हैं, कि इनसे सुना गया।

---

1. मद्यशाला का बूढ़ा प्रबन्धक, 2. रक्तिम मदिरा।

परिशिष्ट 2

ग़दर और बाद के ज़माने की दिल्ली

ग़ालिब ने अपने मित्रों तथा शिष्यों को 1857 तथा बाद में जो पत्र लिखे हैं, उनसे उस ज़माने की दिल्ली की हालत पर प्रकाश पड़ता है। इन पत्रों से कुछ अंश यहाँ दिए जाते हैं :

पत्र 1 : दिसम्बर, 1857

''अपने घर में बैठा हूँ। दर्वाज़े से बाहर नहीं निकल सकता। सवार होना और कहीं जाना तो बड़ी बात है। रहा यह कि कोई मेरे पास आवे! शहर में है कौन जो आवे? घर के घर बेचिराग़ पड़े हैं।''

पत्र 2 : 5 दिसम्बर, 1857

''ख़ुदा की क़सम! ढूँढ़ने पर मुसलमान इस शहर में नहीं मिलता—क्या अमीर, क्या ग़रीब, क्या कारीगर अगर कुछ हैं तो बाहर के हैं। हिन्दू ज़रूर कुछ बस गये हैं। अभी देखना चाहिए, मुसलमानों की आबादी का हुक्म होता है या नहीं।''

पत्र 3 : 5 दिसम्बर, 1857

''तुम हर्गिज़ यहाँ आने का इरादः न करना। अमीर-ग़रीब सब निकल गये। जो रह गये थे वह निकाले गये, जागीरदार, पेंशनदार वग़ैरः कोई भी नहीं है। मुफ़स्सिल हाल लिखते हुए डरता हूँ। क़िलअ के नौकरों पर कड़ी नज़र है। इन लोगों की पूछ कुछ ज्यादः है और इनकी धर-पकड़ हो रही है। फ़ौजी इन्तिज़ाम 11 मई से आज यानी 5 दिसम्बर तक बराबर जारी है।''

पत्र 4 : 5 दिसम्बर, 1857

''साहब, कैसी बच्चों की-सी बातें करते हो। दिल्ली को वैसी ही बसी हुई, जान्ते हो, जैसी पहले थी। क़ासिमजान की गली, मीर ख़ैराती के फाटक से फ़तहउल्ला- ख़ाँ के फाटक तक वेचिराग़ है। हाँ, अगर आबादी है तो यह है कि ग़ुलाम हुसेन ख़ाँ की हवेली अस्पताल है और ज़ियाउद्दीनख़ाँ के कमरे में डॉक्टर साहब रहते हैं। ज़ियाउद्दीनखाँ और उनके भाई अपने बाल-बच्चे समेत लोहारू में जा बसे। लालकुएँ के मुहल्ले में धूल उड़ती है। आदमी का नाम नहीं। तुम्हारे मकान में जो छोटी बेगम फिरंगी की बीवी रहती थी, उसके पास इस इश्तहार को भेजा था। मालूम हुआ, वह लाहौर को गयी है। खेमी की दुकान में कुत्ते लोटते हैं। मुफ़्ती सदरउद्दीन साहब लाहौर गये हैं।''

पत्र 5 :1858 ई.

''एक मज़ेदार बात परसों की सुनो। हाफ़िज़ मम्मू बेगुनाह साबित हो चुके। छूट चुके। हाक़िम के सामने हाज़िर हुआ करते हैं। अपनी जायदाद माँगते हैं। उनके हक़ का सुबूत गुज़र चुका है। सिर्फ हुक्म की देरी थी। परसों वह हाज़िर हुए थे। मिस्ल पेश हुई। हाक़िम ने पूछा, ''हाफ़िज़ मुहम्मद बख़्श कौन ?' अर्ज़ किया कि, ''मैं ! अस्ल नाम मेरा मुहम्मदबख़्श है। मम्मू मशहूर हूँ।'' कहा, ''यह क्या ! हाफ़िज़ मुहम्मदबख़्श भी तुम और हाफ़िज़ मम्मू भी तुम। सारा जान भी तुम, जो कुछ दुनिया में है वह भी तुम। हम मकान किसको दें ?' मिस्ल दफ़्तर में दाख़िल हुई। मियाँ मम्मू अपने घर चले आये।''

पत्र 6 : मार्च 1858 ई.

''तुम्हारे उस ख़त का जवाब न लिख सका। जवाब तो लिख सकता था लेकिन कल्यान का पैर सूज गया था। वह चल नहीं सकता था। मुसलमान आदमी शहर में सड़क पर बिला टिकट नहीं चल सकता। इसी मज़बूरी से तुमको ख़त न भेज सका। कई दिन के बाद जब कहार अच्छा हुआ तब मैं तुमको आगरः मे समझकर सिकन्दराबाद ख़त न भेज सका।''

पत्र 6 : 1860 ई.

''बड़ी भारी आफ़त यह है कि क़ारी का कुवाँ बन्द हो गया। लाल-डिग्गी के कुएँ बिलकुल बन्द हो गये। ख़ैर-खारी ही पानी पीते। गर्म पानी निकलता है। परसों मैं सवार होकर कुवों का हाल जानने गया था। जामअ मस्जिद होता हुआ राजघाट दरवाज़े को चला। मस्जिद जामअ से राजघाट दरवाज़े तक बेशक एक सुनसान जंगल हो गया है। ईंटें के जो ढेर पड़े हैं, अगर वह उठ जाएँ तो वह भयानक जगह हो जाए। याद करो, मिर्ज़ा गौहर के बाग़ीचः के इस तरफ़ कई बाँस नीचा था। अब वह बाग़ीचः आँगन के मान्निद हो गया। यहाँ तक कि राजघाट का दरवाज़ : बन्द हो गया। चहारदीवारी के कंगूरे खुले हुए हैं।

पानी सब लुट गया। काश्मीरी दरवाज़ा का हाल तुम देख गये हो। अब लोहे की सड़क (रेलवे लाइन) के लिए कलकत्ता दरवाजा से काबुली दरवाज़ा तक मैदान हो गया है। पंजाबी कटरः, धोबीबाड़ः, रामजीगंज, सआदतख़ाँ कटरः, जरनैल की बीवी की हवेली, ऱामजीदास गोदामवाले के घर, साहब रामबाग़ व हवेली—इनमें से किसी का पता नहीं मिलता। पूरा शहर जंगल हो गया।''

पत्र 7 : 1860 ई.

''यहाँ शहर ढह रहा है। बड़े-बड़े नामी बाज़ार, ख़ास बाज़ार और उर्दू बाज़ार और ख़ानम का बाज़ार जो कि इनमें से हर एक-एक शहर था, अब पता भी नहीं कि कहाँ थे। घर व दुकान के मालिक यह नहीं बता सकते कि हमारा घर कहाँ था और हमारी दुकान कहाँ थी। बरसात में भी पानी नहीं बरसता। अब वसूलः व फावड़ः के बाड़ से घर गिर गये। नाज़ महँगा है। मौत सस्ती है। फल के भाव अनाज बिकता है। उर्दू की दाल आठ सेर, बाजरः 14 सेर, चना 16 सेर, घी डेढ़ सेर, तरकारी महँगी। इन सब बातों से बढ़कर बात यह है कि कुंआर का महीनः जिसे जाड़े का दरवाज़ा कहते हैं, में पानी ग़र्म, धूप तेज़, और लू चलती है, जेठ-आसाढ़ की-सी गर्मी पड़ती है।''

पत्र 8 : 29 जुलाई, 1861 ई.

''एक जंग कालों की, एक मुसीबत गोरों की। एक दुश्वारी घरों के गिराये जाने की। एक आफ़त हैज़ः की बीमारी की। एक क़यामत काल की। अब यह बरसात सब मुसीबतों से भरी है। आज इक्कीसवाँ दिन है, सूरज इस तरह देखने में आता है जैसे बिजली चमक जाती है। रात को कभी-कभी अगर तारे दिखाई देते हैं तो लोग उनको जुगनू समझ लेते हैं। अँधेरी रातों में चोरों की बन आयी है। कोई दिन नहीं कि दो-चार घरों की चोरी का हाल न सुना जाए। मुबालग़ः न समझना, हज़ारों घर गिर गये, सैकड़ों आदमी इधर-उधर मर गये, गली-गली नदी बह रही है। कहीं वह अनकाल था कि पानी नहीं बरसा, अनाज नहीं पैदा हुआ। यह पनकाल है। पानी ऐसा बरसा कि बोये हुए दाने बह गये। जिन्होंने अभी नहीं बोया था, वह बोने से रह गये। सुन लिया दिल्ली का हाल ? इसके सिवा कोई नयी बात नहीं है।''

पत्र 9 : 16 फरवरी, 1862 ई.

''ऐ मेरी जान! यह वह दिल्ली नहीं है जिसमें तुम पैदा हुए हो। यह वह दिल्ली नहीं है जिसमें तुमने तालीम हासिल की है। यह वह दिल्ली नहीं है जिसमें तुम शाहानवेग की हवेली में मुझसे पढ़ने आते थे। यह वह दिल्ली नहीं है जिसमें सात साल की उम्र से मैं आता-जाता हूँ। यह वह दिल्ली नहीं है जिसमें इक्यावन साल से ठहरा हुआ हूँ। एक कैम्प है।

''बर्ख़ास्तशुद: बादशाह के घराने के लोग जो बचे हैं, वह पाँच-पाँच रुपया महीना पाते हैं। बड़े-बड़े मुसलमानों में से मरनेवालों को गिनो—हसन अली ख़ाँ बहुत बड़े बाप का बेटा, सौ रुपय: रोज़ का पेंशनदार सौ रुपय: महीन: की नौकरीवाला बनकर मर गया! अमीर नासिरउद्दीन वालिद की जानिब से आली ख़ानदान और नाना व नानी की जानिब से बहुत बड़ा अमीर था। वह बेगुनाह मारा गया! आग़ा सुल्तान, बख़्शी मुहम्मद अलीख़ाँ का लड़का जो ख़ुद भी बख़्शी हो चुका है, बीमार पड़ा। दवा न गिज़ा! आख़िर में मर गया! तुम्हारे चचा के ज़रिय: मरनेवाले का आख़री काम अंजाम दिया गया। ज़िन्द: लोगों को पूछो। नाज़िर हुसेन मिर्ज़ा, जिसका बड़ा भाई मारा गया था, उसके पास एक पैस: नहीं, टके की आमदनी नहीं। मकान हालाँकि रहने को मिल गया है लेकिन देखिए, छुटा रहेगा या ज़ब्त हो जाए। बुड्ढे साहब सब ज़ायदाद बेचकर और सबकुछ खा-पीकर सीधे भरतपुर चले गये। ज़ियाउद्दौला की पाँच सौ रुपय: किराये की ज़ायदाद छुट-छाटकर फिर क़ुर्क़ हो गयी। बुरी हालत में लाहौर गया। वहाँ पड़ा हुआ है। देखिए क्या होता है। क़िल:, झंजर, बहादुरगढ़, वल्लभगढ़ और फ़र्ख़नगर क़रीब-क़रीब तीस लाख रुपय: की रियासतें मिट गयीं। शहर के अमीर मिट्टी में मिल गये ..।''

[ऐजाज़ जावेद के लेख (*'नया दौर'*, अगस्त, 1957) से]

●●●